STEFAN LEBER

Die Sozialgestalt der Waldorfschule

MENSCHENKUNDE UND ERZIEHUNG

30

Schriften der Pädagogischen Forschungsstelle
beim Bund der Freien Waldorfschulen

STEFAN LEBER

Die Sozialgestalt der Waldorfschule

Ein Beitrag zu den sozialwissenschaftlichen
Anschauungen Rudolf Steiners

VERLAG FREIES GEISTESLEBEN

Einband: Helmut Krämer
2. Auflage 1978
© 1974 Verlag Freies Geistesleben GmbH Stuttgart
Gesamtherstellung Greiser-Druck Rastatt
ISBN 3 7725 0230 X

Inhalt

Vorwort

Durch die Studentenunruhen der sechziger Jahre wurde die soziale Problematik neu formuliert und die Frage nach der Mitwirkung verschiedener Gruppen an der Hochschulverwaltung ebenso aufgeworfen wie die nach der Abhängigkeit von Wissenschaft und Lehre von wirtschaftlichen und herrschaftlichen Einflüssen. In dieser Zeit regte Dr. Wolfgang Blankenburg als Hochschullehrer und Kenner der Waldorfschule an, die Waldorfschule in ihrer Sozialverfassung darzustellen, die ja aus dieser neuzeitlichen Fragestellung als Antwort hervorgegangen ist. Unabhängig von den Tagesereignissen hat die Gestalt einer autonomen, sich selbst verwaltenden Schule Gewicht und die Funktion eines beispielhaften Zeugnisses. Ernst Weißert vom Bunde der Freien Waldorfschulen griff diese Überlegungen auf, und auf seine Anfrage und Anregung geht die vorliegende Arbeit zurück. In rund einem Dutzend von Besprechungen 1970/71 mit Lehrern verschiedener Waldorfschulen ließen sich meine eigenen Erfahrungen an der Pforzheimer Schule aufhellen, erweitern, abklären und begrifflich besser fassen. Für diese Hilfe bin ich recht dankbar, wenn mir daran auch zugleich deutlich wurde, daß die ganze Darstellung nur ein erster Versuch sein kann. – Danken möchte ich neben meiner Frau Dr. Manfred Leist für die Durchsicht des Manuskripts und die vielfachen Anregungen. Herzlich danken darf ich auch der Pädagogischen Forschungsstelle des Bundes der Waldorfschulen, insbesondere Ernst Weißert für die wohlwollende Unterstützung und Hinweise aus seinem reichen Erlebnis- und Erfahrungsschatz.

Johanni 1973   *Stefan Leber*

I. Grundlegung

1. Einleitung

Die Waldorfschule wurde aus der freien Initiative von Menschen gegründet, die von der Notwendigkeit eines staatsunabhängigen Schulwesens und einer auf Menschenverständnis sich gründenden Pädagogik überzeugt waren: Emil Molt und Rudolf Steiner. Als die soziale Tat von Menschen, die aus Erkenntnis handeln, ragt sie schon durch ihre Entstehung aus dem Schulwesen heraus, denn es sind in diesem Jahrhundert doch nur wenige Schulen entweder aus pädagogischer Einsicht oder aus sozialem Wollen gegründet worden. Läßt man den pädagogischen Ansatz, der darüber hinaus die Waldorfschule von anderen freien Schulen zusätzlich unterscheidet, zunächst einmal außer Betracht, so ist sie durch ihre *Sozialverfassung* eine *singuläre Erscheinung.* War die Gründung von Schulen zunächst eine quasi-hoheitliche Aufgabe der Kirche, später dann der öffentlichen Hand, so entsprach deren Verwaltung regelmäßig dem Modell ihrer Gründer: sie erfolgte immer hierarchisch. Soweit sich in der bürokratisch-hierarchischen Verwaltungsform (mit ihrer Unter- und Überordnung der Beteiligten) Herrschaft ausdrückt, bildet die Sozialverfassung der Waldorfschule hierzu ein polares Gefüge: In ihr geschieht die Verwaltung durch die Lehrer selbst, einen Direktor gibt es nicht.

Während die pädagogische Konzeption der Waldorfschule doch vielfach beschrieben und auch mehr oder minder beachtet oder gewürdigt wurde, läßt sich dasselbe nicht von ihrer Sozialverfassung sagen. Einen Teil dieser bestehenden Lücke versucht die nachfolgende Abhandlung zu schließen. Unter Sozialgestalt soll hier das ganze Geflecht des sozialen Organismus Schule verstanden werden, d. h. der soziologische Gestaltcharakter, die interne Differenzierung sowie die wechselseitige Abhängigkeit der Teile und ihrer Bezüge zueinander und vor allem die Prozesse, die innerhalb dieser Gestalt ablaufen und von den in ihr tätigen Menschen verursacht werden.

Die Erscheinungen der Natur werden vorgefunden und treten als Objekte dem Menschen gegenüber. Sozialgestaltungen – sieht man von den äußeren Einrichtungen wie Gebäuden usw. ab – sind als vom Menschen geschaffene Produkte wesentlich schwerer zu erfassen, sie sind in ihrer Erscheinung zumeist augenblickshaft und darum vergänglich; sie gehören überdies einem sozialen Feld an, auf dessen Boden auch der Betrachter selbst steht. Demgemäß läßt sich eine besondere Sozialgestaltung, wie etwa die der Waldorfschule, am besten dort beobachten und erfassen, wo Handlungen in Erscheinung treten.

Auch für die Waldorfschule, deren Sozialgestalt wir erkenntnismäßig zu erfassen suchen, soll jene sozialwissenschaftliche Methode angewandt werden, die von den Handlungen und der Art, wie diese in einem Entscheidungsprozeß zustande kommen, ausgeht. Die klassische Organisationslehre beschrieb – zum Teil normativ –, wie die zweckbewußte Tätigkeit und die zielgerichtete Zueinanderordnung menschlicher Funktionsträger zu geschehen habe, damit eine möglichst rationale und wirtschaftliche Leistung zustande kommt. Ihr lag vor allem daran, die Sozialgestalt als Ergebnis der Tätigkeit des Organisierens, d. h. einer rational geschaffenen Ordnung, zu verstehen. Die formale Organisation, soweit sie in der Instanzenordnung, Kompetenzverteilung oder Stellengliederung, gleichsam im statuarischen Gerüst, zu erfassen ist, war ihr Untersuchungsgegenstand. Insofern die Organisationslehre nicht normativ, sondern beschreibend vorging, hatte sie den Vorzug anschaulicher Darstellung (M. Weber).

In der neueren Organisationssoziologie hat sich der Gesichtspunkt durchgesetzt, Organisationen als Systeme – oft losgelöst von der Wirklichkeit in Modellen konstruiert – zu verstehen, die sich in einer aktiven Auseinandersetzung mit der sie umgebenden Umwelt befinden. Systeme werden als hochabstrakte Handlungsgefüge beschrieben und theoretisch erfaßt. Mit diesem systemtheoretischen Ansatz, der auf die Handlung abzielt, deckt sich in manchen Teilen auch unserer. Er hat den Vorzug, daß nicht nur Strukturen, formalisierte Verfahrensweisen, Kompetenzen, Stellenpläne, Befehlsketten usw. erfaßt werden, sondern auch die Verhaltensweisen der Menschen in einer Organisation, die Art, wie sie miteinander verkehren und kommunizieren, Entscheidungen fällen und schließlich gemeinsam handeln. Er berücksichtigt also auch psychologische und gruppendynamische Gesichtspunkte und Bewußtseinsfaktoren. Die Analyse, die er ermöglicht, ist mehrdimensional.[1]

[1] Obgleich sich der von uns gewählte Ausgangspunkt, die Schule als Handlungsgefüge zu begreifen, mit demjenigen der funktionalistischen Systemtheorie deckt, bleiben fundamentale Unterschiede, die sich für den Kenner ergeben, hier aber nur kurz erwähnt seien. Während etwa T. Parsons soziale Systeme in ihren Handlungen auf reduzierte und mathematisch abbildbare Konstanten zu bringen sucht, soziale Prozesse naturwissenschaftlich erfassen will, ist es das Anliegen der Sozialwissenschaft, wie sie von R. Steiner intendiert ist, den Menschen gerade dort in seiner Wirksamkeit zu betrachten, wo er schöpferisch, verwandelnd und erneuernd in den Sozialprozeß eingreift. Daß dieser selbe Mensch, der Konflikte, Anstöße, Disharmonien, Instabilitäten erzeugt, auch Handlungen der Unfreiheit, der Überlieferung aufweist, die sich dem mathematischen Kalkül und der Determination fügen, ist selbstverständlich. Aber der überall vorhandene Freiheitswinkel, den der Mensch wahrnimmt, wenn er aus seinem Ich und aus Intuitionen heraus sozial tätig wird, und wie dann das Zusammenwirken von Menschen unter zeitgeschichtlichen Bedingungen hier und jetzt stattfindet, verdient vor allem gewürdigt zu werden. Darin liegen die Differenzen.

Von den in einer nicht mehr zu übersehenden Literaturfülle beschriebenen Organisationsformen hebt sich die Sozialgestalt der Waldorfschule als ein besonderer Typus heraus. Um diese Gestalt voll zu verstehen, ist es notwendig, den speziellen sozialwissenschaftlichen Ansatz, wie ihn Rudolf Steiner entwickelt hat, aus dem Gedanken der Dreigliederung des sozialen Organismus und dem geisteswissenschaftlichen Menschenverständnis mit einzubeziehen. Dabei wird die gesellschaftliche Funktion mit hinzugedacht, welche die Schule entweder in abhängiger, weisungsgebundener Form erfüllen kann oder aber so, daß die Lehrer aus ihrem Erkenntnisvermögen heraus ihr Handeln selbst bestimmen. Das stellt zugleich die Frage, in welchem Verhältnis der Erziehende zum Schüler steht, welches Menschenverständnis er hat und wie die pädagogisch Tätigen sich untereinander verständigen. Soweit dieser ganze Zusammenhang in Form von Einzelfallstudien dargestellt würde, verlöre sich jener im sozialen Prozeß vorhandene und aufzufindende Ideengehalt, der die Wirklichkeit der neuen Sozialgestalt konstituiert. So ist es unser Anliegen, durchaus am Beispiel konkreter, zumeist aber historischer Entwicklungsschritte und Handlungen etwas von der Gesetzlichkeit des sozialen Handelns innerhalb eines sich lebendig entwickelnden Sozialgebildes aufzufinden. Diese innerhalb der sozialen Wirklichkeit aufzusuchenden *Urgedanken*, wie sie Rudolf Steiner nennt, manifestieren sich in Handlungen, können aber, wenn sie gefunden sind, zugleich wieder dazu befähigen, die eigenen Intentionen sachgerechter zu verwirklichen. Soweit es gelingt, die konstituierenden Ideen innerhalb der Sozialgestalt der Waldorfschule aufzusuchen, haben sie, wie jede Idee, allgemeineren Charakter, sie sind nicht immer unmittelbar auf eine konkrete Handlungssituation anzuwenden; gleichwohl wird, wer die Erkenntniszusammenhänge gedanklich erfaßt und erübt, auch in seinen praxisbezogenen Handlungen geschickter werden. Im Unterschied zu rein durch ein Abstraktionsverfahren gewonnenen Begriffen, die ihrem Wesen nach definit, endgültig und bestimmt sein müssen, sind die in der Sozialwissenschaft Rudolf Steiners erarbeiteten Urgedanken Ideen vergleichbar, die wachsen und lebendig sich beim Erkennenden verwandeln können und sollen, d. h.: sie werden für den reicher, der sein Bewußtsein an und mit ihnen entwickelt. Das wird, so ist zu hoffen, an einigen Stellen deutlich werden.

Zwar mag der einzelne einer Darstellung den Vorzug geben, in der die Handhabung bestimmter Organisationsabläufe, etwa die Elternmitwirkung exemplarisch und verbindlich dargestellt wird; auch der Vergleich der Praxis an verschiedenen Schulen, wobei Vorzüge und Nachteile einzelner Lösungen abgewogen werden, könnte als Handlungsmuster genommen werden. Doch auf beide Arten der Anweisung kann es hier nicht ankommen, weil eine Lebensgemeinschaft jeweils ihre eigene Form, in der sie existieren will und kann, finden muß. Darum ist wesentlicher, bestimmte aus dem Selbstverwaltungsgedanken resultierende Ideen aufzuzeigen, die unmittelbar gesellschaftspolitische und auch organisationsinterne Konsequenzen haben. Ferner dürfte es hilfreich sein, Schwierigkeiten zu schildern, welche sich aus der praktizierten Selbstverwaltung und aus gewissen anthropologisch-psychologischen Voraussetzungen ergeben können. Sofern der Selbstverwaltungsgedanke mit seinen Konsequenzen erfaßt wird, ermöglicht er auch Gemeinschaften durch Lernprozesse jeweils so zu konstituieren, daß sie bei auftretenden Schwierigkeiten oder Kontroversen selbst jene Lösung finden, die der Gemeinschaft angemessen ist.

Im ersten Teil der Darstellung soll etwas von dem weiteren Zusammenhang verdeutlicht werden, aus dem die Sozialgestalt der Waldorfschule ihr Leben gewann: die pädagogische Wurzel und die soziale Bewegung der Dreigliederung. Auch ohne diesen weiteren Zusammenhang ließe sich die Sozialgestalt der Schule verstehen, aber nur reduziert. Die Absicht des Gründers war es, daß durch die Schulexistenz und ihre soziale Gestalt immer auf diesen größeren Zusammenhang, die anthropologisch-geisteswissenschaftlich begründete Pädagogik und die Idee der Dreigliederung des sozialen Organismus hingewiesen werde. Der zweite Teil wendet sich der konkreten Gestaltbeschreibung und einer abwägenden, versuchenden Interpretation zu, die teilweise recht vorläufige, manchmal auch schon etwas schärfere Kontur zeigt. Hierbei wird die erste Schule als Urbild genommen, von dem – soweit möglich – ausgegangen wird, und die nachfolgende Entwicklung wird daran angeschlossen. Das hat den Vorzug, daß einmal das Urbild Züge aufweist, die bei den Abbildern gleich oder nur schwach verändert wiederkehren; zum anderen ist der Einblick, der in Entscheidungsprozesse möglich wird, nirgends so gut und in solcher Breite und Vielfalt wie in den Konferenznachrichten dokumentiert – über fünf Jahre! –, daß eine solche Dichte und Teilhabe, dazu aus zeitlichem Abstand, kaum wieder so schnell erreicht werden kann; drittens hat der erste Versuch manches an Abklärung schon gebracht, was als Hilfe für die Nachkommenden zur Verfügung stand. Vieles muß bei alldem vorläufig und unausgefüllt bleiben.[1]

---

[1] Zur Zitierweise s. Vorbemerkung zum Literaturverzeichnis, S. 232.

14

2. Dreigliederungsidee und Gründung der Waldorfschule

Im Jahr 1918 schwanden die letzten Hoffnungen dahin, das bisherige Gesellschaftssystem des Bismarck-Reiches unverändert weiterführen zu können. Der Revolution genannte «Reichs-Ohnmachtsanfall» (Erich Eyck) ließ auch den änderungsunwilligsten Politikern sichtbar werden, daß die überlieferte Ordnung zerbrach. Wie in einem Schnittpunkt überkreuzen sich drei Komponenten, auf die Tautz zu Recht aufmerksam macht: eine europäische Dimension, die sich aus dem neuzeitlichen Strukturwandel, der mit der Französischen Revolution den politischen Bereich erfaßte, ergibt und sich in einem tiefgreifenden, emanzipatorischen Bewußtseinswandel darlebt; eine deutsche Dimension, die sich in einer antidemokratischen, obrigkeitsstaatlich-monarchistischen Ordnung manifestiert und in keiner Weise den wirtschaftlichen, gesellschaftlichen und kulturellen Änderungen gewachsen war (Bracher 1960, S. 3–27); schließlich die persönliche Leistung Rudolf Steiners, «der als Sozialreformer und Pädagoge in den historischen Prozeß eingegriffen hat» (Tautz, S. 9).

Ohne nun in eine historische Analyse einzutreten, kann für unsere Skizze vielleicht Steiner selbst gefolgt werden, der konstatiert, daß es sowohl für Kriegs- als auch für Revolutionszeiten ausreiche, konzeptionslos, rein pragmatisch, aus der sachgegebenen Situation zu handeln, d. h. entsprechend zu improvisieren oder sich durchzulavieren. Anders ist dies allerdings in Friedenszeiten, hier bedarf das politische Handeln der Ideen, die das Handeln lenken und die der gesellschaftlichen Wirklichkeit angepaßt sein müssen, und zwar in dem Sinne, daß sie äußeren sozialen Entwicklungen nicht bloß folgen, sondern diese insofern vorwegnehmen, als es gilt, die Gesellschaft jeweils menschenwürdiger zu gestalten. Soweit nun nicht aus Ideen gehandelt wird, weil die Ideen fehlen oder weil diese auf keine Wirklichkeit auftreffen, wie dies bei politischen Ideologien der Fall ist, schaffen Friedenszeiten aus sich heraus die Anlässe für Kriege und Revolutionen, wie dies in unserem Jahrhundert sattsam durchlitten werden mußte. «Zum Kriegführen und zu Revolutionen braucht man keine Ideen. Um den Frieden zu erhalten, braucht man Ideen, sonst kommen Kriege und Revolutionen.» Das ist ein tiefbegründeter innerer Zusammenhang (Steiner 185, 24.11.18). Er ergibt sich daraus, daß die gesellschaftliche Änderung durch Innovation, durch Änderungen des Bewußtseins, stetig fortschreitet, nicht aber die entsprechenden Lebensbedingungen. (Anders als bei Marx ist das geistige Leben das eigentliche Agens.)

In der gegebenen historischen Situation 1918/19, mit ihrer Tragik und ihren Möglichkeiten, kann es für einen einzelnen, der keinerlei politische Ämter noch Ambitionen hat, allenfalls Aufgabe sein, das zu tun, «was er tun kann», «was in seiner Richtung», in seinem Schicksal liegt. Eben in diesem Sinne leistet R. Steiner seinen Beitrag in Gedanken, die dem sozialen Leben eine neue und zukunftsträchtige Struktur geben können, wobei im Zentrum die Freiheit des Einzelmenschen steht. Die so entwickelten Ideen zur Dreigliederung des sozialen Organismus sind ein Beitrag zur gesellschaftlichen Veränderung. Sie sind zwar von einem einzelnen entwickelt als geistige Leistung, bedürfen aber, sollen sie gesellschaftlich wirksam werden, des Verständnisses bei den politisch Handelnden, also der mündigen Bürger (Steiner 185, 10. 11. 18).

Erst wenn die Gedanken auf ein breiteres Verständnis in der Öffentlichkeit auftreffen, wird «dadurch *Vertrauen* geschaffen zu einer möglichen heilsamen Umwandlung der gegenwärtigen Zustände in solche, welche deren Schäden nicht zeigen. *Dieses* Vertrauen ist aber das einzige, aus dem eine gesunde Entwicklung wird hervorgehen können ... Welche Menschenklasse auch immer zur Herrschaft gelangt: sie wird die bestehenden Übel nicht beseitigen, wenn ihre Impulse nicht von Ideen getragen sind, die den sozialen Organismus gesund, lebensfähig machen» (Steiner 23, S. 83).

Nun handelt es sich beim Gedanken der sozialen Dreigliederung – er soll hier andeutungsweise dargestellt werden – keineswegs um programmatische Handlungsanweisungen, sondern um ein funktionelles Gesellschaftsverständnis, das zunächst gedanklich die verschiedenen gesellschaftlichen Tätigkeiten, Leistungen und Zusammenhänge funktional auseinandergliedert, die sich im tatsächlichen Leben vielgestaltig durchdringen. Alle gesellschaftlichen Tätigkeitsformen liegen nicht neben-, sondern *ineinander,* wie dies auch für den menschlichen Organismus gilt (Steiner 21, 6. Anhang). Gleichwohl wird durch diese funktionelle Gliederung – sie ist der Weberschen Methode, zu Idealtypen zu kommen, verwandt – ein bestimmter Sachbezug und eine jeweils verschiedene Qualität gesellschaftlicher Prozesse dem Erkennenden nahegebracht.

Als ein zusammenhängender Funktionskreis des gesellschaftlichen Lebens, der heute dominiert und die menschliche und gesellschaftliche Existenz wie kein anderer prägt, muß das *wirtschaftliche Leben* angesehen werden. Seine Aufgabe – ihr verdankt es schließlich seine Entstehung – ist es, den menschlichen Bedarf, der selbstverständlich nicht nur physischen, sondern auch kulturell-sozialen Bedürfnissen entspringt, zu decken. Alles, was mit der Warenproduktion der Unternehmen, der Warenzirkulation, dem Handel, der Verteilung und letztlich dem Verbrauch der Haushalte zusammenhängt, kann als das institutionalisierte Wirtschaftsleben bezeichnet werden. Wirtschaft tritt dort auf, wo die Ware erscheint. In ihr bildet sich das materielle Verhältnis des Menschen zur Außenwelt.

16

Qualitativ anders ist der zweite Funktionskreis des gesellschaftlichen Lebens, der des öffentlichen Rechts, der Politik. Dieser Bereich hat es mit der Ausgestaltung der Normen, der Vereinbarungen, des Rechts, wie es innerhalb der öffentlichen Ordnung waltet, zu tun: Er regelt die Formen innerhalb der menschlichen Gemeinschaft, die dazu dienen, daß der einzelne Mensch sich im Rahmen der zum Schutz der Freiheit aller Menschen gesetzten Ordnungen (das sind sich mit der Zeit wandelnde «Spielregeln») als Gleicher unter Gleichen frei entfalten kann. Die Außenseite des Verhältnisses von Menschen zu Menschen wird hier vornehmlich berührt; aber es ist der gesamte Bereich der zwischenmenschlichen Beziehungen, obgleich er – seinem Wesen gemäß – nur das regeln kann und darf, was alle Menschen gleichermaßen betrifft, insofern sie derselben Gesellschaft angehören, nämlich das öffentliche Recht.

Ein wieder qualitativ anderes liegt dort vor, wo nicht das Verhältnis des Menschen zum Außermenschlich-Natürlichen geregelt wird, wie in der Wirtschaft, oder das Verhältnis der Menschen zueinander, wie im Rechtlich-Politischen, sondern wo der Mensch sich dadurch entfaltet, daß er spezifische, singuläre Fähigkeiten mitbringt. Dabei geht es nicht um exzeptionelle, sondern allein um persönlich geformte Leistungen, die der menschlichen Begabung entstammen und gleichsam das Verhältnis des Menschen zu seinem eigenen Wesen oder – in überkommener Formulierung – zu den übermenschlichen Mächten darstellen. Es bildet diese Kraft jenes belebende Element in der Gesellschaft, das den kulturellen Wandel bewirkt, die Zeitsignatur verändert, Überlebtes ausstößt, Neues an Werten schafft, die Art des Zusammenlebens ebenso verwandelt wie die gesellschaftlichen Strukturen, in denen sich die gesellschaftlichen Prozesse ereignen. Wie durch des Menschen Bedürfnisse die *Wirtschaft* entsteht, durch sein Menschsein der Kontakt mit anderen in den Gemeinschafts- und Ordnungsformen des *Rechtslebens* begründet wird, so durch die transzendente, über sich ständig hinausstrebende Bewußtseinsnatur des Menschen, durch seine «transzendente Natur» (Marcuse), das *geistige Leben* (vgl. Steiner 23, S. 44 f.).

Alle gesellschaftlichen Spannungen brechen dort hervor, wo gesellschaftliche Prozesse – darin Krankheiten im natürlichen Organismus ähnlich – funktionswidrig ablaufen: «Es ist durchaus möglich, daß im Leben Vorgänge nicht nur in einem falschen Sinne erklärt werden, sondern daß sie sich in einem falschen Sinne vollziehen» (Steiner 23, S. 51). Durch diese Folgerung wird der sozialwissenschaftliche Ansatz der Dreigliederungsidee von einem Erkenntnismittel zugleich zu einer gesellschaftlichen und politischen Aufgabe. Denn solange überlieferte Gestaltungsformen einfach als Realität übernommen und nicht auf ihre Vereinbarkeit mit den tieferen Zielen des Menschen, dem Freiheits- und Emanzipationsdrang sowie der Sozialitätsforderung, überprüft werden, herrscht jene Ideenlosigkeit, die zu

Spannungen und schließlich zu Revolutionen oder Kriegen führt. Gerade der Dreigliederungsgedanke zeigt, daß ständige gesellschaftliche Widersprüche, Antagonismen aus der heute so komplexen Wirklichkeit sich ergeben müssen und so lange nicht jeweils neu zu lösen sind, als die gesellschaftlichen Funktionskreise in ihren Entscheidungen nicht voneinander getrennt werden. Erst wenn jeder Funktionszusammenhang der Gesellschaft eine gewisse Autonomie erhält – etwa die Wirtschaft in einer assoziativen Ordnung mit dem Ziel, menschlichen Bedarf zu decken, das rechtliche Leben als auf der Gleichheit ruhend, nicht durch Akklamation, sondern durch wirkliche Teilhabe aller mündigen Bürger demokratisch entscheidet, während dem Geistesleben die Autonomie durch Selbstverwaltung zugestanden wird –, lassen sich fallweise ergebende Gegensätze angemessen lösen. Durch entsprechend einzurichtende Vertretungsorgane treten die drei Bereiche miteinander in Beziehung. Das Zusammenspiel der Bereiche ließe sich an den ständigen Krankheits- oder Krisensymptomen unserer Gesellschaft jeweils im Sinne funktionsgerechter, «heilsamer» Lösungen demonstrieren, wie sie die Signatur unserer Gesellschaftsordnung im 20. Jahrhundert prägen: an der Eigentumsproblematik, dem Besitz von Grund und Boden, der Entlohnungsfrage sowie der abhängigen Lohnarbeit, der Geldordnung, dem Steuerwesen, der Bildungsfinanzierung, an wirklicher demokratischer Mitwirkung, dem Sozialversicherungswesen usf. Das kann hier von der Aufgabenstellung dieser Untersuchung her allenfalls für Fragen des befreiten Geisteslebens in einem gesonderten Kapitel etwas ausführlicher dargestellt werden.

Entscheidend ist, daß die «Ideenproduktion» R. Steiners nicht allein platonisch betrachtend verharrt, sondern zugleich auch auf das gesellschaftlich verantwortliche Handeln hindrängt. Der Natur nach von ideellem Charakter, hat dieser sozialwissenschaftliche Ansatz zwar zunächst die Aufgabe, sich an das Bewußtsein der Menschen zu wenden. Aber seine politische Dimension ist darin zu suchen, daß er nicht – wie bisher alle gesellschaftliche Veränderung – von einer kleinen Gruppe von Herrschenden oder Avantgardisten politischer Ideologien oder Utopien in die Praxis umgesetzt werden kann, sondern daß es des Verständnisses einer breiten Mehrheit im Volke bedarf. «Herrschen muß heute das Volk . . ., deshalb habe ich auch keine Hoffnung, daß man mit den schönsten Ideen, wenn man durch kleine Gruppen sie verwirklichen will, etwas erreichen kann, wenn man nicht getragen wird von der Erkenntnis und Einsicht der wirklichen Majorität der Bevölkerung» (Steiner 332, 22. 5. 19, zit. n. *Nachrichten* 27/28).

In seinen Bemühungen, eine entsprechende Verständnisbereitschaft zu finden, setzte R. Steiner nicht auf die bisher herrschenden Gruppen, auf die Träger der überkommenen Gesellschaftsordnung, die ja durch ihre geistige und politische Haltung Krieg und Revolution verursacht hatten; denn sie sind aus ihren »selbstlaufenden Denkgewohnheiten« nicht in der Lage, Neues zu erfassen. Er vertraute vielmehr darauf, daß die unverbrauchte, offene Intelligenz und Fähigkeit der Arbeiterschaft eher dazu qualifiziert sei, anderes als lediglich tradiertes Gedankengut aufzunehmen und dessen Bedeutung – auch für die eigene Situation – zu erkennen. Aus eigener Erfahrung an der Arbeiterbildungsschule in Berlin war Steiner allerdings bekannt, daß gerade die Führerschaft der organisierten Arbeiter es noch schwerer haben werde als die Bürgerlichen, von eingefahrenen Überlegungen wegzukommen. Der eklatante Mangel an Verständnisfähigkeit bei den Führern blieb nicht ohne Folgen für die Geführten. Es stellte sich schließlich heraus, daß die Beharrungstendenz bürgerlicher Politiker wie die sozialistischer Führer mit ihren Programmen siegte über eine vorübergehende Offenheit für neue gesellschaftliche Lösungen. Das zeichnete sich bereits im Mai 1919 ab, so daß sich die Frage stellte, ob nicht auf einem Teilgebiet oder innerhalb einzelner gesellschaftlicher Einrichtungen etwas verwirklicht werden könnte, was zu einer gesamten gesellschaftlichen Umwandlung beizutragen hätte.

Nun ist es so, daß eine aus sozialwissenschaftlichem Gesellschaftsverständnis resultierende Idee nicht in Form von modellhaften isolierten Versuchen, denen der entsprechende gesamtgesellschaftliche Hintergrund fehlt, durchgeführt werden kann. Denn was sich als richtig und fruchtbar erweisen würde, sofern entsprechende angemessene Umweltbedingungen, ein spezifischer gesellschaftlicher Kontext bestünden, muß in der Isolierung scheitern. Es ist ein «Unding», «innerhalb einer kranken gesellschaftlichen Ordnung» etwas zu begründen, was vielleicht unter anderen Bedingungen ganz musterhaft sein kann – es muß mißlingen. Doch schadet es nichts, wenn etwas ins Große Gedachte mißlingt, weil die davon ausgehende Anregung bestehenbleibt (Steiner 185a, 22. 11. 18). Dennoch läßt sich auch denken, daß «aus vielleicht kleinen Anfängen heraus» (Steiner 23, S. 83), nämlich durch einzelne Institutionen, etwas getan wird, was für die Idee der sozialen Dreigliederung ein gewisses Verständnis und Vertrauen schafft.

Aus diesen Überlegungen kann gefolgert werden, daß eine Schule, die aus dem Gedanken einer Befreiung des Geisteslebens gegründet wird, zugleich ihren Beitrag auch für die Verbreitung des sozialwissenschaftlichen Verständnisses der Dreigliederung zu erbringen hat: 1. indem sie als Einrichtung und in ihrer spezifischen Sozialgestalt von der Fruchtbarkeit eines sich selbstverwaltenden Geisteslebens Zeugnis ablegt und zu einer ständigen Aufforderung für die gesellschaftliche Erneuerung wird, insofern sie bestimmte freiheitssichernde Garantien der Gesellschaft benötigt; 2. daß diese sich einerseits in ihrer Pädagogik an jene Schichten wende, die noch nicht von überlieferten Denkgewohnheiten besetzt sind, und somit einen Beitrag zur Förderung bildungsferner Schichten leiste; 3. daß sie Anregungen zu einem Sozialempfinden an die Schüler vermittle, damit der soziale

Organismus als lebensfähig sich erweisen kann für den Menschen. Diese Vermittlung sozialwissenschaftlicher Empfindungen und Erkenntnisse wird so notwendig sein wie die der vier Grundrechnungsarten.

Alles dies bildet gleichsam – neben den anthropologischen Erkenntnissen R. Steiners – den engeren zeitgeschichtlichen Hintergrund, vor dem es zur Gründung der Freien Waldorfschule kam. Sie selbst geht wesentlich auf Emil Molt zurück, einen tatkräftigen Industriellen, der sich aus kleinen Anfängen emporgearbeitet hatte und Schüler R. Steiners wurde. Er hatte von einem Besuch in der Schweiz (Anfang November 1918) aus Vorträgen Steiners ein entschiedenes Wollen mitgebracht, wachsam die Zeitereignisse zu verfolgen und, wenn sich die Gelegenheit böte, aktiv in den gesellschaftlichen Vorgängen mitzuraten und mitzuhandeln. Durch ein in derselben Zeit stattfindendes Gespräch mit einem Werkmeister vergegenwärtigte er sich erneut die bildungspolitische Situation seiner Arbeiter: daran «entzündete sich bei mir der Gedanke einer Schulgründung, ohne daß derselbe vorläufig eine feste Form angenommen hätte». Es war dies «die Geburtsstunde für die Idee einer Waldorfschulgründung» Mitte November 1918. Als er mit Freunden zusammen am 27. Januar 1919 eine Unterredung über die geplanten Initiativen für eine soziale Neuordnung mit R. Steiner hatte, sagte dieser: «Man müßte zuerst aus dem Geld, das man noch hat, freie Schulen gründen, um den Leuten das beizubringen, was sie brauchen» (Molt, S. 231).

In einem Vortrag vor den Arbeitern der Waldorf-Astoria-Zigarettenfabrik, der im Rahmen der Dreigliederungsbewegung zustande kam, sprach Steiner über einen Aufruf, in dem unter anderem die Emanzipation des Geisteslebens «von der untersten Schule bis herauf zur Universität» gefordert wird. Dafür ist eine Neugestaltung des Bildungswesens notwendig, «die es möglich machen soll, daß bis zu dem Zeitpunkte, wo der Mensch der Schule entwächst, nichts anderes existieren wird als die Einheitsschule. Die Einwände, die gegen diese Dinge gemacht werden, sind nur konservative Vorurteile. Darüber muß man hinauskommen. Wir müssen sehen lernen, daß das Geistesleben emanzipiert werden muß, daß es freigestellt werden muß auf sich selbst, damit es nicht mehr ein Diener der Staats- und Wirtschaftsordnung ist, sondern ein Diener dessen, was das allgemeine menschliche Bewußtsein an Geistesleben hervorbringen kann; damit das Geistesleben nicht für eine Klasse da ist, sondern für alle Menschen gleich.»

«Sehr verehrte Anwesende, Sie arbeiten heute von morgens an, soweit Ihre Arbeit reicht, in der Fabrik. Sie gehen aus der Fabrik heraus und gehen höchstens vorbei an den Bildungsanstalten, die für gewisse Menschen errichtet sind. In diesen Bildungsanstalten werden die fabriziert, die bisher die herrschenden Klassen waren, die die Regierung geführt haben usw. Ich frage Sie: Hand aufs Herz, haben Sie eine Ahnung davon, was da drinnen getrieben wird? Wissen Sie, was darin vorgeht? Nichts wissen Sie! Da zeigt sich unmittelbar anschaulich die Scheidung der Klassen. Da ist der Abgrund. Was in dem Aufruf angestrebt wird, ist, daß alles, was auf geistigem Boden getrieben wird, alle angeht, und daß der geistige Arbeiter der ganzen Menschheit verantwortlich ist. Das können Sie nicht erreichen, wenn Sie nicht das geistige Leben befreiend auf sich stellen» (Steiner 330, 23. 4. 19).

Von dieser Stelle sprang ein unmittelbarer Impuls auf die Arbeiterschaft über (Hahn) und begegnete sich mit den Intentionen Molts. In einer anschließenden Betriebsratssitzung spricht Molt seinen Entschluß der Schulgründung aus, wobei er Rudolf Steiner bittet, die Einrichtung und Leitung der Schule zu übernehmen. Dem stimmt R. Steiner zu. Schon vorher hatte Molt mit E. A. K. Stockmeyer, Lehrer in Mannheim, verhandelt und ihn gebeten, an der zu gründenden Schule mitzuwirken (11. April 1919). Parallel dazu unterhandelte Molt auch mit dem damaligen sozialdemokratischen Kultusminister Heimann, der dem Plan einer ersten Einheitsschule freudig zustimmte und seine Mithilfe zusagte. So konnte bereits am 25. April eine erste Lehrerbesprechung stattfinden, an der Steiner, Molt, Stockmeyer und Hahn teilnahmen (Stockmeyer 1927, zit. n. *Nachrichten* S. 9).

Wenig später, am 13. Mai 1919, wird die Genehmigung des Kultusministers eingeholt. Der damals anwesende Referent Reinöhl berichtet davon: «Ich habe die ersten Schritte, die zur Genehmigung der Schule geführt haben, miterlebt und erinnere mich heute noch lebhaft der ersten Besuche von Herrn Kommerzienrat Molt und Herrn Dr. Steiner im Ministerium. Ich erinnere mich noch der Überzeugungskraft und der Leidenschaft, mit der die Herren für die Idee ihrer neuen Schule eingetreten sind» (zitiert nach: Nachrichten). Vom 20. August bis 8. September fanden dann täglich drei vorbereitende Lehrerkurse statt, die inhaltlich eine Erneuerung des Geisteslebens bringen sollten. «Die Waldorfschule muß eine wirkliche Kulturtat sein, um eine Erneuerung unseres Geisteslebens der Gegenwart zu erreichen. Wir müssen mit Umwandlung in allen Dingen rechnen. Die ganze soziale Bewegung geht ja zuletzt auf Geistiges zurück, und die Schulfrage ist ein Unterglied der großen brennenden geistigen Fragen der Gegenwart. Die Möglichkeit der Waldorfschule muß dabei ausgenutzt werden, um reformierend, revolutionierend im Schulwesen zu wirken» (K 1, S. XIII).

Aus den ganzen – hier nur andeutungsweise mitteilbaren – Abläufen kann entnommen werden, daß die Waldorfschule als eine freie Schule zutiefst – nicht zuletzt in ihrer Sozialgestalt – mit der Bewegung zur Dreigliederung des sozialen Organismus verbunden ist. Doch gleichzeitig muß ihr anderes Entstehungsmoment, die anthropologische Wurzel, die neue Menschenerkenntnis, berücksichtigt und gebührend hervorgehoben werden. Als pädagogische Intention überwiegt es für die Schule noch wesentlich den sozialwissenschaftlichen Gedanken. So erwähnt Steiner ausdrücklich, als er über die Dreigliederung spricht: «Aber *betonen muß ich, daß das Wesent-liche dieser Schule in dem Pädagogisch-Didaktischen liegt,* in der *Anpassung* dieses Pädagogisch-Didaktischen *an die gegebenen realen Verhältnisse des Lebens»* (Steiner 303, 23. 12. 21). An anderer Stelle kennzeichnet R. Steiner das Verhältnis der sozialen und pädagogischen Intention zueinander so: «Wir haben dieses, daß ein Zeitgedanke verwirklicht worden ist mit Hilfe der Anthroposophie, die die Methodik und Didaktik hergeben sollte. Nun sehen Sie, im Laufe der Zeit hat sich eben das als Umstülpung vollzogen. daß die . . . Ausbreitung des Waldorfschulgedankens . . sich doch vollzogen hat lediglich wegen der der Pädagogik und Didaktik, die in der Waldorf-schule gepflegt wird, so daß die ursprüngliche Idee umgestülpt ist. Die ur-sprüngliche Idee (gemeint ist die soziale, S. L.) zog die hier gepflegte Päd-agogik und Didaktik heran. Und heute suchen die Eltern . . . die Waldorf-schule im wesentlichen eben wegen dieser Pädagogik . . . auf . . . *Sehen Sie, für mich war natürlich das, was sich da realisiert hat* (d. h. die Pädagogik, S. L.). *von Anfang an das Gültige.* Ich habe vom Anfange an die Aufgabe der Waldorfschule so gefaßt, daß ich sie als eine rein pädagogisch-didak-tische angesehen habe» (Steiner 298, 25. 5. 23, S. 155). Eine Dominanz der Sozialkomponente über die pädagogisch-menschenkundliche anzunehmen wäre demnach verfehlt. Dieser menschenkundliche Erkenntnisansatz der Pädagogik bleibt sowohl auf die Sozialgestalt der Schule als auch auf ihr pädagogisches Tun nicht ohne Rückwirkung, weswegen er als Grundlage der nachfolgenden Studie in angemessener Kürze einbezogen sei.

3. Anthropologische Begründung der Schule

Was ist der Mensch? Diese Frage muß ein Menschenverständnis, das hand-lungsleitend in Gesellschaft oder Erziehung sein will, beantworten. Dabei sind wenigstens zwei Erkenntnisansätze möglich: Der eine führt über die Sinnesbeobachtung (Physiologie, Anatomie, Morphologie usw.), der andere über die Innen- oder Selbstbeobachtung (Psychologie und Selbsterkenntnis). Je nach der gewählten Methode werden die Ergebnisse verschieden sein. Was an Einzeltatsachen zutage tritt, läßt sich kaum übersehen und ist uner-meßlich reich. Am Anfang der Philosophiegeschichte steht Heraklits Ausspruch: «Ich erforschte mich selbst.» «Der Seele Grenzen kannst du nicht ausfindig machen, wenn du auch alle Wege absuchtest; so tiefgründig ist ihr Wesen.» Damit ist das methodische Problem, vor dem jegliche Menschenerkenntnis steht, bezeichnet. Welcher Ausgangspunkt gewählt, welche Betrachtungsart angewandt, welche Fragestellung aufgeworfen und welcher Maßstab angelegt wird, beeinflußt das Erkenntnisergebnis. So vielfältig die Möglichkeiten sind, so mannigfach und widersprüchlich die gewonnenen Aussagen. Ein Gesamtbild läßt sich indessen daraus nur schwer entwerfen. Angesichts dieser Wirrnis und Zusammenhänge wandte Steiner selbst unterschiedliche objektbezogene Methoden an. Eine wesentliche aber war für ihn die, jene Grenzphänomene des Seins aufzusuchen, welche den Menschen seit ältesten Zeiten als Rätselfragen beschäftigen: Tod, Schlaf und Bewußtsein in ihrem Zusammenhang.

Setzt sich der Betrachter zuerst der Erscheinung eines toten menschlichen Leibes, des Leichnams, aus, so wird an dieser Grenzerscheinung des Lebens deutlich, daß in diesem exzeptionellen Zustand sich spezifische Kräfte offenbaren. Aber welche? Jene, die den Körper mit der Natur, mit der elementaren Umwelt, verbinden. Dieselben Kräfte, die sich im Naturgeschehen, in den physikalischen Gesetzmäßigkeiten und in den chemischen Prozessen abspielen, beherrschen den physischen Leib. Was das mineralische Reich an Kräften durchdringt, wirkt auch innerhalb unseres Leibes. Dieser einmalige Grenzfall des Lebens, anschaubar im Leichnam, offenbart und verhüllt zugleich das Wesentliche: Er zeigt einerseits den Zusammenhang des Leibes mit der Natur, macht aber zugleich sichtbar, daß im Leben noch etwas anderes wirksam sein muß, das den Leib erfüllt. Der Leichnam, etymologisch soviel wie Gestalt-, Körperhülle, ist seinem Sein nach ja reiner Zerfall. Was sich im Zerfall manifestiert, ist Kraft des Physischen, was sich indessen verbirgt, ist das, was vor dem Zerfall war: der Aufbau. Was den Leib während des Lebens vor dem Verfall bewahrt, ihn aufbaut. wachsen läßt und ihm die Fähigkeit der Regeneration verleiht, zeichnet sich an der Grenzfläche zum Toten ab: Es ist jene Kraft, die den Leib formt und gestaltet. Das eigentlich Gestalterische, die Formkräfte, sind nur indirekt in und an der Wirkung ersichtlich. Die Ursache, das Bewirkende, ist nur durch Ausschließung gedanklich zu ermitteln. Dieses Form- und Gestaltungsprinzip, aus dem die ganze differenzierte Gestaltfülle der Welt des Lebendigen hervorgehen kann, ist ein nach Arten Differenziertes und wird von Steiner, soweit es an eine bestimmte Körperlichkeit gebunden ist, als Bildekräfte- oder auch Lebensleib bezeichnet. Es mag für die Vorstellung zunächst genügen anzunehmen, den physischen Körper überall durchsetzt zu denken von der Formkraft des Lebensleibes, der wie ein Architekt des im Tode zerfallenden physischen Leibes anzusehen ist. Alles, was lebende Form ist, jedes Lebewesen, hat seinen entsprechenden Lebensleib.

Von diesem ersten Grenzphänomen, dem Tode, ausgehend, ergeben sich bereits zwei unterschiedliche, die Welt konstituierende Kräfte: die direkt beobachtbaren des physikalisch-mineralischen Bereichs und die nur geistig erschließbaren des Lebens. Mit der Hinwendung zu einer weiteren Grenzerscheinung, der des Schlafes, kann sich ein dritter Kräftebereich eröffnen. «Alles menschliche Schaffen beruht auf der Tätigkeit im Wachen, soweit das Offenbare in Betracht kommt. Diese Tätigkeit ist aber nur möglich, wenn der Mensch die Erstarkung seiner erschöpften Kräfte sich immer wieder aus dem Schlafe holt. Handeln und Denken schwinden dahin im Schlafe, aller Schmerz, alle Lust versinken für das bewußte Leben. Wie aus verborgenen, geheimnisvollen Brunnen steigen beim Erwachen des Menschen bewußte Kräfte aus der Bewußtlosigkeit des Schlafes auf. Es ist dasselbe Bewußtsein, das beim Einschlafen hinuntersinkt in die dunklen Tiefen und das beim Aufwachen wieder heraufsteigt» (Steiner 13, S. 26). Jene Kraft oder jenes Prinzip, welches das Leben aus dem Zustand der Bewußtlosigkeit zur Wachheit erweckt und das mehr ist als das rein vegetative Leben, hat auch eine eigene «Leiblichkeit», es ist das Seelische in seiner Konstitution, in seiner Gestalt. Wie das Leben nicht allein dem Menschen eignet, sondern Pflanzen und Tieren auch, so kommt diese Art bewußter Wachheit neben dem Menschen ebenfalls den Tieren zu.

Was indessen den Menschen allein zum Menschen macht, ihn heraushebt aus der mit dem Tier vergleichbaren Bewußtheit, das ist eine ihm eignende besondere Art der Wachheit und des sich selbst begreifenden Bewußtseins.

Der Unterschied zwischen tierischem und menschlichem Bewußtsein tritt deutlich hervor, «wenn der Mensch seine Aufmerksamkeit darauf lenkt, daß er im wachen Zustande einerseits fortwährend in der Mitte von Erlebnissen steht, die kommen und gehen *müssen*, und daß er andererseits auch Erlebnisse hat, bei denen dies nicht der Fall ist . . . (Es ist nachzuerleben): Es sei ein *Bleibendes* in alledem. Nicht das Bleibende als solches wird hier als ‹Ich› bezeichnet, sondern dasjenige, welches dieses Bleibende erlebt» (ebd., S. 28 f.).

Mit dem *Ich* ist als ein vierter Bezirk im Menschen jene Fähigkeit bezeichnet, die über die schlichte Bewußtseinserfahrung hinausgeht: Sie läßt den Menschen Vergangenes wieder vergegenwärtigen und damit über die «Zeit» disponieren. Er kann durch sein Ich sich den eigenen Bewußtseinsinhalten gegenüberstellen, sich von ihnen lösen und distanzieren: womit sich das Ich als geistige Kraft erweist, die zwar der Inhalte bedarf, aber sich nicht darin erschöpft, sondern über sie hinausführt – die anthropologische Grundlage jeder Entwicklung.

Es ist nicht von ungefähr, daß unmittelbar mit dem Ich-Erleben verbunden die Erinnerung auftritt. Wenn das Kind im dritten Lebensjahr sich selbst als «Ich» bezeichnet, so ist dies ein Vorgang, der ganz aus dem Inne-

24

ren kommt. Die Sprache und mit ihr die Begriffe werden von außen durch Nachahmung in der Sozialisation übernommen. Was dagegen niemals in dieser Weise übernehmbar ist, ist die Bezeichnung «Ich», denn das Kind wird fortgesetzt als Du oder mit seinem Namen oder Koseformen bezeichnet. Die Selbstbenennung kann nur dann stattfinden, wenn im Inneren etwas von der Selbstidentität im Bewußtseinshorizont aufleuchtet, sie ist in ihrem Auftreten an die Erinnerungsfähigkeit – in den ersten Lebensjahren allerdings noch eine nicht willkürliche – gebunden. Wir können deshalb das Ich als Geistiges bezeichnen. – Neben der Zugehörigkeit zur mineralischen Daseinswelt, zur lebendigen und schließlich seelischen erhebt sich der Mensch bis in eine rein geistige Daseinsschicht.

Immer ist der Mensch – auch schon in seiner embryonalen Entwicklung – vom Ziel seines Menschseins bis in seine Leiblichkeit hinein geprägt. «Wie tief im frühesten Keimgeschehen das besondere Humane verankert ist, zeigt uns die Ausbildung eines so zentralen Organs, wie die Wirbelsäule es für unsere aufrechte Haltung ist. Wohl beginnt die eigentliche Aufrichtung erst gegen Ende des ersten Jahres nach der Geburt und geschieht in Zusammenwirken von Kind und Gruppe, unter dem Anreiz der Nachahmung und der Ermutigung. Aber die strukturellen Notwendigkeiten sind längst vorbereitet: im zweiten Monat des fötalen Lebens entsteht schon im Beckenbereich die frühe Anlage der Verstärkung und der Lendenbeugung der Wirbelsäule, die Ausformung des späteren Promontoriums – in einer Zeit, wo nach manchen Ansichten aus der Frühzeit der Abstammungslehre der menschliche Keim noch im Stadium der Affenstufe stehen soll» (Portmann). Das eigentliche Ziel des Menschseins, die selbstverantwortete Daseinsführung, die allein durch das menschliche Ich als das Steuerungszentrum geschehen kann, schlägt sich nieder und prägt sich aus bis in die physiologisch-anatomische Leibesgestaltung.

Als Ergebnis der Grenzbetrachtung von Daseinsrätseln läßt sich die menschliche Natur verstehen, welche in sich gegliedert – und zwar vierfach – erscheint. Dieses Verständnis der viergliedrigen Natur des Menschen läßt sich für die Pädagogik in besonderer Weise fruchtbar machen. Das tat R. Steiner 1907 in seiner Schrift «Die Erziehung des Kindes vom Gesichtspunkte der Geisteswissenschaft» (34). Aus den vielfältigen Wechselwirkungen innerhalb des sich entfaltenden Kindesdaseins können drei in sich verwobene Fäden verfolgt werden. Wie der Mensch biologisch bereits während der Embryonalentwicklung – bei aller Verwandtschaft etwa zu den Primaten – schon auf das Menschsein hin angelegt ist und sich zunehmend dahin entfaltet, so hat die Entwicklung des einzelnen Menschen im Heranwachsen, Reifen und in der Erziehung gleichfalls ihr Ziel in sich: die Selbstverwirklichung «des ersten Freigelassenen der Natur» (Herder). Dieses entelechische Prinzip oder die Geistseele des Menschen verbindet sich mit dem, was im Verlaufe der «abgebremsten Entwicklung» der Kindheits- und Jugendjahre als Körperleiblichkeit aus dem Vererbungsstrom stammt. Beide Bereiche, der des Geist-Seelischen und des Körper-Leiblichen, sind von Anfang an aufeinander zugeordnet. Dennoch geschieht die Verbindung nicht naturhaft, sie vollzieht sich vielmehr infolge der biologischen Retardation und Instinktreduktion in langwierigen Lernvorgängen, die der menschlichen sozialen Hilfe bedürfen. Der im Raume sozio-kultureller Einflüsse stattfindende Erziehungsvorgang (Sozialisation) hat wegen der naturgegebenen Offenheit des Menschen allergrößte Bedeutung. Voll verstehbar wird der Mensch erst, wenn nicht nur die Seite der Veranlagung und Reifung oder der Sozialisationsprozeß gesehen werden, wobei beide sich wechselseitig beeinflussen, sondern wenn die Mündigkeit als Ziel der Entwicklung von Anfang an als bestimmendes und geistig bewirkendes Element mitgesehen wird.

Je nach der Zeitgegebenheit und nach entsprechender wissenschaftlicher Position wird das Gewicht einmal mehr auf die biologische Seite (Vererbung, Anlage), dann wieder auf das in der Erziehung sich offenbarende Ziel (Sozialisation, Begaben) gelegt.

Was an Unverwechselbarem, Ich-haftem auftritt, was an Intentionalität der Entelechie immer in der Kindheit und Jugend mitschwingt, wird, weil es nicht generell, sondern individuell erscheint, zumeist übersehen. Weil der Erziehungsbereich von zwei – durchlässigen – Grenzbereichen eingeschlossen wird, dem Körper-Leiblichen und Geist-Seelischen, läßt er sich auch von diesen Grenzen her determiniert betrachten.

Der hier entwickelte Ansatz der Menschenerkenntnis vertieft das Verständnis für den eigentlichen Erziehungsvorgang, weil die kindliche Entwicklung bis zur Volljährigkeit der differenzierten erzieherischen Hilfe des Erwachsenen bedarf. «Mit der physischen Geburt wird der physische Menschenleib der physischen Umgebung der äußeren Welt ausgesetzt . . . Was vorher die Kräfte und Säfte der Mutterhülle an ihm getan haben, das müssen jetzt die Kräfte und Elemente der äußeren physischen Welt an ihm tun. Bis zum Zahnwechsel im siebenten Jahre hat der Menschenleib eine Aufgabe an sich zu verrichten, die wesentlich verschieden von den Aufgaben aller anderen Lebensepochen ist. Die physischen Organe müssen in dieser Zeit sich in gewisse Formen bringen; ihre Strukturverhältnisse müssen bestimmte Richtungen und Tendenzen erhalten. Später findet Wachstum statt, aber dieses Wachstum geschieht in einer Folgezeit aufgrund der Formen, die sich bis zu der angegebenen Zeit herausgebildet haben. Haben sich richtige Formen herausgebildet, so wachsen richtige Formen, haben sich Mißformen herausgebildet, so wachsen Mißformen. Man kann in aller Folgezeit nicht wieder gutmachen, was man in der Zeit bis zum siebenten Jahre als Erzieher versäumt hat. Wie die Natur vor der Geburt die richtige Umgebung für den physischen Menschenleib herstellt, so hat der Erzieher nach der Geburt für die richtige physische Umgebung zu sorgen. Nur diese richtige physische Umgebung wirkt auf das Kind so, daß seine physischen Organe sich in die richtigen Formen prägen» (Steiner 34).

Die aus der Vorfahrenreihe stammende Leiblichkeit ist mit der Geburt also keineswegs fertig, sondern entwickelt sich während der Kindheit durch den Erziehungsprozeß weiter. Dabei ist das, was der Erwachsene in der Umgebung des Kindes tut, das eigentliche Erziehungsmittel. Denn indem das Kind den tätigen Erwachsenen wahrnimmt, imitiert es dessen Tun bis in die leiblichen Organe hinein, die sich daran formen. Nicht die Handlung als solche wird als sinnvolle oder sinnlose wahrgenommen, sondern das, was sich an ihr in der *Gebärde* offenbart. Nachgeahmt wird die Gebärde. Man weiß heute, wie stark die nachahmende Bewegung (Motorik), die sich an der Gebärde des Erwachsenen erst sinnvoll und vollkommen entfaltet, in den Leibesorganismus eingreift. In der Gebärde des Erwachsenen lebt zugleich alles, was er an Charakter, an Neigungen, an Temperamentseigenschaften persönlich entwickelt hat. Es sind dies die Eigenschaften, die dem Lebensleib zukommen. Die Nachahmung geschieht also nicht direkt, sondern über den Bildekräfteleib, der allein vermag, den Gebärdengehalt in der nachahmenden Bewegung auf das physische Organgefüge zu übertragen. Durch diese Betrachtung läßt sich die erzieherische Tätigkeit des Erwachsenen neu begründen. In der frühen Kindheit, den ersten sieben Lebensjahren etwa, geschieht Erziehung vor allem durch das nachahmenswürdige Vorbild des Erziehers. Erziehung in diesem Alter ist vor allem Organformung und Leibbildung. Lernen vollzieht sich im Bereich und unter dem Einfluß nachahmender Tätigkeit.

In diesem frühen Lebensalter nützen verstandesmäßige Belehrungen verhältnismäßig wenig, denn sie wenden sich unmittelbar an die Einsicht, die eine bestimmte Form der Begriffsbildung voraussetzt. Sie stützt sich auf eine emanzipierte, freie Vorstellungsfähigkeit, über die das Kind nicht vor dem Zahnwechsel verfügen kann; denn die Lernfähigkeit aus der eigenen Einsicht entsteht dadurch, daß jene Kräfte, die bisher in die Organ- und Leibgestaltung eingebunden waren, sich gegen das 7. Lebensjahr mit dem Gestaltwandel zum Teil aus der leiblichen Bindung emanzipieren und dem Lernen zur Verfügung stehen. Es sind dies die Lebensbildekräfte, die jetzt Vorstellungen der Konstanz, eine veränderte Sprache, den Gestaltwandel und ein neues soziales Verhalten hervorrufen. Vor dem Zahnwechsel befindet sich der Lebensleib in einem der physischen Embryonalentwicklung vergleichbaren Zustande. Seine emanzipatorische «Geburt» offenbart sich – er selbst ist ja nur in der Wirkung anschaubar – in mannigfachen physiologischen und psychologischen Tatsachen (Müller-Wiedemann).

Die Entwicklung dieser neuen Kräfte kann nun durch eine gezielte Erziehung beginnen. Die Umbildung und das Wachstum dieser – unsichtbaren – Lebens-Leiblichkeit bedeuten «Entwicklung der Neigungen, Gewohnheiten, des Gewissens, des Charakters, des Gedächtnisses, der Temperamente. Auf . . . sie wirkt man durch Bilder, durch Beispiele, durch geregeltes Lenken der Phantasie» (Steiner, 34). Die Tatsachen werden nicht mehr vom Kind nur in der äußeren Erscheinung kennengelernt, sondern wollen von ihm innerlich mit eigenen seelischen Kräften durchdrungen werden. «Das Kind ist aber bis zum Hervortreten der eigenen Urteilskraft zwischen dem zwölften und vierzehnten Lebensjahr noch nicht in der Lage, diese Zusammenhänge selbständig zu erfassen. Deshalb möchte es sie unter Führung des Lehrers verstehen lernen. So wird der Lehrer für das Kind naturgemäß zur Autorität, von der es lernen möchte, was aus eigener Kraft noch nicht zugänglich ist» (Kranich). Damit wird in dieser Lebenszeit die Nachfolge aufgrund der Weisung einer verehrten Autorität zur maßgeblichen Erziehungsform. Das Wort, die Sprache wird Medium, durch welches das Kind die Welt verstehen lernt. Sprache wird dabei im bezeichnenden, hindeutenden, wie auch im übertragenen, metaphorischen, bildhaften Sinn gebraucht, sie entschlüsselt den Bedeutungsgehalt der Welt und ihrer Gegenstände. Wenn Steiner für die mittlere Kindheit einen bildhaften Unterricht fordert, so ist damit nicht nur eine konkrete, die Dinge anschaulich vergegenwärtigende Methode gemeint, sondern vor allem, daß sich die Sprache des Lehrers des bildhaften Gehaltes zu befleißigen habe, die neben dem Verständnis und dem Begriff dem Kind zugleich Atmosphäre, Empfindung und Stimmung vermittelt. So ermöglicht der Satz: ‹Sie weinte so bitterlich, daß ihre Tränen ein Seelein bildeten›, eine stärkere Anregung für die Phantasie des Kindes und sein Erleben als der andere: ‹Sie weinte sehr lange, die Tränen flossen ihre Wangen herab.› Wo es gelingt, den Bedeutungsgehalt durch Bilder oder Gleichnisse dem Kind zu vergegenwärtigen, wird es sie nicht nur begrifflich verstehen, sondern auch innerlich anschaulich erleben. Dazu ein Hinweis auf die gegenwärtige soziolinguistische Diskussion: Erst als die Sprache durch Wissenschaft und Schule zunehmend nominal abblaßte, bildete sich das Problem der schichtspezifischen Sprachkodes. In ihrer bewußt auf bildhaften Unterricht angelegten Erziehung in der ersten Schulzeit leistet die Waldorfschule methodisch jenen Beitrag zur Überwindung von Sozialauslese, der in ihrer Konzeption aus der Dreigliederung von anderer Seite veranlagt ist: Ihre Sprache im Unterricht soll so gestaltet sein, daß sie sich – schichtunspezifisch! – an die Verständnisfähigkeit aller Kinder wendet. Das aber verhindert keineswegs, daß sich in einem späteren Alter auch die abstrakte Begriffssprache wissenschaftlicher Prägung entwickelt. Was Bernstein mit seinen Sprachkodes als Schichtengliederung der Gesellschaft beschreibt, wird innerhalb der Waldorfschule als Prozeß, den die Pädagogik aus entwicklungspsychologischen Gründen zu gehen hat, gesehen: durch das Medium bildhafter Sprache zur Begriffssprache der Gegenwart, die allerdings erst in einer weiteren Altersstufe zur Beherrschung (Kompetenz) gebracht wird, wenn die nötige seelische Reife beim Kind erreicht wurde (Bernstein, Müller-Wiedemann, Oevermann).

Die Entwicklung zur Erdenreife um das 14. Lebensjahr findet wiederum unter physiologischen, konstitutionellen und seelischen Veränderungen des jungen Menschen statt. Die «Geburt», die Emanzipation des Seelischen, vollzieht sich so, daß das, was vorher in einer Art Embryonalphase an noch nicht individuell differenziertem Seelischen da war, sich nun in einer Eigenständigkeit der Empfindungen sowie in neuer Begriffsfähigkeit ausdrückt. Aus eigener Urteilskraft will der Jugendliche selbst Gesetz und Wesen der Dinge erfassen; er möchte aus selbstgewonnener Einsicht sowie aus eigener Entscheidung handeln. Erziehung kann in diesem Alter noch so geschehen, daß einerseits die Fähigkeit zu abstrakterer Vorstellung dadurch geformt wird, daß kausale, teleologische oder interdependente Denkformen geübt und gebraucht werden. Andererseits müssen, um die freigewordene Urteilskraft sachgerecht zu disziplinieren, Elemente vorhanden sein, in denen am Erfolg oder Mißerfolg das eigene Tun kontrolliert werden kann. Damit wird die Aufgabe gestellt, einen Bereich primärer Erfahrung innerhalb der Schule und der Erziehung zu verwirklichen. «Es wird kein Mensch durch dieses Lebensalter durchgehen dürfen, ohne daß er eine Ahnung bekommt, was beim Ackerbau, im Handel, in der Industrie, im Gewerbe geschieht.» Die Gegenwart soll mit all ihren erzieherischen Möglichkeiten als ein Pädagogikum innerhalb der Schule – als Lebenskunde – auf den Jugendlichen wirken (Steiner 192, 11. 5. 19).

Der vorstehend entwickelte menschenkundlich-pädagogische Ansatz hat für die schulische Bildung und Erziehung die größte Bedeutung und bleibt auch als solcher nicht ohne Rückwirkung auf die Sozialgestalt der Schule. Zunächst tritt der Wert der Informationsvermittlung im Bildungsprozeß in den Hintergrund gegenüber der eigentlichen Erziehung, die immer durch einen älteren Menschen mit seinen Fähigkeiten und Schwächen geschieht. Wenn ein Kleinkind dadurch erzogen wird, daß es die Gebärden oder Handlungen sowie die vom Erwachsenen geprägte Umwelt nachahmt, dann heißt dies doch, daß diese Sphäre der Nachahmung auch von Wert sein sollte. Dies aber verlangt im Grunde, daß sich der Erwachsene, der durch seine Handlungen, seine Intentionen die Umwelt des Kindes prägt, auf seine Aufgabe vorbereitet, sich schult, würdig macht. Das gilt für die schulische Erziehung in erhöhtem Maße, sie fordert – im Vergleich gesprochen – so etwas wie eine ständige Institutionalisierung der «Lehrererziehung», damit sie ihrer Aufgabe, das Kind durch Wort, Handlung, Charakter usw. zu bilden, gerecht werden kann. Ergebnisse sind dabei weniger wichtig als Bewegungen auf dieses Ziel hin. Findet tatsächlich eine solche selbsterzieherische Gebärde und Entwicklung statt, dann geht davon eine «imponderable», aber darum noch wirksamere erzieherische Anregung des Kindes aus. Diese institutionalisierte Erziehung der Lehrer kann sich nur innerhalb eines sozialen Feldes entwickeln, indem sie ständig veranlaßt sind, miteinander zu verkehren, sich aneinander zu entwickeln, abzuschleifen, zu fördern oder zu bremsen. Darum kommt der entsprechenden Sozialgestalt nicht nur gesellschaftspolitische, sondern zugleich auch eine pädagogische Bedeutung für die Lehrer und Schüler zu, von der im zweiten Teil ausführlicher zu sprechen sein wird.

Vergegenwärtigen wir uns weiterhin die gesellschaftspolitischen Implikationen des Menschenverständnisses selbst, wie es hier entwickelt wurde, so lassen sich zwei realtypische Entwicklungsströme voneinander abgliedern, zwischen denen sich der eigentliche Inkarnationsprozeß des Ich vollzieht, der im Sinne Plessners die exzentrische Positionalität des Menschen ausmacht: «Der Mensch kann sich eben realiter zu nichts machen, es sei denn, er *ist* schon zu etwas gemacht, er ‹hat› etwas. Nur indem er bereits etwas hat, kann er sich zu ‹etwas› oder zu ‹mehr› machen . . . Er ist auf Vorgaben angewiesen . . .», wozu sowohl Kultur wie Erziehung zählen (Claessens, S. 70). Die eine «Vorgabe» ist als eine äußere anzusehen, sie entspricht einer allen Menschen (nach Kulturkreisen differenzierten) äußeren, gemeinsamen Entwicklung und kann darum als spezifisch menschlich gelten, sie verläuft in einer altersbezogenen Art. In ihr drückt sich die gesetzmäßige Entwicklung der menschlichen Wesenheit in der Geburt jeweils anderer Leiblichkeiten oder – vom Erzieherischen betrachtet – höherer Fähigkeiten und Qualifikationen aus. Indem die sich emanzipierende Vorstellungsfähigkeit des Kindes durch die Autorität des Erwachsenen geformt und gebildet wird, der als (frei) anerkanntes Vorbild kulturelle Werte vermittelt, werden dem Kind Vorgaben seiner Entwicklung geliefert. Wer dieses leisten soll, muß zuvor in seinem Charakter und Temperament sich selbst – wenigstens teilweise – verwandelt haben. So kann dann letztlich der Erzieher nur durch das von ihm bereits ausgebildete Wesensglied auf das sich beim Kinde eben emanzipierende Glied verwandelnd, formend, erziehend wirken (Kiersch, S. 22 f.).

Gegenüber diesem «äußeren», allen Menschen eines bestimmten Kulturkreises gemeinsamen Prozeß verläuft die innere individuelle Entwicklung unabhängiger. Sie kennt höchst verschiedene Zeitmaße, unterschiedliche Intensität sowie die persönliche Ausgestaltung der Fähigkeiten, Begabungen und Gemütslagen. In diese innere Entwicklung läßt sich nun besonders gut von der Pädagogik her eingreifen, indem bestimmte Anlagen, die vorhanden sind, beim Zögling möglichst rasch entwickelt werden. Aus gängigen Einsichten vermeint man, dem Kind beispielsweise etwas Gutes anzutun, indem ihm möglichst früh ein verstandesmäßiges Urteil vermittelt wird.

30

Dadurch wird nicht nur die individuelle innere Entwicklung gestört, sondern auch die äußere, weil dann u. U. im Jugendalter Unzufriedenheit, Ziel- und Hoffnungslosigkeit, ja gar Irresein auftreten können. Diese leistungsbezogene, nicht altersspezifische Ansprache mit ihren Verfrühungen und Retardationen sucht die Waldorfpädagogik zu vermeiden, indem sie wesentlich auf die äußere, d. h. altersmäßige Entwicklung achtet.

So wird bis in den institutionellen Rahmen versucht, die aus der menschlichen (äußeren) Entwicklung resultierende gemeinsame Entwicklung pädagogisch so aufzugreifen, daß sie – bei aller individuellen Differenzierung der Schüler – zu einer altersspezifischen und damit gemeinsamen, wenn man will: demokratischen Förderung wird. Dieser menschenkundliche Ansatz ist ein menschheitlicher und wirkt – wie schon bei der Sprachmethode erwähnt – schichtübergreifend. Er wird damit auch dem Gedanken der Dreigliederung gerecht, daß heute menschheitlich – bis in die Pädagogik und die schulische Organisation – gedacht werden muß, indem die Schule nur das an das Kind heranzubringen habe, was aus seiner Entwicklung notwendig sei, nicht aber das, was aus wirtschaftlichen oder staatlichen Interessen sich ergibt. Alles dies bedingt, daß Lehrplan, Lehrerwahl, Schülerförderung, Schulzeit frei von äußerer Reglementierung sein müssen. Sozialer und anthropologischer Ansatz ergänzen, fordern und bedingen sich wechselseitig.

4. Freies Geistesleben und freie Schule

Um die eigentümliche, von jeder überlieferten und auch gegenwärtigen Schulverfassung abweichende Sozialgestalt der Waldorfschule sachgerecht beschreiben und auch verstehen zu können, bedarf es zuvor einer etwas genaueren Darstellung der gesellschaftlichen Funktionen des geistigen Lebens.

Als Ausgangspunkt wählen wir einen globalen und deshalb auch der Gefahr der Abstraktion ausgesetzten Gesichtspunkt: was läßt sich inhaltlich, materiell als Geistesleben bezeichnen? Da ist zunächst der ganze Bestand überlieferter geistiger Leistungen zu nennen, von Kunstwerken, technischen Kenntnissen bis zu Wertsetzungen ethischer Art. Die gesamte Summe des Wissens, die Überlieferungen und Werte bilden Substanz und Struktur der Kultur.

Schon der Blick auf die Inhalte des kulturellen Daseins läßt zahlreiche Tatbestände für Katalog, Archiv, Bibliothek und Museum registrieren, nicht aber jenen Prozeß menschlicher, schöpferischer Tätigkeit, dem die Inhalte als Ergebnis entstammen. Das Bewegende, das Agens, jene dauernde Transzendenz im Menschen, die immer neue geistige Inhalte, Werte und Gestaltungen schafft, erweist, daß sich darin ein ganz spezielles Verhältnis des Menschen zu sich, seiner Umwelt und dem Überirdisch-Außersinnlichen zeigt. In der ethischen Wertsetzung, der philosophischen Weltdeutung wie im künstlerischen Schaffen oder der religiösen Praxis, in der Erziehung, wie in der induktiven oder spekulativen Wissenschaft bringt sich der Mensch mit seinen persönlichen und geistigen Fähigkeiten in ein Verhältnis zur überirdisch-geistigen Welt, das er mit seinem Erkennen, Glauben oder Kunstschaffen zu gestalten versucht. In den Inhalten, den überlieferten geistigen Werten spiegeln sich wie in den Verhaltensweisen Resultate eines vergangenen Bemühens.

Will man gegenüber dem Gewordenen und Überlieferten, auf dem alles, was nachfolgt, aufbaut, an die Quelle herankommen, aus der der Lebensstrom erfließt, so läßt sich nicht nur das Verhältnis des Menschen zu einem anderen Seinsgrund betrachten, d. h. das Verhältnis einer Gesellschaft zu ihren Wertvorstellungen; sondern es wird dann nötig, zugleich auf den einzelnen Menschen hinzuschauen, inwieweit er mitwirkt an dem, was in Erkenntnissen, Wissen, Können zum Inhalt des Geisteslebens geworden ist.

Während es die Wirtschaft mit den aus der menschlichen Natur stammenden Bedürfnissen zu tun hat, das Rechtsleben mit dem Verhältnis von Mensch zu Mensch, befaßt sich das geistige Leben mit der einzelnen menschlichen Persönlichkeit. Wo die einzelne Individualität in ihrer unverwechselbaren Art produktiv wird, lebt das Geistesleben als schöpferischer Quell, es lebt allein «aus den individuellen Fähigkeiten des einzelnen Menschen» (Steiner, 23, S. 56). Was dabei summarisch und weitgefaßt unter Fähigkeiten verstanden werden kann, läßt sich durch den Gegenbegriff der Unfähigkeit verdeutlichen: sie stellt den Ausfall einer Fertigkeit, einer Qualifikation dar. Im *Fähigkeitswesen* liegt eine auf die Vergangenheit, in der *Erfahrungssumme* eine auf die Zukunft (durch verändertes Verhalten) weisende Komponente (Steiner 190, 6. 4. 19).

Die gesamten Fähigkeiten der Menschen schaffen, wo sie sich verwirklichen können, einen stetigen gesellschaftlichen Wandel: in neuen Erkenntnissen, neuen Techniken, Produktionsweisen, gewandelten Auffassungen von Werten, in kreativen Leistungen ändert sich die Signatur der Zeit, der Gesellschaft. Ähnlich dem Stoffwechsel im natürlichen Organismus schafft das *Agens der Fähigkeiten* und Begabungen eine stetige Regeneration und Erneuerung: Altes, Abgelagertes wird ausgeschieden, anderes umgebaut, manches gänzlich erneuert. Als ein *Innovationsstrom* fließt aus den Fähigkeiten der Menschen, von der manuellen Begabung und körperlichen Eignung bis hin zur höchsten intellektuellen Leistung das, was das geistige Leben konstituiert.

Dieser aus dem sozialwissenschaftlichen Funktionszusammenhang sich ergebende Begriff des Geisteslebens ist indessen noch zu vielgestaltig und weitgefaßt, um ohne differenzierte Analyse angewandt zu werden; diesen Schwierigkeiten gehen wir aus dem Weg, indem wir uns allein auf den Bereich des institutionalisierten Geisteslebens im allgemeinen, der Schule im besonderen beschränken. Gerade die Schule hat die Aufgabe und das Ziel, innerhalb des Erziehungs- und Sozialisationsprozesses vorhandene Anlagen und Fähigkeiten aufzuwecken, zu entfalten und durch Erfahrungsvermittlung zu erweitern, so daß sie den Schüler befähigt, selbst – mit seinen Fähigkeiten – handelnd in die Gesellschaft einzugreifen und sie mitzuverwandeln. Dazu bedarf es bei denjenigen, welche die Fähigkeiten wecken sollen, nicht nur der Qualifikation, um diese Aufgaben zu erfüllen, sondern vor allem bestimmter sozialer Bedingungen, um sie zu leisten: Fähigkeiten bedürfen zu ihrer Entfaltung der Freiheit, sonst verkümmern sie.

Es kann beobachtet werden, wie jede nachfolgende Generation gegenüber der vorhergehenden etwas mitbringt, was sie auszeichnet: Was für eine bestimmte Zeit mühsamer Besitz weniger war, hat eine nachfolgende Zeit als leicht zu erwerbende Qualifikation aller oder doch vieler. Das gilt sowohl historisch wie auch für den Zeitraum nur weniger Jahre. Wenn der Lehrer auf das Spezifische achtet, das sowohl eine bestimmte Altersklasse als auch jeder einzelne Schüler jeweils neu offenbart, dann entwickelt er jenes pädagogische Gespür, das ihn befähigt, fähigkeitsweckend zu unterrichten. Alles dies setzt also ein bewegliches, anpassungsfähiges Sensorium beim Lehrer voraus, das der Normierung und Operationalisierung weitgehend entzogen zu sein scheint.

Dies – und nicht die Wissensvermittlung allein – stellt ein jeweils unverwechselbares Verhältnis innerhalb des Erziehungsprozesses her, es ist für die Fähigkeitsentfaltung von größter Bedeutung. Nur in einer offenen, freiheitlichen Situation werden sich die pädagogischen und persönlichen Bezüge entfalten. Zwar kann auch in einer schwierigen, unfreien Situation der Pädagoge aus eigener Kraft und Geistesgegenwart sachgerecht und für den Schüler förderlich handeln, wie er selbst unter Freiheitsbedingungen seine Aufgabe verfehlen mag. Doch dies sind individuelle, nicht soziale Tatbestände. Im sozialen Feld handelt es sich vor allem darum, daß der Zusammenhang von Organisationsform oder Struktur in seiner Wirkung auf das individuelle Handeln, wie es in der Schule notwendig ist, betrachtet wird. Wenn das innere pädagogische Gesetz von der persönlichen Förderung und Fähigkeitserweckung durch offene, d. h. nicht festgelegte Vollzüge völlig mißachtet werden würde, indem bestimmte Fertigkeiten, die instrumental eingesetzt werden sollen, von Wirtschaft und/oder Staat vom Schulwesen abgefordert werden, könnten sich folgenschwere Konsequenzen ergeben: Es würde dann «der freie Geist aus seinen Naturgrundlagen fortdauernd revoltieren. Die kontinuierliche Erschütterung des Gesellschaftsbaues wäre die notwendige Folge einer Ordnung, die aus der Leitung des Produktionsprozesses zugleich das Schulwesen organisieren wollte» (Steiner 24, S. 30).

Neben diesen anthropologischen Schwierigkeiten, in die ein fremdbestimmtes und sich nicht primär an der menschlichen Entwicklung orientierendes Schulwesen und dadurch die Gesellschaft geraten kann, ergeben sich weitere Widersprüche, wenn Gesichtspunkte des Gewordenen und Bestehenden, die in Staat und Wirtschaft herrschen müssen, mit der anthropologischen Entwicklung und ihrer Gesetzmäßigkeit kollidieren[1]. Die Schule hat den werdenden Menschen in seiner Autonomie zu respektieren, d. h. sie sollte sich in ihrem pädagogischen Handeln an dem Fähigkeitswesen und der Entwicklung des Kindes orientieren. Nicht durch Vorschriften und Reglementierung von außen durch eine Schulverwaltung, sondern allein durch die konkreten Erlebnisse am Kinde, die Kenntnis seiner persönlichen Situation sowie der menschlichen Entfaltung einerseits und der Erfahrung als Zeitgenosse und bewußter Angehöriger der Gesellschaft andererseits kann die Lehrerschaft zu einem gesunden Ausgleich der verschiedenen Anforderungen kommen, die dem Kind gerecht werden. Das setzt jedoch das Recht auf Selbstbestimmung voraus. Bisher war indessen im Schulbereich wenig von der notwendigen Freiheit verwirklicht. Das hat tiefere Ursachen in der neuzeitlichen Geschichte, die aphoristisch skizziert seien.

1. Die aufklärerische Bewegung brachte die Emanzipation von bestehenden kirchlichen Bindungen, zunächst im Bereich des Glaubens, der Wissenschaft, der Politik und zuletzt auch der Schule. Um der oft unsicheren Existenz in kirchlicher Abhängigkeit zu entkommen, war für den Lehrer eine schlecht bezahlte, aber durch die Fürsorgepflicht des hoheitlichen Dienstherrn beruhigende Stellung in staatlichen Diensten ein attraktives Ziel (Bunghardt). Im ausgehenden 19. Jahrhundert wurde es erreicht, daß eine breitere Volksbildung unabhängig von der Kirche verwirklicht werden konnte; der Lehrer bekam den Beamtenstatus (Prior). Hinter dem Beamtenlehrer steht die neue, inzwischen auch ansehnlichere Autorität des Staates statt der verblaß-

---

[1] Es ist eine grundlegende Erkenntnis: «Der Staat verkörpert das statische, das konservierende, das auf die Erhaltung der als von Gott gegeben legitimierten Ordnungen gerichtete Prinzip; die Gesellschaft stellt das dynamische, das sich ständig wandelnde, das fortschreitende Prinzip dar» (Bungardt, S. 27). Das gilt auch, wenn der Staat reformierend auftritt. Jede Reform bewegt sich – losgelöst von der Gesellschaft – auf einen Dynamismus oder, noch häufiger, auf eine Stufe reformierter Beharrung zu. «Gesellschaft» im hier gebrauchten Sinne ist Ausdruck der Funktion des Geisteslebens.

ten kirchlichen, vor ihm liegt die gesicherte Beamtenexistenz und – bei Wohlverhalten – ein Aufstieg in höhere Ränge der Titulatur und Bezahlung. Trotz der Kenntnis staatlicher Regulativpädagogik und der oft schikanösen Behandlung durch vorgesetzte Dienststellen schienen der Lehrerschaft die Vorteile schwerer zu wiegen, die ihnen der Staat gegenüber der Kirche vermitteln konnte. Damit kann historisch auf jenen noch genauer zu begründenden Widerspruch von sozialer Stellung und gesellschaftlicher Funktion des Schulwesens hingewiesen werden.

2. Durch den Beamtenstatus muß sich der Lehrer mit seinem Tun in ein bürokratisch-hierarchisches Gefüge einordnen, das als Organisationsform dem staatlich-kameralistischen Bereich entstammt, aber sich in seinen Ursprüngen durchaus auf die kirchliche Hierarchie zurückführen läßt. Was diese Organisationsform auszeichnet, ist ihre Rationalität, ihre große Leistungsfähigkeit, die auf der Schriftlich- und Aktenkundigkeit aller Anweisungen und Entscheidungen, der deutlichen Kompetenzabgrenzung, einer klaren Befehlskette usw. beruht. Max Weber hat die Gründe, warum sich dieses Organisationsmodell schließlich bis in die Schule hinein durchsetzte, klargelegt; er faßt sie folgendermaßen zusammen:

«Der entscheidende Grund für das Vordringen der bürokratischen Organisation war von jeher ihre rein technische Überlegenheit über jede andere Form. Ein voll entwickelter bürokratischer Mechanismus verhält sich zu dieser genau wie eine Maschine zu den nicht mechanischen Arten der Gütererzeugung. Präzision, Schnelligkeit, Eindeutigkeit, Aktenkundigkeit, Diskretion, Einheitlichkeit, straffe Unterordnung, Ersparnisse an Reibungen, sachlichen und persönlichen Kosten sind bei streng bürokratischer, speziell: monokratischer Verwaltung durch geschulte Einzelbeamte gegenüber allen kollegialen oder ehren- und nebenamtlichen Formen auf das Optimum gesteigert ... Kollegial organisierte Arbeit andererseits bedingt Reibungen und Verzögerungen, Kompromisse zwischen kollidierenden Interessen und Ansichten und verläuft dadurch unpräziser, nach oben unabhängiger, daher uneinheitlicher und langsamer» (Weber, II, S. 717).

Obgleich heute dieser Organisationstypus wesentlich kritischer und eingeschränkt gesehen werden muß[1], läßt sich fragen, ob die von Weber herausgearbeiteten Vorzüge die «Abhängigkeit von oben», die «Entmenschlichung», die «Ausschaltung von Liebe, Haß und allen rein persönlichen, überhaupt allen irrationalen, dem Kalkül sich entziehenden Empfindungselementen» auf die Dauer einen für das geistige Leben, insbesondere für die Pädagogik förderlichen Organisationsrahmen abgeben können. «Statt des durch persönliche Anteilnahme, Gunst, Gnade, Dankbarkeit bewegten Herrn der älteren Ordnungen verlangt eben die moderne Kultur für den

---

[1] Vgl. etwa Luhmann und Mayntz und dort angeführte Literatur.

äußeren Apparat, der sie stützt, je komplizierter und spezialisierter sie wird, desto mehr den menschlich unbeteiligten, daher streng ‹sachlichen› *Fachmann*» (ebd. S. 718). Trotz aller Vorzüge, welche die bürokratische Verwaltung aufweist, müßte es sich, recht besehen, verbieten, sie auf jenen Bereich zu übertragen, der es mit der Ausbildung von Fähigkeiten zu tun hat: auf die Schule.

3. Die Diskrepanz zwischen schulischer Tätigkeit und bürokratischer Verwaltung wird meist wenig bemerkt oder durch andere Zusammenhänge ständig überdeckt, hängt sie doch mit dem gesellschaftlichen Zwang zusammen, daß eine Bürokratie mit ihren verschiedenen Laufbahnen ihr Personal so zu rekrutieren versucht, wie es ihren Gesetzen entspricht. So wird ein verständlicher, gleichwohl wenig sinnvoller Druck auf das Schulwesen ausgeübt. «Erst die moderne Vollbürokratisierung bringt das rationale, fachmäßige Examenswesen zur unaufhaltsamen Entfaltung ... Was die Ahnenprobe als Voraussetzung der Ebenbürtigkeit, Stiftsfähigkeit und, wo immer der Adel sozial mächtig blieb, auch der staatlichen Amtsqualifikation in der Vergangenheit war, wird heute das Bildungspatent ... Der Ruf nach Schaffung von Bildungspatenten auf allen Gebieten überhaupt dient der Bildung einer privilegierten Schicht in Büro und Kontor» (ebd., S. 735 f.).

Gegenüber der eindeutigen gesellschaftlichen Entwicklung mit ihrer Ausbreitung bürokratischer Systeme, dem Berechtigungswesen und der zunehmenden Abhängigkeit der Schule von Staat und Wirtschaft nimmt sich die Forderung nach Autonomie und Selbstverwaltung des Geisteslebens zunächst weniger verständlich, vielleicht widerläufig-anachronistisch aus. Doch das Zukunftsweisende am Gedanken des befreiten Geisteslebens erschließt sich rasch: Erstens sind die aus dem Fähigkeitswesen des Menschen kommenden Erneuerungstendenzen für die Gesellschaft nur dann fruchtbar, wenn sie sich im Bildungsleben formen und entfalten können, sonst werden sie destruktiv und äußern sich in Revolten. Zweitens kann die neurotisierende Wirkung «sekundärer Systeme» (Freyer) nicht schon dadurch verhindert werden, daß man sie auf die Schule durch bürokratische Verwaltung überträgt. Drittens läßt sich durch Objektivierung und Operationalisierung – wie dies das Berechtigungswesen nahelegt – all das am Menschen gerade nicht erfassen, was seine spezifische Leistungsstärke ausmacht, nämlich sein schöpferisches Potential. So wird der funktionale Gedanke, daß sich unter Freiheitsbedingungen Fähigkeiten besonders gut entfalten, konstitutiv für die Sozialordnung in der Selbstverwaltung des Schulwesens. Allerdings fordert die Autonomie zugleich den Begriff der Verantwortung und gesellschaftlichen Bindung – aber nicht mehr als herrschaftliche Funktion verstanden. «Es gibt keine andere Möglichkeit, diese Aufnahme (von geistigen Leistungen in die Gesellschaft) in gesunder Art zu bewirken, als sie von der *freien Empfänglichkeit* der Menschen und von den Impulsen, die aus den individuellen Fähigkeiten selbst kommen, abhängig sein zu lassen» (Steiner 23, S. 56, Hervorhebung von mir).

Wenn das Schulwesen frei gedacht wird und die Lehrer ihre Tätigkeit selbst verantworten, dann fällt die bisherige Bindung an die hoheitliche und bürokratische Ordnung fort, welche die Einheit des Schulwesens zu sichern vorgab.[1] Darin liegt jedoch ein nicht zu übersehendes Risiko in vielfacher Hinsicht: Die Freiheit der Träger ist dann zwar institutionell und materiell gesichert, aber sie muß zugleich konkret verantwortet werden gegenüber den Menschen, die die Leistungen einer schulischen Einrichtung empfangen, und das sind die Schüler und Eltern. Konnte sich bisher der handelnde Lehrer auf Anordnungen, Lehrpläne ihm unbekannter Verfasser oder höhere Instanzen berufen, muß er von nun an selbst Überlegungen anstellen, um sein Handeln vor sich selbst und den Partnern verantworten zu können. Auch die Eltern werden zu aktiver Anteilnahme an der Schule, die sie für ihr Kind wählten, aufgerufen, denn erst im Verständnis und Vertrauen entsteht das notwendige Klima zwischen denjenigen, die geistige Leistungen erbringen, und denen, die sie abnehmen.

[1] Peter (S. 108) macht auf den amerikanischen Soziologen W. Waller aufmerksam, der seinerseits den von Steiner aufgewiesenen Widerspruch so formuliert (in: The Sociology of Teaching, New York, Wiley, 1932): daß Lernmotivationen «sehr weitgehend ein Produkt naher und freundlicher Beziehungen zwischen Lehrer und Schüler» seien. «Unterrichten fordert affektive Beziehungen zwischen Lehrer und Schüler, die der Durchführung bürokratischer Verwaltung fremd sind.» Die persönliche Zuwendung fördere Tendenzen zu einem persönlichen und partikularistischen Verhältnis von Lehrern und Schülern, die in einem deutlichen Widerspruch zu der («bürokratischen») Aufgabe des Lehrers stehen, die Leistungen der Schüler nach den Kriterien «gleichförmiger, vorgegebener Resultate» zu messen. Weil dieser paradoxe Zustand aber offenkundig von der Soziologie bisher nicht realisiert wurde, bildete sich jenes merkwürdige Verständnis des Lehrerberufes aus, das sich weitgehend in der reinen – bei gegebenem sozialen Kontext verständlichen, aber wenig verändernd wirkenden – Destruktion bewegt. Von Kob und Adorno bis Combe gibt es eine differenzierte Literatur, die wichtige Aspekte hervorholt, aber nicht bis zu den Erkenntnissen Rumpfs, Wallers oder Steiners vorstößt, nämlich bis zur Widersprüchlichkeit von Funktionen (Geistesleben) und Strukturen (staatliche Abhängigkeit). Diese Einsicht könnte Vorurteile, Deformationen, Tabus abklären helfen. Die ganze Problematik auszubreiten, verbietet der Rahmen unserer Überlegungen. Abschließend zur Charakteristik ein Satz H. v. Hentigs: «Die pädagogische Rolle des Lehrers – welche Wirkungen er auf die Kinder tut, die er unterrichtet, welche er tun könnte und sollte, welche Funktionen er *dabei* mit welchen Mitteln erfüllt und welche Vorstellungen er *dabei* von sich und seiner Arbeit hat –, das zu beschreiben und allgemein zu reflektieren scheint nur noch in der Negation zu gelingen: in der Anprangerung erwiesener Mißstände *in*, der Tabus *über* dem Lehrerberuf» (Schule als Erfahrungsraum, S. 34).

Kann man gegen diese Folgerung einwenden, daß dies jegliche Einheit des Bildungswesens sprengen und zu einer unübersehbaren Vielfalt und Differenzierung im Schulwesen führen müsse, so überzeugt das theoretisch, praktisch nicht, denn schon heute vermag allenfalls der Fachmann das Bildungswesen zu übersehen; seine Einheit ist lediglich eine rechtlich-fiktive, die durch den Gedanken staatlicher Schulaufsicht genährt wird. Wäre nämlich die Vielgestaltigkeit geringer – sie ist oft eine der Organisationsformen, weniger eine der gelehrten Inhalte –, würden die Widersprüche der Gesellschaft anwachsen (Heydorn). Es darf nicht übersehen werden, daß ein gegenüber den Eltern verantwortetes Schulwesen bei aller möglichen Vielfalt doch zu einer inneren Einheitlichkeit tendieren wird, die aus der Teilhabe und dem sich daraus ergebenden öffentlichen Kommunikationsprozeß resultiert. Dadurch, daß «nicht nur die Hervorbringung, sondern auch die Aufnahme dieses Geisteslebens durch die Menschheit . . . auf dem freien Seelenbedürfnis» (Steiner 23, S. 58) beruht, verändert sich die gesamte kulturelle Situation, das geistige Klima. Aus sich wird das Geistesleben zu Einrichtungen kommen, die bestimmte notwendige Ordnungsfunktionen erfüllen (Kulturrat).

Diese Freiheit für das Schulwesen, die auf der Empfänglichkeit und dem Verständnis der Empfänger der Leistungen beruht, bedarf auch eines anderen institutionellen Organisationsrahmens als das abhängige Bildungswesen. Denn die gegenwärtige Verwaltungsform resultiert aus dem Herrschaftsanspruch der hoheitlichen Gewalt über die Bildungseinrichtungen. Die *Selbstverwaltung* ist gegenüber der *herrschaftlichen* Verwaltung die neue Form: «Selbstverwaltung ist ihrem Ursprung nach *genossenschaftliche* Verwaltung. Sie ist Wahrnehmung der Gemeinschaftsaufgaben eines Verbandes Gleichberechtigter . . .» (Kreutzer, S. 256).

Während das Herrschaftsprinzip bürokratischer und hoheitlicher Verwaltung den Machthaber über den Adressaten setzt, d. h. ihn subordiniert, sind im Genossenschaftsprinzip beide identisch: der Adressat wirkt an der Willensbildung gleichberechtigt mit. So hebt sich in der genossenschaftlichen Verwaltung das herrschaftliche Prinzip durch die Identität von Machthaber und Machtunterworfenen auf.

Für das geistige Leben, in welchem es nicht um Herrschaft, sondern um *Fähigkeiten* und ihre Entfaltung geht, erscheint allein das «herrschaftsfreie» Selbstverwaltungsprinzip angemessen. Was an möglicher Isolierung und geistiger Verengung wie an Herrschaft oder Amtsautorität gedacht werden könnte, weil zunächst nur diejenigen in die Selbstbestimmung einbegriffen sind, die bestimmte Leistungen erbringen, muß durch das Prinzip der *freien Wahl geistiger Leistungen* wettgemacht und aufgehoben werden. Das bedeutet, daß zwischen den Leistungsträgern – institutionell gesehen – ein Wettbewerb besteht, so daß der Abnehmer machtauslöschende Wahlmöglichkeiten hat. «Mit dem Übergang zur parlamentarischen Demokratie verlor der Selbstverwaltungsgedanke als politisches Prinzip seine ursprüngliche Stoßkraft. Nach dem Zweiten Weltkrieg jedoch erfuhr er seine Wiederbelebung aus der Erfahrung, daß selbst ein demokratisch regiertes Staatswesen obrigkeitsähnliche Herrschaft ausübt, wenn seine Verwaltung immer weitere Lebensbereiche umfaßt. Die Tendenz, eine Identität der Verwaltenden mit den Verwalteten herzustellen, legitimiert auch in der Demokratie die Herauslösung übersehbarer Verwaltungskomplexe aus der umfassenden staatlichen Verwaltungsapparatur» (ebd.).

Der Selbstverwaltungsgedanke ermöglicht es, herrschaftsfreie Räume aus dem hoheitlichen Bereich des Staates auszugliedern, zumal der Staat diesen Bereich nicht voll ausfüllen kann. Denn im Grunde entzieht sich alles, was den Fähigkeiten entstammt, einer inhaltlich-verwaltungsmäßigen Festlegung. Deshalb kann allenfalls die Form herrschaftlich gestaltet sein, die dann aber auf die Inhalte zurückwirkt. Es wird als selbstverständlich angesehen, daß der Staat die «freie» Forschung und Lehre verwaltet. «Man beachtet ... nicht, wie eng verbunden der *Inhalt* des geistigen Lebens ist mit dem innersten Wesen des Menschen, in dem er sich entfaltet.» So prägt die Form der Verwaltung letztlich auch den Inhalt selbst mit. Und die Inhalte der Wissenschaft – in den technischen weniger, in den sozialen und historischen Wissenschaften überdeutlich – wandeln sich oft «unmittelbar vom Staat beeinflußt» zu Ideologien (Steiner 23, S. 57). Aus diesen Gründen läßt sich eine Freiheit für kulturelle Leistungen nur im Rechtsrahmen der Selbstverwaltung denken, wobei vor allem das politische Substrat des Gedankens, nämlich die Identität von Verwaltenden und Verwalteten, im Vordergrund stehen sollte, weniger die juristisch-technischen Attribute.

Selbstverwaltung bedeutet zunächst rechtliche Unabhängigkeit und erst in zweiter Linie Selbstgestaltung der Organisations- und Verwaltungsform durch die im Bildungswesen Tätigen. Ihnen stehen die Eltern gegenüber; sie bilden gleichsam das die Leistungen abnehmende Publikum, das die Tätigkeit der Schule kritisch-verständnisvoll begleitet, so daß jede freie Schule ihre Öffentlichkeit hat, der gegenüber sie sich verantwortet: die Elternschaft. «Innerhalb einer solchen Selbstverwaltung werden sich aus dem Geistesleben die Gesichtspunkte ergeben, durch welche die rechten Menschen an die rechten Stellen gebracht werden und durch welche an die Stelle von Gesetz und Verordnung das unmittelbar lebendige Vertrauen gesetzt werden kann. Den an der Volkserziehung beteiligten Personen werden solche Gesetze und Verordnungen keine Erziehungsziele weisen» (Steiner 24, S. 94).

In kaum einem anderen Bereich des gesellschaftlichen Handelns ergeben sich derartige Diskrepanzen wie im Bildungsleben, wenn die Zielsetzung des eigenen Tuns durch fremde Instanzen erfolgt. Steiner weist wiederholt darauf hin, daß die Abstraktionsfähigkeit von drei Menschen heute völlig ausreicht, um ein vorzügliches Bildungskonzept für das gesamte Schulwesen auszuarbeiten. «Man kann wunderbare Paragraphen ausarbeiten, die dann einen Idealzustand des Erziehungswesens darstellen würden, und man kann dann das zum Gesetze machen, das Gesetz kann realisiert werden. Es ist ganz gleichgültig, ob es drei Menschen oder dreihundert Menschen machen, es wird immer sehr gescheit sein, denn die Menschen sind ja sehr klug, wenn sie in Abstraktionen etwas zusammenfügen» (199, 5. 9. 20). Soweit die Handelnden aber nicht als selbständige, unabhängige Persönlichkeiten sich im eigenen Tun verwirklichen können, wie dies in einem emanzipierten Geistesleben der Fall ist, scheitern Lehrpläne und Instruktionen zumindest an jener Stelle, wo es um den Einsatz, pädagogisches Engagement und Ethos, um den erzieherischen Prozeß geht. Nicht aber von abstrakten und wohlklingenden Postulaten, sondern von konkreten Handlungen hängt das Bildungswesen ab. Deshalb ist Zielsetzung und Handlung hier nicht zu trennen. Die Identität von Verwaltenden und Verwalteten – ob erkannt oder nicht – entscheidet letztlich über die Leistungsfähigkeit der Bildungseinrichtungen.

Nun könnte der Verdacht gehegt werden, ein sich selbstverwaltendes Geistesleben löse sich von der übrigen Gesellschaft zu weit, weil es sich etwa allein an der menschlichen Natur orientiere. Nicht nur die menschliche Entwicklung selbst ist immer sozialbestimmt, sondern auch die Selbstverwaltung. Wer in ihr mit Verwaltungsaufgaben bekannt wird – und das ist innerhalb der Kollegialordnung jeder –, bindet sich in eine Wirklichkeit ein, die von Sachgesetzen bestimmt wird wie nur irgendein anderer Teil gesellschaftlichen Lebens. Erst recht gilt dies, wenn in der Berufsausübung jene Flexibilität erreicht wird, daß ein Übergang von anderen Berufen in den Lehrberuf und umgekehrt möglich wird. Um dieser notwendigen Erfahrung willen darf die Verwaltungsorganisation nicht von der Lehrtätigkeit als wesensfremd oder ineffizient abgelöst werden.

Das Schulwesen als Ganzes ist bisher nicht im Sinne der Dreigliederung des sozialen Organismus frei, sondern steht weiterhin unter der Aufsicht des Staates, die mehr als nur die Forderung nach formal-rechtlicher Kontrolle umschließt (Art. 7 GG). Der ursprüngliche Ansatz der Dreigliederungsbewegung, aus den politischen Gegebenheiten der Jahre 1918/19 hervorgegangen, über Volksabstimmung und Verfassungsrecht eine Befreiung des Geisteslebens zu erreichen, scheiterte, so daß bis heute der notwendige gesellschaftliche Kontext für ein freies Geistesleben fehlt. Darum stellt sich für denjenigen, der in einem freien Geistesleben einen adäquaten Ausdruck für heilsame gesellschaftliche Funktionen sieht, die Frage, wie fortan für eine Gesellschaftsänderung im Sinne der Dreigliederung gewirkt werden könne.

40

Vor den Lehrern analysiert R. Steiner die Situation am 31. Januar 1923 so, daß er feststellt, für Tätigkeit auf politischem Gebiet sei es nun zu spät, statt dessen müsse man sehen, «daß man in Zukunft für Europa und für die gegenwärtige westliche Zivilisation nur noch etwas tun kann durch *die Förderung des Geisteslebens als solches.* Von da aus muß alles übrige ausgehen. Es ist nur möglich, das Geistesleben zu fördern...» (K 6, S. 32a, b).

Ist damit ein Weg gewiesen, auf dem – anders als in der Situation der Revolution – evolutionär für die Dreigliederung gewirkt werden kann? Sicher. Wenn auch das freie Geistesleben – gesamtgesellschaftlich gesehen – eines entsprechenden Zusammenhanges auf rechtlicher und wirtschaftlicher Ebene bedarf, kann es sich doch auch in seiner gesellschaftlichen Funktion unter eingeschränkten Bedingungen entwickeln und verändernd auf die Gesellschaft zurückwirken. Wäre dies nicht möglich, würde Steiners Hinweis, fortan das Geistesleben zu fördern, um etwas zur Verwirklichung für den dreigliedrigen gesellschaftlichen Organismus zu tun, der Realistik entbehren. Darum soll hier zunächst zwar der Begriff «freies Geistesleben» als verfassungsmäßiger Zustand im dreigliedrigen Organismus verstanden werden, aber zugleich auch zur Kennzeichnung für jene modellhafte Funktion dienen, wie sie einzelne Einrichtungen mit dem sich in ihnen entfaltenden Geistesleben haben können, wenn sie sich selbst zu bestimmen vermögen. Diese lockere Begriffsfassung ist aus wenigstens zwei Gründen zu rechtfertigen: einerseits, weil unter den gegenwärtigen tatsächlichen Rechtsverhältnissen etwa eine Schule in freier Trägerschaft öffentliche Aufgaben erfüllt und damit nicht mehr «privaten» Charakter trägt, andererseits wurde aus funktionellen Gründen das Geistesleben derartig vielgestaltig, daß jedes einzelne «System», das Leistungen (Bildungsangebote) erbringt, einer fremden, in keinem Fall von ihm völlig beherrschbaren Umwelt gegenübersteht. Dies bedeutet aber, daß das Risiko, dem die Existenz gesellschaftlicher Einrichtungen in einem freiheitlich verfaßten Kulturleben ausgesetzt ist, heute zunehmend auch auf von hoheitlichen Trägern betriebene Einrichtungen übergreift. So wird nicht mehr das Verhältnis der Institution oder des Systems zur Umwelt zum allein entscheidenden Kriterium für die Freiheit, sondern vor allem die innere Verfaßtheit der Einrichtung, d. h. die Art der Selbst- oder Fremdbestimmung. Wichtig wird über das formale, rechtliche Merkmal der Autonomie hinaus, ob die Leistungen, die erbracht werden, der Eigenverantwortung entstammen oder nicht. Nur durch diesen Ansatz kann verstanden werden, daß auch eine einzelne Einrichtung schon etwas im Hinblick auf die Funktion des gesellschaftlich freien Geisteslebens verdeutlichen kann. Diese Bedeutung eines Modells oder Signals für das freie Geistesleben schrieb Steiner der Waldorfschule zu. Durch die Namengebung mit dem Adjektiv *frei* soll diese Modellfunktion verdeutlicht werden, «frei» vergegenwärtigt nichts anderes als «Staatslosigkeit, die Begründung der

Schule ohne den Staat». Auch in der Namengebung weiterer *Freier* Waldorfschulen müßte «zum Ausdruck kommen dieses Prinzip des staatslosen,
des aus dem freien Geistesleben geschaffenen Schulwesens» (K 2, S. 101).

Dadurch, daß einzelne freie Schulen durch ihre Existenz und Verfassung
sowie durch ihre besondere pädagogisch-didaktische Leistung in einem
reglementierten Zusammenhang stehen, machen sie durch ihre Arbeit und
Fruchtbarkeit zugleich auf die spezifischen Bedingungen des geistigen Lebens aufmerksam: Das Geistesleben wird um so produktiver, je freiheit-
licher die Bedingungen für die Schulen werden. In der Leistung freier
Schulen wird dokumentiert und bezeugt, wozu ein gesamtgesellschaftliches
freies Schul- und Geistesleben befähigt wäre. So kann aus der Bewegung
freier Schulen, die in ihrer Bedeutung erkannt und von immer mehr Menschen verstanden werden, sich eine große Bewegung nach der Freiheit des
Geisteslebens, nach Freiheit und Autonomie der Schule bilden – als ein Teil
der Dreigliederungsbewegung (vgl. K 2, S .129).

In diesem Sinne konnte R. Steiner schon 1919 die eine Freie Waldorfschule in dieser Funktion als Zeugen eines freiheitlichen Kulturlebens, als
«den geistigen Teil des dreigliedrigen Organismus» bezeichnen, während
eine ähnlich modellhafte Funktion für das politische Leben dem Bund für
Dreigliederung sowie den wirtschaftlichen Gründungen des «Kommenden
Tags» für die assoziative wirtschaftliche Ordnung zukommen sollten. Diese
besondere Modellaufgabe hat sich die Waldorfschule bewahrt, sie spricht
in ihrer Sozialordnung die Forderung nach der Befreiung des ganzen geistigen Lebens aus. Der gesellschaftspolitische Zusammenhang, der besteht,
muß zugleich für das Selbstverständnis wie für die Öffentlichkeit von den
die Schule tragenden Gruppen erhellt werden. Insbesondere, wenn der umfassendere Gedanke der Dreigliederung dargestellt wird, ist es wichtig, die
Charakteristik und Sozialgestalt der Waldorfschule sachlich darzustellen.

Wir können jetzt noch einmal fragen, ob es gerechtfertigt ist, den Begriff
des freien Geisteslebens nicht nur einer verfassungsmäßigen Ordnung im
Sinne der Dreigliederung vorzubehalten, sondern ihn auch für die Tätigkeit
und Leistungen freier Institutionen zu verwenden. Gerade wenn auf die
evolutive Komponente innerhalb gesellschaftlicher Änderung geachtet wird,
die auch schon dann wirkt, wenn die gesellschaftlichen Strukturen noch das
überkommene Bild aufweisen, kann der kommende Zustand, das Neue der
Entwicklung symptomatisch schon vorher auftreten, als gesellschaftlich
freies Geistesleben unter verfassungsrechtlich keineswegs schon umfassend
freiheitlichen Bedingungen. Als Beispiel weist das Einzelne auf ein sich
Entwickelndes. So vergegenwärtigt die Waldorfschule als freie Einrichtung alle Merkmale eines Geisteslebens, das unter freien Bedingungen sich
zwar noch verändern wird, aber in den Grundzügen erhalten bleibt: rechtliche Autonomie, Selbstverwaltung, Bestimmung der Lehrinhalte und

-Methoden durch die Lehrenden selbst usw.[1] Vergleichsweise gesprochen und damit einen Begriff R. Steiners aufgreifend, ist es im sozialen Organismus so, daß sich diese Art des freien Geisteslebens in einer Institution unter sonst unfreien Bedingungen verhält wie der embryonal-kindliche Typus zur vollentfalteten Art oder Gattung. Wie ein Neugeborenes in den Merkmalen und Anlagen alles enthält, was beim adulten Typus lebens- und leistungskräftig entwickelt ist, so die einzelne Freie Waldorfschule an Geistesleben das, was die Anlage zu einem gesellschaftlich freien ausmacht. Was an Unterschieden besteht, verhält sich wie der einzelne juvenile Organismus zur voll entfalteten Gattung oder Art. Die wirklichen Lebensbedingungen werden in ihrer Dynamik erfaßt, wenn sich das Denken an der lebendigen Welt der Organismen, ihren Funktionen und ihrer Entwicklung schult (Steiner 190, 21. 3. 19).

---

[1] Dies gilt generell für die innerorganisatorische Selbstbestimmung, nicht aber schon für die Finanzierung und die Wahlfreiheit der Eltern (s. entsprechende Abschnitte unten).

II. Das Modell der neuen schulischen Konstitution

Es ist so süß, sich Verfassungen auszudenken.   *Kant*

Und jede Organisation ist ja schließlich für das, was lebt, ein Kleid ...
Was leben will, muß sich wandeln,
und eigentlich ist nur, was sich wandelt, lebensvoll.   *Steiner*

1. Schulische Aufgabe und soziale Gestaltung

a) Überlieferungen

Wenn heute eine Schule neu gegründet werden soll, so geht dieser Gründung eine Planungsphase voran. In ihr beschäftigen sich speziell dafür eingerichtete Planungsgruppen aus Fachleuten mit der Neukonzeption. Sie verarbeiten für ihre Planung pädagogische Erfahrungen und wissenschaftliche Erkenntnisse. Was dabei entsteht, ist ein «Modell», das dann in die «Praxis» übersetzt werden muß. Die theoretische Ausarbeitung und Begründung eines solchen Modells erfolgt aus der Distanz und Reflexion, es ist notwendigerweise theorieverhaftet und abstrakt. Für die Praxis selbst kann das Modell durchaus handlungsleitend sein. Zu dieser Art der Modellbildung gehört es, daß sie ihr Konzept schriftlich fixieren kann. Es liegt auf der Hand, daß ein so gewonnenes Modell von vielen Faktoren, die das tägliche Leben, also die Praxis mit sich bringt, absehen muß. Die Dimension des Historischen sowie die in die Zeit eingebundenen Gegebenheiten, das Einmalige jeder Situation nach Zeit und Ort geht ihm weitgehend verloren, denn das läßt sich nicht planerisch erfassen.

Nicht so «abstrakt» sind die Gegebenheiten bei der Gründung der Waldorfschule. Sucht man bei ihrer Verwirklichung nach vorangehenden planerischen Komponenten, so findet man durchaus auch bestimmte gedankliche Vorleistungen und Überlegungen. Sie gewinnen aber nie die «planerische Konkretheit» eines Handlungsprogramms, wie im zuvor beschriebenen Modell. Die Vorüberlegungen geben lediglich Richtungen an, in denen praktisch gearbeitet werden kann und soll, nicht aber konkrete Handlungsanweisungen. Man könnte hier von einer *Idee* sprechen.

Ein Modell in diesem Sinne konkretisiert sich erst dann, wenn die großen, umfassenden, richtungweisenden *Urgedanken,* die Neues im Handeln bewirken wollen, in das Leben umgesetzt werden. Der Ideengehalt wird dann allerdings nicht durch planende Vorstellung konkretisiert, sondern vornehmlich durch Willensimpulse, die die historische, räumliche, soziale Situation berücksichtigen.

Jede Tat hat eine Genese, die außerhalb des Sichtbaren liegt. Denn Handlungen sind immer Gestaltungen, in denen die Überlegungen, Empfindungen, die Motive anschaulich werden. Durch die Tat wird eine Idee oder Erkenntnis der Wirklichkeit einverleibt, und diese Wirklichkeit ist dann als Handlungsfolge sichtbar – als *Modell.* Die ideellen Grundlagen für eine «neue» Schule waren durch die Menschenerkenntnis und die Sozialanschauung R. Steiners schon länger gegeben. Emil Molt (1876–1936), der die Steinerschen Gedanken ebensogut kannte, wie er bewußt die Zeitereignisse miterlebte, war es gegeben, jene Schritte zu tun, die schließlich zur Schulgründung führten.[1] Als tatkräftiger und zugleich erfolgreicher Unternehmer war er mit der sozialen Not seiner Gegenwart wohl vertraut. «Er hatte sich aus der Armut und Einsamkeit heraufgearbeitet, hatte seine eigene Fabrik gegründet, die Waldorf-Astoria-Zigarettenfabrik, und war jetzt deren Generaldirektor. Mit großer Kraft des Willens stand er wach in der handgreiflichen Welt des Wirtschaftslebens darinnen. Aber in der Tiefe seiner Seele und in seinen reichen Gemütskräften war er ein treuer und nie erlahmender Sucher nach dem Tieferen und Wahren, nach den geistigen Gründen des Lebens» (Gabert, S. 8). Er war schon seit 1903 Schüler Rudolf Steiners. In patriarchalischer Art hatte er soziale Einrichtungen in seinem Betrieb geschaffen, so z. B. Arbeiterbildungskurse. Als die Arbeiter sich für diese Kurse zu alt vorkamen, plante er eine Schule für die Kinder seiner Arbeiter, er wollte «damit zugleich für gute Nachwuchskräfte sorgen» (ebd. S. 9).

Die Schule konnte am 7. September 1919 feierlich eröffnet werden, der eigentliche Unterrichtsbeginn war dann am 16. September. Für die Gründung – von der Idee bis zur Wirklichkeit – standen also knapp vier Monate zur Verfügung, eine Zeit, die es ausschloß, «Nebengedanken» – wie etwa nach der Konstitution – systematisch zu verfolgen.

Die Schwierigkeiten, denen sich das Unternehmen einer aus freier Initiative entstehenden Schule gegenübersah, sind heute nur schwer zu ermessen. Denn welche Voraussetzungen sind notwendig, damit die Schule wirklich *frei* sein kann? Nähern wir uns dem Problem von den – offenkundig banalsten – Äußerlichkeiten. Schon die äußere «Leiblichkeit», das Grundstück, die Gebäude, fordern bedeutende Anstrengungen. Die öffentliche Hand hatte sich 1919 der Hilfe auf diesem Gebiet versagt. Wo kein öffentlich-rechtlicher Träger mit hoheitlicher Gewalt oder mit finanzieller Kraft hinter einer Schule steht, kann das bereits eine Gründung unmöglich machen. Für den Beginn hatte der Betriebsrat der Waldorf Astoria aus einem Fonds hunderttausend Reichsmark zur Verfügung gestellt. Die Gebäude und das Gelände wurden jedoch von Molt aus seinem Privatvermögen bezahlt, ebenso der Umbau des Geländes für schulische Zwecke.

Was allerdings noch hemmender den Weg verstellte als die wirtschaftlichen Voraussetzungen, waren die *rechtlichen* Gegebenheiten – sie waren damals unvergleichlich restriktiv und vom Geist des Obrigkeitsstaates geprägt. Das Schulwesen war ja schließlich erst mühsam der kirchlichen Aufsicht entzogen und der staatlichen unterstellt worden. Vor diesem Hintergrund gab es kaum Platz für eine freie Schule. Doch war durch die Revolution im November 1918 das überkommene Staatssystem erschüttert worden,

---

[1] Vgl. Zur Entstehung der ersten Waldorfschule: Hahn; Molt; Tautz.

und bestimmte Lockerungen waren eingetreten. Der neue sozialdemokratische Minister Heymann fand, als ihm der Gedanke der Schulgründung vorgetragen wurde, an dem «zugrunde liegenden sozialen Gedanken» Gefallen (Molt). Da nun die alte monarchische Verfassung außer Kraft gesetzt war und die Weimarer Verfassung von 1919 noch keine Rechtskraft erlangt hatte, galt in Württemberg ein Schulgesetz aus dem Jahre 1836. Darin heißt es in Artikel 26: «Privatanstalten können, wenn die Benützung derselben von dem Besuch der öffentlichen Schulen befreien soll, mit Genehmigung des Oberschulrates eingerichtet werden.» Sie wurde zunächst vorläufig erteilt, endgültig am 8. März 1920 nach einer Inspektion durch die Aufsichtsbehörde. So ergaben sich schließlich die rechtlichen Voraussetzungen für den Betrieb der freien Schule.

Mehr noch als an den finanziellen Fragen entscheidet sich die Frage der Selbstverwaltung und Autonomie an den rechtlichen Bedingungen. Betrachten wir noch die soziologischen Barrieren, welche sich als hinderlich für die Entfaltung einer freien Schule erweisen. Wenn die staatliche Schule als Regelschule zu gelten hat, wie das in Deutschland spätestens seit der Bismarckzeit der Fall war, wird – in der Wertschätzung und sozialen Beurteilung – die freie Schule in die Rolle des Außenseiters gedrängt. Sie mobilisiert dann alle jene Vorurteile, die bei Normabweichung innerhalb der Gesellschaft immer aufkommen, und konzentriert sie gegen sich. Dadurch entstehen – unabhängig von einer möglichen wirtschaftlichen Sonderstellung, die die Schule einnimmt – Barrieren, die den Zugang zu ihr behindern. Zwar wird einer freien Schule von ihren Eltern, weil sie von ihnen gewählt werden kann, größeres Vertrauen entgegengebracht werden als einer Schule, die sich der Wahlfreiheit entzieht. Aber wie ist es bei einer Schule, die sich erst noch bewähren und durch «Leistung» ausweisen muß? Wird sie nicht Sammelbecken für schwierige «Fälle»? Von Molt wurde ursprünglich mit 150 Kindern gerechnet. Der Zustrom erwies sich aber als wesentlich größer, so daß schließlich die räumliche Aufnahmekapazität eine Grenze setzte. Die Schule begann mit 8 Klassen, 12 Lehrern und 256 Kindern, davon waren drei Viertel Kinder von Werksangehörigen, für welche die Firma Schulgeld und Lernmittel bezahlte. Mit wachsender Gesamtschülerzahl nahm aber diese Gruppe der Kinder ab. Nach sechs Jahren wurden bereits 23 Klassen mit 784 Kindern geführt. Die Gründung traf auf das Verständnis und Bedürfnis einer beachtlichen Elterngruppe. Gleichwohl stellte sich schon damals die Frage, ob nicht vorwiegend bildungsmotivierte Elternhäuser oder solche mit schwierigen Kindern Zugang zur Schule suchten. Ein Gleichgewicht wurde allerdings durch die Kinder von Werksangehörigen gehalten.

Eine Schule, die sich selbst bestimmen soll, stößt, auch wenn die rechtlichen Regelungen eine sich selbst verwaltende freiheitliche Einrichtung zulassen, dort an Grenzen, wo die Aufsichtspflicht des Staates so extensiv verstanden wird, daß sie nicht nur formale, sondern auch inhaltliche Kontrolle darunter begreift. Das zeigt sich an der Lehrer- und Lehrplanfrage. Hier entscheidet sich, ob und wie weit der Staat über die reine *rechtliche* Aufsicht (Hygiene, Verstöße gegen geltende Gesetze usf.) in die geistige Selbstbestimmung hineingreift. Zugleich wird daran erlebbar, daß nicht eine oder mehrere sich selbst verwaltende Schulen bereits ein freies Geistesleben in der Gesellschaft ausmachen. Dazu hätte sich die gesamte Struktur im Sinne einer Befreiung des Geisteslebens mit autonomen und sich selbst verwaltenden Institutionen zu ändern (vgl. S. 40 ff.). Die Vereinbarung mit der Unterrichtsbehörde schrieb seinerzeit zwingend vor, daß nur Lehrer angestellt werden durften, welche die «Behörde nach Kenntnissen und Sittlichkeit für befähigt erkennt». Obgleich alle Lehrer, die von der Schule vorgeschlagen wurden, als befähigt anerkannt wurden, gefährdete dieser Vorbehalt doch prinzipiell die Selbstbestimmung der Schule.

Noch gravierender werden die durch das Rechtsleben kommenden Eingriffe dort, wo die Schule ihren Lehrplan nicht frei bestimmen kann. Der Waldorflehrplan war allein den Bedürfnissen des heranwachsenden Menschen abgelesen, er verzichtete weitgehend auf bloß pragmatisch-utilitäre Zielsetzungen. Obgleich das Schulgesetz nichts Zwingendes über eine Vergleichbarkeit des Lehrplans vorschrieb, wurde von der Behörde doch darauf gesehen, daß eine Vergleichbarkeit gewährleistet war, die sehr leicht als Gleichartigkeit zur bestimmenden Norm werden konnte. Um den behördlichen Forderungen entgegenzukommen, wurde ein Vorschlag von Rudolf Steiner beim Ministerium eingereicht; davon hat sich folgender Entwurf erhalten: «Das Lehrerkollegium der Waldorfschule möchte den Unterricht methodisch in der Art gestalten, daß ihm für die Gliederung des Lehrstoffes innerhalb der drei ersten Schuljahre völlig freie Hand bleibt: dagegen wird es bestrebt sein, mit dem Abschluß des dritten Schuljahres die Kinder einem Lehrziele zuzuführen, das ganz übereinstimmt mit demjenigen der 3. Klasse der öffentlichen Volksschule. Diese Absicht soll so durchgeführt werden, daß ein aus der 3. Klasse der Waldorfschule etwa abgehendes Kind in die 4. Klasse einer anderen Volksschule ohne Störung übertreten kann. Im 4., 5. und 6. Schuljahr soll wieder die Gliederung des Unterrichts frei vorgenommen werden können. Mit dem vollendeten 6. Schuljahre sollen die Kinder bei dem Lehrziele der 6. Volksschulklasse und zugleich bei dem einer höheren Schule angekommen sein, das klassengemäß dem vollendeten 12. Lebensjahre entspricht. Dasselbe soll gelten für die Gliederung des Lehrstoffes und Erreichung des Lehrzieles bis zum vollendeten 8. Schuljahre. Die Kinder sollen realschulmäßige Lehrziele vollendet erreichen und auch befähigt werden, in die dem Alter entsprechende Klasse einer anderen höheren Schule überzutreten. Freie Hand erbittet sich das Lehrerkollegium nur für die Gestaltung des Unterrichts auf jeder der drei von ihm festgelegten Stufen: 1. Schulanfang bis zum vollendeten 9. Lebensjahre; 2. von diesem bis zum vollendeten 12. Lebensjahre; 3. von diesem bis zur Vollendung der 3. Stufe. Am Ende dieser Stufen sollen die den öffentlichen Schulen vorgeschriebenen Lehrziele auch von der Waldorfschule erreicht werden» (zitiert nach Gabert, S. 15 f.).

Obgleich in den Fragen, die das geistige Leben innerhalb der Schule unmittelbar berühren, Kompromisse geschlossen werden mußten und eine Gleichartigkeit im Leistungsergebnis, nicht im Weg dahin, eingeräumt wurde, war die Situation doch recht günstig. Mit der Weimarer Verfassung vom 11. August 1919 änderte sich das Verhältnis, denn dort war im Artikel 147 die Bestimmung vorgesehen, daß private Schulen nur dann staatlich genehmigt werden konnten, wenn sie in ihren Lehrzielen, Einrichtungen und in der wissenschaftlichen Ausbildung ihrer Lehrer nicht hinter den staatlichen Schulen zurückstanden. Das bedeutete eine feste Bindung, die sich nicht mit einer Gleichwertigkeit begnügte, obgleich die Lehrziele verschiedener staatlicher Schultypen nicht identisch, sondern «nur» gleichwertig waren. In den folgenden Jahren wurde der Besuch der unteren vier Klassen der staatlichen Volksschule für alle Kinder verbindlich. «Private» Volksschulen der Klasse 1-4 sollten geschlossen werden. Schließlich erkannte aber die Unterrichtsverwaltung 1926 ein besonderes pädagogisches Interesse an den Klassen 1-4 der Waldorfschule an, so daß der Schulbetrieb ungestört und in vollem Umfang weitergehen konnte.

Zur sich selbst verwaltenden freien Schule gehört es, daß sie selbst über die Anstellung der Lehrer entscheiden kann. Schreibt nun der Staat vor, was für ein unfreies Bildungswesen verständlich ist, welchen normierten Ausbildungsgang die Lehrer absolviert haben müssen, damit sie auch an einer «freien» Schule unterrichten können, übt er ein Kontrollrecht aus, das prinzipiell die Selbstverwaltung und damit den Ansatz der Befreiung des Kulturlebens aushöhlt. Freiheit der Institution in rechtlicher Hinsicht muß deshalb neben der freien Schülerwahl und Gestaltungsfreiheit (Inhalte, Methoden, Unterrichtsorganisation) immer die *Freiheit der Lehrerwahl* einschließen. Ihr kommt in dreifacher Hinsicht fundamentale Bedeutung zu. Einmal ergibt sich aus der Sozialanalyse, wie sie von Steiner gegeben wurde, daß am Zusammenbruch des Reiches wie am Kriegsausbruch, an den Wirren der Weimarer Zeit ursächlich die «selbstlaufenden Denkgewohnheiten» beteiligt waren. Diese Denkgewohnheiten aber wurden im Erziehungssystem veranlagt. Das überkommene Bildungssystem sah davon ab, die Keimkräfte eigener Gedanken, eigener Empfindungen, eigener Impulse zu entwickeln. Abweichendes Denken war ebensowenig geschätzt wie eine schöpferische, ungewohnte Weltsicht. Gerade aber auf der untersten Schulstufe sind jene Impulse «eingeimpft» worden, die den universal und breit veranlagten Menschen zu einem auf die Obrigkeit blickenden, abhängigen Wesen machten. Der im Volksschulsystem Erzogene folgt blind der Obrigkeit. «Es ist ein Zusammenhang zwischen all dem, was heute so furchtbar vor unsere Augen tritt, und dieser falschen Erziehung, dieser Erziehung, die den Menschen nicht frei und selbständig macht, weil sie selbst nicht frei und selbständig ist» (Steiner 192, 1. 6. 19). Freiheit als Erziehungsziel ist nur möglich, wenn ein freier, unabhängiger, d. h. aber auch institutionell frei berufener Lehrer unterrichtet.

Zum anderen aber liegt im Genehmigungsrecht der Schulbehörde gegenüber dem Lehrer eine Fremdbestimmung, welche die eben errungene und eingeräumte formelle Selbständigkeit der freien Schule materiell wieder aufhebt. «Es kann nichts Ruinöseres geben für eine wirklich sachgemäße Entwicklung des Geisteslebens als eine solche amtliche oder halbamtliche Schulaufsicht. Dasjenige, was Bedürfnis des Geisteslebens im Schulwesen ist – und derjenige, der in die Dinge innerlich hineinschaut, der könnte das wissen –, was zu einer wirklich gedeihlichen Fortentwicklung notwendig ist, das erfordert eine Rücksichtnahme auf alle einzelnen Augenblicke, die sich ergeben aus dem lebendigen Unterricht selber. Das kann und darf niemals beurteilt werden durch irgendeine außenstehende Schulaufsicht. Einem Menschen, dem einmal in der Selbstverwaltung des Geisteslebens durch alle Vorsichten, die dazu notwendig sind, das Vertrauen geschenkt wurde, daß er auf irgendeiner Stelle Menschen erzieht oder unterrichtet, dem darf, solange er auf seinem Posten steht, niemand in seine Methodik und dergleichen hineinreden» (Steiner 192, 1.6.19). Als Berufungsinstanz kommt allein die freie Institution selbst in Frage, die wieder durch die Wahl der «Abnehmer» eine soziale Kontrolle erfährt. Sie trägt für die Berufung die Verantwortung.

Drittens leidet die Lehrerausbildung unter einer eigenen Problematik. Wird die freie Schule an eine Lehrerbildung gebunden, die in der Form und im Inhalt keine Differenz zur staatlichen Regelausbildung aufweisen darf, kann sich nichts Neues bilden. Denn die Unterrichtsformen, die Lehrinhalte, die anthropologische Konzeption, der veränderte Schulaufbau der Waldorfschule fordern auch eine veränderte Lehrerbildung. Konnte damals – wie auch heute noch – als vorherrschendes Kennzeichen des Lehrerexamens die Fach- oder Wissensüberprüfung angesehen werden, so war es R. Steiner vor allem um die Fähigkeiten zu tun, die der Lehrer braucht, um mit den Schülern in ein richtiges Verhältnis zu kommen. Für ihn stellte sich die «Prüfungsaufgabe» darin, daß sichtbar wird, ob der künftige Lehrer eine aktive, für den werdenden Menschen ersprießliche Beziehung zu ihm herstellen könne. Wichtiger als die Präsenz eines bestimmten Wissens und einer Summe von Fachkenntnissen war es für ihn, ob er sich in die Seele und die Wesenheit des Kindes zu versetzen vermag (192, 1.6.19).

Inwieweit eine Persönlichkeit zum Lehrer befähigt ist, wird demgemäß anders als bisher festzustellen sein, etwa durch eine engere Verbindung von anthropologischen Einsichten und praktischem Tun. Die Lehrer müßten in ihrer Ausbildung die Tendenzen der geschichtlichen und gesellschaftspolitischen Entwicklung sowie von den großen Aufgaben der Pädagogik erfahren; sie selbst hätten in ihrem Bewußtsein auf der Höhe der Zeit zu stehen. Aber vor allem müßten zukünftige «Prüfungen» zu erfassen versuchen, «was die werdenden Lehrer als Menschen sind». Wo das Geistesleben sich in der Pädagogik manifestiert, sollte der Erzieher nicht nur im rein kulturellen Bereich, sondern auch im politisch-rechtlichen oder im wirtschaftlichen Sektor zu Hause sein, kurz: Er sollte im Leben stehen. Wenn nicht durch den eigenen Lebensweg Beziehungen zu den verschiedensten Lebensbereichen geknüpft werden, so müßten doch Elemente davon in einer künftigen Lehrerausbildung vorhanden sein (192, 18.5.19).

Gerade im Recht der Lehrerberufung entscheidet sich, wie frei die freie Schule ist, hier sind die Lebensadern einer freien Schule leicht verletzlich. Das gilt prinzipiell. Die Wirklichkeit im Jahre 1919 war indessen so, «daß es nicht erforderlich ist, daß die von uns angestellten Lehrkräfte staatlich geprüft sind, sie müssen nur hinsichtlich Vorbildung und Lebenslauf sich vor dem Ministerium als geeignet erweisen». Diese Zusage, daß ein gleichwertiger Bildungsgang genüge für die Lehrtätigkeit an der Waldorfschule, «gab Rudolf Steiner die Möglichkeit, ganz frei und ohne Rücksicht auf Examina das neue Lehrerkollegium zusammenzustellen, und er hat es später immer wieder betont, daß diese Entscheidung es ihm überhaupt erst möglich machte, sich mit der neuen Schule so zu verbinden, wie Molt es ihm angetragen hatte» (Stockmeyer, zit. nach *Nachrichten*, S. 20).

Das Modell einer freien Schule, wie es sich aus dem anthropologischen Ansatz und der Dreigliederungsidee als pädagogische und gesellschaftspolitische Notwendigkeit für das 20. Jahrhundert ergab, konnte von den äußeren Gegebenheiten her überraschend schnell verwirklicht werden. Das kann zugleich als «Tatsachenbeweis» für die Fruchtbarkeit und Aktualität des Ansatzes verstanden werden, da er sich allein auf die individuelle Initiative und nicht auf technokratische Gegebenheiten abstützt. Die *wirtschaftliche* Sicherung der freien Institution blieb – infolge der Inflationszeit – besonders prekär. Im *rechtlichen* Bereich mußten Kompromisse geschlossen werden. Immerhin waren sie so freilassend, daß sowohl eine eigenständige Lehrplankonzeption – mit einigen Einschränkungen – wie auch die freie Lehrerwahl möglich wurden. Zwar war dies nicht schon die Umwandlung der Gesellschaft im Sinne der Dreigliedrigkeit des sozialen Organismus, aber der «Keim für ein freies Geistesleben» war dadurch gelegt (Steiner 298, 16.12.21). Was so an äußerem Rahmen gegeben war, mußte nun mit einer eigenständigen Pädagogik, die sich am heranwachsenden Kind und seinen anthropologischen Gesetzlichkeiten orientierte, ausgefüllt werden. Neu waren die Unterrichtsorganisation, der Stundenplan, der Lehrstoff und die Erziehungskunst zu entwickeln. Zur Vorbereitung auf diese neue Aufgabe fanden sich die künftigen Lehrer mit dem Gründer Rudolf Steiner zusammen, um in drei großen Kursen das zu erarbeiten, was hierfür notwendig war. Die Ergebnisse der geisteswissenschaftlichen Menschenkunde wurden in der «Allgemeinen Menschenkunde», in den Vorträgen über «Methodisch-Didaktisches», in den «Seminarbesprechungen und Lehrplanvorträgen» zusammengefaßt, weiterentwickelt und gesteigert.

b) Die neue Konstitution

Die äußeren Bedingungen ließen sich trotz aller Kompromisse so gestalten, daß ein beträchtlicher Freiheitsraum für die neu zu gründende Schule gegeben war. Wie wird dieser Raum ausgefüllt, welches konstitutionelle Gefüge wird innerhalb des Freiraumes errichtet? Zweifellos ist innerhalb der Schule der eigentliche pädagogische Prozeß primär, aber er wird – wie schon an der rechtlichen Voraussetzung gezeigt – von konstitutionellen Bedingungen funktional gefördert oder gehemmt, jedenfalls aber beeinflußt. Die eigentliche pädagogische Arbeit steht für unsere Betrachtung notwendigerweise stärker im Hintergrund. Dennoch wird die soziale Verfassung einer sich selbst verwaltenden Schule, die innere Struktur, lebensentscheidend auch für den pädagogischen Prozeß. Entsprechen sich die inneren und äußeren Freiheitsbedingungen? Wie sieht das Modell einer neuen Konstitution aus?

Eine Schule ist eine Organisation[1], die Leistungen – in diesem Fall: pädagogische – zu erbringen hat. Leistungen entstehen nur durch Handlungen, Aktionen. Handlungen als Gestaltungsgeschehen greifen in ein bestehendes Gefüge verändernd und umgestaltend ein. Weil das so ist, können «Organisationen» von ihren Handlungen her und von den in ihnen stattfindenden Entscheidungen beschrieben werden. Sowohl am Handlungsvollzug als an den getroffenen Entscheidungen kann abgelesen werden, wie die betreffende Einrichtung strukturiert ist und welche «Verfassung» die Organisation hat. Geht demgegenüber eine Beschreibung der Verfassung nicht von der Handlung als solcher aus, muß immer zwischen einem formalen und

---

[1] Der Begriff Organisation impliziert, wie er hier verwandt wird, daß die Leistung, selbst wenn sie je persönlich erbracht ist, in einem arbeitsteiligen Zusammenhang erfolgt (vgl. auch Etzioni, S. 12). Der Begriff wird weitgehend synonym mit dem des Organismus gebraucht, den R. Steiner aber als sinnvoll nur bei der Gesellschaft insgesamt angewandt wissen wollte (23, S. 40 f.); deshalb gebrauchen wir nachfolgend vornehmlich die organisationssoziologische Bezeichnung.

informalen Organisationsgefüge, zwischen gesatzter Norm und realem Leben unterschieden werden[1]. Wenn aber die Organisation als ein von der Umwelt zwar abgeschlossenes, mit Außengrenzen versehenes Gebilde (System) verstanden wird, das durch viele Bezüge mit der Umwelt verknüpft bleibt, dann gewinnt man einen verläßlichen Zugang zur «Verfassung», die der Realität des Lebens nahekommt. Handlungen des Systems offenbaren sich besonders dort, wo innerhalb der Organisation *Krisen* auftreten. Das kann sowohl dadurch verursacht sein, daß durch äußeren Zwang ein verändertes Handeln gefordert wird, wie auch dadurch, daß es zu innerorganisatorischen Konflikten – etwa um Ziele der Organisation – kommt. An den Konflikten verdeutlicht sich dem Betrachter, *wie* es innerhalb der Organisation zugeht, in welcher «Verfassung» sie sich tatsächlich befindet.

Für das ursprüngliche Modell der Konstitution der Waldorfschule liegen Quellen vor, und zwar für die ersten sechs Jahre die lückenhaften Nachschriften von 70 Konferenzen, aus denen vornehmlich die Voten R. Steiners zu bestimmten anstehenden Entscheidungen hervorgehen. Daneben gibt es Darstellungen R. Steiners in Vorträgen, die den Sinn und die Aufgaben der Lehrerkonferenzen und der Schulverfassung beschreiben. Obwohl die Konferenznachschriften zum Teil recht fragmentarisch sind, gewähren sie gleichwohl einen Blick in die Problemstellung, die Willensbildung und den eigentlichen Entscheidungsprozeß. Sie stellen als Werkstattgespräche jenes Medium her, in dem sich die modellhaften Urgedanken an konkreten Fragen lebendig entwickeln und aktualisieren. Darum bleiben sie neben ihrem sonstigen pädagogischen Wert von größtem soziologischem Interesse. Die Vortragsbemerkungen dagegen stellen mehr allgemeine Überlegungen und Reflexionen dar, die sich auf die Verfassung der Schule beziehen. Auf beide Quellen wird ständig zurückzugreifen sein.

Was ist nun das Neue an der Konstitution? Bereits in den grundlegenden Gesprächen, die vor Schulgründung geführt wurden, wird auch der künftige innerorganisatorische Aufbau sichtbar, er weicht von allen bisher praktizierten Schulmodellen erheblich ab: «*So etwas wie einen Direktor wird diese Schule nie haben können*» (Erneuerung, S. 434). Vor der Eröffnung der Lehrerbildungskurse am 20. August 1919 spricht R. Steiner in einer Zusammenkunft mit den künftigen Lehrer-Mitarbeitern davon, daß die

---

[1] Die Unterscheidung zwischen formaler und informaler Organisationsstruktur wurde durch Elton Mayos große betriebssoziologische Untersuchung (Hawthorne-Experiment) als notwendig erkannt (vgl. Georges Friedmann: Der Mensch in der mechanisierten Produktion, Köln-Deutz 1952, und Ralph Dahrendorf: Industrie- und Betriebspsychologie, Berlin 1966). In der Staatsrechtslehre ist der produktive Gegensatz von Norm und Wirklichkeit für angelsächsische Länder lang erkannt und von Loewenstein neuerdings in seine eindrucksvolle Verfassungssystematik eingebracht worden.

Aufgaben, welche der Schule gestellt sind, nur lösbar sein werden, wenn jeder Lehrer seine volle Kraft hergibt. Denn die Schule wird in ihrer Tätigkeit einen Tatsachenbeweis liefern müssen, ob der ihr zugrunde liegende pädagogisch-geisteswissenschaftliche Ansatz fruchtbar und durchschlagend und lebensnah ist – oder nicht. Obgleich von außen aufgezwungene Kompromisse, die der Idee des freien Kulturlebens abträglich sind, eine Belastung für die Schule mit sich bringen, darf das die Ideale und Ziele nicht beeinträchtigen. Es muß vielmehr die Schmiegsamkeit bestehen – man kann sagen: durch die organisatorisch-konstitutionelle Ausgestaltung der Schule –, die schulisch-pädagogische Tätigkeit den äußerlich aufgezwungenen Forderungen so anzupassen, daß *Ideal* und *Gegebenheit* durch die einzelne *Persönlichkeit in Einklang* gebracht werden. Das ist nur möglich, wenn jeder seine volle Persönlichkeit einsetzt. *«Jeder muß seine volle Persönlichkeit einsetzen von Anfang an. – Deshalb werden wir die Schule nicht* regierungsmäßig, *sondern* verwaltungsmäßig *einrichten und sie* republikanisch *verwalten. In einer wirklichen* Lehrerrepublik *werden wir nicht hinter uns haben Ruhekissen, Verordnungen, die vom Rektorat kommen . . . Jeder muß selbst voll verantwortlich sein»* (K 1, S. XIV).

Unmittelbar vor Schulbeginn taucht in der ersten gemeinsamen Konferenz des neuen Lehrerkollegiums abermals dasselbe Motiv auf: *«Konferenzen sind freie* republikanische Unterredungen. *Jeder ist darin* souverän» (K 1, S. 2b).

Eine Woche nach dem Schulbeginn hatte die Lehrerschaft bereits besprochen und beschlossen, jede Woche eine Zusammenkunft zur Besprechung pädagogischer Fragen abzuhalten, damit das, was der einzelne sich erarbeitet habe, den anderen zugute komme. «Das ist etwas, was mit Freuden zu begrüßen wäre. Recht republikanisch müßte es gehalten sein» (K 1, S. 17).

Nach rund anderthalb Jahren kommt in den Konferenzen erneut die Sprache auf die inzwischen praktizierte eigentümliche Verfassung der Waldorfschule. Es ist dies wie ein theoretischer Rückblick auf die gemachten Erfahrungen. Da wird empfohlen, innerhalb einer Darstellung der Dreigliederung des sozialen Organismus darauf hinzuweisen, daß in der Waldorfschule ein besonders charakteristischer Zug des freiheitlichen Geisteslebens bereits verwirklicht wurde. Für Vertreter der Idee der Dreigliederung sei es wichtiger, die Waldorfschule in ihren konstitutionellen Grundsätzen darzustellen, als etwa über Tolstoi zu reden. «Dann müßte sehr scharf betont werden die Freiheit des Lehrerkollegiums, die *republikanisch-demokratische* Einrichtung des Lehrerkollegiums, um zu beweisen, daß man sogar in den begrenzten Möglichkeiten, die man hatte, ein freies Geistesleben sich denken kann» (K 3, S. 16a).

Das neue Modell einer Schulverfassung ist mithin auf die Formel zu bringen: *republikanisch-demokratische Verfassung.* Es bedarf ob seiner

Schlichtheit der Interpretation, die in diesem und im nächsten Abschnitt im engeren Sinn versucht sei. Zunächst zum Sprachverständnis eine Erläuterung: Herkömmlicherweise steht im innerorganisatorischen Aufbau der Schule an der Spitze ein Rektor oder Direktor, er selbst ist die höchste Stelle der untersten Instanz der Bürokratie der Schulverwaltung und Schulaufsicht. Durch das «herrschaftliche» Verwaltungssystem empfängt er seine Kompetenz, seinen Ermessensspielraum sowie die Handlungsanweisungen in Form von Verordnungen, deren Erfüllung er zu veranlassen und zu überwachen hat. Ihm untergeordnet und, soweit möglich, weisungsgebunden, lediglich im Besitz einer «Restfreiheit» (Fürstenau) sind die einzelnen Lehrer. In den pädagogischen Raum erstreckt sich das Hoheitsgefüge der Verwaltung als eine pädagogische Initiativen lähmende oder reglementierende Erscheinung (Rumpf). Steiner belegt diesen Herrschaftsaspekt, der dem pädagogischen konträr ist, mit dem Terminus «regierungsgemäß».

In dem neuen Modell der Waldorfschule ist die Interdependenz von *pädagogischer Leistung* und *Verwaltungsstruktur* erkannt und so in Beziehung gesetzt und aufeinander zugeordnet, daß pädagogische Funktion und organisatorische Struktur sich nicht widersprechen, sondern wechselseitig fördern. Was die Lehrer an pädagogischen Handlungen zu vollbringen haben (pädagogische Funktion der Schule), wird mit der Struktur (Verfassung) so verknüpft, daß durch die Selbstverwaltung die Lehrer gemeinsam die Aufgabe erhalten, die Prozesse und Leistungen zu organisieren.

Indem die hierarchische, regierungsgemäße Struktur wegfällt, sollen die Kräfte des einzelnen Lehrers entbunden und Initiativen angeregt werden, die in den pädagogischen Funktionskreis einströmen. Dasjenige, was in der bisherigen Schulstruktur Funktion und Leistung des «Leiters» kraft Amtes war, muß sich weniger durch eine formale Struktur als durch die Tätigkeit und den Willen der Handelnden selbst ergeben. Die Konstitution hat so zu sein, daß sie Initiative und Verantwortungsübernahme nicht behindert.

Nicht «regierungsgemäß» heißt in diesem Zusammenhang keine hierarchische Verfassung im Sinne einer Überordnung oder Subordination, sondern eine Nebeneinanderordnung der Beteiligten, nämlich «verwaltungsgemäß», und zwar im Sinne einer kollegialen Verantwortung. Diese für den heutigen Sprachgebrauch wenig übliche Terminologie gebraucht R. Steiner öfters (z. B. 333, 15.9.19).

Das hierarchisch-monokratische (regierungsmäßige) Prinzip der nach oben zunehmenden Kompetenz läßt sich symbolisieren in der Pyramide. Von einer breiten Basis aufsteigend, nimmt jeweils nach oben die Entscheidungskompetenz zu, bis sie in der Spitze den alleinigen Verantwortungsträger findet. Das Gegenprinzip der Gleichordnung, das gleichrangige Nebeneinander, das kollegiale Miteinander, läßt sich symbolisieren im Kreis, in der Runde. Dieses Prinzip ist das verwaltungsgemäße. Es liegen zwei diametral entgegengesetzte Grundtypen vor, wobei der hierarchische Typus die Tradition für sich hat, der genossenschaftliche von R. Steiner als der dem institutionellen und gesellschaftswirksamen freien Geistesleben gemäße neu erkannt wird. Weshalb wird aber der heute farblose, kaum aussagekräftige Begriff des Republikanischen zur Beschreibung der Gleichordnung verwandt? Heute ist der Inhalt des Republikanischen reduziert auf die Aussage Freistaat oder Nicht-Monarchie, also auf die Verneinung der monarchischen Staatsform. Aus der aristotelischen Regierungslehre, welche die Herrschaftsform nach der Zahl der Herrschenden einteilt und neben der Normal- auch Entartungsformen beschreibt, fällt die Republik heraus. Nun liegt es nahe, den Begriff von der römischen Geschichte her neu mit Inhalt zu beleben. So könnte man auf in der römischen Republik lebendige Tugenden zurückgreifen, die immer wieder die Staatstheoretiker beeindruckten, oder man kann auch die überlieferte Beschreibung des römischen Senats nehmen, nach der dieses Forum republikanischer Aristokraten als eine Versammlung von Königen anzusehen wäre. Doch eine Analogie zu Einrichtungen der römischen Republik, die, solange sie intakt, von edelblütigen Aristokraten, den Besten, getragen war, führt für die Gegenwart wegen der gänzlich anderen Lebensgegebenheiten real nicht weiter. Sie verbietet sich darüber hinaus, wenn man den ganzen Kontext der Dreigliederungsaktivitäten und der Waldorfschulgründung selbst mit berücksichtigt. Denn hier ergibt eine Betrachtung, daß gerade die römischen Staatseinrichtungen, wie die ganze römische Kultur, bei aller Wertschätzung, die man ihr entgegenbringen kann, als nicht mehr zeitgemäß gelten. Die Relikte römischer Kultur in der Gegenwart gehören zur «untergehenden Kultur» (Steiner, 192). Auf sie kann also nichts gegründet werden. Was aber soll dann der Begriff «republikanisch-demokratisch»?

Hier eröffnet sich ein Zugang, wenn der Kontext der Bemühungen um die Dreigliederung betrachtet wird. Damals wie heute wird mit dem Begriff allzu leicht assoziiert, was nicht gemeint sein kann: Wahl- und Abstimmungsmodi, parlamentarische Verhandlungsgepflogenheiten usf. Wird von den *Methoden,* die sich als demokratisch herausgebildet haben, abgesehen und allein auf den Inhalt des demokratischen *Prinzips,* das Gleichheit meint, hingeschaut, dann deckt sich diese Gleichheit des Neben- und Miteinanders mit dem, was Steiner als republikanisch bezeichnet. Dieses republikanische Prinzip ist zugleich ein demokratisches, wenn alles das, was über die reine Aussage der Gleichheit hinausgeht, unberücksichtigt bleibt. Demokratie als Inhalt bedeutet eine zeitgemäße Forderung und entspricht dem in der Gegenwart mündig gewordenen Menschen im rechtlichen und sozialen Verkehr (Steiner 338, 16./17.2.19).

Trotz aller Anerkennung des demokratischen Prinzips muß aber zugleich gesehen werden, daß jede Demokratie als Form eine Gefahr in sich birgt, nämlich den Keim zum eigenen Untergang. Inwiefern? Dort, wo jeder gleichrangig und gleichberechtigt neben dem anderen steht, tritt elementar das Bedürfnis bei jedem einzelnen auf, den anderen zu übertrumpfen, zu überwältigen, «gleicher» als der andere zu sein. Um dieser Gefahr zu entgehen, ist in der Demokratie mehr als nur das Gleichheitsprinzip nötig: die Anerkennung des anderen Menschen mit anderen Vorstellungen, Empfindungen und Strebungen. *Demokratie enthält immer das Ferment zum eigenen Untergang, wenn sie nicht zu gleicher Zeit den Keim zu wirklicher Menschenschätzung enthält* (Steiner 188, 2.2.19; vgl. 186, 6.12.18; 190, 6.4.19). Dort, wo neben dem Gleichheitsprinzip anerkannt wird, daß im Anderen ein Wesen lebt, das denselben Ursprung und dieselbe Bedeutung hat wie ich selbst, liegt die polare und notwendige Ergänzung zum demokratischen Prinzip vor. Es ist dies mehr als das in den westlichen Demokratien wohlbekannte Prinzip des «fair play». Auf dieses Mehr aber soll mit dem Begriff des Republikanischen unmißverständlich hingewiesen werden. Von einer anderen Seite läßt sich derselbe Zusammenhang aufzeigen: Wenn in der Konferenz jeder «Souverän» sein soll, dann kann dies nur bedeuten, daß sich «Gleiche» begegnen. Wie verkehren sie aber miteinander? Nach gegenwärtigem Demokratieverständnis in Verhandlungen mit Schlußabstimmungen und Majoritätsentscheidungen. Das aber ist jene Form, die vermieden werden soll. Der Verkehr zwischen den Souveränen soll durch «freie republikanische Unterredung» stattfinden. Es soll das freie Gespräch, der Gedankenaustausch, die Verständigung, Vereinbarung und Übereinkunft das herrschaftsfreie Medium sein, in dem die «Gleichen» sich begegnen. Das deckt der Begriff demokratisch heute noch nicht. Darum auch die Verwendung des Doppelbegriffes republikanisch-demokratisch.

In dieser republikanisch-demokratischen Verfassung wird die Struktur in einer eigentümlichen Weise mit der Funktion verbunden. Indem die Lehrerschaft frei von Rektoratsleistung sich selbst und die Schule republikanisch verwaltet, soll ermöglicht werden, daß sie voll verantwortlich und initiativ tätig wird. *Struktur* ist die republikanisch-demokratische Verfassung, *Funktion* die verantwortliche pädagogische Tätigkeit.

Um die Ausgangssituation vollständig zu haben, muß noch ein weiterer Aspekt kurz skizziert und im nächsten Abschnitt ausgeführt werden. Die bürokratisch-hierarchische Struktur – das ist ihr großer Vorzug – richtet alle *Leistungen* innerhalb des Gefüges der Organisation im Sinne einer *Einheitlichkeit* aus. Dieser strukturelle Vorsprung muß durch das republikanisch-demokratische Gegenmodell auf andere Weise eingeholt werden. Wenn bei ihm gerade auf die Vielfalt als das zentrale Funktionsprinzip abgehoben wird, dann kann nicht die Einheitlichkeit der Leistungsausrichtung durch die Struktur erzwungen werden wie im regierungsmäßigen System. Die Absicherung der Einheit ist vielmehr schon ins Funktionsgefüge selbst einzubringen und kann nicht durch die Struktur nachträglich oder vorgängig geschaffen werden. Der Struktur kommt lediglich eine Hilfsstellung für die Funktion zu. Diese Tatsache hat Steiner erkannt und angesprochen. Es heißt unmittelbar nach der skizzenhaften Beschreibung des neuen Konstitutionsmodells: Der *«Ersatz für die Rektoratsleistung»*, also für die monokratische Struktur, wird dadurch geschaffen werden können, daß die Lehrer-Vorbereitungskurse (der Allgemeinen Menschenkunde usw.) mit ihren anthropologischen und entwicklungspsychologischen Grundlagen von den Beteiligten aufgenommen und erkenntnismäßig verarbeitet und durchdrungen werden. Von der Erkenntnisseite und der Pädagogik wird das jeweils hervorgebracht, «was die Schule zur *Einheit* macht. Wir werden uns das *Einheitliche* erarbeiten durch den Kurs, wenn wir recht ernstlich arbeiten» (K 1, S. XIV). Die notwendige Einheitlichkeit eines organischorganisatorischen Gefüges, die funktionelle Ausrichtung der Leistungen auf einen durchgehenden Gedanken, ein einheitliches Ziel, die Strukturierung der Bezüge zu einem Ganzen, die sonst von dem Befehlssystem aus erfolgt, wird im neuen Modell vorwiegend zu einer Aufgabe der Pädagogik, des Lernens, der Arbeit, der Erkenntnis. Diesem Zusammenhang wenden wir uns in einer grundsätzlicheren Art nochmals zu.

c) Das «Einheitliche»

Die Waldorfschule baut in ihrer Pädagogik jeweils auf dem spezifischen und einzigartigen Verhältnis auf, das zwischen Erzieher und Kind waltet; es ist für sie eine schicksalshaft-biographische Gegebenheit. Aus dem anthropologischen Ansatz läßt sich dieses Verhältnis aufhellen und durchschauen lernen. In altersspezifischer Art entfaltet das Kind seine Fähigkeiten, und dem hat sich der Erziehungsprozeß in seiner Methodik wie Didaktik anzuschließen. Auf die Entwicklungsschritte des Kindes achtend, fördert der Lehrer das einzelne Kind und verhilft ihm durch seine unterrichtliche und erzieherische Tätigkeit zur späteren Selbstfindung und Selbstbestimmung. Das Verhältnis von Kind und Erzieher wird immer durch die individuellen Kräfte beider gestaltet. Das pädagogische Leben entfaltet sich nicht so sehr in Inhalten, Lehrstoffen und -programmen, wenn es sich auch daran zu entzünden vermag, als in der Art, wie die Inhalte dargeboten werden, wieweit sie persönlich aufgeschlossen und durchdrungen sind, und zwar von einer durch das Kind wahrnehmbaren Persönlichkeit. Im «Imponderablen» des sozialen und erzieherischen Kräftespiels geschieht mehr für die Förderung als in der bloßen, vordergründigen Informationsvermittlung. Erziehung konstituiert sich in unverwechselbaren, jeweils einzigartigen biographischen Begegnungen.

Aber neben diesen pädagogisch-persönlichen Beziehungen treten innerhalb formaler Einrichtungen wie der der Schule zugleich typisierte Sozialbeziehungen in Erscheinung. Diese formalisierten Sozialbezüge sind neben den persönlichen Beziehungen notwendig, damit das Kind sich einerseits in einem größeren sozialen Feld bewegen lernt und andererseits durch diese Vergrößerung des sozialen Lernangebots auch die eigenen Kräfte und Fähigkeiten umfassend ausbilden kann. Darin liegt der Beitrag der schulischen Einrichtung, die über die Erziehung durch einen Privatlehrer hinausweist. Dennoch muß, nimmt man die soziale Dimension gesondert in Augenschein, berücksichtigt werden, daß die «emotionale Ausdehnungsfähigkeit» des Menschen, wie es Moreno genannt hat, beschränkt bleibt. Die Sozialisierung ist indessen eine pädagogische Angelegenheit, die hier nicht weiter verfolgt wird.

Es bleibt aber die zentrale Problematik: Wie wirkt die Tatsache, daß innerhalb der Waldorfpädagogik der ganze Erziehungsprozeß bewußt auf die persönlichen Kräfte und Fähigkeiten des einzelnen abgestellt wird, auf die Organisationsstruktur als solche zurück? Wenn aus den pädagogischen Sachgegebenheiten innerhalb der Schule fortdauernd individuelle Bezüge aufgebaut werden, wirkt diese Tendenz zur Vereinzelung, Differenzierung und Verpersönlichung nicht notwendigerweise auf das institutionelle Gefüge ein, das Abbild dieser Gegebenheiten sein sollte? In der Verfassung der Waldorfschule wird erstrebt, daß jeder Lehrer verantwortlich und voll berechtigt am Ganzen der Einrichtung Schule mitwirkt, ja die Sozialverfassung der Schule soll die spezifischen Fähigkeiten und die Initiativkräfte des einzelnen entbinden. Doch das Widersprüchliche liegt nicht darin, daß eine individualisierende Pädagogik auf initiatives Handeln der Lehrer bis in die Organisationsform abstellt, sondern darin, daß der funktionsgerechte Bezug von Pädagogik und Organisation die *Einheitlichkeit der Leistung* (der Organisation) gefährdet. Denn durch die starke Tendenz zur Individualisierung kann die Leistung des Systems Schule sich selbst aufheben und den Sozialorganismus Schule in Frage stellen; dann wirken zwar die partikularen Einzelbezüge als eine dominante Funktion fort, aber sie sind u. U. nicht mehr in ein geschlossenes Handlungsgefüge eingebunden. Das Gesamtgefüge kann dann vor lauter Einzelbezügen nicht mehr als ein integrierendes und übergeordnetes wirksam erscheinen; der Schule fehlt dann unter extremen Bedingungen vielleicht die notwendige Einheitlichkeit in den Handlungen. Dabei können dann auch die einzelnen Verhältnisse fragwürdig werden, weil ihnen der gemeinsame sinngebende Bezug fehlt. In dem Maße, wie sich die Beziehungen vereinzeln, löst sich der aus der formalen sozialen Beziehung stammende Gruppenzusammenhang auf. So können die individualisierenden Kräfte mit ihrer zentrifugalen Tendenz den sozialisierenden entgegenlaufen.

Wie bleibt der Zusammenhalt – vom sozialen Gesamtverband her gesehen – erhalten, wenn vor allem das Handeln des einzelnen mittels Individualisierung und Differenzierung gewollt wird? Eben dadurch, daß die Einheitlichkeit in den Leistungen der Schule nicht mehr strukturell, sondern funktionell, d. h. über die unmittelbaren pädagogischen Handlungen erreicht wird. Wenn sie aus einem *einheitlichen Bewußtsein*, einem übereinstimmenden Menschenverständnis heraus getan werden, liegt in der einzelnen Handlung eine übergreifende, von der Erkenntnis und vom Ideenbereich gesteuerte Leistung vor. Die Koordination und «Harmonisierung» der verschiedenen schulischen Leistungen im Sinne von aufeinander bezogenen Handlungen geschieht durch *Zielklarheit*, also über eine Verständigung in den Werten und durch Übereinstimmung in den Erkenntnisinhalten, mithin durch einen Akt des Bewußtseins und der Kommunikation. Was sich so als Einheitliches ausbildet, trägt prozessuellen, nicht definitiven Charakter. Als Ergebnis stellt sich dann ein *gemeinsamer Nenner*, ein bestimmter Übereinstimmungsgrad (Konsensus) in den Handlungen her. Für die so konstitutionell geforderten Bewußtseinsleistungen bietet die Struktur des neuen Modells seine Hilfe an in der kommunikativen Kollegialordnung, wobei indes die Einheitlichkeit nur aus dem Prozeß, nicht aber aus der Struktur zu gewinnen ist.

Das Einheitliche ergibt sich demnach nicht von selbst, sondern allein aus der gemeinsamen ideellen Erarbeitung der menschenkundlich-pädagogischen Grundlagen – über die Anwendung der republikanisch-demokratischen Verfassung: das Erkenntnisgespräch. Die das Soziale auflösenden Tendenzen des rein Individuellen werden insofern kompensiert und in ein Gleichgewicht gebracht, als in sachlichen Fragen der Pädagogik und Didaktik eine konvergierende Sichtweise erzielt werden kann und soll. Der das Soziale erhaltende Gesichtspunkt wird nun auf der Bewußtseinsebene erarbeitet, in der eine vertiefte gemeinsame Erkenntnisbemühung erfolgt. Die Einheit wird also weniger dadurch geschaffen, daß Sachfragen der Organisation, Fragen der Gestaltung, des Organisationsablaufes, der «Rektoratsleistung» im engeren Sinne, der bürokratischen Verwaltung selbst zum Beratungsgegenstand werden. Vielmehr sind es Erkenntnisfragen, Problemaufwürfe aus der Pädagogik und Didaktik, Besprechung von einzelnen Kindern oder von Schülergruppen, die Anlaß für die Bildung des «einheitlichen Bewußtseins» werden (K 1, S. 60; 4, S. 18; 5, S. 120a).

Wie wird die Einheitlichkeit des Bewußtseins in eine Einheitlichkeit des Handelns innerhalb der einzelnen Institution umgesetzt?

Das läßt sich aus den menschenkundlichen Grundlagen der Waldorfpädagogik heraus verdeutlichen, wenn zunächst zwei Typen von Sozialbeziehungen voneinander abgehoben werden, die sich als biographische und gesellschaftliche trennen lassen. Die biographischen Beziehungen zeichnen sich dadurch aus, daß die Kontakte häufiger und intensiver sind als die gesellschaftlichen, wobei gleichzeitig die Intensität und die wechselseitige Beeinflussung der sich begegnenden Partner zunimmt (Homans). So nehmen ob ihrer Intensität die biographischen Sozialbeziehungen einen stärker persönlich-individuellen Charakter an, der sich vor allem in der Kleingruppe (wie zu Eltern, Geschwistern, Freunden) entfalten kann. Pflege, Verläßlichkeit, Hilfe, Trost, Widerstand sind einige der Merkmale intimerer biographischer Beziehungen, die für die eigene Entwicklung von größter Bedeutung sind. Der Typus dieser Beziehungen kann als schicksalsgegeben im Sinne einer tieferen Verbundenheit verstanden werden, deren Fäden sowohl in die Vergangenheit wie in die Zukunft verweisen können.

Demgegenüber weisen die Sozialkontakte des gesellschaftlichen Typs eine andere Charakteristik auf: Sie sind nicht aus Neigung oder Verwandtschaftsbeziehungen entstanden, sondern aus gesellschaftlichen Bedingungen, wie beruflicher Tätigkeit, politischen Ereignissen usf. (Dabei kann sich durchaus dieser Typus der Beziehungen zu einzelnen Menschen in den biographischen verwandeln.) Nur bei den makrosozialen Begegnungen, etwa in der beruflichen Arbeit, wo aus sachlichen Voraussetzungen die Tätigkeit des einen auf die des anderen bezogen sein muß, stellt sich die Frage, wie es zu einem Zusammenklang und zu einer produktiven Steigerung in der Einheitlichkeit der Leistung kommen kann, wenn die formale Befehlskette einer Amtshierarchie als Integration wegfällt.

Innerhalb des überlieferten Geisteslebens kann beobachtet werden, wie der gemeinsame *Glaube,* zumal wenn der Inhalt hierarchisch verwaltet wurde, Menschen verbinden konnte. Unter den zeitbedingten Voraussetzungen, die der Waldorfpädagogik und ihrer schulischen Konstitution zugrunde liegen, kann dieser vereinheitlichende Zusammenschluß heute allein von dem wissenschaftlichen *Erkenntnisstreben,* das Einsicht in das Wesen des Menschen zu gewinnen versucht, ausgehen. Wie früher der Glaube, so müssen im Zeitalter der Bewußtseinsseele Ideenzusammenhänge durch ihren Wahrheitsgehalt, der in innerer Evidenz von einzelnen erlebt und nachvollzogen wird, Menschen in einer bisher nicht gekannten Gruppierung zusammenführen. Die Gruppe wird von einem gemeinsamen übergeordneten Gedankenzusammenhang selbst im Sinne soziologischer Kohäsion verbunden. Indem ein verwandter Prozeß im Erkenntnisbereich einzelner Menschen abläuft, der über bloßes Meinen und assoziatives Vorstellen hinausgreift bis in den Raum innerer Aktivität und geistiger Vergegenwärtigung, setzt ein Element der Einheitlichkeit die verschiedenen einzelnen Bewußtseine miteinander in eine produktive Beziehung. Es ist dies derselbe Vorgang, der sich – im Großen gesehen – durch ein kritisch reflektierendes Publikum in der Bildung der «öffentlichen Meinung» ereignet. Die «Meinung» selbst ist das Ergebnis gemeinsamer Reflexion und bewußten Austausches in der aufgeklärten bürgerlichen Gesellschaft und bildet zu bestimmten Sachfragen eine in sich geschlossene Gruppierung. Davon sind gegenwärtige Erscheinungsbilder der quasi öffentlichen Meinung allerdings abzuheben (Habermas). Was hier fallweise zu bestimmten Ereignissen oder Themen geschieht, muß gleichsam dauernd institutionalisiert werden, wenn die neue Konstitution sich nicht selbst auflösen soll (Schelsky). In der Kommunikation wie im gemeinsamen Räsonnement, in der freien Unterredung, aktualisiert sich das Geistesleben zu einer einheitlichen Ausprägung unter den Bedingungen der Freiheit.

Allein durch gemeinsam erarbeitete *geistige Inhalte* des Bewußtseins kann – unter den Freiheitsbedingungen der neuen Konstitution – jener Zusammenhalt geschaffen werden, der die atomisierende oder partikuläre Tendenz bloß individueller Begegnung aufhebt. Diese Leistung wurde bisher im Schulwesen allein durch den sachorientierten Aufbau formaler Organisationen mit ihrem Zwangscharakter geleistet, nicht aber durch Kommunikation und Beratung. Wo die sozial-menschlichen Bezüge vorherrschen, treten bei gemeinsamen Handlungen und Zielsetzungen dann Störungen und Spannungen oder gar Dysfunktionalität auf, wenn sich die Gruppe der zusammenarbeitenden Lehrer nicht zu einem einheitlichen Bewußtsein durchringt. Dann wird wohl die herrschaftliche Lösung in der bürokratischen oder der bloß demokratischen Ausprägung die konsequente «Lösung» sein. In diesem Spektrum der Möglichkeiten erweist sich das Wagnis wie die Chance der neuen Konstitution.[1]

Die Einheitlichkeit im Bewußtsein einer Gruppe von Menschen stellt also eine *soziale Kraft* dar, die Zusammenhalt, in der Soziologie Kohäsion genannt, und Gemeinschaftlichkeit stiftet. Woher kommt diese Kraft? Es lassen sich, wie R. Steiner (293, 2. Vortrag) ausführt, alle Tätigkeiten innerhalb des Vorstellungslebens des Menschen dadurch charakterisieren, daß sie bildhafter Natur sind. Begriffe, Vorstellungen, Bewußtseinsinhalte unterscheiden sich vom wirklichen *Sein* weltverändernder Vorgänge durch ihren Bild- oder Scheincharakter. Das Bild reicht zwar an die Realität heran, ohne aber selbst diese Realität zu sein. So läßt sich vielleicht formulieren, daß in den Bewußtseins- und Vorstellungsinhalten ein Bild oder Abbild des Seins vorhanden ist, eines Seins, das selbst Vorbildcharakter hat.

Wenn sich nun durch gemeinsame Bewußtseinsinhalte eine Einheit im sozialen Verkehr ergibt, dann spiegelt sich in diesem Vorgang, der ja nur ein solcher innerhalb des Bewußtseins sein kann, etwas von der Wirklichkeit, die nicht in der leiblichen oder gegenständlich physisch-materiellen Welt ihren Ursprung hat. Wie sich in unserem Vorstellungsleben Abbilder der gegenständlichen Seinswelt (als Begriffe und Vorstellungen dieser Welt)

---

[1] Vgl. zur ähnlichen Problematik im Pressewesen: Bischoff.

widerspiegeln, so auch Bilder und Ideen (z. B. Begriffe der Mathematik, Geometrie), deren Wirklichkeit und Sein allein in einer außersinnlichen, genauer: übersinnlichen Welt als Sein vorhanden sind. Findet man das Seinskorrelat im einen Fall in der Objektwelt vor, deren Begriffe bildhaft in der Vorstellung leben, so das Seinskorrelat oder die Wahrheit der anderen Ideen- und Begriffskategorie in einer übersinnlichen Welt. Diese übersinnliche Welt ist in ihrem Seinscharakter zwar nicht dinglich, aber deshalb nicht weniger wesenhaft und nicht weniger ausgestaltet als die sinnliche, wenngleich die Auffindung des Seinskorrelats in dieser höheren, urbildlichen oder geistigen Welt der Ausbildung weiterer, geistig sachbezogener Erkenntnismethoden bedarf, die R. Steiner als Imagination, Inspiration und Intuition beschreibt und ausarbeitet (10).

Mit diesen Methoden kann auf der ideellen Seinsebene, die mit derjenigen der Natur eng verwandt ist, insofern es um die zugrunde liegenden Gestaltungsqualitäten geht, das Übersinnliche selbst beobachtet werden. Es wird dann anschaulich und im begrifflichen Abbild erfaßbar, was sich im sozialen Prozeß menschlicher Begegnung ereignet. Wenn sich Menschen im Gespräch und im geistigen Austausch ein Bewußtsein bilden, das sich in der und durch die Kommunikation vereinheitlicht, begegnen und durchdringen sich geistig-übersinnliche Wesen auf dieser höheren Seinsebene. Das manifestiert sich dann in der Vorstellungsebene in geistiger Ausprägung als gemeinsamer Bewußtseinsinhalt und in der natürlich-menschlichen Seinsebene als soziale Kraft des Zusammenhalts zwischen den Menschen, die ursprünglich getrennt waren und bei nachlassender Bemühung auch wieder vereinzeln. Soweit sich eine Gemeinschaft wie ein Lehrerkollegium in der Bemühung, über das Wesen des sich entwickelnden Kindes und seine augenblickliche Situation Klarheit zu gewinnen, vereint, begegnen sich nicht nur die Vorstellungen durch ihre verwandten Bildinhalte, sondern auch auf der geistigen Seinsebene übermenschliche, geistige Wesen, die ihr Abbild in den Bildern des einzelnen Bewußtseins und in noch zarterer Weise im Zusammenhalt der Beteiligten haben.

Soweit dieser Zusammenhang nicht nur in halbbewußter Weise hingenommen oder gänzlich verträumt, sondern von der Gemeinschaft bewußt vergegenwärtigt wird, ereignet sich auf der geistigen Seinsebene eine intensive Kontaktnahme geistiger Wesen, die zugleich in einem noch höheren Maße menschenverbindend als soziale Kraft auf die Menschen zurückwirken kann.

Je klarer die Begriffe innerhalb der Gemeinschaft davon gefaßt werden, was sich als Seinskorrelat in der übersinnlichen Ebene abspielt, wenn Menschen sich in ihrem Erkenntnis- und Wahrheitsstreben begegnen, desto intensiver kann jene Menschenverbindung selbst werden. Deshalb hat R. Steiner nicht nur auf die Gefährdung hingewiesen, die für die Rektoratsleistung, d. h. für die einheitliche Schulführung durch die «verwaltungs-mäßige» Konstitution eintreten könne, sondern vor allem auf die positiven Hilfen, die aus der gemeinsamen Erarbeitung von Erkenntnisinhalten für die Einheitlichkeit der Handlungen zu gewinnen sind. Dies führte er bis in eine Benennung der geistigen Kräfte, die im gemeinsamen Wahrheits-streben anwesend sein können, aus (vgl. 197, 30.7.20, und 193, 8.2.19). So kann also ein Gleichgewicht hergestellt werden zwischen den polaren An-forderungen des freien Geisteslebens nach Persönlichkeitsentfaltung und der sozialen Einheitlichkeitsforderung aus den Lebensbedingungen der Or-ganisation.

Nun läßt sich aber die Frage aufwerfen: Führt eine solche Einstellung gegenüber der Gemeinschaft, wenn anerkannt wird, daß sie tatsächlich in der Lage ist, die Tendenzen der Individualisierung und Partikularität auf-zuheben, nicht unter Umständen in das gegenteilige Extrem der gemein-schaftlichen Selbstbezogenheit, der cliquenhaften Sektiererei? Dieser Ver-dacht kann umso stärker dann gehegt werden, wenn vielleicht etwas von jenen Sozialbezügen innerhalb der Gemeinschaft beruflich zusammenarbei-tender Menschen auftritt, die wir als persönlich, schicksalshaft, mikrosozial gekennzeichnet haben.

Hier kann sich möglicherweise schon ein Zusammenhalt einstellen, ehe die Einheitlichkeit über die Bewußtseinsarbeit herzustellen gesucht wurde, weil schließlich ein Gleichklang der Empfindungen, eine sympathische Wärme als Ausgangserfahrung vorliegt. Dieser Zustand kann dann zu einer Verengung, einer Abschließung und kastenähnlichen Gemeinschaft hinfüh-ren. Als eine Möglichkeit sollte dieser Sozialtypus einer Institution gesehen werden, in ihm zeigen sich aber Niedergangskräfte, die letztlich innerhalb der Gemeinschaftsbildung sich bis in den phrasenhaften Ausdruck hinein durchsetzen (Steiner 83, 11.6.22). Jener Typus liegt der hier beschriebenen Sozialgestalt fern, weil sich in ihr Menschen zu einer gemeinsamen Tätig-keit aus unterschiedlichen Lebens- und Erfahrungsvoraussetzungen zusam-menfinden. Da ragt, wie die Erfahrung zeigt, immer wie ein erratischer Block das Problem der Einheitlichkeit, die sich nur schwer einstellen will, in die Sozialprozesse herein. Denn aus der heutigen Seelenanlage resul-tieren Impulse, die sozialpsychologisch eine Wirklichkeit bilden und sich vor allem in Disharmonien und Spannungen, die jede Einheit gefährden, äußern.

Wer sich Begriffe über die Wirksamkeit des Zeitgeistes, über die Mensch-heit, über Gerechtigkeit erarbeitet, wie dies aus dem Welt- und Menschen-interesse des Lehrers hervorgehen sollte, der weiß auch innerhalb der Ge-meinschaft Enge und Weite, menschheitliches und sozialengagiertes Bemühen von Selbstbezogenheit und was sich darin ausspricht, zu unterscheiden (Steiner 193, 11.2.19).

d) Soziale und antisoziale Triebe

Eine schulische Konstitution, die für die Gesamtbelange auf einen straffen organisatorischen Aufbau, auf Regelhaftigkeit und Subordination verzichtet, um die Initiative und der Fähigkeit der tätigen Lehrer einen freien Raum zu schaffen, hat es in besonderem Maße nötig, anstelle des institutionellen Zusammenhalts und der äußeren Struktur ein spezifisches Bewußtsein von den Aufgaben bei den Mitarbeitenden auszubilden. Ein Teil von dem, was eine hochformalisierte Institution durch ihre organisatorischen Regeln an *Bewußtseinsentlastung* für den einzelnen mit sich bringt, muß in ihr wieder abgebaut und in die Verantwortung des einzelnen zurückverlegt werden. Nur so wird die Entbindung der Initiativkräfte möglich, die sonst an der Formstarre zu scheitern drohen. Gleichzeitig stellt sich aber die Frage nach dem Zusammenhalt der Gruppe, nach der Kohäsion. Denn wo äußere Bindungen, formalisierte Positionen, umschriebene Rollen und klare Kompetenzabgrenzungen als formaler Bezugs- und Verhaltensrahmen wegfallen, werden die formalen sozialen Beziehungen innerhalb der Gruppe zum Teil «privatisiert», d. h. sie werden wieder zu persönlichen Bezügen. Diese Tatsache hat Konsequenzen in zweifacher Richtung: Herrscht bei den Gruppenmitgliedern tatsächlich ein einheitliches Bewußtsein, so kann die Organisation höhere Leistungen als eine rein formal aufgebaute erbringen, weil die in ihr Tätigen «voll dahinterstehen». Wo aber Divergenzen zwischen einzelnen Mitgliedern auftreten, wird die Leistung und das Organisationsziel viel stärker gefährdet; dann wird «Privates» organisationsoffiziell und bindet Energien an der falschen Stelle ab.

Wenn durch den Abbau formalisierter Regelungen innerhalb der Institution Verantwortung von deren Mitgliedern übernommen wird, hat das zugleich zur Folge, daß die gesamte Einrichtung selbst *störungsanfälliger* für das «Menschliche» ihrer Mitglieder wird. Der Bezug ist offenbar reziprok. So schiebt sich eine *sozialpsychologische Fragestellung* in die Betrachtung ein: Gibt es bestimmte seelische Konstanten, die sich aus den Bedingungen der Konstitution ergeben? Für die bürokratische Organisation hat R. Presthus eine eindrucksvolle Typologie der Anpassung (die Aufsteigenden, die Indifferenten und Ambivalenten) aufzeigen können. Mit welchen seelischen Grundgegebenheiten ist durch die neue schulische Verfassung zu rechnen? Lassen sich Aussagen treffen, Charakteristika aufzeigen?

Da in dem neuen Modell der Schulverfassung der äußere Halt für die einzelnen Mitglieder zumindest nicht mehr formalisiert sichtbar ist, wird ein Zustand für die Betroffenen erreicht, den wir etwas überbetont als den der *Positionslosigkeit* bezeichnen können. Komplexe soziale Bezüge werden dadurch zunächst wieder als einfach zwischenmenschlich verständlich. Was bedeutet das sozial-anthropologisch? Zunächst doch die Tatsache, daß der einzelne dem anderen einzelnen elementar als Person und nicht als Amts- und Positionsinhaber begegnet. Diese Begegnung von Mensch zu Mensch kann zugleich als das Urphänomen der Sozialwissenschaft angesehen werden (Steiner 186, 12.12.18). Es ist deshalb zu untersuchen, was geschieht, wenn zwei Menschen sich begegnen. Zunächst werden innerhalb dieser Begegnung frühe Erlebnisse wieder lebendig: was sich an Urvertrauen oder Urmißtrauen im gefühlhaften Erfahrungsbereich angesammelt hat, spricht in Form der Sympathie oder Antipathie zum anderen Menschen in der Begegnung eine beredte Sprache. Die konkret entstehenden Bezüge sind so reichhaltig und mannigfach wie die sich begegnenden Menschen. Sie zu analysieren, führt vom Typischen ins konkret Einzelne. Um indessen das Typische zu erfassen, kann man sich fragen, was ist an der zwischenmenschlichen Begegnung sozial, was antisozial? Durch die Antwort müßte sich dann auch etwas von den sozialanthropologischen Voraussetzungen des neuen Konstitutionsmodells erhellen lassen.

Soziales Verhalten innerhalb der zwischenmenschlichen Beziehung läßt sich als *Hingabe* bezeichnen. Unter Hingabe ist zu verstehen, daß man sich in der mensch-menschlichen Begegnung dem anderen öffnet, dessen Wesen völlig aufnimmt, gleichsam in ihn mit seinem ganzen Verständnis untertaucht. Das Sein und das Wesen des anderen werden so im eigenen Innern aufgenommen, daß man sich im Extremfall bei der Aufnahme und Hingabe an die Persönlichkeit des anderen selbst in seiner Eigenständigkeit zeitweise auslöscht. Dieser *reine Typus* sozialen Verhaltens (hier zunächst nur als einseitige Beziehung von einem Ich zu einem Du beschrieben) stellt einen Zustand der Hingabe dar, wie er natürlich und konkret nur in einem Zustand auftritt, der mit dem Schlafbewußtsein verglichen werden kann.

Der polare Begriff und reine Typus des antisozialen Verhaltens wäre entsprechend mit Widerstand und Abweisung gegenüber dem anderen zu fassen. Indem ich mich in der Begegnung dem anderen verschließe, ihn abweise, kann ich mich selbst als Eigenwesen gegen ihn behaupten. Droht mir in der Hingabe die Gefahr, daß ich mich selbst aufgebe, mich in meinem Eigenerleben einschläfern lasse, so führt antisoziales Verhalten zur gewissen Selbstbehauptung und zur Ablehnung des anderen. Die Behauptung der Eigenständigkeit erhöht das Bewußtsein von einem selbst, es steigert den Grad der Wachheit. Zwischen diesen beiden gedanklich voneinander abzutrennenden Grundpositionen des menschlichen Verhaltens ereignet sich prinzipiell jede Begegnung von Menschen.[1]

---

[1] Der Ausgangspunkt, der hier gewählt wird, mag einerseits recht allgemein erscheinen, andererseits viele Gegebenheiten, die einem lebendig und reich verfügbar sind, nicht berücksichtigen. Doch erfaßt er einen idealen Typus von sozialen Bezügen, die als sozialpsychologische Kategorien notwendig sind, um bestimmte

Die Wirklichkeit sozialer Begegnung bringt es nun keinesfalls mit sich, daß der eine Partner in der Begegnung ganz von Hingabe an den anderen erfüllt ist, während der andere im Zustande der Selbstbehauptung verharrt. Es spielen vielmehr beide Positionen fortgesetzt in- und durcheinander. Jeder der Begegnenden nimmt fortlaufend unbewußt beide Positionen ein: die der Sozialität und der Antisozialität. Wenn Menschen interagieren, spielen immer die Kräfte des sozialen *und* antisozialen Verhaltens, der Hingabe und Versagung im Untergrund mit. Das heißt nun nicht, daß sie jeweils vor dem Horizont des Bewußtseins auftauchen, sie bleiben vielmehr in aller Regel unter diesem Horizont als begleitende Untermalung der Begegnung vorhanden. Um das Erscheinungsbild der sozialen und antisozialen Kräfte genauer zu fassen, wie sie in dem recht komplizierten Verkehr zwischen Menschen spielen, wollen wir die Interaktion beschreiben, wie sie sich für den denkenden, empfindenden und den handelnden Menschen darstellt.

Treten sich zwei Menschen erstmalig gegenüber, so hat jeder von ihnen eine vielfältige Vor-Erfahrung. Jeder hat während seiner sozialen und auch individuellen Biographie andere Bausteine geschaffen, aus denen er sich – je nach seinen individuellen Möglichkeiten – ein entsprechendes Vorstellungsleben aufgebaut hat. Jede Kontaktnahme zwischen Menschen findet im Strom der Zeit statt, wobei in der augenblicklichen Interaktion die Vergangenheit und Künftigkeit mit gegenwärtig ist. Soweit der Mensch der Vergangenheit angehört, ist er durch diese Vergangenheit geprägt, abgeschlossen, er ist ein Gewordener. In der Begegnung mit dem anderen kann das gewordene und fixierte Vorstellungsleben wieder aufbrechen, Anregungen und Impulse erhalten und sich weiter entwickeln. Dann weist die Interaktion der Gegenwart auf die Zukunft, auf das Werden, auf die Entfaltung. Durch zwischenmenschliche Begegnung kann eine weitere Entwicklung innerhalb des eigenen Vorstellungslebens und des Weltbildes stattfinden, wenn Hingabe und Öffnung gegenüber dem Neuen, das der andere bringt, im Menschen leben.

Wie treten Menschen, die interagieren, in ihrem Vorstellungsleben einander gegenüber? Wo ein Denkender dem anderen vorstellenden Menschen begegnet, tritt im Unterbewußtsein eine eigentümliche Situation auf: Jeder möchte sich in den Vorstellungsinhalten und -zusammenhängen, die er sich bisher erworben und ausgearbeitet hat, bestätigen und behaupten. Mit dem eigenen Vorstellungsleben ist das Bewußtsein vom eigenen Selbst, d. h. das Eigenerleben eng verbunden. «Das Einem-anderen-Menschen-Gegenüberstehen bedeutet immer: sich erwachen machen, sich losmachen von dem, was

immer wiederkehrende Tatbestände zu erfassen. Es wird nicht Anspruch darauf erhoben, die Wirklichkeit anders als in der Weise des reinen Typus, des Idealtypus – also nur aspekthaft – zu erfassen.

er mit einem will ... Das kommt zwar nicht in das gewöhnliche Bewußtsein herauf, wirkt aber als antisozialer Impuls. Gewissermaßen tritt uns jeder Mensch als Feind unseres Vorstellens, als Feind unseres Denkens entgegen. Wir müssen unser Denken schützen gegen den anderen. Das bedingt, daß wir in bezug auf das Vorstellen, auf das Denken in hohem Grade antisoziale Wesen sind und uns zu sozialen Wesen überhaupt nur erziehen können» (Steiner 186, 6.12.18).

Das antisoziale Verhalten ist primär an das menschliche Vorstellungsleben und an das Erleben der eigenen Begriffswelt geknüpft. Dieses Selbstverständnis und Selbstempfinden ist durchaus historisch, und zwar auf die Neuzeit beschränkt. So empfanden die Griechen noch, daß sie ihre Gedanken von außen, sozusagen von den Göttern, geschenkt erhielten. Pythagoras dankte damals den Göttern dafür, daß sie ihm den Lehrsatz über die Gesetze des rechtwinkligen Dreiecks eingaben, mit dem unvergleichlichen Opfer von hundert Ochsen. Auch in der ganzen Logoslehre von Heraklit bis Origenes wird der Gedanke als das angesehen, was von den Göttern herrührt. So sagt etwa Seneca: «Die Natur hat uns als bildsame Wesen entlassen, und sie gab uns eine unvollständige Ratio, die aber vollendet werden kann.» Oder: «Der Logos (ratio) ist den Göttern und Menschen gemeinsam. Bei den Göttern ist er vollkommen, bei den Menschen vervollkommnungsfähig» (Kelber, S. 68 und 77). Wenn hier auch der Gedanke bereits als ein im Menschen aus dem Innern Aufleuchtendes verstanden wird, so bleibt er in seiner Vollkommenheit doch allein den Göttern vorbehalten, er ist im Außermenschlichen, Erhabenen, zu Hause. Demgegenüber ist für das neuzeitliche Erleben die Gedankenwelt allein Produkt des selbstbewußten, denkenden Menschen, der frei über seine Vorstellungen verfügt. Sein Selbstbewußtsein erwacht an seinem Gedankenleben, die Bewußtseinsseele, wie R. Steiner sie nennt, schafft die Verbindung von Denken und Selbsterleben. Obgleich gerade der neuzeitliche Mensch formal weiß, wie stark sein Gedankenleben von der Umwelt bestimmt und beeinflußt, also von sozialen, d. h. zwischenmenschlichen Begegnungen und Einflüssen gestaltet wird, empfindet er sich elementar doch als alleiniger Besitzer und Produzent seiner Vorstellungsinhalte. Aus dem eigenen Selbstverständnis, aus der neuzeitlichen Lebenshaltung und -stimmung resultiert es, daß der Mensch in seinem Vorstellungsleben zunächst antisozial ist. Diese Antisozialität hat zur Folge, daß der eine den anderen in seinem Vorstellungsleben von Natur aus nur schwer wahrnehmen kann. Als soziale Konsequenz ergibt sich daraus, daß, wenn die Menschen sich ihren Empfindungen überlassen, sie aneinander vorbeigehen und sich in ihrer Besonderheit nicht wahrnehmen. Dadurch bilden sich zwischen Menschen Klüfte, ja Abgründe, in denen Unverständnis, Unmenschlichkeit, ja Grausamkeit angesiedelt sind. Mit der Ausbildung der neuzeitlichen Seelenfähigkeit werden die Klüfte, Spannungen und Mißverständnisse mehr und mehr zunehmen.

Sozial kann der Mensch aufgrund seines Selbstempfindens nicht sein, sondern nur werden. Von Natur aus stellt sich unser Vorstellungsleben als ein fortwährend wirksamer antisozialer Impuls dar, der nur dadurch zum sozialen umgeformt werden kann, daß wir mit anderen gemeinsam an gleichen Vorstellungsinhalten, an demselben Erkenntnisgegenstand arbeiten. Soweit der Mensch ein denkender ist, wird er aus dem Denken heraus an elementarer Sozialität verhindert. Dies gilt unter Umständen schon für eine erste Begegnung mit einem anderen Menschen, aber viel gefährdeter sind von dieser Antisozialität besonders auch wiederholte Begegnungen innerhalb von Gemeinschaften. Wenn ich meine, das Vorstellungsleben eines anderen zu kennen, dann hat er mir grundsätzlich kaum mehr etwas zu sagen. So gehe ich gerade dann, wenn ich ihn zu kennen vermeine, an ihm vorbei. Erst dort, wo ich mich bewußt schule, das Vorstellungsleben des anderen immer wieder erneut wahrzunehmen, bilde ich soziale Kräfte aus. Selbstverständlich gibt es weite Möglichkeiten zur individuellen Differenzierung in bezug auf soziale und antisoziale Kräfte. Dem einen gelingt es leichter, dem anderen nur mit Mühe, die Gedanken des anderen wahrzunehmen. Denn die Offenheit gegenüber den Gedanken*inhalten* anderer Menschen bedarf der Selbstaufgabe eigener Begriffsgehalte, gleichsam einer Auslöschung des eigenen Vorstellungsfeldes. Dies gelingt nur, wenn ich mich selbst im Denk*akt*, um mit einem Terminus der ‹Philosophie der Freiheit› Steiners zu sprechen, voll vergegenwärtige, d. h. mich selbst nicht im Denkinhalt, sondern im Denkvorgang erlebe. Dieses Erlebnis trägt Handlungscharakter.

Betrachten wir nun, wie Menschen sich als Empfindende gegenübertreten. Im wechselseitigen Kontakt lebt eine Fülle von Empfindungen auf, die zwischen den Polen der Sympathie oder der Antipathie hin und her spielen. Nach einem Kontakt oder einem Gespräch bleibt ein Empfindungseindruck von dem «Partner» in uns zurück. Das Erinnerungsbild, das wir von dem anderen in uns tragen, wird davon abhängen, welches Maß von Anerkennung und Wertschätzung wir ihm entgegenbringen und welchen Grad der allgemeinen Menschenschätzung wir erreicht haben. Ist das Bild von Wohlwollen und Sympathie gezeichnet, so wird es bei einer weiteren Begegnung zu einem anderen Verhalten führen, als wenn es durch Antipathie, Abneigung oder gar Verachtung bestimmt wird. Worin zeigt sich nun in den Empfindungen soziales oder antisoziales Verhalten? Sicher nicht darin, wie wir den anderen beurteilen, denn der subjektiv-objektive Eindruck hängt letztlich nicht nur von uns, sondern auch von dem Partner ab. Wir können beobachten, daß das Erinnerungsbild, das wir von einem anderen Menschen haben, sich im Verlauf der Zeit wandelt. Das bewahrte Bild, das wir so haben, kann sich von dem tatsächlichen, ursprünglichen Eindruck, den wir hatten und der auf einer von uns wahrgenommenen Wirklichkeit beruhte, sehr weit entfernen. Dabei läßt sich oft eine Eigentümlichkeit beobachten, daß nämlich die Wandlung, die sich im Zeitverlauf ergibt, uns ein eher negatives Vorstellungsbild aufdrängt gegenüber dem «besseren» ursprünglichen. Das sich zum Negativen hin wandelnde – von der ursprünglichen Wirklichkeit abgezogene, also abstrakte – Bild entfernt uns von jenem Menschen, auf den es sich bezieht. Wir werden von ihm gefühlsmäßig isoliert, abgetrennt. Der Vorgang verläuft im Innerseelischen, Unbewußten in uns. Diese Tendenz zu einem verfälschten gefühlsmäßigen Erinnerungsbild, das wir von einem anderen Menschen aufgrund einer Begegnung haben, läßt sich als antisozialer Impuls in der Empfindungsebene kennzeichnen. Wie naturhaft verzeichnet sich das Bild vom anderen im Verlauf der Zeit. Die Intensität im Wandel des Erinnerungsbildes, die Stärke der negativen Verfälschung ist wieder abhängig von den antisozialen Kräften, die wir in uns ausgebildet haben. Wenn sich das Erinnerungsbild gegenüber dem ursprünglichen Eindruck verschönt, der andere immer «besser» erscheint, also sich als Entwickelnder ausnimmt, dann läßt sich von Sozialität in der Ebene der Empfindung sprechen. In aller Regel ist das naturhaft gegebene Erinnerungsbild der Verfälschung unterworfen, das Antisoziale ist wie selbstverständlich. Das bedeutet, daß sich langsam verfälschende Bilder von anderen Menschen im Verlauf der Zeit der Korrektur bedürfen, wenn sie nicht die Wahrheit verfehlen sollen. Soweit wir bewußt und vorsätzlich diese sich ändernden Bilder korrigieren, werden wir im Bereich des gefühlshaft Emotionalen sozial tätig.

Der nächste Bereich der Interaktion, wo das Willenswesen des einen Menschen auf das Willenswesen des anderen trifft, ist schwerer zu charakterisieren, da es noch tiefer im Unbewußten liegt. Soziales Verhalten in der zwischenmenschlichen Begegnung zeigt sich im Vorstellungsleben in der Öffnung und Hingabe, im Empfindungsbereich in der aktiv sympathischen Erinnerung, während das antisoziale sich in der Versagung und im reduzierten, verengten Erinnerungsbild vom anderen Menschen ausdrückt. Im Bereiche des Willens, der Handlung werden in der interagierenden Kontaktnahme gleichsam die Vorstellungen und Empfindungen in direkte Aktionen umgesetzt. Wenn in Gemeinschaften, die stark von ideellen oder gedanklichen Konzepten oder von empfindungsgeladenen Programmsätzen bestimmt werden, ständig ein Prozeß der Kurskorrektur zu beobachten ist, so manifestiert sich in den typischen Säuberungsaktionen die antisoziale Haltung als Tätlichkeit, wobei nach der Theorie dem malträtierten Häretiker noch ein Liebesdienst erwiesen wurde. Der sonst im verborgenen ablaufende Prozeß antisozialer Verhaltensformung tritt hier wie im Modell aus dem Willensbereich in die nackte Sichtbarkeit und offenbart seine gewalttätige, menschenverachtende Wurzel unmittelbar. Je weiter sich die antisoziale Geste vom Vorstellungsbereich entfernt und je näher sie dem Aktionszentrum im Menschen rückt, desto stärker müssen die Vorsätze werden, Menschenachtung und Menschenschätzung als soziales Gegengewicht zu üben. Was die soziale Wirklichkeit der Gegenwart im Aktionsfeld zeigt, gilt parte ex toto auch im einzelmenschlichen Verkehr.

Fassen wir zusammen, daß der heutige Mensch aus seiner Natur heraus zur Nichtanerkennung des anderen, zur Antisozialität, zum Vorbeigehen am Mitmenschen hinneigt, dann ist vor dem Hintergrund der hier entwickelten neuen organisatorischen Struktur zu fragen, welche Auswirkungen sie hat auf die Entfaltung sozialer und antisozialer Kräfte. Denn eines ist sicher: Wo formale Rahmenbestimmungen innerhalb der Organisation den Geschehensablauf steuern, hat die «objektive Organisationsnorm» den Vorrang, sie überformt die individuellen – sozialen oder antisozialen – Impulse der Mitglieder als übergeordnete Instanz. Was an individuellen Kräften, Neigungen, Leistungen und Schwächen, kurz: an menschlichem Potential durch den einzelnen eingebracht wird, läßt sich durch die Institution mit ihrer Formalisierung in ein bestimmtes Gleichgewicht bringen. Schwächen und Stärken werden von außen ausgeglichen, gesteuert und reglementiert. Darin besteht der Vorzug einer bürokratischen Ordnung. Wo sie wegfällt, trifft man unvermittelt auf die Regungen der sozialen und antisozialen Triebe, die durch die Privatisierung des Organisationsgeschehens in den Kontakten sich ungehemmter entfalten.

Wie wird die hier geschilderte neue Konstitution der Schule mit diesen freigesetzten Kräften fertig? Denn sie treten unmittelbar mit der individuellen Initiative, in der sich die Lehrer als Handelnde begegnen, zutage. Dem Vorzug der Einsatz- und Verantwortungsfreude, der durch den Abbau institutioneller Vorprägungen der herrschaftlichen Organisation erreicht werden soll, stehen als Nachteil das Freisetzen und das unmittelbare Wirksamwerden von antisozialen Impulsen gegenüber. Sie aktualisieren sich gleichsam naturgemäß aus ihren Grundlagen im notwendig dichteren Sozialverkehr der neuen Verfassung. Anstelle einer Typologie der Anpassung entsteht ein Szenarium der Kraftentbindung, das auch die Ebene der sozialen Fähigkeiten und ihrer antisozialen Ausbildung berührt. Wird nicht die Stärkung der Initiativkräfte auf der einen Seite mit einer Gefährdung der Organisation und ihrer Ziele auf der anderen zu teuer erkauft?

Es zeigt sich deutlich, daß mit der neuen Konstitution eine weitere Dimension des organisatorischen Handelns hinzugewonnen werden muß: Indem sich die Organisation den Bestrebungen der einzelnen öffnet, muß neben den antisozialen Kräften, die zu Divergenzen und Auflösungen führen, bewußt ein Prozeß der Gemeinschaftsbildung stattfinden, der die Gruppe durch das Bewußtsein und nicht durch äußere Struktur, nicht durch Bewußtseinsentlastung, sondern -Steigerung zusammenhält. Die Organisation, deren Aufgabe es ist, Leistungen zu erbringen, wird damit zugleich für die an ihr Beteiligten zu einem sozialen Übungsfeld, auf dem die gegensätzlichen sozialen und antisozialen Neigungen zu einem produktiven Ausgleich kommen können. Organisation wird mithin zu einer Einrichtung für die Erziehung und vor allem die Selbsterziehung der Gruppenmitglieder, zu einer Einrichtung des sozialen Lernens. Ein neuer dynamischer Aspekt tritt zur Organisationsbetrachtung hinzu: Wenn durch den Abbau starrer organisatorischer Strukturen Kräfte des einzelnen freigesetzt werden, dann muß als Gegengewicht die Möglichkeit für eine Sozialisierung geschaffen werden. Sie muß allerdings auch im Bereich des Individuellen verlaufen, im Bereich der Erziehung und Selbsterziehung. Individualitäts- und gruppenbezogene Prozesse verbinden sich so.

Wenn sich das Antisoziale vor allem innerhalb des Vorstellungsbereiches der interagierenden Gruppenmitglieder zum Ausdruck bringt, nämlich darin, daß der eine das Vorstellungsleben des anderen nicht wahrnimmt oder anerkennt, dann lassen sich die sozialen Tendenzen durch die Gruppen selbst dadurch verstärken, daß gemeinsame Bewußtseinsinhalte geschaffen werden. Daneben aber gibt es ferner die individuelle Möglichkeit, die auch im sozialen Verband als bewußter Prozeß gehandhabt werden kann, Gedankenvorurteilslosigkeit zu erüben. Der Verzicht auf Einheitlichkeit wird zugleich zu einem solchen, in dem sich erweisen muß, ob durch Vorurteilslosigkeit Sozialität geschaffen werden kann. Als eine Art Ideal, wie dies zu erreichen sei, stellt R. Steiner das folgende dar:

«Einzig und allein dadurch, daß ich nicht nur Interesse entwickle für dasjenige, was ich selber denke, was ich selber für richtig halte, sondern daß ich selbstloses Interesse entwickle für alles, was Menschen meinen und was an mich herantritt, und wenn ich es noch so sehr für einen Irrtum halte . . .», bildet sich Gedankenvorurteilslosigkeit und Sozialität (193, 11.2.19).

Die Analyse sozialer und antisozialer Impulse zeigt, wie riskant das neue Modell einer schulischen Verfassung ist. Soweit aus funktionalen Gründen (des freien Geisteslebens) die «regierungsmäßigen» Formen in der Verfassung abgebaut werden, um dadurch Initiativkräfte freizusetzen, werden zugleich aus den Gegebenheiten der Bewußtseinsseele antisoziale Kräfte entbunden und aktiviert. Diese das ganze schulische Gefüge gefährdenden antisozialen Impulse können nur sozial in das Ganze eingebunden werden, wenn jeder Mitarbeitende bereit ist, gemeinsam mit den anderen einen Weg der Bewußtseinserhellung und des wechselseitigen Lernens zu gehen. Im funktionalen Sinn werden antisoziale Kräfte nur dann zu sozialen, wenn der Wille lebendig ist, die für alle gemeinsamen Grundlagen in der Pädagogik mit dem Bewußtsein zu durchdringen und so eine Einheit im Bewußtsein und damit in den Zielen des Tuns zu schaffen. Anstelle der Bewußtseinsentlastung durch das Organisationsgefüge tritt hier die Bewußtseinsaktivität, anstelle der oft den Einzelwillen lähmenden Struktur eine solche, die Kräfte entbindet, und anstelle der Funktionssicherheit das Risiko, anstelle der Starre ein System dauernden Lernens, wie es der Einrichtung des Bildungswesens angemessen ist, anstelle gesicherter Ordnung die Chance, Erneuerungsimpulse direkter umzusetzen, anstelle überformender Strukturen der Ansatz, sich sozial zu entwickeln oder auch zu scheitern, kurz: ein System der Möglichkeiten.

2. Die Umweltbeziehungen der Schule

Damit eine Schule, die nicht von einem Hoheitsträger betrieben wird, existieren kann, bedarf es bestimmter, konkreter Umweltgegebenheiten, die von der Schule selbst nicht unmittelbar beherrscht werden, vielmehr auf sie selbständig zurückwirken – fördernd oder hindernd. In der Anpassung an diese sozialen Gegebenheiten hat die Schule Organe auszubilden, die ihre Existenz sichern helfen. Das kann am historischen Gang – als einem erkenntnisleitenden Motiv – deutlich werden, besonders an den die Schule gefährdenden Krisen.

Das ursprüngliche Ziel, das aus Überlegungen zur Dreigliederung des sozialen Organismus herrührte, *alle* Schulen und Bildungseinrichtungen grundsätzlich der Selbstverwaltung zu unterstellen und damit zu freien gesellschaftlichen, staatsfreien Einrichtungen zu machen, konnte 1919 nicht erreicht werden. Ein freiheitliches Geistesleben war politisch nicht durchsetzbar gewesen. So blieb allein der Ausweg, die Waldorfschule als eine einzelne freie soziale Einrichtung sich selbst verwalten zu lassen. Das bedeutet zwar Freiheit für die einzelne Institution, nicht aber für das Geistesleben als Ganzes. Denn wo aus dem gesamtgesellschaftlichen Zusammenhang das Schulwesen unter der Verwaltung des Staates, d. h. unter der hoheitlichen Gewalt steht, wird eine freie Schule immer in einer ungünstigen Ausgangslage stehen, wirtschaftlich einem beschränkten Wettbewerb vergleichbar. Versteht man mit der modernen Systemtheorie jede Organisation als ein Handlungssystem, das sich in einer *feindlichen Umwelt* zu behaupten hat, so wird neben gesellschaftlichen Mächten vor allem der Staat selbst für eine freie Schule zur sie gefährdenden Umwelt. Denn als Träger hoheitlicher Gewalt kann er die von ihm veranstaltete Schule als zu seinem Handlungsgefüge gehörig so gestalten, wie es seinen organisatorischen Zielen, d. h. Herrschaftsinteressen entspricht. Zwar kann auch der Staat mit seinem Ordnungsanspruch in die Lage geraten – und dies ergibt sich aus den unterschiedlichen Lebensbedingungen des geistigen und rechtlichen Lebens fortgesetzt –, daß die Gesellschaft mit ihren veränderten Anforderungen zur feindlichen Umwelt für ihn wird und seiner Herrschaft entgleitet. Dann sind Anpassungen in Form von Bildungsreformen fällig. Immer aber bleibt der Anspruch der Herrschaft, prinzipiell ordnend ins Bildungswesen einzugreifen, so daß sich für eine freie soziale Einrichtung nicht die Gesellschaft [1] – wie es durchaus gerechtfertigt wäre –, sondern der Herrschaftsträger Staat als Umwelt, die für sie feindlich werden kann, erweist. Die direkte Verantwortung vor der Gesellschaft mit ihren differenzierten Ansprüchen schüfe ein leistungsfähigeres und gesellschaftsadäquateres Bildungsleben, als wenn diese Aufgabe dem Staat mit seiner bürokratischen Verwaltung obliegt. Er schafft gleichsam eine «Zwischenumwelt», die zwischen gesellschaftlicher Anforderung und autonomer Antwort des Bildungslebens liegt und von Herrschaftsinteressen überformt wird. Bei der Vielzahl der öffentlichen Aufgaben, die der Staat faktisch wahrnimmt, gelingt ihm als einem komplexen «Mammut»handlungssystem auf dem Gebiet des Bildungswesens die Anpassung an die sich verändernde gesellschaftliche Wirklichkeit immer nur unzulänglich und mit zeitlicher Verzögerung. Dabei erweist sich, daß die Anpassungsfähigkeit einer Vielzahl kleiner Systeme – wieder als Handlungsgefüge auf dem Sektor des Bildungswesens verstanden – ungleich effizienter sein würde, weil ein kurzgeschlossener Zusammenhang zwischen gesellschaftlichen Erfordernissen und Bildungssystem bestünde (v. Hentig, 1968).

Wo der Staat nun als Handlungsgefüge die Schule gestaltet, hat er als Handlungsträger zur Erfüllung seiner Aufgaben dem freien Träger zwei Fakten voraus: Er sichert sich durch die Steuerhoheit Zugang zu den Finanzierungsmitteln, und er kann auf dem Gebiet der Rechtssetzung sein Handeln so gestalten, daß die Umwelt (Gesellschaft) durch ihn tiefgreifend beeinflußt wird. Diese Möglichkeiten sind dem freien Träger verschlossen. Aber auch er braucht die Fähigkeit, sich gegenüber der Umwelt abzugren-

---

[1] Zwischen Staat und Gesellschaft besteht keine Identität. Wenn auch das demokratische Staatsverständnis eine gesellschaftliche Verantwortung der Machtträger gegenüber den Beherrschten nahelegt (Friedrich, Loewenstein), erfaßt der Staat doch nur *eine* gesellschaftliche Funktion: die hoheitsrechtliche. Daneben sind weitere gesellschaftliche Leistungen und Funktionen: die der Erneuerung und des Wirtschaftens vorhanden, die mit dem Ordnungsanspruch des Staates kollidieren können (vgl. Kap. Freies Geistesleben und freie Schule).

zen: in seiner *rechtlichen Selbständigkeit*. Die Schule muß, konkret gesprochen, für die Eltern, die sie suchen und wollen, rechtlich vorhanden und gesichert sein. Gleichzeitig braucht sie finanzielle Mittel, um sich in den äußeren Einrichtungen (Investitionen) und dem laufenden Betrieb zu erhalten. Für beide Aufgaben, die rechtliche und die wirtschaftliche, bedarf es der Ausbildung von Organen, deren konkrete Gestaltung jeweils von den Umweltgegebenheiten beeinflußt wird. Die Aufgabe dieser Handlungsorgane ist es, dem pädagogischen Handlungssystem das Überleben innerhalb einer es gefährdenden Umwelt zu sichern.

Bei der Gründung war die Waldorfschule von Emil Molt als Schule für die Arbeiter- und Angestelltenkinder seiner Firma gedacht. Was lag daher näher, als die Schule voll in die Firma zu integrieren? Rechtlich und wirtschaftlich wurde die Schule zu einem Teil der Waldorf-Astoria-Zigarettenfabrik. Die Lehrer bekamen einen Anstellungsvertrag von der Firma, und ihr Gehalt wurde gleichfalls vom Betrieb ausbezahlt. Gegenüber dieser aus den Gegebenheiten einleuchtenden pragmatischen Konstruktion mußten sich aber rasch ideelle Einwände und Fragen erheben. Setzten sich doch die Lehrer gerade dafür ein, daß die Pädagogik allein aus anthropologischen Überlegungen gestaltet wird und *unabhängig* von den Interessenforderungen *staatlicher und wirtschaftlicher* Mächte sich entfalten kann. Bestand nicht darin, daß die Schule ein Teil der Firma war, die Gefahr, daß derjenige, der die Lehrer anstellte, ihr «Vorgesetzter» wurde? Beeinträchtigte diese Konstruktion nicht die pädagogische Autonomie, indem der Lehrer von den rechtlichen und wirtschaftlichen Vorgängen «seiner» Schule ausgeschlossen blieb? Bestand nicht zwischen dem neuen Modell einer schulischen Konstitution, das auf dem Kollegialprinzip basierte, und dem Anstellungsmodus durch die Firma eine Diskrepanz? Zweifellos gab es innerhalb der neuen Verfassung noch Strukturdefekte. Wenn auch eine pädagogische Autonomie und Selbstbestimmung des Kollegiums für die unmittelbare pädagogische Tätigkeit bestand, so war durch die halbfertige Struktur doch für die große Zielprojektion durchaus die Gefahr einer Fremdbestimmung gegeben. Das Prinzip der Selbstverwaltung war noch nicht in *allen Bereichen* (Pädagogik, Mittelverwendung, Rechtsgestaltung) durchgängig verwirklicht, d. h. es bestand noch keine Interdependenz der Selbstverwaltungsordnung. Bestehen aber innerhalb einer bestimmten Verfassung verschiedene Strukturprinzipien, äußert sich die Nichtkongruenz der verschiedenen Teile in Konflikten, die zugleich wieder das konstitutionell-strukturelle Problem beleuchten. So auch in diesem Falle.

a) Der Schulverein

Dieses Problem der Unverträglichkeit zwischen der Selbstverantwortung im pädagogischen Bereich und der möglichen Einflußnahme durch den Schulträger, die Firma, wurde von den Lehrern rasch empfunden, zunächst aber weniger als ein sachlich-strukturelles Problem erkannt, sondern, was nahelag, personalisiert. Zwischen dem Schulgründer E. Molt und dem Kollegium bestand in allen pädagogischen Fragen volle Übereinstimmung. Allerdings traten dann doch sachliche Spannungen auf, als es um Fragen der weiteren Schulentwicklung ging, es kam zu Zielkonflikten zwischen Lehrern und dem Repräsentanten des Trägers der Schule. Ihr pädagogisches Verständnis und ihre soziale Auffassung bestimmten die Lehrer, die Schule für Kinder aller Schichten zugänglich zu machen; ihr Ziel war es, die Waldorfschule als einen Beitrag für die künftige Schulentwicklung in das allgemeine Kulturleben hineinzustellen. In diesem Sinne hat die Schule eine umfassende Aufgabe als Menschenschule, sie kann nicht an die eine Gründung in Stuttgart gebunden bleiben, noch weniger an eine bestimmte umgrenzte gesellschaftliche Gruppe als Rekrutierungsfeld für die Schülerschaft. Demgegenüber verstand E. Molt die Schule vorwiegend aus dem von ihm empfundenen sozialen Auftrag. Sie sollte im Sinne der ursprünglichen Absicht vor allem eine Schule für Kinder von Werksangehörigen bleiben. Molt wollte durchaus eine Pädagogik für die bildungsfernen Schichten schaffen, wie man heute formulieren würde. Er war überzeugt, daß gerade das Proletariat für eine künftige Sozialgestaltung und eine erneuerte Kultur als soziologische Gruppe die besondere Bedeutung einer Basis habe. Diese Tatsache hatte er in der eigenen Bildungsbiographie zutiefst durchlebt und als soziales Zukunftsziel erfaßt. Diesem Zusammenhang sollte die Waldorfschule mit ihrer Pädagogik und mit der Zusammensetzung ihrer Schülerschaft gerecht werden. Zugleich mag für ihn als Unternehmer ein durchaus konkretes und legitimes Motiv mitgespielt haben, so durch die «eigene» Schule eine gut ausgebildete und besonders befähigte Mitarbeiterschaft für die Firma zu bekommen.

Erst nach längerer, spannungsvoller Krise gelang es, die vorliegenden prinzipiellen Konflikte zwischen den Beteiligten so weit zu objektivieren, daß hinter dem Persönlichen der strukturelle Defekt in der Organisation sichtbar wurde. Fürs erste stellte sich die Frage: Wer entscheidet in bezug auf die langfristige Schulentwicklung, wer über die Zielsetzung? Die Schüleraufnahmen wurden zwar schon durch das Lehrerkollegium entschieden. So gab es von Anfang an neben den «Waldorfkindern» im engeren Sinne, d. h. Kindern von Werksangehörigen, auch andere Schüler; zu Beginn des 2. Schuljahres betrug ihr Anteil an der Schülerschaft bereits über die Hälfte. Mit der zunehmenden «fremden» Schülerschaft waren auch zugleich finanzielle Fragen gestellt: Wer kommt für die dadurch entstehenden laufenden Mehrkosten auf? So kam es bereits beim Gespräch über die Namengebung der Schule zur Aussprache über einen «Verein Freie Waldorfschule», der dann im Mai 1920, also ein gutes halbes Jahr nach Schulgründung, auf Vorschlag und Drängen E. Molts gegründet wurde.[1] Seine Aufgabe bestand darin, die *wirtschaftliche und rechtliche Selbständigkeit* der Schule sicherzustellen. Durch die Gründung des Trägervereins gingen dann alle Aufgaben, die bisher von der Firma wahrgenommen worden waren, an diesen Verein über: vor allem die Aufstellung und der Vollzug eines Haushaltsplanes für das Geschäftsjahr, die Verwaltung der Einnahmen und Ausgaben, die Beschaffung der Betriebsmittel und die juristische Handlungsfähigkeit. Die Anstellung und der Vertragsabschluß mit den Lehrern kam erst Ende 1920 in den Kompetenzbereich der Schule, d. h. des Schulvereins (K 2, S. 117). Durch diese Konstruktion wurde der Schulverein als eingetragener «Ideal»-verein zum Organ, das der freien Schule die äußeren strukturellen Voraussetzungen schuf, als autonomes Handlungsgefüge in der Form einer juristischen Person in einer «gefährlichen» Umwelt zu leben.

Betrachten wir kurz die Struktur des Vereins. Er bestand aus sieben Gründungsmitgliedern, wovon fünf den Vorstand bildeten. Ehrenvorsitzender war der Aufsichtsratsvorsitzende der Waldorf-Astoria, Max Marx (Molt, S. 209). Erster Vorsitzender war Rudolf Steiner, die übrigen Vorstandsmitglieder E. Molt, E. A. K. Stockmeyer, E. Leinhas. Nur H. Hahn und Benkendörfer waren einfache Mitglieder (Gabert, S. 11). Als außerordentliche Mitglieder gehörten die Lehrer, die Mitarbeiter der Schule und die Eltern sowie die Schulpaten, die für unbemittelte Eltern das Schulgeld übernahmen, zum Verein. Schließlich gab es noch beitragende Mitglieder, die den Verein durch finanzielle Zuwendungen unterstützten. Es stellte sich schnell heraus, daß die «Begründung der Schule ohne den Staat» eine sehr kostspielige Sache (zumal in Zeiten des rapiden Geldwertzerfalls) war. Trotz allem hielt die Schule immer an dem Grundsatz der sozialen Gemeinnützigkeit fest, d. h. «auch jeweils Kinder aufzunehmen, die das Schulgeld nicht bezahlen können» (K 2, S. 100 u. 104). Wenn die Schule nicht darunter leiden sollte, daß sie «eine Kapitalistenschule wird, abgesehen von Kindern aus der Waldorf-Astoria», dann war es erforderlich, daß eine breitere Trägerschaft die Schule finanziell unterstützte. «Wir brauchen es (uns) nicht zur Ehre anzurechnen, daß Ministerkinder da sind, aber daß auch künftig die Kinder der Wohlhabenden neben den Kindern der Armen sitzen» (K 2, S. 105). Die zentrale Aufgabe des Schulvereins war es also, die finanziellen

---

[1] Molt, S. 209; nach den unzureichenden Konferenzmitschriften könnte eine Initiative zur Vereinsgründung durch das Kollegium vermutet werden, was die Darstellung Molts korrigiert.

Mittel für die Investitionsausgaben und den laufenden Betrieb (Sach- und Personalkosten) zu beschaffen.

Als besondere Aufgabe kam hinzu, einen finanziellen Ausgleich innerhalb der Schülerschaft herzustellen, so daß auch Kinder von finanziell schwächer gestellten Eltern die Schule besuchen konnten. In der Zeit der rasanten Inflation zeigte sich, daß auch die Waldorf-Astoria-Zigarettenfabrik auf die Dauer nicht bereit war, für «ihre» Schüler eine feste Summe pro Schüler und Jahr zu garantieren. Den Kapitaleignern der Waldorf-Astoria – außer Molt – war «die ganze Schule ein Greuel» (K 2, S. 121). Die finanziellen Schwierigkeiten, die sich in aller Härte erstmals im Sommer des Jahres 1920 zeigten (es wurde sogar der Gedanke einer Schulschließung in den Beratungen erwogen!), sollte der eben gegründete Schulverein zu überwinden helfen, indem er durch eine große Mitgliedschaft die notwendigen Finanzsummen herbeischaffte. Um an eine weit gestreute und finanziell tragfähige Mitgliederschaft heranzukommen, war es notwendig, die Waldorfpädagogik in der Öffentlichkeit darzustellen. Beide Aufgaben hatte der Verein in Zusammenarbeit mit dem Lehrerkollegium und Teilen der Elternschaft zu bewerkstelligen. Auf die Umwelt wurde also durch Aufklärung über die Funktion des freien Geisteslebens und die Bedeutung der Waldorfpädagogik eingewirkt, um so die unmittelbare, lebensbedrohende finanzielle Gefährdung aufzufangen.

Aus dieser nach außen gerichteten Vereinstätigkeit ergibt sich die Struktur des Vereins. Mit der Begrenzung des Entscheidungsprozesses auf sieben Mitglieder war es zwar möglich, rasche Entscheidungen zu fällen und gleichzeitig den inneren Kern des Vereins vor einer andersgerichteten politischen Unterwanderung und möglichen – gegen die Pädagogik gerichteten – Majorisierung zu schützen. Aber die Konstruktion war so mit den eigentlichen Intentionen des neuen Modells schlecht vereinbar. Die eigentlichen Beteiligten an der Schule (Lehrer und Eltern) blieben vom Verein zunächst formaliter ausgeschlossen. So konnte sich diese Struktur auch nicht auf Dauer halten; bereits im Jahre 1923 wurden die Lehrer und die Eltern ordentliche Mitglieder des Vereins (K 6, S. 32a).

Im Zusammenhang mit den existenzbedrohenden finanziellen Nöten wurde von R. Steiner auch der Gedanke eines *Weltschulvereins* ins Gespräch gebracht, dessen Aufgabe sein sollte, die verschiedensten Initiativen – nicht nur die eine Schule – auf dem Gebiet eines sich befreienden Geisteslebens weltweit zu finanzieren; die Mitglieder des Vereins – nach Tausenden zählend – sollten nicht an eine konkrete Institution gebunden sein, sondern über die ganze Welt sich zur Förderung eines freien Geisteslebens bereit finden. Der Verein sollte «Millionen bringen». Während ein lokaler Verein nur für seine Schule Mittel beschafft, wird es notwendig, für viele freie Waldorfschulen und verwandte Einrichtungen Mittel zu erlangen. «Es ist sehr leicht möglich, wenn wir einen Weltschulverein gründen, daß wir vielleicht Geld kriegen, überhaupt für solche Schulen, international» (K 2, S. 95). Die Finanzierung der verschiedenen Einrichtungen müßte über eine Zentralkasse des Weltschulvereins erfolgen. «Wir müßten die neuangemeldeten Kinder abweisen, wenn wir nicht Mittel bekommen. Darum müssen wir einen Weltverein gründen, der im Programm nicht die Unterstützung der Stuttgarter Waldorfschule hat, sondern die Gründung von Schulen nach diesen Prinzipien» (K 2, S. 99 f.).[1] Oder anders gewendet: «Diese eine Waldorfschule, ja, schön, daß wir sie haben, aber für sich ist sie nichts; sie ist erst etwas, wenn wir in dem nächsten Vierteljahre zehn solcher Waldorfschulen errichten würden, und dann weitere. Das hat die Welt nicht verstanden, dazu hatte sie kein Geld» (Steiner, 17. 10. 20).

Es wurde dieser Verein offenkundig als ein Instrument verstanden, von dem eine Wirksamkeit in zwei Richtungen ausgehen sollte: einmal im Sinne der Aufklärung (wenn man will und wie es den Zeitverhältnissen angemessen war: der «Propaganda») und zum andern der Beschaffung finanzieller Mittel, um für die Befreiung des gesamten Geisteslebens wirken zu können und die Waldorfschulen entsprechend in einem gesellschaftlichen Feld zu verwurzeln.

Diese Anregungen wurden – zum Leid R. Steiners – nicht aufgegriffen, denn zunächst standen die Sorgen des Tages im Vordergrund, während der Weltschulverein erst nach längerer Zeit und bei viel Arbeitsaufwand Lösungen versprach.

Gehen wir nochmals auf den systemtheoretischen Ansatz zurück, daß jegliche Institution ein Handlungsgefüge darstelle, das sich als ein Binnenraum gegen eine möglicherweise feindliche Umwelt durchsetzen und behaupten muß. Die Pädagogik und ihr Vollzug, die eigentliche unterricht-

---

[1] Dies wird ganz aus der Idee der Dreigliederung verstanden: «Es hat einfach gegenüber der jetzigen sozialen Lage Europas keinen Sinn, eine einzige Waldorfschule . . . zu begründen . . . Wenn Sie nicht den Mut dazu bekommen, die Loslösung der Schule vom Staat zu erstreben, dann ist die ganze Waldorfschulbewegung für die Katz. Denn sie hat nur einen Sinn, wenn sie hineinwächst in ein freies Geistesleben. Zu alledem brauchen wir . . . ein internationales Streben, das nicht etwa bloß in der Welt herumgeht und überall Grundsätze verbreitet, wie Schulen eingerichtet werden sollen! Einen Weltschulverein brauchen wir in allen Ländern der Zivilisation, damit so schnell wie möglich die größte Summe von Mitteln herbeigeschafft werde. Dann wird es möglich sein, auf Grundlage dieser Mittel das zu schaffen, was der Anfang eines freien Geisteslebens ist» (Steiner 12. 10. 20). In der Zeitschrift Die Menschenschule (Heft 4/1972, S. 115 ff.) findet sich eine Dokumentation der Problematik des Weltschulvereins, die auch bisher noch nicht in der GA veröffentlichte Vortragsstellen R. Steiners über diese Frage enthält.

liche Tätigkeit wäre dann das Handlungsgefüge, das den Binnenraum mit Leben ausfüllt. Die Grenze, an der das Handlungsgefüge des Inneren an die Umwelt stößt, gleichsam die Haut des Innenraumes bildend und ihn von der Umwelt absetzend, müßte dann von jener Organfunktion ausgefüllt werden, die den Funktionen des Schulvereins mit seiner rechtlichen und wirtschaftlichen Selbständigkeit entspricht. Hier findet die Auseinandersetzung zwischen der Organisation als Binnengefüge und der sie bedrohenden und existenzgefährdenden Außenwelt statt. Die Einrichtung der staatsunabhängigen Waldorfschule hat demgemäß zwei Handlungsrichtungen: eine nach innen und eine nach außen. Das nach innen gerichtete Handlungsgefüge wird durch die pädagogische und erzieherische Tätigkeit ausgefüllt, das nach außen gerichtete ist alles Handeln, das den pädagogischen Freiheitsraum existentiell schafft und sichert, es manifestiert sich weniger in der Dimension des Geistigen, d. h. der individuellen Fähigkeiten, als in denen des Politischen, des Rechtlichen und des Wirtschaftlichen; die Zielsetzung beider Handlungsrichtungen wird aber identisch sein, beide sind nicht ohne Bezug aufeinander zu denken.

In einem gesamtgesellschaftlich freien Geistesleben – das sei hier angemerkt – hätten die Rechtsordnung und die innere Verfassung des Geisteslebens selbst dafür zu sorgen, daß das nach außen gerichtete Aktionszentrum weniger Kraft zur Abwehr äußerer Bedrohung aufzuwenden hätte und sich die freie Kultureinrichtung stärker der Durchgestaltung ihrer inneren Aufgaben widmen könnte, nämlich der eigentlich produktiven Tätigkeit auf geistigem Gebiet. Zugleich hätten alle Institutionen innerhalb des Geisteslebens es mit den gleichen Ausgangsbedingungen in bezug auf die äußere Umwelt, auf ihre materielle Sicherung und ihren Rechtsstatus zu tun. Gefährdung durch die Umwelt träte dann lediglich als Reflex auf das Handeln im Innern auf, nämlich im Vertrauens- oder Mißtrauenserweis derjenigen, welche die Institution mit ihren Leistungen wählen oder nicht. Wenn auch jede Institution grundsätzlich als eigener Handlungsraum einer spezifisch gestalteten Umwelt gegenüberstehen wird, so sind die Voraussetzungen und Chancen heute deshalb ungleich, weil die anderen Träger der Schulen mit hoheitlicher Gewalt ausgestattet sind und durch Berechtigungen Sozialchancen vergeben können.

Aus der polaren Struktur der Schule, dem pädagogischen Handeln (Binnenraum) und der Selbstbehauptung gegenüber der Umwelt (gesellschaftliche Bedingungen) ergeben sich zwei Aktions- oder Handlungszentren in der *einen* Institution. In welchem Verhältnis stehen die beiden Handlungszentren zueinander? Als Zentrum für das pädagogische Handeln kann strukturell das sich selbst verantwortende Lehrerkollegium angesehen werden, während der Schulverein das Handlungszentrum in der Wirksamkeit nach außen darstellt. Wie verlaufen die Entscheidungsprozesse zwischen den beiden Zentren? Beide Handlungszentren, das Kollegium und der Schulverein, dienen demselben Organisationsziel, nämlich der Waldorf-pädagogik, insoweit sie sich in einer unabhängigen, freien Schule im Vollzug verwirklicht. Beide Handlungspole sind aufeinander bezogen und miteinander durch das gemeinsame Handlungsziel verbunden. Von der jeweiligen Handlungskompetenz des Vereins und des Kollegiums ausgehend, läßt sich die wechselseitige Verbindung der Entscheidungen präziser aufzeigen. Demnach kommt dem Schulverein die eigentliche Bestandssicherung der Organisation Schule zu. Für die Umwelt (außer den Eltern) tritt der Schulverein als eigentlicher «Verwalter» der Schule auf. Er ist nach den üblichen vereinsrechtlichen Möglichkeiten allein als rechtlich handelndes Subjekt anerkannt. Durch diese besondere Rechtsstellung ist es dem Schulverein theoretisch möglich, daß er einen Beschluß, den das Lehrerkollegium als Organ des «inneren» Handlungszentrums faßt, aufhebt oder die Ausführung verhindert. Indem ihm als Rechtssubjekt die Kompetenz zufällt, die Lehrer anzustellen und zu bezahlen, kann er letzlich die Gehälter der Lehrer sperren (vgl. K 8, S. 10 f.). An diesem konstruierten Konfliktfall wird deutlich, daß durch eine dichotomische Anordnung der polaren Funktionen des inneren und äußeren Handlungszentrums die Entscheidungen auseinanderlaufen und zu Kontroversen führen können. Nur dort, wo innere und äußere Struktur aufeinander polar bezogen sind, kommt es schon während des Entscheidungsprozesses zum Ausgleich der unterschiedlichen Interessenlagen beider Pole.

Anhand des von R. Steiner in den Konferenzen theoretisch entwickelten Gegensatzes von Kollegium und Schulverein könnte die Frage aufgeworfen werden, ob der Schulverein als umweltzugewandtes Organ der Schule nicht lediglich dem Kollegium zu dienen habe, ohne selbständig Entscheidungen treffen zu können. Ja, man könnte noch weitergehen und sagen, der Schulverein habe als Träger des rechtlichen und wirtschaftlichen Lebens ausschließlich eine Hilfsfunktion für die eigentliche Produktivität des Geisteslebens. Diese Ansicht dürfte irrig sein. Denn wie die eigentlich pädagogische Tätigkeit Geistesleben ist, so auch der Raum, in dem sie sich rechtlich und wirtschaftlich entfaltet. Die Schule in ihrer Gesamtheit *ist* eine Einrichtung des Geisteslebens. Und es gehört zum Ausdruck des geistigen Lebens einer Gesellschaft hinzu, wie sie Einrichtungen des geistigen Lebens ermöglicht, erschwert oder verhindert.[1]

---

[1] R. Steiner wollte dem Kollegium verdeutlichen, daß selbst in Fragen, die vom Kollegium entschieden werden und die sowohl die Ziele wie den Bestand der Schule berühren, nicht allein das Kollegium, sondern auch der Schulverein, vertreten durch den Vorstand, dem auch Nicht-Lehrer angehören, einbezogen werden müsse, weil der Schulverein «der Welt gegenüber der wirkliche Verwaltungsrat

Wenn der Schulverein den Raum in rechtlicher und wirtschaftlicher Hinsicht schaffen muß, in dem sich dann das eigentlich «innere» pädagogische Leben entfalten kann, dann legt es diese Funktion zur Umwelt nahe, daß in dem Entscheidungsprozeß des Vereins sich «Innen- und Außenwelt» begegnen. Wie kann diese Begegnung so institutionalisiert werden, daß die Handlungen der Organisation immer einheitlich sind?

Hat der Schulverein die Abgrenzung und zugleich die Verbindung zur Außenwelt herzustellen, so kann er am besten dadurch Einfluß auf die Umwelt nehmen, daß er sich über diese Umwelt informiert. Indem er z. B. durch Teilhabe der Eltern Erfahrungen aus dieser Umwelt bezieht, erhöht er seine Handlungskapazität, und er kann sich auch besser an die Umwelt anpassen, indem Gefährdungen vorweg berücksichtigt werden. Diesen organisationssoziologischen Überlegungen kann noch das Bild der Gruppensoziologie hinzugefügt werden, in der die zum Lernen befähigte Gruppe in der Umweltanpassung leistungsfähiger ist als eine sich isolierende, d. h. eine Gruppe von Eltern und Lehrern, die zusammenarbeiten, leistet mehr als eine Gruppierung, welche etwa nur Lehrer umfassen würde, weil unterschiedliche Erfahrungswerte sich wechselseitig anregend und steigernd mit eingehen. Das kybernetische Wachstumsmodell zeigt, daß allein die lernende Gruppe Erfahrungen akkumulieren und ihre Fähigkeiten erweitern kann. Dort, wo die Offenheit wächst, setzt eine weiterreichende und wirksamere Verarbeitung der Umweltinformationen ein. Es wird die Fähigkeit ausgebildet, den Gruppenkontakt und die Verpflichtung über die bestehenden Grenzen hinaus auszudehnen. Das aber setzt voraus, daß die Gruppe selbst fähig ist, ihre Struktur zu erhalten und zu erweitern (Mills, 69, S. 37 ff. und 154 ff.).

der Schule» sei. In unserer Terminologie: auch Entscheidungen der Pädagogik (Binnenraum) haben Rückwirkungen in die Umwelt und berühren darum den Funktionspol des Schulvereins mit seinen Organen. Erst wenn diese für das Geistesleben notwendige Polarität, die sich verhält wie Leistungserbringung zur Leistungsnachfrage, berücksichtigt wird, kann innerhalb der Selbstverwaltung (über eine Verständigung beider Pole) sich ein produktives Leben entfalten. Beide Pole gehören demselben Geistesleben an. Notwendig ist vor allem zu sehen, daß es nicht um Machtverhältnisse, sondern um Entwicklung eines Verständnisses für die Lebensbedingungen des freien Geisteslebens geht. Unmittelbar anschließend wird in der Konferenz dies an der Abiturfrage von R. Steiner demonstriert, der selbst – mit den Bestrebungen der Schule übereinstimmend – das Abitur als Privatsache des Schülers bezeichnete, dann aber gleichsam vom Schulverein her die Frage stellt, ob dieser Gesichtspunkt von Eltern und Schülern aus gesehen gerechtfertigt sei. Man kann es so betrachten – aber soll man es? «Ganz abgesehen davon, daß wir dann vielleicht doch keine Schüler kriegten, oder doch bloß Taugenichtse . . . Man wird doch diesen Kompromiß schließen müssen» (K 8, S. 11).

Personell kann dies erreicht werden, indem innerhalb des Vorstandes, dem eigentlichen Exekutivorgan des Vereins, Eltern und initiative Persönlichkeiten, die eine staatsfreie Schule befürworten, vertreten sind. Dies war bereits in der ersten Konstruktion des Schulvereins in Stuttgart so, daß von sieben Mitgliedern bzw. fünf Vorstandsmitgliedern fünf Nicht-Lehrer waren. Auf diese Weise läßt sich ein optimaler Umweltbezug gewährleisten, der dem gesamten Leben der Einrichtung zugute kommt. Sachkenntnis und Erfahrung der äußerlichen, rechtlichen und finanziellen Möglichkeiten werden so in den Organisationsbereich, der sich mit der Umwelt und der Anpassung an sie zu beschäftigen hat, eingebracht. Durch diese Struktur kann der Verein und insbesondere der Vorstand als formalisiertes Organ für die Umweltbeziehung jene Aufgabe erfüllen, einen Binnenraum für die Entfaltung der Pädagogik zu schaffen und zu erhalten. Selbstverständlich bestehen neben dem Schulverein noch konkretere und direktere Beziehungen zur Umwelt durch die eigentlich pädagogische Tätigkeit des Kollegiums. Sie zeigen sich – je nachdem, wo die Grenze zur Umwelt begrifflich angesetzt wird: ob bei den Eltern oder bei einer außerorganisatorischen Öffentlichkeit – in der Wahrnehmung sowie der Beurteilung der pädagogischen Leistung der Schule. So bestehen neben den «formalisierten» Beziehungen zur Umwelt durch den Schulverein noch ausgedehntere «informelle» durch das Kollegium, die zum Handlungsgefüge zu zählen sind. Mögen beide in ihrer spezifischen Art verschieden sein, so wirken sie doch insgesamt auf die ganze Organisation ein.

Wie sind die beiden Handlungspole der Organisation miteinander in bezug auf die Informationsverarbeitung und auf die Entscheidungsfindung verbunden? Das ist zugleich die Frage, welcher der beiden Pole letztlich zu entscheiden hat: Liegt zwischen Schulverein und Lehrerkollegium ein Verhältnis der Unter- und Überordnung (oder umgekehrt) oder ein Verhältnis der Gleichordnung vor? Solange der Schulverein – juristisch – nicht identisch ist mit der Schule als ganzer, weil er als deren Träger verstanden wird, bleibt in der Struktur eine dichotomische Spannung. Wäre dem so, würden jene durch das Modell der staatsunabhängigen Schule für das Kollegium gewonnene Autonomie und die Selbstverwaltung der Schule wieder fragwürdig werden. Denn dann könnte über den Verein – selbst bei weitgehender pädagogischer Freiheit – eine Fremdbestimmung auf die Pädagogik ausgeübt werden, was in bestimmten Entwicklungsphasen tatsächlich vorgekommen ist. Der Entscheidungsprozeß innerhalb der Organisation Schule sollte deshalb so angeordnet sein, daß das Selbstbestimmungsprinzip, das Recht der Selbstverwaltung durchgängig gewährleistet ist. Die kollegiale Beratung und Entscheidung innerhalb einer sich selbst verwaltenden Schule kann nur bedeuten, daß – obgleich zwei Funktionspole bestehen – diese zusammenwirken und eine Majorisierung ausgeschlossen ist, d. h.

daß das republikanische Prinzip auch für den paritätisch – aus Eltern und Lehrern – besetzten Vorstand gilt.[1]

Diese Verbundenheit der beiden Handlungspole kann an der Lehreranstellung deutlich werden. Sie fällt durch ihren juristischen Charakter in die Gerechtsame des Schulvereins. Ihm kommt auch durch die Notwendigkeit, einen neu angestellten Lehrer zu finanzieren, das Recht der Mitentscheidung zu. Würde allerdings allein das Anstellungsrecht beim Schulverein liegen, hieße das, daß der Verein unmittelbar in den Bereich der Selbstverantwortung der lehrend Tätigen eingriffe. Daran wird deutlich, daß zwischen der rechtlichen Anstellung und der Finanzierungssicherung einerseits und der Entscheidung des Kollegiums, mit einer bestimmten Persönlichkeit zusammenarbeiten zu wollen, andererseits der Bereich liegt, in dem die Entscheidung gefällt werden muß. Beide Pole haben notwendigerweise zusammenzuwirken. Sowohl das Kollegium wie der Schulverein haben zu beurteilen, ob es notwendig und sachlich gerechtfertigt ist, einen Lehrer anzustellen. Innerhalb des Entscheidungsprozesses können zwei Bereiche voneinander getrennt werden: die Entscheidung, mit einer bestimmten Persönlichkeit zusammenarbeiten zu wollen, was als «Berufung» bezeichnet werden könnte, und dem Entschluß, mit dem Betreffenden aus den rechtlichen und finanziellen Möglichkeiten des Vereins in ein arbeitsrechtliches und/oder vertragliches Verhältnis einzutreten. Innerhalb dieses Entscheidungsprozesses, der in der Zeit verläuft, wirken beide Pole gleichermaßen mit: Das Kollegium hat die sachlichen Beurteilungsgrundlagen in wirtschaftlicher Hinsicht zu berücksichtigen und der Verein die Entscheidung des Kollegiums in fachlich-pädagogischer Hinsicht.

Gleichwohl ist auch hier zu fragen, ob in der Art der arbeitsrechtlichen Anstellung eines Lehrers nicht ein antiquierter Rechtsbezug, wie er sich im

---

[1] In der Praxis der verschiedenen Trägervereine sowie anhand von deren Satzungen lassen sich alle möglichen Abwandlungen desselben Modells finden: einerseits die Dominanz des Vorstandes in allen wirtschaftlichen und rechtlichen Angelegenheiten, wobei das Kollegium mit einer beratenden, aber nicht beschließenden Stimme mitwirken kann, andererseits eine übergewichtige Repräsentanz, sowohl numerisch wie tatsächlich, durch das Kollegium, daneben wieder Formen paritätischer Besetzung. Ebenso unterschiedlich ist die Häufigkeit der Vorstandssitzungen, die nicht unbedingt mit einer der vorstehend beschriebenen Typen korreliert ist: Sie streut von regelmäßigen wöchentlichen Sitzungen bis zu bei Bedarf stattfindenden (zwischen viertel- und einmal jährlich).

Daraus ein Urteil über falsch und richtig zu deduzieren wäre falsch, weil der gesamte Kontext, die örtlichen Gegebenheiten ebenso wie die menschliche Situation, zu berücksichtigen bleibt. Die langfristige Entwicklung zeigt indessen, daß eine Verbreiterung der Mitarbeit aller an einer freiheitlichen Pädagogik und ihrer Verwirklichung Interessierten notwendig ist und sich auch in den Vereinsstrukturen zunehmend niederschlägt.

Angestellten-Dienstvertrag ausdrückt, besteht, der nicht die tatsächliche Stellung des Lehrers erfassen kann. Niederhäuser sieht aus der kollegialen Tradition und aus Schweizer Rechtsauffassung den Lehrer als einen Tätigen, der im Rechtssinne dem freien Unternehmer vergleichbar sei und deshalb niemals Angestellter eines Vereins sein könne, allenfalls freier Mitarbeiter. Arbeitsrechtlich liegt dann ein freies Vertragsverhältnis vor, das auf die Berufung durch das Kollegium hin abgeschlossen wird, den Lehrer aber nicht in die Angestelltenversicherung usw. eingliedert, sondern als Selbständigen betrachtet (ähnlich dem Arzt). Es ist sicher, daß hier ein adäquater und endgültiger Ausdruck im Gebiet des Arbeitsrechts noch nicht überall gefunden wurde, der die Stellung des Lehrers in seiner funktionalen Autorität und freien Leistung, wie er von der Selbstverwaltung freier Einrichtungen des Geisteslebens gefordert wird, schon widerspiegeln würde. Indessen weisen die skizzierten Überlegungen in die Richtung, wie sich die rechtlichen Verhältnisse entwickeln können.

Fassen wir das Kapitel zusammen und fragen: ist die *Rechtsfigur des eingetragenen Vereins* geeignet, den Belangen des freien Geisteslebens und seiner gesellschaftlichen Einrichtungen gerecht zu werden? Aus der Erfahrung läßt sich dies voll bejahen und durch die juristische Konstruktion auch einsehen. Geht das Vereinsrecht auch vorwiegend von einer ausschließlich rein dogmatisch ausgerichteten Gemeinschaftsform mit stark römisch-rechtlichem Einschlag aus, so sind doch insbesondere für den sogenannten Idealverein des Bürgerlichen Gesetzbuches (BGB) nur wenige Grundnormen zwingend vorgeschrieben. Im übrigen ist eine völlige Freiheit der Ausgestaltung für das Leben und die Formen des Vereins im einzelnen gegeben. Es läßt sich durchaus befriedigend in den Rahmen einer Vereinssatzung, die dem Vereinsrecht des BGB entspricht, alles das einbringen, was zur Sicherung der Freiheit und Fähigkeitsentfaltung innerhalb des schulischen Lebens notwendig ist. In der Tat hat die Entwicklung seit 1919 dazu geführt, daß über eine bloße nüchterne Vereinssatzung mit einigen Mindestbestimmungen – sie stand äußerlich gesehen neben der sich selbst verwaltenden Schule – neuerdings zunehmend auch Satzungen entstanden sind, die, soweit es angängig und möglich ist, die Gesamtstruktur der Schulgemeinde in verfassungsähnlicher Weise beschreiben; es werden etwa der Elternrat (Elternvertrauenskreis) oder auch Arbeitsprinzipien des Kollegiums mitbeschrieben und geregelt.[1]

Es hat seither aber nicht an Gedanken darüber gefehlt, wie Rechts- und Wirtschaftsträger von Waldorfschulen noch zweckmäßiger (im Sinne einer Gliederung des freien Geisteslebens) gestaltet werden könnten. Es lag nahe, daß hierbei auch der Blick auf das Genossenschaftsrecht fiel, das über das

---

[1] Vgl. ein Beispiel im Kapitel Dokumentation.

Zusammenwirken abstrakter einzelner hinaus aus altgermanischem Rechtsdenken eine stärkere Betonung des brüderlichen Zusammenwirkens, eben des genossenschaftlichen Aspektes, enthielt. Wir verdanken insbesondere dem Juristen und Wirtschaftsfachmann W. Barkhoff wertvolle Anregungen. Im Zusammenspiel der genossenschaftlichen Organe von Mitgliederversammlung, Vorstand und Aufsichtsrat läßt sich – diesen Anregungen folgend – die ganze Mitgliedschaft in einen Prozeß des Lernens auf sozialem Felde bringen. Deutlich ist hierbei, daß die einseitige Tingierung des Genossenschaftsrechts, wie es sich im 19. Jahrhundert herausgebildet hat, auf einen wirtschaftlichen Zweck hin modifiziert werden muß. Dieses Überwiegen des wirtschaftlichen Aspektes ist aber für den Genossenschaftsgedanken nicht zwingend, auch das bestehende Genossenschaftsrecht läßt ohne weiteres eine Erweiterung des bisher Üblichen in geistiges Zusammenwirken hinein zu.

Die Genossenschaft gehört zu den Formen des Wirtschaftsvereins, unterscheidet sich aber insofern, daß die Mitgliedschaft person- und nicht anteilsbezogen erworben wird. Ebenso fällt die Handhabung des Stimmrechts in der Mitgliederversammlung auf, sie geschieht unabhängig von den Anteilen – allein durch Personen.

Während im Entscheidungsprozeß der verschiedenen Vereinsformen (AG, GmbH, OHG) in aller Regel der Vorstand als handelndes *und* auch als beschließendes Organ fungiert, stehen der Genossenschaftsversammlung als dem Mitgliedergremium die Beschlüsse zu. Aus dieser Kompetenz der Mitgliederversammlung resultiert eine viel höhere Teilhabe (Partizipation) der einzelnen Mitglieder als in anderen Wirtschaftsvereinen, so daß es naheliegt, dieses Potential für die gemeinsamen Ziele der freien Schule zu nutzen und für ihre Konstitution zu verwenden. Zugleich wird so bis in die konstitutionelle Form hinein die freie Leistung vor den Empfängern «verantwortet». In der Genossenschaft hat der Vorstand die Aufgabe der Initiative, die Mitgliederversammlung aber die der Beschlußfassung und der Aufsichtsrat die des Kontaktes zu anderen Einrichtungen und auch der Kontrolle. Darüber hinaus ermöglicht das Genossenschaftsrecht, daß – je nach Haushaltsumfang – ein- oder zweijährlich eine umfassende wirtschaftliche Prüfung durch einen entsprechenden Prüfungsverband stattfindet, der allen Mitgliedern eine genaue Auskunft über den Stand der ganzen Einrichtung, die finanziellen Abläufe usw. erstattet; das materiell-monetäre Geschehen wird für jedes Mitglied durchsichtig, insoweit es Spiegelung und Abbild der Initiative und Leistung des geistigen Lebens im Zahlenwerk ist.

Eine ursprünglich für wirtschaftliche Aktionen gedachte Form kann, muß aber auch so umgestaltet werden, daß sie speziell den geistigen Leistungen einer Schule gerecht wird. Denn hier geht es darum, daß die Freiheit kultureller Leistungen in der Einzelinstitution gesichert bleibt, während für alle wirtschaftliche Produktivität primär eine einheitliche Willensrichtung mit ihren daraus folgenden Bindungen im Vordergrund rangiert.

Hat es die Kultursphäre mit der Erkenntnis und Freiheit, der wirtschaftliche Bereich mit einheitlicher Willensausrichtung und Vollzug zu tun, so der rechtlich-politische Gesellschaftsbereich mit beidem: Soweit Grundsätze des politischen Handelns erarbeitet und Verhaltensweisen veranlagt werden, neigt er sich dem Kulturellen zu, soweit über Gesetz und Regel mehrheitlich abgestimmt wird, neigt er sich dem Vollzug und der willentlichen Ausrichtung des Wirtschaftlichen zu. Auf die Genossenschaft übertragen bedeutet dies, daß, um die Freiheit zu sichern sowie Handeln aus pädagogischer Einsicht zu ermöglichen, ihre Rechtsstruktur und Rechtsfigur so gestaltet wird, daß die Grundsätze der Freiheit für individuelles und schöpferisches Handeln für alle Mitglieder als Ziel der Genossenschaft gelten. Zwar haben die Mitglieder durch ihren Rechtsstatus als Mitglieder demokratisch am Rechtsgefüge der Genossenschaft teil, aber dieses selbst muß mehr auf den Erkenntnispol hin ausgerichtet sein, so daß in den Grundsätzen, die für das Handeln der Lehrer erarbeitet werden, die individuelle Leistung den nötigen Freiheitsraum erhält und von dem Vertrauen der Genossen getragen wird. Der einheitliche Vollzug, wie er vom Wirtschaftspol die Rechtsordnung bestimmen müßte, tritt dem gegenüber zurück.

Der genossenschaftliche Selbsthilfegedanke ermöglicht es einer neu zu errichtenden Schule, die anfänglich hohen Investitionen leichter zu leisten. Denn wenn die Eltern einen (sozial gestaffelten) Genossenschaftsanteil zeichnen, kommt das dringend erforderliche Anfangskapital eher zustande. Der Zweck des genossenschaftlichen Zusammenschlusses ist ja nicht der Gewinn, sondern die Förderung der Genossen durch Gemeinschaftseinrichtungen, in diesem Falle: die Schule. Das Modell der Selbsthilfe, wie es im 19. Jahrhundert von den wirtschaftlich Schwachen erfolgreich ausgebildet wurde, wird auf die Schule übertragen und ermöglicht auch hier «Schenkungen» auf Zeit durch den Genossenschaftsanteil. Ein erster Versuch liegt im genossenschaftlichen Träger der Freien Waldorfschule Bodensee in Rengoldshausen bei Überlingen seit 1972 vor.

b) Exkurs: Die Finanzierung von freien Bildungseinrichtungen

An der finanziellen Frage, an den konkret vorhandenen Geldmitteln entscheidet sich letztlich, ob eine geistig intendierte Pädagogik jene materielle Basis findet, die sie braucht, um sich in der Wirklichkeit zu verankern. Jede geistige Tätigkeit, die in den gesellschaftlichen Raum hineinwirkt, bedarf, um sich «inkarnieren» zu können, in der gegenwärtigen, arbeitsteiligen Sozialordnung des Geldes, durch das sie sich mit den anderen gesellschaftlichen Bereichen *materiell* verbindet. Darum muß zunächst der gesamte Sozialzusammenhang betrachtet werden, in den sich die Finanzierung und damit auch die Aufgabe und Tätigkeit des Schulvereins hineinstellt. Dabei geht es uns vorerst nur um Erkenntnisbildung, die für umfassendere Zusammenhänge handlungsleitend werden kann, nicht um eine Beschreibung der gegenwärtigen – sich ohnehin ständig wandelnden – Verhältnisse. Aus der Idee der Dreigliederung des sozialen Organismus können sich wesentliche Funktionselemente ergeben, die zu sachgerechten Problemlösungen auch auf dem Gebiete der Finanzierung von Schulen führen können.

Gesamtgesellschaftlich betrachtet, ist das geistige Leben, die Schule, Hochschule für das Wirtschaftsleben rein konsumtiv: Dort werden nur Waren und teilweise Dienstleistungen verzehrt und verbraucht. Weder Lehrer, noch weniger aber Schüler und Studenten bringen konsumierbare Waren hervor. Allein das Wirtschaftsleben hat es mit der Warenproduktion, -verteilung und dem -verbrauch zu tun; nur hier werden Realien und Güter hergestellt, monetäre Gewinne im Spannungsfeld des Wirtschaftskreislaufes zwischen Angebot und Nachfrage erzielt, während das kulturelle Leben mit seinen individuellen Leistungen oder mit der Ausbildung von Fähigkeiten im Sinne der Utilität zunächst nichts erbringt und damit aus dem Waren- und Gewinnstrom fürs erste ausgeschlossen bleibt. Zwar wird allgemein anerkannt, daß die Bildungseinrichtungen langfristig durch die von ihnen ausgebildeten Fähigkeiten wertschaffend wirken und durch die Absolventen (Schüler, Studenten), die ins Berufsleben eintreten und produktiv wirken, ein *Innovationsstrom* in die gesamte Gesellschaft und damit auch in den eigentlichen wirtschaftlichen Bereich eingebracht wird. Aber diese Einsicht muß in aller Regel für den Wirtschaftenden zunächst abstrakt und unverbindlich bleiben. Die Ausbildung von Fähigkeiten, von allgemeinen, aber auch berufsbezogenen Qualifikationen läßt sich indessen ebenso konkret fassen wie die Herstellung eines bestimmten wirtschaftlichen Gutes: Dann wird allerdings die Dienstleistung, die ein Lehrer erbringt, als Kostenfaktor im «Produktionsprozeß von Fähigkeiten» gesehen, die als ausgebildete Fähigkeiten im Ergebnis «Warencharakter» bekommen und gesellschaftlich erneuernd wirken, indem sich gewandelte Erkenntnisse, veränderte, rationellere Fertigungstechniken und Verfahrensweisen in den folgenden Jahren auch in der Wirtschaft durch jene Menschen ergeben, die zu einem früheren Zeitraum durch das Bildungswesen als «reine Konsumenten» hindurchgingen. Das Bildungsleben ist unmittelbar und unbestritten beteiligt an dem, was später ökonomisch «effizient» wird, etwa durch sorgfältigeren und zweckmäßigeren Gebrauch von Produktionsfaktoren, wie er sich aus dem «Technischen Fortschritt» und der «Technischen Intelligenz» (Fourastié) ergibt.

Diesen Zusammenhang beschreibt R. Steiner so: «Für den Wirtschaftskreislauf sind die geistige Organisation bezüglich dessen, was sie beansprucht als wirtschaftliches Erträgnis, und auch der Staat einzelne Warenproduzenten (im Sinne von erbrachten Dienstleistungen, S. L.). Nur ist das, was sie produzieren, innerhalb ihres eigenen Gebietes nicht Ware, sondern es wird erst Ware, wenn es von dem Wirtschaftskreislauf aufgenommen wird. Sie wirtschaften nicht in ihren eigenen Gebieten; mit dem von ihnen Geleisteten wirtschaftet die Verwaltung des Wirtschaftsorganismus» (23, S. 60).

Dieser einsichtige Zusammenhang bleibt, so sagten wir, abstrakt, weil die jeweilige jährliche Ertragssteigerung der Volkswirtschaft, wie sie sich aus dem technischen Fortschritt, dem Rationalisierungserfolg usw. ergibt (hierbei müssen konjunkturelle Faktoren usw. ceteris paribus ausgeschlossen werden), nicht der konkreten Leistung einer bestimmten Bildungsstätte zuzuordnen ist. Dadurch aber entsteht für das am ökonomischen Denken orientierte Wirtschaftsleben eine Entfremdung zum Geistesleben: gesellschaftlich wird die Leistung des Geisteslebens zwar beansprucht und auch anerkannt, aber die in der Gegenwart anfallenden Kosten zur Ausbildung der nachfolgenden Generation werden nicht von den «Verbrauchern» der Fähigkeit (Staat und Volkswirtschaft) so verstanden, daß sie dadurch zu «Investitionen» in diesem Bereich veranlaßt würden, der ihnen nicht als konkreter Ertrag innerhalb eines bestimmten Zeitraumes wieder zugute kommt. Dennoch: finanziert werden kann die Leistung des kulturellen und Bildungslebens allein durch die Wirtschaft, denn sie hat auch jene Güter zu erzeugen, welche die «Nur-Verbraucher» im Geistesleben etwa verzehren. Durch neue, «verlängerte Produktionswege» (Böhm-Bawerk), durch Einsparung von Arbeit und Kapital fruktifizieren sich jene von den Bildungsstätten veranlagten Fähigkeiten und ausgebildeten Qualifikationen wirtschaftlich. Im «Mehrwert», soweit er sich aus Einsparung von Produktionsfaktoren und Kosten nicht durch eine dominante Marktstellung bei beschränktem Wettbewerb ergibt, schlägt sich jener Anteil nieder, der innerhalb wirtschaftlicher Produktion auf die «Dienstleistung» (und auch die persönlichen und darum einzigartigen und im Grunde unbezahlbaren Anlagen) des Geisteslebens zurückzuführen ist. Das freie Kapital, das nicht aus Re-Investition oder Neu-Investition, sondern durch neue arbeitssparende Produktionsmittel bei gleichen Einnahmen entsteht, indem der Betrieb durch billigere Produktion einen Extragewinn erzielt, der allein der Anwendung des Geistes auf den Produktionsprozeß zu verdanken ist, dieses Kapital kann dem *Geistesleben*, d. h. dem schöpferischen Ursprung aller Kapitalbildung, wieder zugewendet werden. Für diesen ebenfalls unmittelbar wirtschaftlich nicht rentierenden Einsatz muß das Kapital geopfert werden, und zwar freiwillig, nicht gezwungen wie im Falle der Besteuerung. Für eine tiefersehende Betrachtung enthüllt sich die Zuwendung von Kapital an das Geistesleben als die produktivste Anlage des Kapitals» (Wilken 1949, S. 171). Dies setzt eine der dreigliedrigen Gesellschaftsordnung entsprechend verfaßte assoziative Wirtschaftsordnung und Kapitalverwaltung wie Eigentumsordnung voraus (sie ist bei Wilken skizziert). Wesentlich wäre für das gesellschaftliche Bewußtsein, daß deutlich würde, welche Funktion das geistige Leben hat und wie die Gesellschaft von ihm zehrt. Die *Schulgeldfreiheit*, sozial notwendig und aus dem Bildungsrecht des Menschen konsequent für die Gegenwart folgend, kaschiert die Bezüge, weil so die Ausbildung als ein wirtschaftlich wertloses, da kostenloses Gut erscheint, obgleich gerade in ihr eine im Lebenswert wachsende Zukunft beschlossen liegt. Was der Staat aus seiner Hoheitsfunktion über den Weg der Steuer zu seiner Aufgabe macht und machen mußte, indem er die Finanzierung der Schule und Hochschule, damit aber auch mehr oder minder die inhaltliche Gestaltung der Ausbildung als gesellschaftliche Aufgabe übernahm, brachte das Bildungsleben allgemein, insbesondere aber die Schule um die notwendige Selbstbestimmung. Anstelle einer sich an der Natur des heranwachsenden Menschen orientierenden Pädagogik, trat eine solche, die nach fiktiven gesellschaftlichen Anforderungen arbeiten mußte, wobei sich vor allem bestimmte verkürzte berufliche Qualifikationen in den Vordergrund schoben. Das aus der Normierung stammende Gleichheitselement kann als *Recht auf Bildung* heute nicht mehr verschwinden und hat auch in der Finanzierung des Schulwesens seinen Niederschlag zu finden.

Gerade in der Finanzierungsproblematik manifestiert sich eine doppelte Entfremdung: Indem den Leistungen des Bildungswesens kein konkreter wirtschaftlicher Wertzuwachs zuzuordnen ist, bleibt der gesamte Bereich der Wirtschaft in einem unverbindlichen Verhältnis zur Finanzierung des Bildungslebens; der auf seine Weise einspringende Staat kaschiert durch die Schulgeldfreiheit die Zusammenhänge und gewinnt über die Finanzhoheit auch Einfluß auf Lehrpläne, Leistungsanforderungen und -kontrolle und über die Berechtigungen Gestaltungsmacht bis in den innersten Bereich der Pädagogik, der von Freiheit und Einsicht in die menschliche Natur bestimmt zu sein hätte; er entfremdet die Pädagogik ihrer Aufgabe.

Wenn darüber reflektiert wird, wie die Schule so finanziert werden kann, daß sie in ihrer Freiheitsgestalt bis ins Materielle abgesichert bleibt, und sich die Finanzierung sachgerecht und funktionell so ergibt, daß sie den wirklichen gesellschaftlichen Vorgängen entspricht – im Sinne einer freien Wahl der Bildungsgänge durch die mündigen Bürger –, dann hat man bereits die wesentlichen erkenntnisleitenden Gedanken; zu ihnen kommt noch das

Menschenrecht auf Bildung bis zum achtzehnten Jahr im schulischen Bereich als eine Errungenschaft der neueren Zeit aus politisch-rechtlicher Entscheidungssphäre hinzu.

Wirtschaftliche Investitionen setzen aber voraus – so sahen wir im vorangehenden –, daß ihr künftiger Ertrag vorausberechnet werden kann; dies ist jedoch bei den Leistungen des Geisteslebens nur allgemein, nicht konkret abzuschätzen. Ausgaben für die Schule lassen zwar für die Zukunft einen allgemeinen Ertrag erwarten, aber nicht eine bestimmte sich verzinsende Gegenleistung. Deshalb können Leistungen und Abgaben des wirtschaftlichen Lebens an das kulturelle nur aus Einsicht erfolgen, sie müssen als notwendig erkannt werden. Wenn nicht erhofft werden kann, daß einer Ausgabe eine bestimmte Gegenleistung folgt, dann liegt eine *Schenkung* vor. Auf Schenkungsgeldern ist deshalb das Geistesleben zu basieren.

Es versteht sich, daß ein entwickeltes Schul- und Bildungsleben nicht der Zufälligkeit und dem guten Willen der Schenkenden allein anheimgegeben werden darf, vielmehr muß der Schenkung Verbindlichkeit zukommen, d. h. sie muß institutionalisiert sein und sich, wenn man will, durchaus organisch-regelhaft, nicht bloß willkürlich-zufällig, abwickeln. Dafür sind entsprechende Organe in der Gesellschaft auszubilden, die den Transfer der Schenkungsgelder vom einen in den anderen gesellschaftlichen Bereich bewerkstelligen, also von der Wirtschaft zur Schule. Dazu ist die Ausbildung bestimmter Strukturen notwendig. Da die bestehende gegenwärtige Ordnung anders konzipiert ist, kann es sich bei der funktionsgerechteren Ordnung der Dreigliederung nur darum handeln, daß sie *mögliche* Gestaltungen des «Sein-Sollenden» aufzeigt, die in der Wirklichkeit des Lebens entsprechend modifiziert sein werden.

R. Steiner kennzeichnet drei verschiedene Geldfunktionen: die des Tauschens, Leihens und Schenkens. In der Tauschregion steht das Geld als Repräsentant der Ware in einem unmittelbaren Bezug zu den Waren oder Dienstleistungen. Durch Konsumverzicht wird Spargeld zu Leihgeld, die Berechtigung zum Warenbezug wird an andere abgetreten, die – soweit sich Kapital nicht in unproduktive, aber sichere Werte, wie Boden, staut – es für Anlagen, neue Produktionstechniken usw. wirtschaftlich nutzen. Dadurch wird der Prozeß des Wirtschaftswachstums ermöglicht, indem zum Beispiel Produktionsmittel produziert werden, die später wieder für Konsumgüterherstellung verwandt werden können. Dieses Wirtschaftswachstum innerhalb der Warenströme verdeckt, daß jeder Ware ein Alterungsvorgang immanent ist. Obgleich bei wachsender Wirtschaft die Warenströme zunehmen, gehört es zur Warennatur, daß sie einem Alterungsvorgang – das eine Produkt mehr, ein anderes weniger – unterliegen. Dies findet in den monetären Strömen, also im Geldkreislauf zunächst keine Entsprechung: Geld altert bisher nicht wie die Ware. Indem nun aber in der Leihgeldsphäre, durch die Giralgeldschöpfung des Banksystems und über den Außenhandel (Devisen) neues Geld, das nicht auf Konsumverzicht begründet ist, geschaffen werden kann, kommt im monetären Kreislauf noch weniger jener Alterungsprozeß zustande, der dem Warenstrom mit seiner Alterungsrate ungefähr entspräche. Diese Alterung des Geldstromes, so war Steiners Ansatz, könne dadurch geschaffen werden, daß Geld aus der Leihgeldsphäre als Schenkung dem Geistesleben zufließt. Das Geldwesen als Ganzes hat inzwischen jene Alterungserscheinungen – nicht beherrschbar – tatsächlich hervorgebracht, die notwendig sind und die ungefähr der tatsächlichen Warenalterung bei Produktionsmitteln entsprechen, aber sie vollziehen sich nicht organisch über Schenkungen. Die Inflationsrate als säkulare Erscheinung läßt den monetären Strom wertloser werden, mithin – ungesteuert – altern. Wenn nun aus dem Leihgeldbereich Schenkungen an das Geistesleben gehen, werden sie dort für Tauschakte (Warenbezug) von jenen ausgegeben, die Fähigkeiten ausbilden. Was monetär einem Alterungsvorgang unterliegt, kann sich über neue Fähigkeiten später wieder wirtschaftlich produktiv, «verjüngend» auswirken.

Es läßt sich fragen, ob nicht eine höhere Währungsstabilität dadurch zu erreichen wäre, daß die Alterung des Geldes, die heute de facto über den Geldwertzerfall von allen getragen wird, dadurch bewirkt würde, daß sie sich in Form der Schenkung organisch vollzöge und dem Geistesleben zuflösse. Wenn alle Sparer und Wertpapierbesitzer per Abbuchung an Treuhandstellen des Geisteslebens 50 Prozent ihrer Zinserträgnisse, d. h. 4 v. H. bei 8 v. H. Zins usw., am Jahresende transferieren müßten, verlören sie – bei einigermaßen stabilem Währungsgefüge, das so durch diesen Alterungsprozeß voraussichtlich erreicht werden könnte – weniger als gegenwärtig, wo der Zinsertrag kaum den Substanzverlust ausgleichen kann. Organisch ist diese Form der Schenkung deshalb, weil, nachdem eine Idee, die mit Leihgeld verwirklicht wurde, Erträge abwirft, der Alterungsprozeß der Produktionsmittel einsetzt und er nur dadurch aufgehalten werden kann, daß neben die Alterung Erneuerungsprozesse über neue Fähigkeiten aus dem Geistesleben treten. Der Prozeß der Erneuerung schlägt sich monetär in einem Verjüngungsprozeß (Schenkung) nieder. Diese Regelung würde dazu führen, daß Spargelder, d. h. Verzicht auf Konsumgüter, in unproduktive Anlagen (Immobilien, Grund und Boden) flössen und sich dort stauten. Darum ist für eine solche Regelung gleichzeitig eine Änderung des Bodenrechts, die nur noch ein Nutzungseigentum, nicht aber käuflichen Erwerb zuläßt, nötig. Spargeld wird dann nur dort angelegt werden können, wo es eine wirtschaftliche Nutzung ermöglicht.

Eine etwas andere, aber gleichfalls von den Geldfunktionen ausgehende Darstellung, die nicht nur das heutige Bank- und Zentralbanksystem voll einbezieht, sondern auch eine exakte phänomenologische Beschreibung der

Wertpapiere gibt, entwickelt H. G. Schweppenhäuser (1972), der den Alterungsvorgang und die entsprechende Schenkung vor allem bei Obligationen und Wertpapieren (in überzeugender Weise) ansetzen möchte. – Daß bisher die Frage der Finanzierung des Geisteslebens in den sozialwissenschaftlichen Überlegungen noch am Anfang steht und zukünftigen Charakter trägt, hängt sowohl mit der Komplexität der Erscheinungen des Geldwesens als auch mit der tatsächlichen Gestaltung der Verhältnisse zusammen, die – zum Teil funktionswidrig strukturiert – die Macht des Faktischen für sich haben. Gleichwohl sollen hier die Richtungen gezeigt werden, in die gedacht werden kann, um zu einer adäquaten Lösung für die Finanzierung eines freien Geisteslebens zu kommen.

Als ein zweiter Bereich, aus dem das Geistesleben institutionalisierte Schenkungen erhält, kann nach R. Steiner jener angesehen werden, der sich aus einer veränderten Boden-Eigentumsordnung ergibt. Gegenwärtig «staut» sich ein erheblicher Teil des Kapitals in Grund und Boden sowie in Immobilien, und zwar um so mehr, je rascher die Geldentwertung aus einer kranken Währungsordnung fortschreitet. Da der Boden flächenmäßig – anders als die produzierten und konsumierbaren Wirtschaftsgüter – nicht vermehrt werden kann, treibt jedes «sicher angelegte Kapital» in Zeiten hoher Zinssätze und sinkender Kaufkraft durch die Flucht in die Immobilien die Bodenpreise in die Höhe. Durch den Bodenkauf, wo ein Rechtstitel als Ware käuflich erworben wird, kommt es zu funktionswidrigen Preissteigerungen des Bodens. Demgegenüber wäre der Boden im gemeinwirtschaftlichen Nutzungseigentum auf Zeit zu verleihen, wobei in der Grundrente, dem Ausdruck wirtschaftlichen Ertrags bei «privater» Nutzung des Bodens, dem Geistesleben jener Teil zufließen könnte, der heute vom Besitzer, dessen Kapital sich im Boden staut, unproduktiv vereinnahmt wird. In der Grundrente, die sich heute als Besitzeinkommen aus der Verfügung über Grund und Boden ergibt, würde sich künftig jener Wert niederschlagen und dem Geistesleben zufließen, der sich aus der wirtschaftlichen Nutzung des Bodens (Anbau, Hausbau) als Erbpacht über das für die Leistung (= Verwaltung) der öffentlichen Hand hinaus zu zahlende Entgelt ergibt. Auch hier werden die Modalitäten im einzelnen als Regelungen der öffent-Gewalt getroffen (Heynitz, S. 39 ff.).

Diese Grundrente wird durch den rechtlich-politischen Bereich festgesetzt und bildet – im Unterschied zur Rente im herkömmlichen Sinn, die vom Eigentümer bezogen wird – präzis eine Steuer, deren Aufkommen der Allgemeinheit zufließt. Es lassen sich die verschiedensten Varianten denken, wie die Grundrente als Entgelt für die Nutzung des prinzipiell nicht verzehrbaren, unvermehrbaren und nicht vom Menschen produzierten «Gutes» Boden verteilt wird. Entweder gänzlich an die Nichterwerbsfähigen (Rentner, Kinder) oder anteilig als Pro-Kopf-Beitrag an alle Einwohner, wobei das soziale Regulativ darin bestände, daß eine größere Familie größere Mittel zur Verfügung hätte und jemand, der sich – in einem durch die Nutzungsplanung der Rechtsgemeinschaft stark belasteten Gebiet – eine Villa errichtet, entsprechend hohe Abgaben aufzubringen hätte. Die Grundrente als Anteil an der wirtschaftlichen Nutzung des Bodens kann als Kindergeld zum Erziehungseinkommen oder auf andere Weise sozial verteilt werden.

Die Verteilung der dem Geistesleben durch «institutionalisierte Schenkung» zufließenden Mittel hätte zunächst so zu erfolgen, daß die vom Gedanken der Gleichheit bestimmten Einrichtungen mit ihren öffentlichen Aufgaben wie Schulen und Universitäten u. a., nach einem Schlüssel, der sich stark an dem Rechtselement der Gleichheit in den Ausbildungsgängen zu orientieren hätte, für jeden Teilnehmer einen Grundbeitrag in gleicher Höhe erhielten. Die Festlegung der Höhe und die Planung der größeren Investitionen könnte durch eine Abstimmung und Vereinbarung innerhalb des «Kulturrats» – von dem im Kap. Freies Geistesleben gehandelt wurde – erfolgen.

Die technische Lösung wird in einem weiteren Modell sichtbar, das sich unschwer auch mit den skizzierten Finanzierungsmöglichkeiten vereinigen ließe und das sich stärker auf die «Kernpunkte der sozialen Frage» (23) als auf den «Nationalökonomischen Kurs» (340) Steiners abstützt.

Es ließe sich denken, daß der für die Erziehung und für den Unterhalt der Schule notwendige finanzielle Beitrag zu einem Bestandteil des Einkommens wird. Er wäre jeweils als ein übertragbarer Titel, nicht als konsumierbares Einkommen in der Verfügung der Eltern und entspräche – abzüglich dem Kindergeld im engeren Sinne – jenem Betrag, den der Staat gegenwärtig für einen Schüler aufzubringen hat. Erst wenn der Titel an die betreffende Schule gelangt, welche die Eltern für ihre Kinder gewählt haben, wird diese Schenkung zu Geld, womit die Schule ihre Ausgaben finanzieren kann. Damit wäre einerseits die Kulturillusion der Schulgeldfreiheit verschwunden, weil die Höhe des Schenkungsgeldes, also die wirklichen Kosten, bekannt wäre, andererseits die freie Wahl des Schultyps und -systems durch die Eltern wie die institutionelle Vielfalt und deren Freiheit gesichert. Was dieses Modell des Schenkungsgeldes von der steuerlichen Zwangsschenkung unterscheidet, ist vor allem die Verfügungsmacht: Sie liegt nicht mehr beim Staat, sondern bei den Empfängern der Leistung des Geisteslebens.

Die Höhe des Erziehungseinkommens kann sich nur aus dem Zusammenwirken der Glieder des sozialen Organismus ergeben: aus der Rechtsordnung nämlich die Tatsache, daß ein Erziehungseinkommen erbracht werden muß; aus den Wirtschaftsfaktoren, also dem Bruttosozialprodukt, der Anteil dessen, was an Schenkungen möglich ist; aus den Daten und Bedürfnissen des Geisteslebens die Mindesthöhe der erforderlichen Aufwendungen.[1] Das für die Kindererziehung notwendige Mehraufkommen einer Familie würde in Kindergeld und Erziehungseinkommen als ein Datum durch den Rechtsorganismus der Wirtschaft vorgegeben sein. Das «Mehr» wird der Familie «zufließen durch Einrichtungen, die durch Übereinkommen aller drei sozialen Organisationen begründet werden . . . Solche Einrichtungen können dem Recht auf Erziehung dadurch entsprechen, daß nach den allgemeinen Wirtschaftsverhältnissen die wirtschaftliche Organisation die mögliche Höhe des Erziehungseinkommens bemißt und der Rechtsorganismus die Rechte des einzelnen festsetzt nach dem Gutachten der geistigen Organisation» (Steiner 23, 60).

Ein erster Schritt auf dem Wege einer Finanzierung des Schulwesens durch «institutionalisierte Schenkungsgelder» kann darin bestehen, daß der Treuhänder Staat jedem Erziehungsberechtigten einen «Bildungsbon» aushändigt, der von der frei für das Kind gewählten Schule eingelöst wird und sie mit Geld versorgt (J. P. Vogel). Ein weiterer Schritt bestünde schließlich in der Umwandlung des Bildungsbons in ein Erziehungseinkommen, das nicht mehr vom Staat verwaltet wird, so daß sich der Bereich der Selbstver-

---

[1] Im Bereich des Bildungswesens werden 11,5 Mill. Schüler und Studenten von rd. 350 000 Lehrkräften ausgebildet. Gemessen an der Gesamtbevölkerung von rd. 60 Mill. sind rd. 20 % innerhalb des Bildungslebens «beschäftigt». Die Lehrer selbst stellen aber nur rd. 1,3 % der erwerbstätigen Bevölkerung (27 Mill.). Demgegenüber betrugen die Gesamtausgaben für Bildung und Wissenschaft (Theater, Schulen, Hochschulen, Museen, Forschung) 33,3 Mrd., bei einem Gesamtetat der öffentlichen Hand von 223,6, also rd. 14 % oder 4,4 % des Bruttosozialprodukts zu Marktpreisen von 756,1 Mrd. (Alle Werte von 1971). – Die Sparsumme belief sich Ende 1971 auf 232 Mrd. und wurde von den Banken mit 11 Mrd. verzinst; bei einer Abbuchung von 5 v. H. (der Preisindex stieg um 5,2 %) zugunsten des Geisteslebens aus dieser Summe ergäben sich rd. *11,5 Mrd.:* an festverzinslichen Wertpapieren waren 179,3 Mrd. DM gebunden, an Aktien 59,7 Mrd. (Nominalwert). 5 % aus Wertpapieren ergäben nochmals *11,6 Mrd.* DM. Die Tilgung festverzinslicher Werte betrug *9,5 Mrd.,* die als alte wertlose Titel (Leihgeld) dem Geistesleben als junges Kaufgeld zufließen könnten. Gerechnet sind im zweiten Fall nicht entsprechende Werte aus dem Aktienverkehr; aber auch schon so ergeben sich Werte, die den gegenwärtigen Ausgaben der öffentlichen Hand in etwa entsprechen. An festgelegten Spargeldern im weiteren Sinne liegen bei Versicherungsunternehmen 98,1 Mrd., bei Bausparkassen 53,6 Mrd. fest. Die Kreditsumme an Nichtbanken betrug im Dezember 1971 = 612,8 Mrd. Werden die Abschreibungen als Quelle zur Abschöpfung herangezogen, so entspräche dies bei gegenwärtiger Steuergesetzgebung einer Summe von 85,5 Mrd. im selben Zeitraum. Das Erziehungseinkommen aus der Grundrente läßt sich nur hypothetisch erfassen, weil bisher keine entsprechende Gesetzgebung besteht. Es müßte hier gleichfalls mit Milliardenbeträgen gerechnet werden. (Die Zahlen sind gerundet, alle Werte beziehen sich auf die BRD.) (Quelle: Stat. Jahrbuch für die BRD, Geschäftsbericht der BB für 1971 und Monatsbericht 4, 1972).

waltung in dem Maße ausbreiten könnte, wie die Schenkungsgelder funktions- und sachgerecht zustande kommen. Die hierfür notwendige Aufklärungsarbeit, nämlich die gesellschaftlichen Prozesse funktionsgerecht verstehen zu lernen und daraus dann die entsprechenden gesellschaftlichen Einrichtungen sowie die rechtlichen Voraussetzungen zu schaffen, überfordert in der Tat einen Schulverein. Deshalb entstand der Gedanke, ein entsprechendes Instrument durch den Weltschulverein zu schaffen (K 2, 95 ff., vgl. S. 80 f.).

Das geistige Leben innerhalb einer Gesellschaft ist vielgestaltig. Es sei nur an die Leistungen frei schaffender Künstler, an die kirchlichen Einrichtungen, an Museen, Theater usw. erinnert, um zu verdeutlichen, daß die Finanzierung der Schule und Hochschule sich in diesem Zusammenhang anders ausnehmen wird, weil dieser Bereich des kulturellen Lebens nicht «rein», sondern rechtlich überformt ist durch das Recht auf Bildung; das hat schon Schweppenhäuser (1961) mit Recht hervorgehoben. Während im idealtypischen, reinen geistigen Leben, das auf der Initiative des einzelnen und seiner persönlichen Fähigkeit basiert, die erbrachte Leistung durch das freie Verständnis des Empfängers finanziert wird, etwa der Dichter durch seine «Gemeinde», kann für den rechtlich gestalteten Schulbereich im Finanziellen nur eine sicher absehbare Schenkung, die wir institutionalisiert nennen, gelten.

Daneben gibt es außerdem eine weitere Art der Schenkung, die mehr dem «reinen» Geistesleben angehört, gleichwohl auch noch auf den schulischen Bereich zutrifft: die *freie Schenkung*. Sie kommt dadurch zustande, daß der Stifter einsieht, wie das kulturelle Leben allgemein und eine bestimmte Einrichtung im besonderen der Dotation bedarf, um materiell so gesichert zu sein, daß sie auch fürderhin zu erwartende Leistungen erbringen kann. Liegt bei der institutionalisierten Schenkung eine Einsicht in die gesellschaftlichen Funktionen zugrunde, aus der es zur gesatzten Ordnung der Schenkungen kommt, so bei der freien Schenkung jeweils ein persönlicher Entschluß, einer Person oder Personengruppe zu helfen, um bekannte oder auch nur erhoffte und erwünschte Leistungen zu ermöglichen. Hierbei bestimmt der Donator den Empfänger seiner Schenkung.

Vor diesem ganzen Hintergrund wächst durch die Finanzierung der freien Schule die Aufgabe des Trägervereins in eine gesellschaftspolitische Dimension hinein: Er hat sich nicht nur zu bemühen, den rechtlichen Freiheitsraum der Schule zu schaffen und zu erhalten, sondern auch in der finanziellen Sicherung der pädagogischen Arbeit die materiell-physische Basis für ihre Lebensentfaltung und Verwirklichung zu erkämpfen. So zeigt sich die Verknüpfung der einzelnen Schule und ihres Trägervereins mit der ganzen Gesellschaft, wobei das Handeln im einzelnen Fall als pragmatische Anpassung notwendig, auf Dauer aber durch die Zielprojektion von den gesellschaftlichen Funktionen her gestaltet und bestimmt sein sollte. Erst dann wird auch die Einzelhandlung vom Ziel einer Gesellschaftsänderung im Sinne einer sozial vernünftigen und gerechten Struktur gelenkt. Aber ist dadurch nicht der einzelne Schulverein bei weitem überfordert? Zunächst sicher! Wie indes die Waldorfschule jene eine Wurzel hat, die im Boden eines geisteswissenschaftlichen Menschenverständnisses gegründet ist, so auch die andere der sozialen Dreigliederung, die das Handeln der einzelnen Schule in den gesamten Kontext der gesellschaftlichen Umwandlung stellt.

Die fiktive Gefahr, daß durch freie Spenden eine freie Bildungseinrichtung sich selbst entfremdet, d. h. wirtschaftlichen Interessen zugänglich werden könnte, scheint aus gegenwärtigen oft gepflogenen Überlegungen theoretisch gerechtfertigt. Aber sie wird durch keinerlei Tatsachen aus der geschichtlichen Entwicklung der Waldorfschulbewegung bestätigt. Weder die erste Waldorfschule noch die späteren Gründungen wiesen in der Finanzierung derartige Spendenaufkommen von einzelnen «Interessenten» auf, daß daraus ein Einfluß abgeleitet werden könnte. So zeigen die 70 Konferenzprotokolle eine ständige Klage über den «Überfluß an Geldmangel», wie es mit dunklem Humor formuliert wird. Eher legt das den Verdacht nahe, daß interessierte Kreise bequemer und billiger zu ihrem Ziel im Schulwesen kommen, indem sie den Weg über den neutralen Staat gehen oder selbst Veranstaltungen einrichten, wie dies für «Führungskräfte» allenthalben geschieht.

In den Problemkreis der Finanzierung gehört auch die Gestaltung der *Gehaltsordnung* für die Lehrer. – Es hat eines langen Kampfes bedurft, bis der «Stand» der Lehrerschaft aus bedrückender Abhängigkeit und Rechtlosigkeit sich den Status des Beamten errungen hatte. Finanziell bedeutet dies eine lebenslange, unkündbare Anstellung mit entsprechender Sicherung bei Krankheit, Invalidität sowie Versorgungsansprüche im Alter. Mit der Rechtsstellung wurde die Laufbahnordnung der Verwaltungsbeamten auch auf die Lehrerschaft übertragen, d. h., je nach Vor- und Ausbildung wurde die Eingruppierung und damit die Bezahlung sowie der mögliche «Aufstieg» des Lehrers festgelegt. Das führte innerhalb des dreigliedrigen Schulwesens zu verschiedenen Lehrergruppierungen und Besoldungsklassen. Jede Laufbahn war und ist darüber hinaus in sich gegliedert. Die sich aus der unterschiedlichen Laufbahnordnung ergebenden Differenzierungen schlagen bis in das Standesbewußtsein der einzelnen Lehrergruppen durch (Behrens, Rumpf).

Dieses in den letzten hundert Jahren in Deutschland ausgebildete Besoldungsmodell war – auch in Modifikationen – nicht dem neuen konstitutiven Modell der Waldorfschule angemessen. Denn in diesem Muster wird davon ausgegangen, daß gerade die Pädagogik von der Entfaltung der unverwechselbaren, persönlichen Kräfte des einzelnen lebt. Diese individuellen Kräfte sind aber in sich derartig verschieden, daß sie nicht auf einen Nenner der Bewertung zu bringen sind, auch nicht von der Ausbildung her. Gleichfalls bildet die prinzipielle Unkündbarkeit des Beamten einen Widerspruch zur notwendigen Flexibilität des freien Geisteslebens und seiner gesellschaftlichen Funktion und Verantwortung.

Die Waldorfschulen in der Bundesrepublik erhalten durchgängig staatliche Finanzhilfe, die bis zu 80 Prozent der Einnahmen eines Trägers betragen kann. Diese Entwicklung ist auf eine Reihe höchstrichterlicher Entscheidungen des Bundesverwaltungsgerichtes zurückzuführen. Das Gericht hat die Länder verurteilt, die Errichtungsgarantie privater Schulen (Art. 7 GG) dadurch zu gewährleisten, daß eine Finanzhilfe gewährt wird. Weil der Verfassungsgeber ausdrücklich eine Sonderung der Schüler nach dem Besitzstand der Eltern untersagt, folgt für das Gericht, daß bei heutigen Kosten der Bildung die freien Träger zu Schulgeldern in solcher Höhe gezwungen wären, daß eine Sonderung einträte; das aber würde gleichzeitig die Errichtungsgarantie aushöhlen. Dieser Rechtssprechung sind die Landesgesetzgeber in unterschiedlicher Weise, was die Höhe der Beihilfe betrifft, und durch verschiedene Verfahren gefolgt. Das Defizitdeckungsverfahren und die Bezuschussung nach der Schülerzahl haben sich als Modelle entwickelt. Wie beeinflußt der Staat über diese Beihilfe die Schulen, ihre Gestaltung, ihre Pädagogik? Im Falle des Defizitdeckungsverfahrens ergeben sich gewisse Einflußmöglichkeiten, weil der Staat aufgrund des Defizits des Trägers Zuschüsse gewährt und dabei Fragen über die Höhe des pädagogischen «Aufwands» stellt, indem er seine Pädagogik als Maßstab und Inbegriff der Norm und des Richtigen nimmt. Was bei ihm vorhanden ist, wird auch dem freien Träger zugebilligt, was abweicht, wird nicht bezuschußt. Die Lehrer-Schüler-Relation[1], wie sie an staatlichen Schultypen besteht, wird zugrunde gelegt. Dieses Verfahren birgt durchaus gewisse Konfliktmöglichkeiten.

[1] Die Schüler-Lehrer-Relation verhielt sich 1971 an Volksschulen 33:1, an Realschulen 25:1, an Gymnasien 19:1, an Waldorfschulen 17:1, wobei die nur in der BRD (vgl. Schweden im Landesdurchschnitt 16:1) günstige Relation der Waldorfschule durch das vielfältige Unterrichtsangebot zustande kommt (Fremdsprachen ab 1. Klasse, Eurythmie, künstlerische und praktische Fächer), so daß allein ein Vergleich mit Gesamtschulen relevant sein dürfte. An der Gesamtschule Weinheim wurden (neben 4 zusätzlichen Planstellen für Curriculumentwicklung) 16,6 zusätzliche Planstellen (A 13) für 1972 bewilligt, wobei die Schule im Schuljahr 1971/72 589 Schüler hatte. Der personale Aufwand beträgt mit anderen Ausgaben 6,6 Mill. im Jahr 1972 (Landtagsdrucksache Bad.-Württ. 6/1600). Daraus ist ersichtlich, daß zusätzlicher pädagogischer Einsatz recht kostspielig werden kann. Vergleich: Waldorfschule mit 620 Schülern 1,57 Mill., davon 74 Prozent Personal-, 10 Prozent Baulasten (Zins, Tilgung), 16 Prozent Sachkosten, wobei die Mittel zu 70 Prozent durch die öffentliche Hand und zu 30 Prozent durch Eltern und Freunde erbracht werden (Beiträge und Spenden).

Demgegenüber sichert das schlichte numerische Verfahren, das dem Träger für jeden Schüler (u. U. nach dem Alter gestaffelt) dieselbe finanzielle Quote zuweist, eine umfassende Freiheit in der Verwendung der Mittel und Durchführung der Pädagogik; auch ein Einfluß auf die Lehrerberufung (über die gesetzlichen Bestimmungen hinaus) ist dabei ausgeschlossen. Diesem Prinzip wird aus verständlichen Gründen von den Waldorfschulen der Vorzug gegeben, weil es die Freiheit in keiner Weise über die Mittel beeinträchtigt.

Einer phänomenologischen Betrachtung erweist sich jegliche menschliche Arbeit als etwas, was mit dem Fähigkeitswesen des Menschen zusammenhängt. Was der Mensch in der beruflichen Arbeit aus seiner geistigen Natur, aus seinen Fähigkeiten heraus schafft, produziert, leistet, ist durch kein Geldäquivalent zu «bezahlen». Der Irrtum, daß einer Leistung eine entsprechende Bezahlung als Lohn oder Gehalt zuzuordnen sei, bildet sich dadurch, daß aus menschlichen Leistungen entstandene wirtschaftliche Güter oder Dienstleistungen, dem Warenverkehr übergeben, Preise erzielen können. So läßt sich über den Preis der Arbeitsanteil als Kostenfaktor am Produkt berechnen und von daher wieder der «Lohn» bestimmen. Im Grunde aber ist die Leistung etwas, was mit dem Geistesleben verbunden, die Preisbildung etwas, was mit reinen Vorgängen des Wirtschaftslebens (Warenkreislauf) verbunden ist. Die Prozesse sind ihrer Natur nach polar und verfälschen die gesellschaftliche Wirklichkeit, wenn sie über Kauf und Verkauf von Arbeitskraft verbunden werden. Im Sinne einer Auffassung der Dreigliederung des sozialen Organismus lassen sich Leistung und Preisbildung der Ware nicht «gesund» verbinden. Vielmehr sollte Art und Umfang der Arbeit eine Angelegenheit des öffentlichen Rechtes, die Gehaltsfragen oder der «Erwerb» eine Angelegenheit rechtlicher Vereinbarung und Übereinkunft, also eine Rechtsfunktion, sein. Weil unter den Bedingungen arbeitsteiliger Produktion und aus der Natur beruflicher Arbeit mit ihrem Einsatz geistiger Fähigkeiten (auch bei rein manueller Tätigkeit) kein Mensch für sich unmittelbar produzieren kann, kann der einzelne nur durch Leistungen, die andere für ihn erbringen, leben. Das muß sich bis in die Organisation der Gehaltsordnung durchsetzen. Weiter muß bedacht werden, daß die Gegenwart einen Rechtsanspruch auf Leben kennt, das im Sozialstaat durch Gewähr des Existenzminimums konkretisiert wird. Für die arbeitsfähigen Mitglieder einer Gesellschaft gilt die soziale Gesetzlichkeit, nach der das Heil einer Gesamtheit von zusammenarbeitenden Menschen um so größer ist, je weniger der einzelne die Erträgnisse seiner Leistung für sich beansprucht, d. h. je mehr er von diesen Erträgnissen an seine Mitarbeiter abgibt und je mehr seine eigenen Bedürfnisse nicht aus seinen Leistungen, sondern aus den Leistungen der anderen befriedigt werden (Steiner, 24). Die mögliche Mehr- oder Minderleistung, die der einzelne im Vergleich zu anderen vollbringt, werden vom gesamten Organismus getragen, d. h. was als mögliches «Mehr» entsteht, fließt der Gesamtheit zu, wie durch diese ein mögliches «Weniger» ausgeglichen wird (Steiner, 23. 84 f.).

Obgleich das «soziale Hauptgesetz» und der Gedanke, daß Entlohnungsfragen solche des Rechts sind, sich auf die gesamte Gesellschaft beziehen, können diese Überlegungen doch auch handlungsleitend für die einzelne Institution sein. Die Gestaltung der Gehaltsordnung sowie die Struktur ist damit eine Frage des rechtlichen Lebens, der Übereinkunft. Rechtliche Fragen sind – innerhalb der Gesellschaft – dem verständigen Urteil aller mündigen Menschen zugänglich und unterliegen dem Prinzip demokratischer Entscheidung. Das läßt sich mutatis mutandis auf die einzelne Organisation übertragen, wo, soweit nicht gesamtgesellschaftliche Regelungen vorliegen, die «innerorganisatorische Öffentlichkeit» von der Mitgliedschaft gebildet wird. Entsprechend fiele die Bestimmung über die Gehaltsordnung sowohl in den Kompetenzbereich des Vereins als auch der unmittelbar Betroffenen, d. h. des Kollegiums.

Diesen Überlegungen folgend, käme eine Gehaltsordnung durch das Zusammenwirken von Schulverein und Kollegium zustande. Dabei kann der Vorstand die Daten geben, d. h. aus der Übersicht über die erwarteten Einnahmen und die notwendigen Sachausgaben (Unterhalt der Gebäude, Versorgungsausgaben, Zinsen und Tilgungen) den Teil der Personalausgaben bestimmen; ihm wie dem Kollegium fiele die Aufgabe zu, die Struktur (Grundgehalt, Altersstaffel, soziale Gesichtspunkte) der Gehaltsordnung in gemeinsamer Übereinkunft zu bestimmen. Bei einem ungefähr vorgegebenen Volumen der Einnahmen läßt sich die Gehaltsordnung – abhängig von den tatsächlichen Lebensbedingungen der Lehrerschaft – gestalten. Was gemeinsam an Gesichtspunkten erarbeitet wird, kann in einer gemeinsamen Konferenz durch Vorstand und Lehrerschaft dann als verbindliche Übereinkunft beschlossen werden.

Indem die Frage der Einkommensbildung als eine solche der Vereinbarung und Übereinkunft verstanden wird, geht das Bestreben der einzelnen Schulorganismen dahin, einen adäquaten Ausdruck ihrer sozialen Intention bis in die Gehaltsordnung zu verwirklichen. Wenn aber weder Leistung[1] noch Vor- oder Ausbildung des Lehrers[2] als ein Merkmal für die Einkom-

---

[1] «Die Einschätzung und Beurteilung der Leistung des Lehrers wegen des persönlichen Charakters der Tätigkeit des Lehrers ist nur in geringem Maße sachlich-fachlich objektivierbar», so Fürstenau 1964, S. 15.
[2] Der Gedanke der Amortisation der erhöhten Investition wegen eines langen Studiums wird schon dadurch bedeutungslos, daß als Differenzierungsmerkmal vielfach die Gesellschaft durch Stipendien diese Leistung erbracht hat, vor allem aber auch durch sozialpsychologische Argumente, welche die Bedeutung höherer Bildung für die Selbstverwirklichung betonen.

mensbildung (vergleichbar der staatlichen Besoldungsordnung) gelten können, dann bleibt die Frage, welche Kriterien zu finden seien, um zu einer gerechten Einkommensordnung zu kommen.[1] Entsprechend der schulischen Verfassung, daß jeder Lehrer aus seinen persönlichen Kräften arbeitet, läßt sich das Problem individualisieren: jeder nach seinem persönlichen Bedarf, der von dem des anderen je verschieden ist, oder: es läßt sich auf die rechtliche Stellung hinblicken, wonach kein Lehrer durch sein Amt eine andere Position als der andere erhält, also jeder als Souverän dem anderen gleich ist. Sowohl das Prinzip des Individualismus: jeder nach seinen Bedürfnissen, als auch das der Gleichheit: jeder dasselbe, wären demnach mögliche Ansatzpunkte für eine Regelung der Gehaltsordnung, wie sie aus den die Sozialstruktur der Schule bildenden Prinzipien zu gewinnen sind.

Tatsächlich hat sich an den meisten Waldorfschulen in Deutschland zumeist jener Ansatz ausgebildet, daß jeder Lehrer – unabhängig von Vorbildung und Tätigkeitsmerkmalen – dasselbe Gehalt bezieht, daß also das Gleichheitsprinzip verwirklicht wurde, wobei Differenzierungen sich aus dem *objektivierbaren Bedarf* in Form einer meist milden Altersstaffelung oder der Familienzulage (Ehegattenzulage, Kindergeld, Mietbeihilfe u. ä.) ergeben. Die Berücksichtigung des individuellen Bedarfes entfällt bei diesem Ansatz. Doch hat auch der Gedanke der Individualisierung bestimmte Reize, weil er zu einer möglicherweise wesentlich flexibleren Ordnung führen könnte.

Die Gehaltsordnungen sind im Einzelfall aus historischen Gegebenheiten, aber auch aus den unterschiedlichen Überzeugungen der zusammenarbeitenden Lehrergruppen durchaus in sich verschieden. So gibt es etwa folgende Extreme: Eine Schule sozialisiert die Leistungen derart, daß Wohnung und andere Bedarfsgüter gestellt werden und als frei verfügbares Einkommen eine verhältnismäßig geringe Geldsumme zur Verfügung bleibt. Der *objektivierbare Bedarf* bestimmt dann den größeren, der individuelle den kleineren Teil des Einkommens. In einigen Schweizer Waldorfschulen hat sich bewährt, daß einer Vertrauenspersönlichkeit der Bedarf mitgeteilt wird, wobei es der Schulverein als eine wichtige Aufgabe betrachtet, gerade den individuellen Wünschen und Notwendigkeiten entsprechend seine Ein-

---

[1] Ein Blick auf die Gehalts- bzw. Besoldungsordnung: für beamtete Lehrer kommen im wesentlichen die Gehaltsstufen A 12 bis A 14 in Frage, wobei das Anfangsgrund- und Endgehalt bei A 12 1265,– bzw. 2045,–, bei A 14 1476,– bzw. 2277,– entspricht. Bei einem Ortsklassenzuschlag S, verh., ein Kind, beträgt das Anfangsgehalt bei A 12 = 1684,–, bei A 14 = 1952,–. Zum Vergleich Gehaltsordnung der Waldorfschule (Mittelwert): Grundgehalt (nach Alter gestaffelt) 1300 bis 1600,–, Verheiratetenzulagen 200,–, Kindergeld (nach Alter des Kindes) 140 bis 200,– DM (Zahlen von 1972).

nahmengestaltung auszurichten.[1] Niemand kennt die Bezüge des anderen, gegenüber dem sozialisierenden ist dies das am stärksten individualisierende Modell. Wer länger mit und in einem bestimmten Modell gelebt hat, wird auf Anfrage das «seinige» für das Beste erklären.

Ein Modell als besser oder schlechter kennzeichnen zu wollen, hieße zu verkennen, welche sozial- und gemeinschaftsbildende Kraft, aber auch welche Möglichkeit zur Identifikation dadurch entsteht, daß die Schule sich selbst verwalten kann. In der Selbstverantwortung kann sich der Wille einer Gruppe zusammenarbeitender Menschen verwirklichen, er schlägt sich dann auch in der Vereinbarung, nach welchen Prinzipien das Einkommen gebildet werden soll, nieder. Das Maß an Identifikation gegenüber einer Übereinkunft zeigt, wieweit die Teilhabe an der Selbstorganisation der eigenen Verhältnisse in einer Schule geht.[2] Wenn man die verschiedenen Modelle betrachtet, die an Schulen ausgebildet wurden, läßt sich vermuten, daß – ähnlich wie auf dem Gebiet der sachgerechten Vereinsgestalt – in Zukunft weitere Formen ausgebildet werden, wobei die möglichen Bildeprinzipien verschiedene Ausgestaltungen erfahren.

---

[1] Vgl. Niederhäusers Darstellung a.a.O.

[2] Die *Altersversorgung* der Lehrerschaft geschieht augenblicklich über die gesetzliche Sozialversicherung, wobei die einzelnen Schulvereine zusätzlich – in Anlehnung an die beamtenrechtliche Regelung – die Rente bis auf eine Summe von 75 Prozent des zuletzt gezahlten Gehaltes aufstocken, wenn bestimmte Beschäftigungszeiten an der Schule vorliegen. Dies kann nur eine Notlösung darstellen; denn die erbrachten Beitragsaufkommen der Eltern und auch des Staates beziehen sich lediglich auf den Unterhalt der gegenwärtig arbeitenden Lehrer und auf die Sachaufgaben. Wenn darüber hinaus für den Pensionär ein Teil des Ruhegehalts vom Staat übernommen wird, dann unterliegt er Auflagen, die prinzipiell in die Selbstbestimmung eingreifen. Denn soweit mit der Zuwendung an laufbahnrechtliche Voraussetzungen angeknüpft wird, bleibt die Freiheit der Lehrerwahl gefährdet oder beschränkt. Aus dem Gleichheitsprinzip in der Grundfinanzierung des Schulwesens durch Schenkungen und aus der Gerechtigkeit resultiert, daß, solange der Staat die «Schenkungen» selbst besorgt, die Altersversorgung für Lehrer freier Schulen im selben Umfang wie für die beamteten Lehrer vom Staat zu übernehmen wäre.

Das Einkommen eines im Ruhestande Lebenden wird im Sinne einer dreigliedrigen Gesellschaftsordnung sich nicht aus dem Wirtschaftsleben selbst ergeben, sondern als Datum diesem vorgegeben sein. Dieses Datum ergibt sich aus dem Rechtsbewußtsein. «Die in einem Wirtschaftsorganismus Arbeitenden werden von dem durch ihre Arbeit Geleisteten um so weniger haben, je mehr für die nicht Verdienenden bezahlt werden muß. Aber das Weniger wird von allen am sozialen Organismus Beteiligten gleichmäßig getragen ... Durch den vom Wirtschaftsleben abgesonderten Rechtsstaat wird, was eine allgemeine Angelegenheit der Menschheit ist, Erziehung und Unterhalt nicht Arbeitsfähiger auch wirklich zu einer solchen Angelegenheit gemacht ...» (Steiner 23, S. 89). In einer solchen Ordnung wird das Kriterium für die Versorgung allein die Gleichheit in den Tätigkeitsmerkmalen sein.

c) Die Geschäftsführung

Um die durch die Geschäftsführung zu erledigenden Aufgaben gedanklich erfassen zu können, wollen wir einige Strukturmerkmale der sich selbstverwaltenden Schule und ihrer gesellschaftlichen Einbettung vergegenwärtigen. Geschäftsführung bedeutet in der Selbstverwaltung zunächst die Durchführung jener Obliegenheiten durch die Verwaltenden, die in einer anders gearteten Verwaltung von einem eigenen Apparat übernommen werden. Die notwendige Identität von Verwaltern und Verwalteten, wie sie aus der Selbstverwaltung resultiert, macht notwendig, daß die Leistung aus Selbstbestimmung und persönlichen Fähigkeiten von einzelnen erbracht wird. Damit sich einzelne Fähigkeiten in einem arbeitsteiligen Zusammenhang zu einer Gesamtleistung zusammenschließen, bedarf es einer gesellschaftlichen Einrichtung, in unserem Fall der Schule. Diese bietet ihre Leistungen der Gesellschaft an, wobei einzelne oder auch gesellschaftliche Gruppen zwischen den einzelnen Bildungsangeboten frei wählen können.

Dadurch verantwortet sich die Schule zugleich gesellschaftlich. Es besteht also bei der freien Schule über die freie Wahl der Eltern eine Gewähr, daß sie stets in einer engen Verbindung zur Gesellschaft steht. Aber darüber hinaus trägt die Selbstverwaltung – anders als auf den ersten Blick erscheinen mag – zu einer besonderen gesellschaftlichen Bezogenheit der Schule bei, weil sie den Verwaltenden einen Erfahrungs- und Wahrnehmungsschatz vermittelt, der in fremdbestimmten Apparaturen weitgehend wegfällt. Jeder, der sich an der Selbstverwaltung als Lehrer beteiligt, erfährt über diese Tätigkeit, wie die Schule in wirtschaftliche, rechtliche, politische und menschliche Verhältnisse verwoben ist.

Es ist die Geschäftsführung, die einen Erfahrungsschatz bereitstellen kann, der die Schöpfer individueller Leistungen in einen Sozialzusammenhang eingliedert und gewissermaßen «erdet». Die Geschäftsführung mit ihren rechtlichen, organisatorischen und wirtschaftlichen Problemstellungen sowie mit ihren speziellen Umweltkontakten erschließt ihren Teilhabern ein anders geartetes Wirklichkeitsfeld, als es etwa die Pädagogik ist; zu ihr tritt ein qualitativ anderer Erfahrungsraum. Erst er verschafft den «Trägern des Geisteslebens, die innerhalb einer derartigen Entfaltung und Verwaltung stehen ..., die Kraft, diesem (dem kulturellen) Leben das ihm gebührende Gewicht im sozialen Organismus zu verschaffen» (Steiner 23, S. 57). Eine völlige Loslösung der Selbstverwaltung im geschäftlichen Bereich von der Lehrerschaft beschnitte sie in einer für die freie initiative Leistung erforderlichen anders gearteten Wirklichkeitserfahrung.

Die entscheidenden Sozialbezüge in einem freien Schulwesen seien schematisch wiedergegeben:

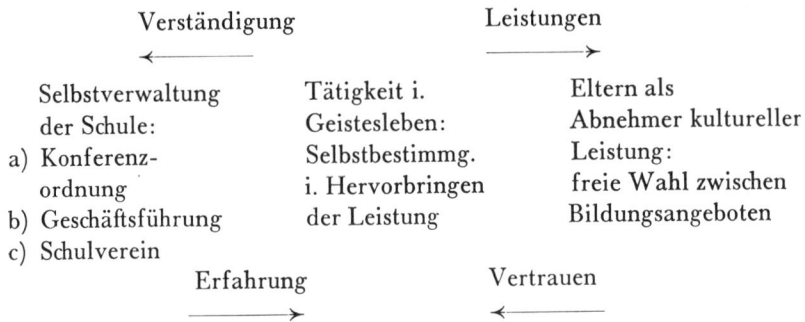

Wenden wir uns von diesem umfassenderen Gedanken der Entwicklung der Geschäftsführung im einzelnen zu.

Schon bald tauchte in den Konferenzen die Klage auf, nachdem die Bezahlung der Lehrer und die Einrichtung der Schule – soweit sie durch Molt veranlaßt – von der Waldorf-Astoria losgelöst worden war, daß zwar aus sachlichen Gegebenheiten eine Vielzahl von Einrichtungswünschen des Kollegiums vorliege, aber keinerlei Übersicht über die finanzielle Situation der Schule. Erst wenn die Verbindlichkeiten und Forderungen, die Außenstände, Verpflichtungen und Barmittel bekannt sind, können Dispositionen und Entscheidungen begründet getroffen werden. In diesem Zusammenhang lassen sich sichere Informationen nur durch eine nach kaufmännischen Gesichtspunkten geführte Einnahmen- und Ausgabenrechnung gewinnen, also durch eine exakte Buchhaltung. Wenn als eine der zentralen wirtschaftlichen Aufgaben des Schulvereins in seinem Wirken nach außen sowohl die Mittelbeschaffung als auch die Mitentscheidung über die Verteilung genannt wird, dann bedeutet dies für die konkrete Selbstverwaltung, daß durch den Trägerverein selbst die Führung der laufenden Geschäfte übernommen werden muß, die sich bis in die Ebene des Zahlenwerkes, der Gewinn- und Verlustrechnung sowie in die Bilanz (Vermögenswerte) kaufmännisch niederschlagen. Hierfür ist eine entsprechende Verwaltung zu schaffen, wobei von denjenigen, die sie wahrnehmen – ebenso wie für die Tätigkeit des Lehrers im pädagogischen Feld –, eine entsprechende Sach- und Fachkenntnis gefordert werden muß. Von dem finanziellen Sachbereich aus ergibt es sich, daß jede vollausgebaute Schule neben dem Vorstand mit seiner Entscheidungs- und Initiativkompetenz im engeren Sinn einen – in der Regel – hauptamtlichen Geschäftsführer braucht, der nicht allein die finanziell-haushälterischen Belange wahrnimmt, sondern auch alle sonst noch anfallenden Verwaltungsarbeiten, insoweit sie nicht primär pädagogischer Natur sind. Es erweist sich auch hier, daß es vornehmlich auf die Funktionen der Geschäftsführung ankommt, die für den laufenden Schulbetrieb, soll er nicht belastet sein, notwendig sind, dagegen die Art, wie sie im Einzelfall wahrgenommen werden, recht verschieden sein kann. Da läßt sich denken, daß ein Kaufmann, Pädagoge oder sonst qualifizierter Fachmann diese Funktionen ergreift oder daß sie auf mehrere Persönlichkeiten verteilt sind.[1]

Wenn der Schulverein in seinen Tätigkeiten mehr nach «außen» auf die Umwelt gewandt ist, und zwar mit dem Ziel, einen funktionsfähigen Binnenraum zu ermöglichen, so gilt das gleichfalls oder in verwandter Weise für die Geschäftsführung, weil sie – zu einem erheblichen Teil – dasjenige in Handlungen umsetzt, was der Schulverein (Vorstand, Mitgliedschaft) und auch das Kollegium an Entschlüssen und Handlungsrichtungen intendieren. Die Handlungen nach außen aber können nur in steter Verbindung mit dem «Binnenraum» erfolgen, niemals losgelöst vom eigentlichen Handlungsziel im Sinne eines Selbstzweckes. So bedarf es einer institutionellen Einbindung aller konkreten Handlungen der Geschäftsführung (als Funktion begriffen) in das Gesamt der Schule, unabhängig, ob die Geschäftsführung an eine Person kraft Amts gebunden ist oder fallweise nach funktionellen Gesichtspunkten wahrgenommen wird. Im Funktionskreis der Geschäftsführung schneiden sich nämlich die verschiedenen «Willensrichtungen» des vielgestaltigen schulischen Organismus, zumindest die des Schulvereins und der Pädagogik; sie sind demselben Ziel verpflichtet. Was den Schulverein anbetrifft, so hat er in seinen Vereinsorganen die legitimen Entscheidungszentren; was das Kollegium betrifft, so findet dessen Willensbildung entweder zusammen mit dem Schulverein und/oder durch die Geschäftskonferenz statt. Die Geschäftsführung allerdings darum lediglich mit dem Vollzug (bereits getroffener Entschlüsse) zu kennzeichnen, würde ihre Funktionsvielfalt beschneiden und ihre Aufgaben verkennen. Denn es bedarf neben dem Vollzug auch der selbständigen Initiative und des verantwortlichen Handelns. Und in der Tat, es werden durch sie nicht nur Entscheidungen der beiden Zentren (Verein, Kollegium) in die Praxis umgesetzt, sondern auch notwendige «Rückmeldungen», Wahrnehmungen an die Zentren gegeben. Daneben liegt es – oder sollte zumindest liegen – in der Erwartungshaltung von Vorstand und Kollegium, daß Initiative durch die Geschäftsführung entwickelt wird, wobei sich aufgrund der unterschiedlichen distanzierten oder engagierten «Sichtweisen» durchaus verschiedene Beurteilungen ergeben können. Dadurch ragt das funktionelle Problem in den Bereich der Struktur: Wie wird die Geschäftsführung in den Entscheidungsbereich eingegliedert? Wo die Geschäftsführung als Vollzug und auch Wahrnehmung verstanden wird, schließt dieses ständigen Kontakt zur

---

[1] Ein Gedanke der Verbindung verschiedener gesellschaftlicher Bereiche läßt sich auch hier wie im Lehrberuf selbst denken: «Menschen mit einer aus dem Wirtschaftsleben gewonnenen Erfahrung werden den Übergang finden in die Geistesorganisation und in derselben befruchtend wirken» (Steiner 23, S. 59).

Umwelt ein, ja es läßt sich – von einem sehr weiten Gesichtspunkt aus – jeder über den pädagogischen Bezug zu Kindern hinausgehende Kontakt als Art Geschäftsführungsfunktion begreifen. Wo dieser Kontakt vorhanden ist, repräsentiert sich die Schule personell für die Umwelt als soziales Gefüge.

Wenden wir uns zunächst den notwendigen Besorgungen zu, die von der Geschäftsführung zu erfüllen sind. Zu einem erheblichen Teil besteht der alltägliche Verkehr mit der «Umwelt» im Kontakt mit den Eltern als Mitgliedern oder enger und präziser gefaßt: mit Eltern, die um die Aufnahme ihrer Kinder in die Schule nachsuchen und so mit der Schule in ihren verschiedenen Dimensionen in Berührung kommen. Die Aufnahme selbst ist zunächst eine ausschließlich pädagogische, persönliche Angelegenheit und berührt allein den Entscheidungsbereich der Lehrerschaft, den sie selbst verantwortet. Aber wenn die Aufnahme dann erfolgt ist und – wie meist üblich – die Eltern Mitglied des Schulvereins werden, tritt die Schule in ihrer rechtlichen Gestalt auf. Die geschäftliche Funktion besteht darin, die finanzielle Leistung, zu der sich die Eltern verpflichten können, in einer Vereinbarung zu regeln. Bei einem allgemeinen Richtsatz weichen die Möglichkeiten der einzelnen Familien stark voneinander ab, während die Aufwendungen des Vereins bekannt sind. Immer erfolgt die Aufnahme von Schülern unabhängig von finanziellen Leistungen. Darum muß bei der nachfolgenden Vereinbarung, soweit dies nicht schon gegeben ist, ein Verständnis für die Pädagogik und die Stellung der freien Schule im gegenwärtigen Bildungsleben vermittelt werden. Die Vereinbarung stellt eine Verständigung zwischen dem, was für den Schulbetrieb erforderlich ist, und den wirtschaftlichen Möglichkeiten der Familie dar, die als Zahlungsverpflichtung fixiert wird. Diese Besprechung ist eine Aufgabe der Geschäftsführung, wobei sie sowohl durch den Geschäftsführer allein als auch durch Vorstandsmitglieder, schließlich auch durch Lehrer durchgeführt werden kann. Entscheidend bleibt die Kontaktfähigkeit. die wahrscheinlich bei zwei Vertretern des Vereins vielfältiger sein wird als bei einem. Dann gehört es auch noch zur Geschäftsführung, wahrzunehmen, ob eingegangene Verpflichtungen erfüllt werden, und nötigenfalls auch auf Einhaltung oder eine neue und den Verhältnissen angepaßte Vereinbarung zu dringen. Es liegt nahe, diesen Aufgabenkreis durch den Schulverein und nicht durch das Kollegium wahrnehmen zu lassen. Die polare Anordnung der Entscheidungszentren ermöglicht es, den einen Pol funktionsgerecht durch den anderen zu entlasten; so z. B. die pädagogischen Beziehungen von jeder wirtschaftlichen Überlegung des Lehrers freizuhalten, indem die Beitragsgestaltung in die Kompetenz des Schulvereins und damit primär der Elternvertreter, nicht aber der Lehrer fällt.

Weniger dicht, aber nicht weniger wichtig sind dann die Kontakte der

Geschäftsführung zu Behörden (Kommune, Kreis, Land), zu Abgeordneten und Politikern sowie Einrichtungen des gesellschaftlichen Lebens, weil dadurch die «Gefährdung» abgebaut werden und sich das Verständnis für die Schule und ihre Lebensbedingungen verbreitern kann.

Die Verflechtung der Schule mit gesellschaftlichem Umraum findet durch ständige Kontakte mit und in diesem Umraum ihren Niederschlag, wobei neben der eigentlichen pädagogischen Wirksamkeit und Ausstrahlung der Schule und der Anerkennung der Eltern, die sie für ihre Kinder gewählt haben, auch im Bereich der finanziellen Unterstützung, der freien Schenkungen, aber ebenso anderer Hilfe zu den gesellschaftlichen Einrichtungen eine mannigfache ständige Kommunikation bestehen sollte. Im pädagogischen Bereich kann sie von den Lehrern wahrgenommen werden, in allgemeinen, den Schulverein betreffenden Fragen vom Vorstand, von Eltern und ebenso der Geschäftsführung.

Ein Teil dieser auf die materielle Existenz gerichteten Vorgänge schlägt sich im Zahlenwerk der Buchhaltung nieder, die in den summierten Größen von der Geschäftsführung (d. h. hier: dem Geschäftsführer) gekannt und in Übereinstimmung mit dem von Vorstand und Mitgliederversammlung festgesetzten Voranschlag gehalten werden muß. Die eigentliche Buchungsarbeit wird, weil sie meist einen beachtlichen Umfang erreicht, von Fachkräften erledigt. Eine gewisse Übersicht, Kenntnis und Beherrschung des Rechnungswesens muß vom Geschäftsführer sowie auch von Mitgliedern des Vorstands und in diesem mitarbeitenden Vertretern des Kollegiums erwartet werden, wobei sich gerade für Lehrer eine Möglichkeit bietet, sich in einen Bereich einzuarbeiten, der in anderer Weise als die Lehrtätigkeit an das gegenwärtige gesellschaftliche Leben anschließt und die Erfahrungsbasis des Lehrers in veränderter Art noch in einer Wirklichkeit verankern kann. Von der Buchhaltung aus lassen sich auch die mehr nach innen gerichteten funktionellen Zusammenhänge der Geschäftsabläufe erfassen: Da ist zunächst die Arbeitsverteilung und Besprechung mit jenen, die innerhalb der Schule durch ihre Mitarbeit den Schulbetrieb ermöglichen, von der Verwaltung bis zum Gebäudeunterhalt. Die Personalführung, das Recht, Mitarbeiter anzustellen, ihnen einen Arbeitsbereich zuzuordnen, kann zwar im großen, in den Richtlinien, von Vorstand und/oder Kollegium wahrgenommen werden, bedarf aber im täglichen Betrieb der materialen Ausfüllung durch die Geschäftsführung.

Im Sinne einer differenzierten Verantwortlichkeit sollten alle mit der Geschäftsführung zusammenhängenden Fragen wie die Arbeitsverteilung, Arbeitszeitregelung usf. selbständig – nach Information des Vorstandes – unmittelbar von den «Betroffenen» gestaltet werden. Dazu können Mitarbeiterbesprechungen dienen, bei denen jeweils die anfallenden und absehbaren Arbeiten durchgesprochen werden, ebenso aufgetretene Spannungen,

Sorgen, Wünsche usf. Der «Geschäftsführer» kann dabei über die wichtigsten Besprechungspunkte der Vorstands- oder Kollegiumsarbeit berichten, soweit sie zu wissen nötig und relevant sind.

Die Geschäftsführung ermöglicht das pädagogische Leben durch ihre Tätigkeit organisatorisch. Will man sie konkret und ins einzelne gehend beschreiben, kommt man neben dem Gesagten vor allem zur Darstellung jener «Selbstverständlichkeiten», die dann störend und unangenehm auftreten, wenn sie unzureichend erfüllt werden.

Nun läßt sich ein großer Teil der Geschäftsführungsfunktion zusammenfassen und einer Persönlichkeit als Amt und Beruf zuordnen: dem Geschäftsführer mit entsprechenden Fachkenntnissen und Qualifikationen. Diesen Weg haben die meisten Waldorfschulen beschritten. Wie wird dann aber der Geschäftsführer in eine Verbindung zu den Entscheidungszentren der Schule gebracht, damit sein Handeln sich einheitlich in die Handlungen einfügt?

Betrachten wir zunächst den Vorstand des Schulvereins. Er bildet sich in dem Maße ein einheitliches Bewußtsein, als er am Leben der Schule teilnimmt. Dies geschieht – formalisiert – durch die Vorstandssitzungen, in denen auch Lehrervertreter mitarbeiten. Je häufiger die Sitzungen sind (zumeist einmal wöchentlich), umso mehr wird wahrgenommen, betrachtet, beurteilt und in den Entscheidungsprozeß einbezogen. Der Geschäftsführer fungiert sinnvollerweise als Sekretär oder gleichberechtigtes Vorstandsmitglied in den Sitzungen, die er vorbereitet und deren Entscheidungen er ausführt. Über die Vertreter des Lehrerkollegiums ist er zum Teil auch – wie die anderen Vorstandsmitglieder – mit personellen und anderen Fragen, die das Kollegium beschäftigen, informiert.

Wenden wir uns einer möglichen Verklammerung des Geschäftsführers mit der Geschäftskonferenz zu. Die Teilhabe bleibt hier von der Funktion her problematisch: vornehmlich stehen in der Geschäftskonferenz Aufgaben und Entscheidungen zur Beratung, die entweder das Kollegium selbst betreffen oder pädagogische Ziele und Fragen der personellen Führung berühren. Sie sind ihrer Natur nach also immer überformt von der Berufsrolle und Tätigkeit des Lehrers: durch das Verhältnis des Lehrenden zum Kind und durch alles, was aus der pädagogischen Arbeit an spezifischen Korrekturen, Erfahrungen usw. für den Lehrer resultiert. Dadurch waltet in den Unterredungen der Lehrer ein untergründiges, aber verbindendes und einheitliches Element, das durch die anderen Konferenzabschnitte noch verstärkt und in der Konstitution bewußt gesichert wird. Gleichzeitig aber berühren Entscheidungen des Kollegiums auch das Tätigkeitsfeld des Geschäftsführers unmittelbar, etwa wenn ein Lehrer neu anzustellen ist und er an der vom Schulverein zu verantwortenden rechtlichen und wirtschaftlichen, nicht aber personalen Entscheidung durch die Vorstandsarbeit voll beteiligt ist. Wenn der Geschäftsführer als Lehrer tätig war oder gar noch teilbeschäftigt ist, verschwindet dieses Problem, weil er zu einem Teil seiner Arbeitszeit am selben Erfahrungsumkreis, in derselben «Rolle» wie die übrigen Lehrer partizipiert und als «Lehrer» sowieso an der Geschäftskonferenz teilnimmt. Anders liegt der Fall, wenn der Geschäftsführer aus einem anderen beruflichen Felde zur Schule kommt; da ist für beide Seiten jeweils eine aus der beruflichen Vorerfahrung stammende, deutlich wahrnehmbare Mentalität zu spüren, die oft Verständnisbarrieren aufbaut. Die Lehrer nehmen dann vielleicht erschreckt die zupackende, rationale Art der Problemlösung wahr, während den Geschäftsführer etwa die umständliche, zögernde, psychologisierende Art der Lehrer verwundert – kurz: Verschiedene Seinsweisen und Erfahrungswelten treffen sich und müssen erst durch einen gemeinsamen riskanten Lernvorgang ausgeglichen werden. Geht das Streben der Lehrer dahin, an der Geschäftskonferenz nur diejenigen teilnehmen zu lassen, die auch von den Entscheidungen betroffen sind und die ihre Folgen in der beruflichen Existenz mittragen, also nur unterrichtende Lehrer, so ist das Streben des Geschäftsführers ungefähr entgegengesetzt beschreibbar: Er zielt auf direkte Teilnahme an Entscheidungen, mit deren Ergebnissen oder Auswirkungen auch er im nachhinein zusammentrifft, und ist von daher bestrebt, deren Zustandekommen, die Beweggründe, die Argumente der einzelnen Lehrer usf. zu kennen. Leicht verengt sich der aus der Tätigkeit resultierende Gesichtspunkt allzu rasch: Tendieren die Lehrer zu einer – vielleicht zu schlichten – Abgrenzung zwischen Lehrern und Nichtlehrern, wenn die Entscheidungen sie selbst oder pädagogische Ziele betreffen, so der Geschäftsführer mehr auf eine generelle Teilnahme an allen Entscheidungsprozessen, mit denen er es in den Wirkungen zu tun bekommt. Er verwaltet und verantwortet einen Teil des Organismus Schule durchaus selbständig. Es versteht sich, daß aus sozialpsychologischen Gründen jegliche formale Differenzierung wie eine Art Hautbildung und damit als Ausgrenzungserscheinung[1] wirken kann, woraus latente, aber auch tatsächliche Spannungen oder auch nur Mißverständnisse resultieren. Es kann sich in der Empfindung der Beteiligten eine hierarchische Ordnung – ob zu Recht oder nicht – ausbilden. Obgleich funktionell eine

[1] In jedem Organismus, dies verdeutlicht Steiner einmal am menschlichen, wird eine Abgrenzung zur Außenwelt vorgenommen, dadurch kann sich erst ein produktives Eigenleben entfalten. Ähnlich wie sich unser Sonnensystem im Bereich des Saturn abgrenzt von anderen Systemen, verselbständigt sich auch ein soziales System von der Umwelt. Gleichzeitig bringt jeder mit der Systembildung verbundene Abschluß und das dadurch ermöglichte Eigenleben einen Widerspruch zur umliegenden Welt hervor; er muß jeweils in sozialen Systemen bewußt überwunden werden. Das drückt der kosmologische Mythos von Kronos aus, der Kinder zeugt und sie schließlich selbst verzehrt (Steiner 128, 22. 3. 11).

sachliche Information über das Was, Wann und Wie der Beratung oder Entscheidung des Kollegiums für den Geschäftsführer ebenso wie für die Elternvertreter im Vorstand ausreichen müßte und eine Teilnahme an der Geschäftskonferenz ersetzen könnte, verkennt diese formale Argumentation jene Situation, die aus derselben existentiellen Verbundenheit mit der Schule als ganzer wie beim Lehrer auch für den Geschäftsführer entsteht und bei der gefühlsmäßige Komponenten virulent werden: Bin ich nicht etwa in meiner Tätigkeit unterschätzt, gilt der geschäftsmäßige Verwaltungsbereich neben der unterrichtlichen Arbeit doch nur als zweitrangig und ist sein Funktionär weniger wert usf. Soziologisch liegt ein Konflikt zwischen verschiedenen Rollen vor, die mit ihren unterschiedlichen Werthaltungen, Verhaltenserwartungen usw. aufeinandertreffen, wobei zudem ein ungleiches numerisches Verhältnis zwischen den Partnern besteht.

Einer mündlichen Darstellung M. Leists entsprechend, könnte das soziale Netzwerk, in das der Geschäftsführer verwoben ist, dadurch gekennzeichnet werden, daß er die Geschäfte – einem Anwalt vergleichbar – für einen anderen (Vorstand und Kollegium) führt und sich mit seinen Kenntnissen und Fähigkeiten voll dem Mandanten zur Verfügung stellt. Die Auftragserfüllung geschieht aus einer Motivation, die in der Sache wurzelt und um derentwillen getan wird. Die sachgerechte Handlung erlaubt, ja fordert Initiative und Gestaltungsfreiheit. So daß sich unabhängig von der formalen Verbindung, gleichsam material fundiert, ein eigenes Ethos für die Tätigkeit des Geschäftsführers entwickelt, darin anwaltschaftlicher Praxis vergleichbar. Eine Teilhabe an den Prozessen der Informationsverarbeitung oder Entscheidungsfindung oder der Zielsetzung ist indessen schon aus dem konstitutionellen republikanischen Prinzip notwendig. An welchem Ort – ob bei Schulverein oder Kollegium, bei denen dieselben «Verarbeitungsprozesse» ablaufen, wenn auch mit verschiedener Fragestellung und Blickrichtung – der Geschäftsführer institutionell verankert wird, wird zu einer Tatfrage. Denn sicher ist zunächst, daß Identifikation sich vor allem über den Weg der völligen und gleichberechtigten Teilhabe erreichen läßt. Dies bedeutet, daß der Geschäftsführer, soweit er nicht selbst unterrichtet, neben den Vorstandssitzungen auch an der Geschäftskonferenz teilnimmt. Er hätte dann an allen Entscheidungsprozessen der Schule teil, wobei er sich zugleich – formal gesehen – wieder insofern von der Lehrergruppe abhebt, als er dann einziger Teilnehmer auf Dauer an Vorstand und Konferenz wäre. Die Mitwirkung von Lehrervertretern im Vorstand ist oft zeitlich begrenzt (s. Kap. Verwaltungsrat).

Immerhin läßt sich so der soziologisch mögliche Rollenkonflikt ausräumen, wobei bestimmte Diskrepanzen, die sich aus den verschieden ausgerichteten Tätigkeiten ergeben, durchaus fortbestehen können.

Diese tiefere Schicht möglicher Konflikte kann nicht mit formalen Zugehörigkeiten oder Differenzierungen abgebaut werden, sie gehört in eine anthropologische Dimension, in der durch Anerkennung und Verständnis für die Tätigkeit des anderen, durch wechselseitige Wert- und Menschenschätzung neue menschliche Wertsysteme aufgebaut werden. Dabei wird weniger auf Rollen, Positionen und Status als auf die menschlichen Bedingungen des Sozialverkehrs geachtet werden. Wer den gleichsam institutionalisierten Spannungszustand im Sozialverkehr zwischen den Rollen des Geschäftsführers und Lehrers bemerkt, wird zwar einer Teilnahme des Geschäftsführers das Wort reden mögen, aber auch wissen, daß dadurch allein formale Hindernisse weggeräumt werden; es kommt indessen stärker auf die Kräfte des Vertrauens und Taktes an, um Integration und Kooperation im komplexen Organismus der Schule zu erreichen. So mögen u. U. strukturelle Lösungen zweitrangig sein gegenüber der Möglichkeit zum sozialen Lernen. Die Bedeutung der Verwaltungsarbeit wird gegenüber der Lehrtätigkeit völlig verschieden als notwendig und gleichwertig anerkannt werden. Damit aber schieben sich die person-abhängigen Komponenten wieder in den Vordergrund, denn im Geistesleben treten formale Regelungen im Sinne der Rechtsgleichheit zurück zugunsten der Individualisierung und der Fähigkeiten (vgl. funktionale Autorität). Der Geschäftsführer wird, das sei noch angefügt, in den Schulen nach der Lehrergehaltsordnung besoldet, die nicht als Lehrer tätigen Mitarbeiter zumeist in Anlehnung an die entsprechenden Gehaltsgruppen der Tarifordnung für den öffentlichen Dienst oder nach einer eigenen Mitarbeiter-Gehaltsordnung.

3. Die inneren Strukturen der Schule

a) Die Konferenzordnung

Wir haben die entscheidenden Gedanken der neuen schulischen Konstitution dargestellt: Durch die republikanisch-demokratische Verfassung kann die Selbstverantwortung und -verwaltung von Einrichtungen des Geisteslebens so realisiert werden, daß sich die Tätigkeit der Beteiligten unter den Bedingungen der Freiheit entfalten kann. Aus dem Abbau überlieferter hierarchischer Strukturen der Schule soll eine Steigerung der individuellen Kräfte, der Initiative und der Tatkraft bei den einzelnen Lehrern erfolgen, wobei die notwendige Einheitlichkeit innerhalb der Handlungen allein über die

Erkenntnisbildung geschehen kann. Gerade dann, wenn die *emotionalen Voraussetzungen* des heutigen Sozialverkehrs ins Auge gefaßt werden, erweist sich eine antisoziale Triebhaftigkeit als naturgegeben, die nur dadurch geformt, gebildet, erzogen werden kann, daß ein gemeinsamer *Prozeß des Lernens* durch die Sozialordnung innerhalb der Schule geschaffen und ermöglicht wird. Allerdings verschärfen sich die Probleme und Spannungen zwischen Menschen als Sozialpartnern dort, wo sich nicht so sehr die Erkenntnisbildung oder etwa die Begegnung von Menschen als Aufgabe stellt, sondern wo gemeinsame Handlungen beschlossen und Entscheidungen gefällt werden müssen. Wo die Organisation als ein System von *Handlungen* verstanden wird, muß sich die Einheitlichkeit bis in die tiefliegende Region der Willensentschlüsse hinab durchsetzen. Da kommen – anthropologisch – die Tiefenschichten des Menschen in Bewegung. Was sich im Vorstellungshorizont aber bewußt abspielen kann, das ist, wie man aus der Entscheidungsanalyse weiß, ein Prozeß der Informationsverarbeitung, in dem sich die einzelnen Willensimpulse und persönlichen Zielsetzungen zu einem Gesamtwillen der Institution – über das Bewußtsein der Mitglieder – verbinden.[1]

Den Bereich des Schulvereins haben wir als jenen gekennzeichnet, der vor allem die problematische Umwelt im Hinblick auf die wirtschaftlichen, rechtlichen, aber auch gesellschaftspolitisch-geistigen Fragen, etwa die des freien Geisteslebens, aufzufangen und zu verarbeiten hat, während der Raum der pädagogischen Vollzüge von den Entscheidungen des Kollegiums und den Handlungen der Lehrer ausgefüllt wird.

Auch für das innere Handlungsgefüge tritt uns wieder die Spannung von individueller Fähigkeit und Intention des einzelnen und dem pädagogisch auf das Kind ausgerichteten Handlungssystem der Gesamtorganisation gegenüber. Dabei ist vor allem zu untersuchen, wie die Organisationsstruktur auf das pädagogische Handlungssystem zurückwirkt, anders formuliert: wie der Einzelwille durch die organisatorische Struktur in den Gesamtwillen eingeht. Um das zu untersuchen, soll die Bedeutung und Rückwirkung der Struktur auf das Verhalten der in einer Organisation Tätigen betrachtet werden, wobei die Bedeutung des neuen Modells sich erweisen kann. Es sei das Grundlegende des Modells – ehe in eine genaue Beschreibung der Konferenzordnung eingetreten wird – nochmals festgehalten.

---

[1] Für Luhmann wird an dieser Stelle die Organisation zu einem System, das nicht mehr aus Menschen, sondern aus konkreten Handlungen besteht. «Alle Personen, auch die Mitglieder, sind daher für das Sozialsystem Umwelt. In einzelnen Handlungen kommen Sozialsysteme und Personalsysteme zur Deckung» (S. 245). Handlungen des sozialen Systems hängen (so Naschold) – wenigstens im allgemeinen – nicht so sehr von innerorganisatorischen Prozessen als vor allem von der «problematischen» Umwelt ab, wobei «systeminterne Entscheidungsprozesse von der spezifischen System-Umwelt-Konstellation bestimmt» werden (S. 58).

Bei aller Vielfalt organisatorischer Formen gibt es «letztlich nur eine kleine Zahl von organisatorischen Grundmodellen, wobei der Gegensatz zwischen dem *genossenschaftlich-demokratischen* und dem *hierarchisch-monokratischen* besonders augenfällig ist. Das hierarchisch-monokratische Grundmodell wurde als Bürokratie historische Wirklichkeit. Als historisch entwickelte Struktur manifestiert die bürokratische Organisation gesellschaftliche Ungleichheiten, Abhängigkeits- und Unterordnungsbeziehungen, kurz: bestimmte gesellschaftliche Machtverhältnisse; sie setzt sie voraus, bildet sie nach und verstärkt sie. «Die bürokratische Organisation ist ein Herrschaftsmittel, das zuerst im gesellschaftlichen Herrschaftsapparat selbst, der Verwaltung, entstand ... Diese enge Beziehung bürokratischer Strukturformen zum Zwecke der Herrschaftsausübung und -sicherung wurde und wird noch immer leicht vergessen, wenn man den Siegeszug bürokratischer Organisation auf ihre besondere Zweckmäßigkeit zurückführt. Gewiß ist sie außerordentlich zweckmäßig, aber diese Zweckmäßigkeit ist keine unbedingte, sondern gilt nur unter spezifischen Umständen, zu denen insbesondere der angedeutete Herrschaftsaspekt gehört ... (Die bürokratische Organisation wird einmal) normativ als im Widerspruch zu demokratischen Idealen stehend empfunden, und zweitens erscheint unter veränderten Herrschaftsvoraussetzungen auch die Zweckmäßigkeit bürokratischer Organisation als durchaus begrenzt» (Mayntz, 1959, S. 13).

Die Organisationsstruktur des bürokratischen Modells läßt lediglich eine Rest-Freiheit für den Lehrer, wo das «Unterrichtsbeamtentum» (Rumpf) ständig mit dem pädagogischen Ethos des Lehrers kollidiert. Diese Herrschaftsordnung räumt die Chance ein, «für einen Befehl bestimmten Inhalts bei angebbaren Personen Gehorsam zu finden: Disziplin soll heißen die Chance, kraft eingeübter Einstellung für einen Befehl prompten, automatischen und schematischen Gehorsam bei einer angebbaren Vielzahl von Menschen zu finden» (Weber S. 38). Dadurch besteht die Gefahr, daß die Pädagogik ständig durch die Schulorganisation in ihrem Wesen korrumpiert wird. Darüber hinaus kann durch den Beamtenstatus die für die pädagogische Tätigkeit notwendige Initiative und Schöpferkraft erheblich beeinträchtigt werden. «Man hört auf, jenen intensiven, interessierten Anteil zu haben am Lebenskampfe, von dem allein das gedeihliche, fruchtbare Leben abhängt, wenn man weiß, man steigt alle fünf Jahre im Gehalt und hat soundsoviel Pension» (Steiner 185 a, 17. 11. 18).

Ohne hier die Analyse weitertreiben zu wollen, kann uns das Beispiel der bürokratisch-staatlichen Schulverwaltung eines lehren: Wo das individuelle pädagogische Handeln in einem institutionellen Rahmen, durch bürokratische, d. h. «regierungs-» und damit herrschaftsmäßige Strukturen zu kennzeichnen ist, leidet die individuelle Entwicklung des Schülers und das schöpferische Handeln des Lehrers, das wieder von der Wahrnehmung des

Kindes, seinen Fortschritten, Schwächen und Erfolgen abhängt. Die Krankheitssymptome sind dann nicht zu übersehen, wovon eine reiche Literatur zeugt. Die Grundproblematik, die sich auftut, liegt darin, daß durch die bürokratische Verwaltung zwar ein einheitlicher Wille das pädagogische Tun zu überformen sucht, diejenigen aber, die den Willen in die Praxis umzusetzen haben, an der Willensbildung selbst nicht oder kaum beteiligt sind. Dadurch entsteht ein duales System, wo der Wille der einzelnen, die in den Institutionen tätig sind, und der Wille als Handlungsäußerung des bürokratischen Systems auseinanderfallen. Die an der institutionellen Basis Tätigen haben durch die bürokratische Struktur, deren Willensrichtung in der Befehlskette von der Spitze nach unten weist, kaum Einfluß, sie sind Ausgeschlossene. Grundsätzlich lassen sich bürokratische Varianten denken, wo die Verhältnisse anders liegen, aber sie sind in der gegenwärtigen Schulpraxis nicht anzutreffen (Etzioni, Fürstenau, Naschold).

Wenn aus sozialwissenschaftlichem Ansatz das Geistesleben in seiner Funktion als mit dem Fähigkeitswesen des Menschen zusammenhängend erkannt wird, muß auch die Struktur, in der es sich entfaltet, betrachtet werden bis in die Konstitution der einzelnen Schule. Selbstverwaltung des Geisteslebens bedeutet zugleich, daß die Bedingungen der Schule als Institution in ihrer «originalen Dignität» beachtet werden und die Umstände der Organisation und Verwaltung nicht – wie sich das aus der Entfremdung in bürokratischer Verfassung leicht ergibt – «als Hindernisse für das ideal vorgestellte Bildungsgeschehen» erscheinen (Holstein, S. 9). Vielmehr wird gerade aus der Kenntnis von funktioneller Bedeutung der Erziehung und struktureller Form der Verfassung die Organisationsform so geändert, daß der einzelne in seinem Arbeitsbereich schöpferisch, verändernd, innovierend nicht nur im Erziehungsprozeß, sondern auch – durch seine Mitwirkung – in der Verwaltung wirken kann.[1]

Zu der neuen Verfassung gehört es, daß die Lehrerschaft «frei von Rektoratsleistung» sich selbst und die Schule «republikanisch» verwaltet. Durch diese Struktur der «demokratisch-republikanischen» Verfassung soll die Funktion einer pädagogischen Tätigkeit, die verantwortlich und initiativ sich am Kind und dessen Entwicklung orientiert, gewährleistet sein. Dieser Ansatz, ursprünglich von Steiner intendiert, wurde seinerzeit unmittelbar von der Lehrerschaft aufgegriffen, indem sie das Modell durch regelmäßige Konferenzen zu verwirklichen trachtete.

Wie entwickelt sich nun tatsächlich das Leben in der neuen Verfassung? Sind die Schwierigkeiten geringer als im bürokratischen Verwaltungs-

---

[1] «Die Schulinstitution sollte durch Verfügung und Erlasse in den Griff gebracht werden, während den Schülern ein unumgänglicher Lehrkanon zur Aneignung auferlegt wurde. Vernachlässigung der Schulinstitution und des Kindes gehen somit etwas überraschend Hand in Hand» (Holstein, S. 10).

116

system? Die Entwicklung soll im nachfolgenden durch den historischen Gang
– vor allem an den Konfliktlagen – verdeutlicht und skizziert werden.

Es war nicht von vornherein ein strenges theoretisches Konzept, nach dem
mit der Schulverwaltung im einzelnen verfahren wurde. Denn es wurde
darauf geachtet, wie heute «unsere allgemeine Gescheitheit so vorgeschritten ist, daß es verhältnismäßig leicht ist, aus sogenannten Vernunftgründen
heraus irgendein soziales System auszudenken». Darum sollte zunächst die
Offenheit für verschiedene Entwicklungsrichtungen bestehenbleiben. Auf
die Organisation sozialer Prozesse durch Fixierung auf bestimmte Einrichtungen und Strukturen der Institution kam es dabei weniger an; das wesentliche Anliegen bestand darin, daß die Menschen innerhalb der Institution
(der Schule) die Möglichkeit haben sollten, sich als Menschen zu begegnen
und sich zu entfalten. «Und da wird man sogar zugeben müssen, daß, wenn
in dieser Weise der Mensch innerhalb der sozialen Ordnung . . . gefunden
werden kann, daß dann mehr oder weniger auch diese oder jene äußere
Einrichtung dem gleichen Ziele dienen könne. Denn es ist schon so, daß der
Mensch in sozialer Beziehung doch auch auf die allermannigfaltigste Weise
gedeihen kann, unter den mannigfaltigst gestalteten sozialen Einrichtungen»
(Steiner, 83, 10. 6. 22).

Aus dieser Überlegung ergibt sich, daß zu den sehr allgemein angelegten
«Urgedanken» erst durch die Praxis die spezielle «Theorie» geschaffen
wird: Aus der fortlaufenden Arbeit innerhalb der Konferenzen erhellt sich
für das Bewußtsein – wenn die Tätigkeit reflektiert wird –, welche Aufgaben und Funktionen im Gesamtzusammenhang der Schule und ihrer Verwaltung der Konferenzarbeit zukommen. Es war von Anfang an naheliegend, wenn die Verwaltungsleistung eines Amtsinhabers (Rektor) wegfällt,
die Einrichtung und Gestaltung des Stundenplanes, die Verteilung der Klassen auf einzelne Lehrer usf., kurz: alle schulorganisatorischen Fragen in der
Konferenz zu besprechen. Sehr rasch aber erweist die Praxis, daß auch andere Fragestellungen für die Konferenz relevant werden. Dies verdeutlicht
Steiner in manchen seiner pädagogischen Vorträge an einem symptomatischen Beispiel, wodurch er einerseits die Tatsache illustriert, wie das Leben
bestimmte Fragen und Aufgaben stellt, die teilweise vorhergesehen werden können, sich aber auch der Planung oft entziehen; andererseits aber
erweist sich die neue Konstitution in ihrer geistig-sozialen Ordnung als so
flexibel, daß sie auch völlig veränderte und risikobelastete Aufgabenstellungen, vor allem im Blick auf ein einheitliches Bewußtsein, meistern kann.
Gleichzeitig drückt sich darin auch das neuerworbene Selbstverständnis der
Konferenzteilnehmer aus.

Als die Schule über die eigentliche Volksschulzeit in die Oberstufe hinein
erweitert wurde, war die *pädagogische Aufgabe* gestellt, sich über das
andersgeartete Lebensalter der Pubertätszeit und danach ein Bewußtsein

zu verschaffen. In den ersten pädagogischen Kursen, die als Grundlage für die Erarbeitung pädagogischer Erkenntnisse und eines einheitlichen Bewußtseins auch in organisatorischer Hinsicht dienten, spielte das Entwicklungsgeschehen der Volksschulzeit (7 bis 14 Jahre) die zentrale Rolle.

Jetzt aber galt es für die Lehrerschaft, sich weitere anthropologisch-psychologische Verständnismöglichkeiten zu erarbeiten und anzueignen. Diese Aufgabe stellt ein Unterfangen dar, das weit über schulorganisatorische Tagesfragen hinausführt.

So zeichneten sich sehr schnell im Schulleben neben schulorganisatorischen auch pädagogische Fragen als eine Aufgabenstellung für die Konferenz ab. Aber darüber hinaus stellte sich – zeitlich bereits etwas früher – eine weitere wichtige Aufgabe: die der Selbstgestaltung des Kollegiums. Sie wird erstmals deutlich, als sich Auffassungsdifferenzen, von denen schon gesprochen wurde, zwischen E. Molt, dem Schulgründer, und dem Kollegium über die künftige Entwicklung und Vergrößerung der Schule herausbildeten. Das Kollegium vermutete hinter den Intentionen Molts, die Schule vor allem den Kindern der Betriebsangehörigen der Waldorf-Astoria vorzubehalten, auch einen unzulässigen wirtschaftlichen Einfluß auf die Autonomie der Schule. Dieser offenkundige Zielkonflikt personalisierte und verkörperte sich für die Lehrerschaft gleichsam in Molt. Die vorhandenen Schwierigkeiten waren indessen, wie wir sahen, vor allem auf einen sachlichen Konstruktionsfehler innerhalb der Schulstruktur zurückzuführen.

In den Besprechungen gelang es damals R. Steiner zu vergegenwärtigen, daß die Schulgründung allein der persönlichen Initiative und Leistung der Persönlichkeit von Emil Molt und nicht der Firma zu verdanken sei. «Ich sehe nicht ein, warum Sie sich mit der Waldorf identifizieren ... Dies war Ihre persönliche Gründung» (K 1, S. 122). «Die Schule ist Ihr Verdienst» (ebd., S. 124). «Die Waldorf-Astoria hat sich, soweit es den Aufsichtsrat als Vertreter der Kapitaleigner betraf, einverstanden erklärt, wie man sich als Vater einem Sohn gegenüber einverstanden erklärt, der zuviel ausgibt» (ebd.). Es stellte sich dann auch heraus, «daß Herr Molt auch finanziell die ganze Waldorfschule als Privatmann gegründet hat» (ebd., S. 103). Nahezu die ganzen Investitionskosten für Grundstück und Gebäude waren von ihm als Privatmann getragen worden, so daß «eigentlich die Waldorf-Astoria als Firma ein bißchen sehr gut weggekommen ist» bei der Gründung der Waldorfschule (ebd., S. 103). Nachdem so das Persönliche persönlich, das Sachliche sachlich verstanden werden konnte, war es möglich, daß Emil Molt als «Protektor der Schule» dem Kollegium weiterhin mit seinen Erfahrungen ratend zur Seite stand. Molt erscheint jetzt nicht mehr in seiner «Rolle», die seine Persönlichkeit wie verdeckt oder überlagert: als Gründer und Arbeitgeber. Solange er dies war, schob sich in die freie Begegnung zwischen Kollegium und ihm eine Rechtsbeziehung, die ihm Vorrechte gab, welche wie ein der Macht vergleichbares Verhältnis erlebt und aus den Impulsen für ein freies Geistesleben vom Kollegium abgewehrt wurden. Nun, wo diese Beziehung wegfällt, erscheint er als Partner, der mit seinen außerordentlichen Fähigkeiten, seinem klaren Blick, den wirtschaftlichen und sozialen Fachkenntnissen in ein rein menschliches Verhältnis zum Kollegium kommen kann. Der bisherige Einfluß aufgrund der Position verwandelt sich in einen solchen, der auf freier Empfänglichkeit und Anerkennung beruht.

Während dieser Zeit des Konflikts bedachte das Kollegium, welche Kriterien im Miteinander und in der Zusammenarbeit gültig sein sollten, welche Form der interkollegiale Verkehr haben könnte. Dabei stellte sich die Frage nach der Kompetenz des Kollegiums, nach der Autonomie in den das Kollegium selbst betreffenden Angelegenheiten, wozu vor allem die Anstellung oder Entlassung der Lehrer gehört. Schließlich wurde ein Statut ausgearbeitet, in welchem die Aufgaben und Zuständigkeiten genau voneinander abgegrenzt werden. Das Ganze war eine Abwehr gegen vermutete oder auch empfundene Einflüsse, wie sie in der Frage der weiteren Ausgestaltung der Schule auftraten.

Es ist ein Vorzug solcher – auf die Beteiligten oft verletzend und schmerzlich wirkenden – Konflikte, daß sowohl die Struktur der sozialen Prozesse erhellt wird als auch die Position der einzelnen Mitglieder, ihr Einfluß, ihre konträren Bestrebungen und ihre Kontaktmöglichkeit. Wenn dann die Spannungen durchgestanden sind, haben die Wunden entweder zu unheilbaren Herauslösungen einzelner aus dem gegebenen Zusammenhang geführt, oder es bestehen Spannungen latent fort. Schließlich ist eine bisher nicht bekannte Klarheit über die Ziele des eigenen und gemeinsamen Wollens eingekehrt sowie eine Sicherheit im Kontakt und Verkehr zwischen den Mitgliedern, die glückhaft empfunden werden kann wie die reinigende Wirkung des Gewitters.[1]

So bildete sich durch den Konflikt mit E. Molt für das Lehrerkollegium die Einsicht aus, daß – bei inzwischen vorhandenen gemeinsamen Zielen für die künftige Schulentwicklung – die Berufung von Lehrern als entscheidend für die Selbstbestimmung der Schule anzusehen sei, ebenso auch das Recht einer möglichen Entlassung. Die Ordnung der Lehrerberufung im besonderen und die Regelung der die Lehrer betreffenden Angelegenheiten im allgemeinen wurde durch konkrete Konflikte als Aufgabe, die das Kollegium selbst meistern muß, scharf konturiert gesehen.

[1] Vgl. auch die Überlegungen Cosers zur Funktion des Konflikts.

b) Exkurs: Freiheit und funktionale Autorität

An den zuvor geschilderten Spannungen, die im ersten Schuljahr auftraten und als ein echter Zielkonflikt zwischen Gründer und Lehrerschaft erscheinen, verdeutlichte sich den Akteuren eine Frage, deren Wurzeln tief in den Grund sozialer Ordnung hinabreichen. Für die Lehrer versteht es sich, daß sie ihr eigenes Wirken zugleich vor dem Hintergrund eines zu befreienden Geisteslebens entfalten; durch die Zieldiskussion und den Zielkonflikt wurde ihnen bewußt, daß die Freiheit der Eigentätigkeit, der Selbstverwaltung formal zwar durch Staatsfreiheit und durch eine freie Trägerschaft gesichert werden kann, weil hier letztlich immer die Kontrolle durch diejenigen erfolgt, die die Leistungen der freien Einrichtung abnehmen und nachfragen.[1] Aber wird dadurch zugleich auch die materiale[2] Selbstbestimmung der Initiativträger, in diesem Falle der Lehrerschaft, gewährleistet? Oder kann sich nicht eine neue Abhängigkeit, gleichsam von privaten oder inneren, partiellen Interessen und Zwecksetzungen ergeben? Wer hat also in einer freien Einrichtung – ihre Gestaltung idealtypisch als beste gedacht – die Entscheidungskompetenz, um die Selbstverwaltung und -bestimmung bei der auch im geistigen Sinne zuständigen Gruppierung anzusiedeln?

Genau dieser Fragenaufwurf wird vom Lehrerkollegium durch den Zielkonflikt empfunden und auch formuliert. Aus dem ideellen Ansatz, daß derjenige sein Tun selbst verantworten soll, der durch seine Tätigkeit und Fähigkeiten kulturelle Leistungen hervorbringt, und nicht Instanzen außer ihm, und weil das Schulwesen nur von denen verwaltet werden soll, die als Tätige selbst die Pädagogik ausüben, läßt sich leicht der Typus der von Lehrern selbst verwalteten Schule als *der* Typus der Freiheit bezeichnen. Daß bei diesem Idealtypus manche Fäden, die zu berücksichtigen wären, wie sie zu Eltern und Schülern laufen, scheinbar abgeschnitten werden, läßt sich dadurch begrifflich rechtfertigen, daß sich zunächst typologisch klare, umschriebene und definierbare Verhältnisse herausstellen. Genau nach diesem begrifflichen Schema verfährt auch das Kollegium, das einerseits durch die Idee der dreigliedrigen Sozialordnung die entscheidenden Funktionen

---

[1] Freiheit «bedeutet die Möglichkeit der verantwortlichen Selbstbestimmung, der Verwirklichung eigener Gesetze oder solcher, denen man sich freiwillig unterstellt hat, weil man sie von innen heraus bejaht und anerkennt, ... es genügt ..., Freiheit und Unfreiheit im Sinne der Eigen- und Fremdbestimmtheit zu kennzeichnen» (Heckel, S. 7).

[2] Gegenüber der formalen Selbstbestimmung, die rechtliche Freiheiten gewährt, verstehen wir unter materialer Selbstbestimmung den Aspekt der inneren Freiheit, d. h. die Art, wie die Entscheidungen innerhalb einer Gemeinschaft zustande kommen und wie die innere Bejahung sich vollzieht. Entstehen nicht dabei etwa neue geistige und praktische Abhängigkeiten?

der Lehrtätigkeit begriffen und andererseits durch den Zielkonflikt die eigene Situation zu verstehen gelernt hat. Ein Statut soll zunächst die so gewonnenen – fast metaphysischen – «reinen Bedingungen» der Autonomie sichern. – Aber widerspricht das nicht letztlich dem Gesetz, wonach die Schule mit ihrer neuen Konstitution angetreten: daß sie ihr Leben nicht durch die Lehrer, sondern von E. Molt und R. Steiner empfangen hatte? Es war dabei durch deren Initiative u. a. die Staatsunabhängigkeit weitgehend erreicht. Das Kollegium aber schuf sich einen weiteren Freiraum: Der finanzielle und rechtliche Einfluß der Waldorf-Astoria war konsequent beseitigt worden. Auch das Verhältnis zu E. Molt war schließlich geklärt.

Doch die am Konflikt gewonnene Klarheit und das Freiheitsempfinden drängen weiter, sie wollen sich in eine endgültige Form gießen und auf Dauer Freiheit sichern. So gerät schließlich auch die Stellung des geistigen Schulgründers, R. Steiner, und sein geistiger Einfluß in den Sog der absoluten Freiheitsforderung, wenn auch zunächst nur als zarte Frage: In dem Statut soll zwar seine «Position» als Vorsitzender des Kollegiums geregelt werden. Aber wie verträgt sich seine Mitwirkung bei der Lehrerberufung, nachdem sich ein Kollegium gebildet hat, fernerhin mit dem Selbstbestimmungsrecht des Kollegiums? Ist dies dadurch zu lösen, daß er formal ins Kollegium eingegliedert wird?

Über die ganze Problematik spricht R. Steiner selbst ausführlich mit der Lehrerschaft. Die Waldorfschule ist – sieht man auf die innere Stellung Steiners zum Kollegium – in der pädagogischen Konzeption einzig und allein hervorgegangen aus den Ergebnissen der Geisteswissenschaft, die durch ihn begründet wurde. Der Geistesforscher vermittelt Erkenntnisresultate, zu denen er durch eine strenge wissenschaftliche und methodische Schulung gelangt. Wie innerhalb der exakten naturwissenschaftlichen Forschung ein bestimmtes experimentelles Programm und Instrumentarium vorausgesetzt wird, um zu einer abgesicherten Erkenntnis zu kommen, so auch in der Geistesforschung. Was sie aber von der Naturwissenschaft unterscheidet, ist das äußere Erkenntnisinstrumentarium. Dieses wird bei der geisteswissenschaftlichen Methode ins Innere des Menschen, in sein Denk- und Erkenntnisbemühen gestellt, es ist nicht in der Versuchsanordnung und im instrumentellen Aufbau zu finden. Damit aber individualisiert sich der Weg zur Erkenntnis, d. h. nicht jeder kommt – aus unterschiedlichen persönlichen Voraussetzungen – zu denselben Erkenntnisresultaten. Im Unterschied zu (einfachen) naturwissenschaftlichen Theoremen wird bei den geisteswissenschaftlichen Erkenntnissen die jederzeitige Reproduzierbarkeit und Überprüfung nicht mit gleicher Sicherheit gewährleistet. Das bedeutet nun nicht, daß geisteswissenschaftliche Forschungsergebnisse immer nur solitär sein und auf Autorität hin übernommen werden müßten; sie sind immer und jederzeit der menschlichen Vernunft, Logik und Einsicht zugänglich. Dem

Verstehen erschließen sich die Forschungsresultate «leicht», während der Weg, zu ihnen zu gelangen, oft recht langwierig sein kann. Dies gilt aber prinzipiell für jede Erkenntnis. Wer geisteswissenschaftliche Forschungsergebnisse mitteilt, spricht nicht als Autorität, wie gewöhnlich universitäre oder wissenschaftliche Autorität aufgefaßt und wahrgenommen wird. «Das Verhältnis muß ein solches sein, daß alles dasjenige, was gesagt wird, angenommen wird von den Hörenden auf völlig freien Willen hin, daß beim Aufnehmen gar nichts ankommen darf auf den Willen desjenigen, der spricht, sondern alles einzig und allein ankommen muß auf den Willen derjenigen, die zuhören. Es waltet in diesem Verhältnis ein Höchstmaß an Freiheit. Daher muß es bis zum letzten I-Tüpfel so sein, daß meine Stellung zum Lehrerkollegium diejenige ist, die nicht von mir oder von irgend jemand gewollt wird gegen den Willen irgendeines Mitglieds des Lehrerkollegiums, sondern (daß) sie akzeptiert wird im innersten Herzen und gewollt wird vom Lehrerkollegium in seiner Gänze. Ob so etwas durch eine äußere Wahl dokumentiert wird oder nicht, darauf kommt es nicht an.» Die Stellung Steiners ist also nicht auf einer äußeren Position oder Rolle begründet, ja nicht einmal auf einer aus der Vergangenheit herrührenden Anerkennung, sondern allein auf dem zwischen den Lehrern und ihm gegenwärtig waltenden Vertrauen. «Sie müssen spüren, wie ich durchaus bestrebt bin und bestrebt sein werde, im Einklang mit jedem Einzelnen dasjenige zur Entscheidung zu bringen, was durch mich zur Entscheidung zu bringen ist, aus dem Grunde, weil der Betreffende . . . aus einer Einsicht heraus mich um die Sache fragt» (K 2, S. 127).

Steiner selbst bittet, von der Wahl zum Vorsitzenden des Kollegiums Abstand zu nehmen, denn durch Paragraphen werde nichts an seinem freiheitlichen Verhältnis zum Kollegium geändert. «Dann bitte ich Sie, sich daran zu erinnern, daß die Ernennungen neuer Lehrer eigentlich immer im Lehrerkollegium besprochen worden sind. Das würde ich gerne weiter so halten.» Er bittet darum, daß das Kollegium sich auch das anhört, was er zur Urteilsbildung im Rahmen einer Lehrerberufung beitragen kann. Auch wenn er selbst tätig werde, um einen Lehrer zu berufen, würde er immer dem Kollegium berichten, was beabsichtigt sei und was jeweils geschieht. «Ich würde niemals ausschließen, daß, wenn die eine Seite (das Kollegium) die entsprechenden Vorschläge macht, von mir auf diese Vorschläge eingegangen wird» (K 2, S. 118). Die Lebensgegebenheiten sind so differenziert, daß sich nicht regeln läßt durch Statuten, wer zuerst mit einem Lehrer in Verbindung tritt, denn die Entscheidung wird allein durch wechselseitige Verständigung herbeigeführt.

Durch die Konferenznachschriften läßt sich verfolgen und überprüfen, ob das freiheitliche Verhältnis, wie es von den Beteiligten formuliert und akzeptiert wurde, in der Folgezeit auch in der Wirklichkeit anzutreffen ist.

Tatsächlich werden in der Frage der Lehreranstellung namentliche Vorschläge entweder von seiten der Lehrer oder auch von R. Steiner in der Konferenz vorgebracht, so daß als Beschlußorgan für Lehrerberufung immer die Konferenz wirksam wurde. In ihr werden die Meinungen ausgetauscht und schließlich auch die Entscheidungen gefällt, ob mit einer Persönlichkeit die Verbindung aufgenommen und ob sie angestellt wird.

Das Verhältnis zwischen der Lehrerschaft und R. Steiner und damit zur Freiheit und Selbstbestimmung wie zur «Autorität» wird durch einen weiteren Konflikt beleuchtet, der durch kontroverse Auffassungen und persönliche Spannungen innerhalb der Kollegenschaft aufgetreten war. Um seine Hilfe gebeten, überließ R. Steiner dem Kollegium selbst die Konfliktlösung mit dem Bemerken, daß er nach den Impulsen, aus denen die Schule gegründet und ihr Lehrkörper gebildet worden sei, zwar tätig werden könne im Sinne einer übergeordneten Instanz, aber um keinen Argwohn aufkommen zu lassen, eine Seite besonders zu fördern, möchte er lieber warten, «bis sich die Dinge geklärt haben» durch das Kollegium selbst. Er erwartete die Lösung der aufgetretenen Widersprüche «aus dem Willen des Lehrerkollegiums selbst» (K. 6, S. 19 a und S. 24). In dieser Situation hätte sein Eingreifen über die Schwierigkeiten zwar rasch hinweggeholfen, aber der für das soziale Zusammenleben notwendige Lernvorgang wäre dem Kollegium erspart geblieben; so enthielt sich Steiner hier eines möglichen Eingriffs. Dem Begriff der Selbst- und Fremdbestimmung, wie er der Auseinandersetzung zwischen Kollegium und E. Molt über die Schulentwicklung unausgesprochen zugrunde lag und schließlich auch auf die Stellung R. Steiners angewandt wurde, wohnt eine Tendenz in doppelter Richtung inne: Einmal hilft er, die gesellschaftlichen Gegebenheiten abzuklären und aufzuhellen, etwa: wie, wann, wo funktionswidrige Übergriffe eines gesellschaftlichen Bereichs in einen anderen stattfinden; zum anderen birgt er in sich die Gefahr, daß er, als durchgängiges Prinzip verwandt, zu einem verkürzten oder auch metaphysischen Verständnis menschlicher Sozialbeziehungen beiträgt, das durch keine Wirklichkeit abgedeckt wird. Indem eine einzelne gesellschaftliche Einrichtung der staatlichen Aufsicht und Bestimmung entzogen wird, ist sie als frei zu bezeichnen, weil keine hoheitliche Gewalt unmittelbar ihre Ziele von außen bestimmt. Diese *Freiheit* ist zunächst allein ein *formale,* insofern, als sie sich auf die Rechtsstellung der Einrichtung bezieht, d. h. aus den öffentlich-rechtlichen Bestimmungen erfolgt kein materieller Eingriff in die Zielsetzungen. In dieser Dimension ist Freiheit und Selbstbestimmung eine *Rechtsfrage.*

Durch den beschriebenen Konflikt weitet sich die Frage der Selbstbestimmung in eine weitere – qualitativ andere – Dimension hinein: a) Gibt es auch in freien Einrichtungen Abhängigkeiten über die finanziellen Mittel, b) wie sind die geistigen Abhängigkeiten, die das Bewußtsein beeinflussen?

Die Abhängigkeit, soweit sie durch die wirtschaftlichen Mittel besteht, kann – wie wir zeigten – institutionell und prinzipiell abgebaut werden; wenn sie wirksam wird, bedient sie sich eines Mediums, des Geldes, das, wie die hoheitliche Rechtsordnung, dann gegenüber der Entfaltung von Fähigkeiten als Machtmittel, Autorität und Herrschaft erscheint und den individuellen Charakter der Fähigkeiten in eine Richtung zu drängen sucht.

Grundsätzlich anders liegt aber der Fall, wo es um die Selbstbestimmung und materiale Freiheit auf der Ebene des Bewußtseins geht. Wenn der Gedanke der Selbstbestimmung und Freiheit nicht ins Absurde getrieben werden soll, wo letztlich jeder als Monade – kontaktlos – sein Bewußtsein ausbildet und seine Ziele verwirklicht, bedarf es – insbesondere in arbeitsteiligen Zusammenhängen wie einer Schule – der fortgesetzten *Kommunikation* aller Beteiligten untereinander, aber auch mit der Umwelt, also eines *geistigen* Lebens, das sich im Austausch geistiger Leistungen und Erkenntnisse und ideeller Inhalte realisiert. Wo aber ein geistiger Prozeß des Austausches, der Hingabe und Aufnahme stattfindet, findet auch durch ihn und in ihm eine «Beeinflussung» statt, wodurch derjenige, der etwas Besonderes zu geben hat, eine «hervorgehobene» soziale Stellung – durch seine spezifische Fähigkeit – erhält. Er wird nicht zur Autorität kraft Amtes oder durch eine Position oder seinen Status, sondern durch sein Wissen, Können. Seine «überlegenen» Fähigkeiten dokumentieren sich allein im Ideengehalt seiner Aussagen, anders gewandt: in den ihm zugänglichen Intuitionen.

Wie für die Einzelinstitution des freien Geisteslebens eine Kontrolle und soziale Verantwortung dadurch erfolgt, daß diejenigen entscheiden, die ihre Leistungen beanspruchen, indem sie ihr vertrauen oder nicht, so ruht der dargestellte Einfluß: die *funktionale Autorität* nicht auf irgendwelchen Stützen der Macht, sondern allein auf der entgegengebrachten Anerkennung und der freien Annahme. Funktionale Autorität als wirksamer sozialer Einfluß ist nicht nur eine Realität, sondern schlechthin konstitutiv für das kulturelle geistige Leben.

Wo indessen funktionale Autorität selbst zur Institution wird, indem sie sich auf ein Amt und dessen Autorität abstützt, wie das im Wissenschaftsbetrieb möglich sein kann, gefährdet sie zugleich die «materiale» Freiheit. Funktionale Autorität wird dann Amtsautorität. Um das zu verhindern, bedarf es in der demokratisch-republikanischen Verfassung einer Übereinstimmung in der «Willensmeinung» des Kollegiums, wenn Entschlüsse gefaßt werden, und nicht der Dominanz einer «Autorität». Wenn sie dagegen, wie R. Steiner dies urbildlich demonstriert, die Verbindung mit einer Position bewußt ablehnt und ihre Ratschläge, Empfehlungen allein auf das Verständnis, d. h. die Intuitionsoffenheit und die Zustimmung der Betroffenen, d. h. jener, die ihre Belange selbst bestimmen, stellt, wird ein Maß auch der «materialen» Freiheit und Verantwortung erreicht, das sich schwer-

lich steigern läßt. Es handelt sich hierbei um das Problem eines Fließgleich-
gewichts: der einzelne wird in ein Verhältnis der Anerkennung und des
Vertrauens zur Gesamtheit gebracht, das auf Freiheit basiert. Dabei kann
das Gleichgewicht verfehlt werden. Nicht nur ist es möglich, daß freie Autorität erstarrt und Vorrechte in Anspruch nimmt, sondern auch die Ablehnung der funktionalen Autorität kann eintreten, wenn kein Sensorium für
das vorhanden ist, was ein einzelner aus spezifischen Fähigkeiten an Einsichten, Zukunftsentwürfen oder Intuitionen beizutragen hat. Die äußerlich
schwer faßbare funktionale Autorität wird zu einem Gradmesser für die in
einer sozialen Gemeinschaft anzutreffende und realisierte Freiheit.

Das von R. Steiner dargelegte Urbild ist exemplarisch; es berührt tief,
wie einem auf Selbstbestimmung bedachten Kollegium gezeigt wird, daß
– wenn die rechtlichen, d. h. die formalen Freiheitsbedingungen geschaffen
sind – für die eigentlich geistigen Prozesse rechtlich-formale Kategorien
nicht mehr zureichen, sie zu erfassen. Freiheit herrscht hier allein, wenn
sich im einen Bewußtsein oder in dem der zusammenarbeitenden Menschen
ein Verständnis für die Erkenntnisse des anderen, seine Ideen und deren
Wahrheitsgehalt bildet. Dies kann niemals erzwungen werden, sondern
muß aus freier Einsicht geschehen.

Die Begrifflichkeit von Selbst- und Fremdbestimmung führt, soweit sie
über den «formalen» Rechtsrahmen hinausgetragen wird, unmittelbar in die
Prozesse des «materialen» geistigen Lebens, wo sich Fähigkeiten gegenseitig ergänzen, Einsichten im Dialog und in der Kommunikation gewonnen
werden. Metaphysisch angewandt, dringt diese Begrifflichkeit bis zum geistigen Prozeß, der seiner Natur nach ganz auf der Freiheit beruht, nicht vor,
er verdeckt das notwendige Kommunikationsverhältnis. In der konkreten
Beschreibung, wie sich der soziale Einfluß *einer* Persönlichkeit im geistigen
und sozialen Leben der Schule auswirkt, konnte am Verhalten R. Steiners
jener letztmögliche Freiheitsraum in der materialen Selbstbestimmung auf-
gewiesen werden, wo die Entscheidung nicht bei demjenigen liegt, der
etwas zu sagen oder zu geben hat – denn darin läge immer noch ein Hauch
von Macht –, sondern allein bei der Einsicht des oder der Adressaten.

Auch soziologisch wird der Einfluß, der sich vor dem Willen der Empfänger stetig neu auszuweisen hat, mit der Kategorie der funktionalen
Autorität im Gegensatz zur überlieferten repräsentativen oder Amtsautorität erfaßt.[1] Diese funktionale Autorität legitimiert sich nicht allein durch

---

[1] Funktionale Autorität, so entnehmen wir der instruktiven Darstellung Hart-
manns, legitimiert sich durch Sachkunde. Sie beruht auf *erwiesener* Sachverständigkeit. «Daraus folgt, daß diese Art Einfluß in einer unaufhörlichen ‹Legitimitäts-
krise› steht. Anerkennung und so auch Folgeleistung sind in diesem Typus an
direkten, objektiven Nachweis der Sachkunde gebunden. Das heißt aber, daß diese
Autorität auf jede Herausforderung (durch ein zu lösendes Problem, Zweifel der

die Sachverständigkeit, sondern vor allem durch «bewiesene Sachkunde in einem sozialen System, dessen Mitglieder besonderes Wissen und Können für wünschbar halten» (Hartmann, S. 57). Das bedeutet, daß die Verschiedenheit der Fähigkeiten und Begabungen auch in dem sozialen Zusammenhang einer republikanisch verfaßten Schule, also innerhalb eines Lehrerkollegiums, von Mensch zu Mensch anerkannt wird. So wie die sich selbst verwaltende Schule als Handlungssystem für die Selbstbestimmung der in ihr Tätigen offen sein muß, so auch innerhalb des Systems die Zusammenarbeitenden für die speziellen Leistungen und Möglichkeiten des einzelnen. Legitimiert sich die freie Schule gesamtgesellschaftlich durch ihre funktionale Autorität, das ist ihre Sachverständigkeit, ihr Können, ihr Erfolg, die sich in der «Anerkennung» niederschlägt, so der einzelne Lehrer durch seine Bewährung und durch die vor den Partnern ausgewiesenen Fähigkeiten, d. h. gleichfalls durch funktionale Autorität. Dieser Begriff kann also auf alle im Geistesleben stattfindenden geistigen und sozialen Beziehungen angewandt werden. Weisungen im Sinne eines Befehls kann es in diesem Gefüge nicht geben. Das Urbild der Freiheit in den geistigen Beziehungen, wo nicht vom Gebenden, sondern vom Nehmenden das Maß der verwirklichten Freiheit bestimmt wird, also eine totale Umkehr jeglicher Macht- und Abhängigkeitsverhältnisse vorliegt, stellt bereits hohe Anforderungen an das begriffliche Verständnis, um die tatsächlichen und möglichen Freiheitsgegebenheiten zu durchschauen, aber noch höhere, das Verständnis auch

beeinflußten Partei oder auch Selbstkritik) mit einem neuen Beweis antworten muß und unmittelbar nach Lieferung solcher Unterlagen wieder aufgehoben ist. Im idealtypischen Fall gibt es keine funktionale Autorität unabhängig vom Beweis der Sachverständigkeit. Damit wird dieser Einfluß theoretisch zu einer durchaus labilen Erscheinung, die nur in bestimmten Situationen oder bezüglich spezifischer Probleme auftreten kann ... Weiterhin muß man sich darauf besinnen, daß vor allem in einigen beruflichen Tätigkeiten die Beweise der Sachverständigkeit einander oft so eng folgen, daß eine Suspension der funktionalen Autorität praktisch sinnlos wäre. So bildet beispielsweise die Tätigkeit des Lehrers eine fast ununterbrochene Bewährung in diesem Sinne. In solchen Berufen wird die theoretisch provisorische Autorität zur praktisch permanenten ... Weisungen im Sinne des Befehls fallen hier fort, schon weil theoretisch jede neue Anweisung ein Legitimitätsproblem darstellt ... So sollte jetzt deutlich sein, daß von Zwang oder Gewaltanwendung hier nur in der intellektuellen Dimension gesprochen werden darf» (S. 61).

«Der Tendenz nach aber äußert sich die funktionale Autorität in Gestalt einer kollegialen Leitung ... Die kollegiale Einstellung des Experten ist einmal bedingt durch die Abhängigkeit seines Erfolges von der komplementären Leistung anderer Experten. Spezialisierung und technische Entwicklung haben zu einer derartigen Verschränkung der Einzelaufgaben geführt, daß die Synchronisation individueller Anstrengungen zu einer ebenso wichtigen Vorbedingung des Gelingens geworden ist wie die Ressourcen um die Bemühungen des einzelnen. Gemeinsame Beratung und Abstimmung über die Arbeitsteilung, die Budgetierung der Mittel und gegenseitige Hilfe werden zur sachlichen Notwendigkeit» (S. 135 f.).

fortlaufend in eine soziale Einstellung und Haltung der Offenheit und Anerkennung umzusetzen. Diese Offenheit und das soziale Verständnis für die Vorstellungen des anderen sind aber unbedingt notwendig, wenn sich der Freiheitsraum im Verkehr von «Souveränen», wie Steiner die Lehrer als Freie nennt, erhalten soll. Jene Freiheit kann sich nicht auf Dauer, sondern immer wieder nur neu bilden durch soziales Lernen.

Wenn das freie Geistesleben in die Gesamtgesellschaft dasjenige einfügt, was den Kräften und Fähigkeiten des einzelnen entstammt, dann muß die einzelne Organisation innerhalb dieses Geisteslebens in besonderem Maße die individuell verschiedenen Begabungen und Möglichkeiten der einzelnen in spezifischer Weise im Organisationsablauf zum Ausdruck bringen. In der innerorganisatorischen Entscheidung werden sich innerhalb der Beteiligten bestimmte Profilierungen ergeben, die sich funktional ausweisen und legitimieren müssen.

Wer selbst in hohem Maß den Gedanken der Freiheit in den Sozialbeziehungen beachtet und realisiert, kann dann auch aus seiner funktionalen Autorität wieder zu Wahrnehmungen kommen und Urteile aussprechen, die der «Betriebsblinde» selbst nicht hat. Oft in der Form herber Kritik auftretend, können Urteile R. Steiners über Leistungen des Kollegiums zu Lernvorgängen Anlaß sein. Als er z. B. bittet, in Fragen von Hospitationen ein Mitsprache- und Entscheidungsrecht zu bekommen, obgleich jeder «Lehrer in allem, was Unterricht ist, volle Freiheit hat», greift er, wo es um gesamtschulische Belange geht, aus der gleichen Autorität in Entscheidungen ein, wie er in anderen für die letztmögliche Freiheit eintritt (K 8, S. 64).

c) Die pädagogische Konferenz

Die *pädagogischen Konferenzen* sind «eigentlich die *fortlaufende, lebendige Hochschule* für das Lehrerkollegium. Sie sind das *fortdauernde Seminar.*» Sie können als der Ort betrachtet werden, an dem die Erfahrungen, die Erkenntnisse, welche einzelne Lehrer sich erarbeitet haben, mit anderen kollegial ausgetauscht werden. «Das sind sie dadurch, daß für den Lehrer wiederum jede einzelne Erfahrung, die er in der Schule macht, ein Gegenstand für seinen eigenen Unterricht, für seine eigene Erziehung wird. Und in der Tat, wer in dieser Weise, indem er lehrt, indem er erzieht, zu gleicher Zeit auf der einen Seite tiefste psychologische Einsicht in die unmittelbare Praxis aus der Handhabung des Unterrichts und der Erziehung, wie andererseits aus der besonderen Eigentümlichkeit – den Charakteren, den Temperamenten der Kinder – bekommt, wer eine solche Selbsterziehung, einen solchen Unterricht für sich selber herausholt aus der Praxis des Unterrichtens, der wird fortlaufend Neues finden. Neues für sich, Neues für das ganze Lehrerkollegium, mit dem alle die Erfahrungen, alle die Erkenntnisse, die gewonnen werden in der Handhabung des Unterrichts, in den Konferenzen ausgetauscht werden sollen» (Steiner 307, 17. 8. 23). «So daß das Lehrerkollegium innerlich wirklich geistig-seelisch ein Ganzes ist, daß jeder weiß, was der andere macht, was der andere für Erfahrungen gemacht hat, inwiefern der andere weitergekommen ist durch dasjenige, was er in der Klasse mit den Kindern erlebt hat. Sie wird dadurch zu einem *Zentralorgan*, von dem das Blut der Unterrichtspraxis ausgehen kann, und der Lehrer hält sich dadurch frisch und lebendig» (ebd.).

Die eigentliche Aufgabenstellung und Leistung dieser pädagogischen Konferenz ist zunächst die *Wahrnehmung* aller mit dem pädagogischen Tun unmittelbar zusammenhängenden Erscheinungen. Deshalb wird es von R. Steiner als besonders wünschenswert bezeichnet, wenn einzelne Kinder ganz individuell oder auch Gruppen von Kindern zum «Gegenstand der Sorge» (K 1, S. 60) des ganzen Kollegiums werden könnten. Indem die einzelnen Lehrer ihre Beobachtungen und was ihrem Augenmerk und ihrer Achtsamkeit an den einzelnen Kindern in den verschiedenen unterrichtlichen Situationen auffiel, schildern, ergibt sich für alle ein reicheres und umfänglicheres Bild, als es je einer allein haben könnte. Es rücken die Störungen und Schwierigkeiten sowie die speziellen Fähigkeiten im Lernen und Verhalten des Kindes, auch differenziert nach Fächern, ins Gesichtsfeld des ganzen Kollegiums. Was sich an einer Stelle als Schwäche eines Kindes erweisen mag, ist an einer anderen seine Stärke oder wächst sich gar dort zu einer schweren Verhaltensstörung aus. Ein so gearteter Austausch des Wahrgenommenen führt unmittelbar den einzelnen Lehrer über sich selbst hinaus, wenn in der gemeinsamen Erkenntnisbetrachtung die Ursachen (Diagnose) für die Äußerungen und Verhaltensweisen des Kindes gesucht werden. Die Kenntnis des häuslichen Milieus sowie diejenige der individuellen frühkindlichen Entwicklung, der Anamnese, insbesondere der Kinderkrankheiten verhelfen zu einem diagnostischen Bild des Kindes. Unmittelbar daran schließt sich an, wie dem Kind jene schulisch-pädagogische Hilfe zuteil werden kann, um seine Schwächen oder Hemmungen abzubauen. Notfalls ist auch ärztliche Therapie notwendig, weshalb ein Schularzt innerhalb des Kollegiums mitarbeiten sollte, wie es an den Waldorfschulen die Regel ist.

Durch diesen wechselseitigen Austausch im Lehrerkollegium kann sich in der Lehrerkonferenz eine «Schülerpsychologie» entwickeln. Notwendig ist hierfür aber auch, daß ein fortdauernder «moralischer Kontakt» von den Lehrern zu den Schülern besteht. Es müßte «bei der übrigen Verfassung der Waldorf-Pädagogik» unbedingt gegeben sein, «daß in den Lehrern ein genaues psychisches Bild der Schüler leben würde» (K 8, S. 58 f.). In dieser pädagogischen Konferenz sollte sich «jene individualisierende Psychologie» entwickeln, «die sich aus der Führung des Unterrichts selbst ergibt» und den Individualitäten der Schüler gerecht wird (Steiner 306, 22. 4. 23). Was sich an Bedachtsamkeit und Obacht dem einzelnen Schüler zuwendet, kann sich grundsätzlich auch auf ganze Klassen richten, die Schülerbesprechung wird dann zur Klassenbesprechung, die individualisierende Psychologie zur Gruppen-Psychologie.

Oft werden die Schwierigkeiten eines Schülers oder einer Gruppe von Kindern an disziplinären Störungen offenkundig, obgleich dies nicht die Regel sein muß. Dennoch gehört der Bereich der «Disziplinarfälle» zweifellos zum Bereich der pädagogischen Konferenz und ihrer Aufgaben, weil sich nicht primär Fragen der «Ordnung», sondern der individuellen Entwicklung mit ihren Brüchen darin spiegeln, also etwas, auf das eine sich ausbildende Psychologie zu achten hat. Neben diesem Bereich der Schüler- und Klassenbesprechung sowie des Berichts, was der einzelne Lehrer innerhalb der Klasse unterrichtet (Didaktik), wie er methodisch vorging, wie die Klasse ansprach usw., stellt sich der pädagogischen Konferenz eine weitere Aufgabe: die gründliche Erarbeitung der geisteswissenschaftlich-menschenkundlichen Grundlagen der Pädagogik. Schon früh regte R. Steiner das Kollegium dazu an, die Pädagogik und Didaktik, wie sie vor der Eröffnung der Waldorfschule von ihm in drei Kursen grundlegend dargestellt worden war, in «sachlichen Konferenzen» zu verarbeiten (K 2, S. 48). Diese Erkenntnisarbeit ist auch imstande, das für die Schulführung und die Organisation notwendige «einheitliche Bewußtsein» mit auszubilden. Während bei der Kinderbesprechung stärker das Gespräch auf die Lehrer konzentriert sein wird, die mit dem Kind unmittelbar zu tun haben, und die anderen zu Vertrauten und Mitratenden werden, ist bei dieser reinen pädagogischen Erkenntnisarbeit jeder mit seinem individuellen Verständnis und seiner Einsichtskraft aufgefordert, mitzuwirken. Denn gerade im persönlichen Verständnis eines allgemein dem Bewußtsein zugänglichen Inhaltes kann sich das Einheitliche ergeben (vgl. das Kapitel: Das Einheitliche).

Zur Funktion der «gegenseitigen Wahrnehmung» gehört auch der Erfahrungs- oder Arbeitsbericht von Lehrern, die für die Konferenz darstellen, welches spezielle Fachgebiet sie sich erarbeitet haben, wie es für den Unterricht auszuwerten geht, welche Literatur gut in ein Sachgebiet einführt usw.

Diese «persönlichen» Arbeitsberichte können den anderen Lehrern helfen, ihre Aufgaben besser zu erfüllen: der Fachmann auf einem Gebiet kann sein Wissen, seine individuell erarbeiteten Kenntnisse, seine methodischen und theoretischen Fertigkeiten, seine Literaturkenntnis und seine fachliche Überschau den anderen Lehrern aufschließen und verfügbar machen. Der Lehrer kann im konkreten Fall die Konferenz unmittelbar an seinen methodischen und didaktischen Erfahrungen teilhaben lassen, und diese können den Klassenlehrern, die in der betreffenden Altersstufe nach ihm unterrichten werden, zu einer Hilfe werden. Aber auch unabhängig davon haben die Arbeitsberichte einen Selbstwert: wirkliche schöpferische Leistung und geistige Beweglichkeit dokumentiert sich in ihnen und kann einen Anlaß abgeben, zu einem anregenden Ideen-Verkehr im Kollegium zu kommen. So berichtet R. Steiner in seinem Lebensgang, wie tief ihn als Schüler Berichte, Aufsätze und Bücher seiner eigenen Lehrer beeindruckt haben, weil darin sich deren kreative und eigenständige und unverwechselbare Leistung dokumentierte.[1] Etwas von dieser anregenden Stimmung soll auch in den pädagogischen Konferenzen walten, wobei sich die Lehrer in einer vertieften Weise kennenlernen.

In weiteren Arbeitsberichten kann gegenwärtig werden, wie der Stoff, die Methode innerhalb einer Klasse pädagogisch gewirkt hat auf das Verhalten, den Lernerfolg der Schüler usw. Ein jeder Lehrer sollte vom anderen wissen, was er in einer Klasse macht und was er an den Schülern erfährt und erlebt. «Das strömt alles in der Lehrerkonferenz zusammen. Es strömen auch durcheinander alle Ratschläge, die sich aus der gesamten Handhabung des Unterrichts ergeben. Es wird wirklich versucht, in der Lehrerkonferenz etwas zu haben wie die *Seele des ganzen Schulorganismus*. Da weiß der Lehrer der 1. Klasse, daß der Lehrer der 6. Klasse ein Kind hat, das in dieser oder jener Weise zurückgeblieben ist oder sich gerade in dieser oder jener Weise spezifisch begabt erweist. Und diese Dinge, die der einzelne weiß, die werden auf einem ganz anderen Gebiet bei den anderen fruchtbar. Da kennt, möchte ich sagen, der Lehrerkörper deshalb, weil er eine Einheit ist, auch die ganze Schule als Einheit» (Steiner 306, 21.4.23). Der Begriff Seele des Schulorganismus kennzeichnet bildhaft die Funktion der Konferenzen als Bindeglied zwischen Zielsetzung und Handlung, zwischen Umwelt und reinem pädagogischen Binnenraum, zwischen Persönlichkeit und Sozialität. Es ist die Konferenz ein Mittlerorgan: Wie die Seele durch das Gedächtnis zwischen Augenblick und Dauer Kontinuität in den Handlungen ermöglicht, eine Bewahrung und Durchdringung der vielfältigen Wahrnehmungen schafft, so auch die Konferenz eine Abklärung und Verständigung zwischen den vielfältigen Strebungen im Schulorganismus. Seele meint darüber hinaus aber auch jene Stimmungslage, die im Gemüt ein Zentrum finden kann; etwas davon muß auch in der

---

[1] So schrieb der Schulleiter ein Buch über «Die allgemeine Bewegung der Materie als Grundursache aller Naturerscheinungen», der Mathematiklehrer über «Die Würfelzahlen und die Zerlegung einer ganzen Zahl in eine Summe von ganzen Zahlen, deren größte gegeben ist», ein anderer einen «Katechismus der spez. darstellenden Geometrie» usf. (vgl. Rath). Tatsächlich war die literarische Produktion im ersten Lehrerkollegium beachtlich (es seien die Namen von Baravalle, Bindel, Hahn, Heydebrand, Kolisko, Schwebsch, Stockmeyer, Uehli genannt).

menschlichen Begegnung walten, wenn ein soziales Gleichgewicht entstehen soll.

Die ganze Konferenz muß von jenem Lehrerinteresse getragen sein, sich über pädagogische Fragen aussprechen zu wollen. An skizzenhaft vorgebrachte Beobachtungen und Erfahrungen soll sich eine «fruchtbringende Aussprache anknüpfen» (K 4, S. 18).[1]

Faßt man die Funktion dieses Konferenzabschnittes innerhalb des schulischen Lebens zusammen, so wird man von ihm als dem *Wahrnehmungs- und Erkenntnisorgan* für das pädagogische Leben der Schule im engeren Sinne zu sprechen haben. Die fortlaufende Hochschularbeit der pädagogischen Konferenz – sie erfüllt als ein Organ jene Funktionen, die alle persönlichen Tätigkeiten und Fähigkeiten der Lehrerschaft spiegelt (Wahrnehmung) und im Austausch, in der Kommunikation, im Gespräch, in der Reflexion zu gemeinsamen Erkenntnissen reifen lassen. Im Sinne der Dreigliederung des sozialen Organismus hat man es mit dem geistigen Leben – innerhalb der einzelnen Schule – in einer ganz spezifischen Weise zu tun. Aus der ursprünglichen Konferenzeinheit hat sich aus der Erfahrung heraus die pädagogische Konferenz als ein besonderer Teil an allen Waldorfschulen herausgegliedert. Der Konferenztag ist der Donnerstag, also ein Tag, der durch die vorhergehenden Unterrichtstage eine gewisse Sättigung an pädagogischer Erfahrung, welche die Woche brachte, sichert und auch von der Müdigkeit des Wochenendes genügend Ferne hat. Er beginnt zumeist mit der rund zweistündigen pädagogischen Konferenz als dem ersten Konferenzteil. Wer nimmt daran teil? Aus der Funktion dieser Konferenz ergibt sich zugleich der Teilnehmerkreis: alle pädagogisch an der Schule Tätigen, also alle Lehrer. Soweit ein Kindergarten der Schule angegliedert ist, erscheint die Teilnahme der Kindergärtnerinnen von den Tätigkeitsmerkmalen her als nötig und gegeben. Alle Lehrer stehen gleichermaßen in der pädagogischen Situation als Lehrende und Erziehende. Ihr Erfahrungsfeld ist dasselbe, unabhängig vom Lebensalter der Kinder.

Den Teilnehmerkreis an der pädagogischen Konferenz auf Eltern und

---

[1] Als die höheren Klassen der Waldorfschule aufgebaut wurden, war es nötig, das Erkenntnisinteresse auf das entsprechende Lebensalter auszudehnen. Anthropologisch und psychologisch hat man es während und nach der Pubertät mit anderen Lebensgesetzlichkeiten zu tun als in der Volksschulzeit. Um diesem Alter pädagogisch gerecht werden zu können, fügte R. Steiner zu den bereits gegebenen Grundlagen eine weitere hinzu in Form eines neuen pädagogischen Kurses. Diese Erkenntnisse über die Reifezeit, so könnte man meinen, gingen unmittelbar nur jene Lehrer etwas an, die Kinder der entsprechenden Altersstufe auch selbst unterrichten. «Aber das ist nicht richtig. Es ist schon so, daß unser Lehrerkollegium immer mehr und mehr zusammenwachsen muß zu einem ganzen Organismus; und da werden wir alle in einer gewissen Weise doch direkt oder indirekt beteiligt sein müssen an der Gesamterziehung der Kinder der Schule» (302, 15. 6. 21).

Schüler auszudehnen, wie es aus undifferenzierten Vorstellungen vielleicht gefordert werden könnte, erscheint deshalb problematisch, weil diese beiden Mitgliedergruppen, von denen noch gesondert zu sprechen ist, jeweils andere Funktions-, Tätigkeits- und Erfahrungsmerkmale erfüllen, also jeweils andere Voraussetzungen vorliegen. Das, was die Teilnahme an den Konferenzen begehrenswert und im Grunde auch notwendig macht, weil es stark mit der Rechtssphäre des Menschen, weniger oder nichts mit seinem Fähigkeitswesen zu tun hat, fällt in der pädagogischen Konferenz der Waldorfschulen fort: die Entscheidung über Versetzungen, die Zulassung zu berechtigenden Prüfungen, Notenfestsetzungen usf. Was dagegen diesen Konferenz-Typus der Waldorfschule auszeichnet, das ist der Erfahrungsaustausch und die Erkenntnisbemühung der Lehrenden; es sind ihre Arbeitsbesprechungen, Besprechungen, die das eigene Tun erhellen und durch die Mitwirkung des anderen auch wieder für die Praxis fruchtbar machen wollen.

Sofern sich das Gespräch einem einzelnen Kinde zuwendet, kann es nötig sein, den sozialen Hintergrund mit zu berücksichtigen. Die Eindrücke, Wahrnehmungen und Berichte bedürfen – um des Kindes willen – des Schutzes nach zwei Richtungen: einerseits einer Atmosphäre des Taktes, die diesen Besprechungen der Schicksalsgegebenheiten zwischen den Lehrenden angemessen sein sollte, andererseits der Vertraulichkeit und Verschwiegenheit nach außen. Wie der Arzt sich allenfalls mit einem Fachkollegen als Konsiliarius über die individuelle Krankheitssituation berät und nicht mit einer wie immer gearteten Öffentlichkeit, weil dies der Persönlichkeitsschutz erfordert, so der Lehrer mit dem Lehrer, weil er es mit den unverwechselbaren Entwicklungsschritten einer Persönlichkeit zu tun hat, die zunehmend ihre eigene künftige Existenz zu ergreifen sucht oder durch ihre Leiblichkeit u. a. daran gehindert wird. Dazu bedarf es der Amtsverschwiegenheit. Hier aus der Diagnose Hilfe zu geben, verträgt nicht – vielleicht anders als die Bemühungen um Erkenntnis und Wahrheit – den Markt. Der Fähigkeitsbereich des Menschen hat Anspruch auf Schutz, insbesondere dann, wenn sich andere Menschen wie Ärzte, Lehrer beruflich mit diesem Bereich beschäftigen müssen. Wo es dagegen um den Rechtsbereich geht, wie bei (schulischen) Hoheitsakten, da kann es berechtigt sein, daß die Teilhabe von Schülern oder/und Eltern gesichert wird.

Die pädagogische Konferenz hat lediglich Informations-, kaum aber Beschlußcharakter. Sie erfüllt eine bedeutende Funktion für die Bewußtseinsbildung. Aus diesem besonderen Charakter hat sich an den meisten Schulen die Praxis ergeben, die Leitung dieses Konferenzabschnittes von dem der anderen zu trennen. So liegt die Konferenzvorbereitung und Gesprächsleitung bei einem von der Konferenz beauftragten Lehrer oder einer Lehrergruppe, die sich in der Konferenzleitung dann abwechseln. Der Auftrag wird grundsätzlich auf Zeit erteilt; je nach den örtlichen Gegebenheiten und der Zahl der Mitwirkenden an der Konferenzleitung beträgt die Zeitdauer von wenigen Monaten bis zu einem Jahr, selten aber länger. Die Benennung des Nachfolgers geschieht entweder auf Vorschlag des bisherigen Konferenzleiters oder durch Vorschlag aus der Konferenz selber. Die Zustimmung erfolgt verbal oder durch Akklamation, in diesem Fall selten durch eine förmliche Wahl. Welcher Brauch an der einzelnen Schule vorherrscht, ist zumeist von der Überlieferung und Gewohnheit abhängig.

Die Themenstellung der pädagogischen Konferenz ergibt sich einerseits aus den von der Leitung oder der Konferenz festgesetzten langfristigen Arbeitsgebieten, andererseits aus dem, was von einzelnen als aktuell und besprechungsnotwendig empfunden wird. Jeder Teilnehmer hat Initiativrecht, Themen vorzuschlagen. Kinder- und Klassenbesprechungen – sofern sie nicht nach einem Plan festliegen – werden von dem betreffenden Klassenlehrer oder Fachlehrer unmittelbar beim Konferenzleiter beantragt und von ihm nach seinem Zeitplan auf die Tagesordnung einer der nächsten Konferenzen gesetzt. In der Struktur ist die Konferenz also für die Anliegen jedes Teilnehmers durchlässig und offen. Durch die zeitliche Begrenzung in der Führung ist die Offenheit auch der Leitung institutionalisiert.

d) Die allgemeine oder technische Konferenz

Die Konferenzen als Ganzes sind eine in sich differenzierte Einheit. Während in der pädagogischen Konferenz stärker das an Grundlagen erarbeitet wird, was der Schule den einheitlichen Charakter gibt, bleibt es die Aufgabe der anderen Konferenzabschnitte, den eigentlichen «Ersatz für die Rektoratsleistungen» zu schaffen, der mit dem Wegfall der überlieferten Konstitution notwendig wird. Die neue republikanisch-demokratische Verfassung hat dasselbe zu leisten wie die bürokratische mit ihrer Kompetenzhierarchie und ihrer Verwaltung sowie den Verfügungen, die das Zusammenleben und die Ordnung regeln. Indem jeder Lehrer die volle Verantwortung bekommt für das, was die Schule als Ganzes zu tun hat, darf nicht an die Stelle bürokratischer Übersichtlichkeit die Unordnung treten. «Wenn man sich vorstellt, daß man die Bürokratie dadurch bekämpft, daß man an ihre Stelle das Chaos setzt, da hat man eine falsche Vorstellung. Das kann man natürlich nicht an die Stelle setzen.» In den Verwaltungsabläufen innerhalb der Waldorfschule hat «*Präzision*» zu herrschen (K 6, S. 27). Die einzelnen Vorgänge sind dabei strukturell innerhalb der Schule so abzusichern, daß Fehlleistungen weitgehend ausgeschlossen werden. «Schlamperei im Betrieb der Waldorfschule» muß ausgeschlossen sein; die Kollegialverfassung hat in den äußeren Obliegenheiten zu beruhen «auf einem strikten, mechanischen Gang, so daß ein Fehler unmöglich ist». Der Verwaltungsablauf hat zu funktionieren wie ein Uhrwerk (K 4, S. 46).

Dieser Grundsatz der Präzision innerhalb der unbürokratisch-kollegialen Schulverfassung gilt als eine Forderung, gleichsam als kategorischer Imperativ für alle Geschäfts- und Verwaltungsangelegenheiten der Schule. Freiheitliche Ordnung und Selbstbestimmung dürfen in der Organisation nicht zu Bindungslosigkeit führen, sondern bedeuten auch da verantwortliches Handeln. Nur wenn durch verantwortliches Handeln der dafür Beauftragten eine schnelle und konsequente Bearbeitung und Erledigung aller Vorgänge gesichert bleibt, kann die Hierarchie, ohne wichtige Funktionen zu beeinträchtigen, wegfallen. Als ein entsprechendes Organ, das zur Präzision beitragen kann, hat sich die technische Konferenz ausgebildet.

Alles, was organisatorische Aufgaben des täglichen schulischen Betriebs umfaßt und kollegial geregelt werden muß, kann der Zuständigkeit der technischen oder allgemeinen Konferenz zugewiesen werden. Routinevorgänge, d. h. ständig wiederkehrende und im Typus gleiche Abläufe und Entscheidungen, wie Schulveranstaltungen, Feste, Elternabende, Klassenfahrten usf., werden hier als Initiativen der «Schule» vergegenwärtigt.

Während im pädagogischen Teil der Konferenz das Bewußtsein dadurch erhellt wird, daß das eigene Tun, die eigene Erfahrung reflektiert wird oder grundlegende Erkenntnisse erarbeitet werden, handelt es sich bei der Verwaltungskonferenz im engeren Sinne darum, daß die Schule in ihren äußeren Handlungen, Aktivitäten und Absichten in den Interessenbereich der Konferenzteilnehmer tritt. Es sind vor allem die äußeren Aspekte der Initiativen, die dabei sichtbar werden. Lebt die Pädagogik stark von dem Tun des einzelnen, so die Schule als Ganzes, als sozialer Organismus, vom sinnvoll aufeinander bezogenen Handeln aller. Das erfordert, daß die Tätigen voneinander wissen und daß ihr Tun aufeinander abgestimmt wird. Ein Teil der Rektoratsleistung wird durch die *Information* und *Koordination*, die in der technischen Konferenz stattfindet, übernommen – das ist ihre Funktion. Es handelt sich bei ihr also vornehmlich um die Ausrichtung einzelner Initiativen, nicht um Beschlüsse für oder gegen sie. Vieles kann dabei reinen Mitteilungscharakter behalten, anderes muß vielleicht ausführlich erarbeitet werden, so daß eine gesonderte Vorbereitung sinnvoll sein kann. Manche Schulen delegieren beispielsweise die Vorbereitung von Schulveranstaltungen an besondere Ausschüsse, die die notwendige Vorarbeit und Koordination übernehmen und später der Konferenz wieder berichten.

Durch den Austausch der verschiedenen Informationen und durch die Abstimmung der verschiedenen Tätigkeiten bildet sich bei den Beteiligten ein Bewußtsein für die Schule als Handlungsgefüge, als einer sozialen Gestalt, in der der einzelne mit seinen Handlungen bestimmend oder mit anderen zusammen als tätig erscheint. In der wechselseitigen Mitteilung der schulischen Ereignisse und Aktivitäten wird das sichtbar, was ein Teil der bisherigen bürokratischen Anordnungen ausmachte: die Schulordnung.

Seiner Natur nach ist die zeitliche Ausdehnung dieses Konferenzabschnittes sehr variabel; er schwankt zwischen wenigen Minuten bis zu anderthalb Stunden. Im Maße, wie einzelne Aufgaben delegiert sind, wird dieser Konferenzteil u. U. zu einem rein berichtenden zusammenschrumpfen. In einzelnen Schulen nehmen an der allgemeinen Konferenz neben den Lehrern auch der Hausmeister, der Geschäftsführer sowie Schülervertreter teil. Auf diese Weise können alle an der Schule unmittelbar Beteiligten an dem Informationsgeschehen und den Koordinationsbemühungen mitwirken. Was innerhalb der Konferenz besprochen wird, kann dann auch mit geringerem Informationsverlust und weniger Reibung vollzogen werden; diese Konferenz ermöglicht Kommunikationen beim Handeln.

Legt man Wert auf die Konferenzteilnahme aller an der Schule beteiligten Gruppen, ist es gut, die technische Konferenz nicht auf einen reinen Berichtsteil zu reduzieren, der in wenigen Minuten abzuhandeln wäre. Dort, wo Beratung zur Information hinzutritt und Offenheit für koordinierende Eingriffe besteht, wird die Schule für die Beteiligten in der Aktion wahrnehmbar.

Die Leitung dieses Konferenzabschnittes liegt, wie der des noch zu besprechenden geschäftlichen Teiles der Konferenz, in den Händen des Verwaltungsrates.

e) Die Geschäftskonferenz

Beschlüsse

Der letzte noch zu besprechende Konferenzabschnitt hat im wesentlichen zum Gegenstand, was an Entscheidungen und Beschlüssen usw. das Kollegium als solches, also die Lehrerschaft, betrifft. Es ist dies der ganze Bereich, der heute von der bürokratischen Unterrichtsverwaltung ausgefüllt wird: die materielle Selbstverwaltung der Lehrerrepublik. Nur dort, «wo Sache (res) der Schule eine Angelegenheit aller Lehrer (publica)» ist, tritt das Lehrerkollegium als Selbstgestalter seiner eigenen Belange auf in einer es selbst betreffenden *Geschäftskonferenz* (Lehrs). Nicht allzu treffend und falsche Akzente setzend, hat sich für diesen Konferenzabschnitt häufig die Bezeichnung «Interne Konferenz» an den Waldorfschulen eingebürgert. Dieser Terminus verdeckt leicht, daß es hier um die inhaltliche Realisation der Selbstverwaltung geht, und suggeriert die Vorstellung einer besonders auserwählten Gruppierung. Wenn die pädagogische und allgemeine Konferenz ihre Bezeichnung vom Inhalt her bekommen, so kann im Anschluß an E. Lehrs dieser Abschnitt im Konferenzleben funktionsgerecht Geschäftskonferenz genannt werden. Sie bildet vornehmlich das Beschlußorgan innerhalb des Entscheidungsprozesses der sich selbst verwaltenden Schule.

Die Pädagogik lebt und entfaltet sich durch die Tätigkeit der schöpferischen Individualität. In der Schule müssen die einzelnen zusammenwirken, wenn sich aus der persönlichen Eigenleistung eine einheitliche Gesamtleistung bilden soll. Es besteht also die Notwendigkeit zur menschlichen Gruppenbildung, zur einheitlichen Willensformung und zur Verständigung, wofür ein fundamentales Gesetz gilt: «Die Fortsetzung des Zusammenlebens hängt davon ab, daß relativ feste, wechselseitige Verhaltenserwartungen gebildet werden können und mit einer gewissen Verläßlichkeit erfüllt werden» (Luhmann, S. 34). Die Zugehörigkeit zu einem bestimmten Kollegium setzt bei aller Freiheit, die gewährleistet sein muß, zugleich *auch* voraus, daß bestimmte Erwartungen, die von der Gemeinschaft als Ziel gehegt und durch den Organisationszweck aktualisiert werden, auch tatsächlich erfüllt werden. «Wer den Zweck des Zusammenschlusses nicht bejaht, handelt inkonsequent, wenn er trotzdem Mitglied bleiben will ... Deshalb ist es auch nicht möglich, die Geltung dieser Erwartung aus Sanktionen abzuleiten. Sie muß vielmehr als Folge einer *Selbstverpflichtung* (commitment) gesehen werden, die ihre Kraft aus drastischen Verhaltensschwierigkeiten beim Abweichen zieht ... Das meuternde Mitglied macht sich selbst unmöglich. Wer die Erwartungen der Mitgliedsrolle nicht anerkennt, trotzdem aber Mitglied bleiben will, kann für sein eigenes Handeln keine klare Linie mehr finden, keine Rolle mehr spielen, ohne zu sich selbst in Widerspruch zu geraten. Er verliert sein Gesicht, seine Persönlichkeit, wenn er nicht entweder seine Ansichten oder seine Mitgliedschaft aufgibt» (Luhmann, S. 37 f.).

Wer in zentralen Fragen anderer Meinung ist, wird dadurch unberechenbar. So wird durch den «Abweichler» das ganze System ungewiß; wo bisher Einmütigkeit bestand, bilden sich Alternativen, die nicht mehr sicher vorhersehen lassen, was sich alles ereignen wird – der Sinn des ganzen Systems wird gefährdet. Sind die Erwartungen an die Mitglieder durch eine Mitgliedschaftsregel gedeckt, können sie als formalisiert gelten, d. h. sie sind es, wenn ein erkennbarer Konsens darüber besteht, daß die Nichtanerkennung und Nichterfüllung dieser Erwartung mit der weiteren Mitgliedschaft unvereinbar ist (ebd.).

Die soziologische Analyse der schulischen Gegebenheit wird dadurch erschwert, daß es gleichzeitig drei nicht homogene Mitgliedergruppen mit verschiedenen Verhaltenserwartungen und Rollen gibt: Eltern, Schüler, Lehrer. Wenn wir die Selbstbestimmung im Hinblick auf die Mitgliedschaft zunächst allein von und auf die Lehrerschaft beziehen, so deshalb, weil sie sich von den anderen abhebt: Sie ist prinzipiell auf Dauer sowie hauptberuflich, darum existentiell, mit der Schule verbunden; durch die Selbstverwaltung und die freie Schulwahl «trifft» sie die Folge ihres Tuns immer unmittelbar (als Gruppe); wesentlich durch ihre Handlungen realisiert sich Ziel und Zweck der Schule.

Bei der Anstellung eines Lehrers ist nicht mit Sicherheit vorherzusehen, wie sich seine Arbeit, Intention und Fähigkeit in das vorhandene Gefüge eingliedert, aber auch nicht, wie sich das Gefüge selbst im Zeitverlauf wandelt. Selbst wenn die Lehrerwahl allein vom Kollegium ausgeht, ist die Tätigkeit des Lehrers, sein Tun und sein Erfolg immer zugleich an die «Zustimmung» der Kinder (und damit auch der Eltern) gebunden. Die notwendige Selbstbestimmung und scheinbare Dominanz der Lehrergruppe bleibt in der Realität in einen menschlich-sozialen Zusammenhang der Verantwortung einverwoben, durch den die hier zunächst vernachlässigten Mitgliedergruppen mitwirken. Doch zunächst zum Problem der Selbstverantwortung und Mitgliedschaft.

Nicht die abstrakten Grundsätze, sondern die zwischen den zusammenarbeitenden Menschen vorhandenen Vorstellungen, Urteile, Vertrauensverhältnisse und Erwartungen werden dabei wirksam (Steiner 198, 3. 6. 20). Wenn sich in diesem Geflecht der Beziehungen Brüche und Spannungen ergeben, kann dies verursacht sein durch objektive und auch subjektive Faktoren. Dabei ist jedoch in sozialen Verhältnissen «Subjektives» eine Tatsachen schaffende Kraft. Wer kann Erfolg haben, wenn die ganze Umgebung das Versagen erwartet? Wie ist es, wenn jemand hoffnungsvoll begann und nicht hält, was er versprach – im Urteil der anderen? Wie, wenn jemand sein Wirken für das beste, die Sozialumgebung es für kritisierbar hält? Alles das schafft Spannungen, Gegensätze, Konflikte, die sich immer an Handlungen entzünden. Wie werden Konflikte gelöst, wie wird entschieden, wenn sich die Frage der Mitgliedschaft stellt? Dies sind die zentralen Aufgabenfelder der Geschäftskonferenz. Im Verlauf des ersten Schuljahres war der Handfertigkeitsunterricht eingerichtet und einem Lehrer – ohne Rücksprache mit R. Steiner – durch das Kollegium übertragen worden. Bei seiner Tätigkeit stellten sich eine Reihe erheblicher Mängel heraus: Dieser Lehrer hatte «nicht leisten können, was man von ihm erwarten muß». Er kam disziplinarisch nicht mit den Klassen zurecht, bei ihm konnten sich die Kinder während des Unterrichts nur schwer zur Tätigkeit bequemen. Zugleich fehlte dem betreffenden Lehrer der Blick für das im Fache notwendige «exakte Arbeiten». Er hatte gewisse künstlerische Neigungen, denen er innerlich mehr verbunden war als der täglichen Schularbeit. So ergaben sich eine Fülle von nicht zu übersehenden pädagogischen und sachlichen Schwierigkeiten, die vor allem in den höheren Klassen bis in die Disziplin gravierend zutage traten. Einige recht schöne Arbeiten brachte er durchaus mit den unteren Klassen zuwege. Über das hinausgehend fiel es ihm aber nicht leicht, sich in «den ganzen Geist der Schule» hineinzufinden. In der diagnostischen Feststellung bildete sich eine «allgemeine Meinung des Kollegiums».

Zur Entscheidung stand die Frage: Wie gestaltet sich der weitere Ausbildungsgang der Schüler, wie das persönliche Schicksal des Lehrers? Die Sachkompetenz für die Entscheidung liegt bei der Konferenz, sie mußte im betreffenden Fall zwischen den ihr zugänglichen Alternativen die sachgerechte für die Schule treffen. Das bedurfte der Einsicht in die konkrete Situation der Schülerschaft, der Kenntnis der betreffenden Persönlichkeit usw. «Es ist furchtbar schwer, auf diesem Gebiet, wo Sachlichkeit notwendig ist, das Mitleid spielen zu lassen. Es führt leicht auf Abwege» (K 2, S. 209 f.).

So mußte aus den schulischen Anforderungen der betreffende Lehrer seine Tätigkeit beenden. In diesem Zusammenhang bedeutete die Sachlichkeit der Entscheidung, daß die Gesichtspunkte der Pädagogik und der gedeihlichen Entwicklung der Kinder vorzuherrschen hatten und nicht, was bei einem sich selbst verwaltenden Kollegium als Gefahr und Argument gegen die Selbstverwaltung unterstellt werden könnte, die der kollegialen Solidarität. Die berechtigten menschlichen Überlegungen, die sich aus dem gleichen kollegialen Sozialstatus ergeben, haben hinter den allgemeineren der «Schule» zurückzutreten. Innerhalb einer Selbstverwaltungs-Organisation muß die Tätigkeit des einzelnen mit dem Urteil der anderen, die ihm Interesse für seine Tätigkeit entgegenbringen, übereinstimmen. Obgleich selten das Verständnis, das von der Gesamtheit aller Tätigen der Arbeit eines einzelnen entgegengebracht wird, sich total mit dessen Arbeit identifizieren wird, muß für eine sozial ersprießliche Arbeit doch eine allgemeine Übereinstimmung im Grundsätzlichen vorhanden sein.

Die Leistungen eines freien Geisteslebens unterscheiden sich von einem zentral gesteuerten «unfreien» System dadurch, daß sie von den «Abnehmern» gewollt werden. Zwischen denjenigen, die die Leistungen im freien Geistesleben erbringen, und jenen, die sie empfangen, besteht eine Vertrauensbeziehung; denn die Eltern, die ihr Kind auf eine freie Schule schicken, haben diese Schule (als Bildungssystem) für ihr Kind gewählt. Solange zwischen Eltern und Lehrerschaft ein gleichsinniger Dissens gegenüber der Tätigkeit eines Lehrers auftritt, herrscht übereinstimmende Ablehnung.

Nun läßt sich auch der Fall denken, daß die Tätigkeit eines Lehrers bei den Eltern «Gefallen» findet, nicht aber im Kollegium. Ein Lehrer sei besonders kameradschaftlich, er wird von den Schülern als «pfundig» empfunden, von den Mitkollegen aber in seiner erzieherischen Problematik gesehen. Freies Geistesleben bedeutet in diesem Zusammenhang nicht primär die Freiheit des einzelnen, zu tun, was er kann und möchte, sondern zunächst das schulische Bildungsangebot als ein Gesamtsystem, das als solches mit anderen konkurriert. Das Vertrauensverhältnis zwischen den Eltern und Lehrern ist zwar auch (und vielleicht primär) ein individuelles, aber in einem arbeitsteiligen Organismus wie der heutigen Schule zugleich eine Frage des «Systems», nämlich eine Frage der Gesamtheit aller Leistungen und Fähigkeiten im Handlungsgefüge. Darum muß auch das Gesamtsystem, d. h. in diesem Falle die gesamte Lehrerschaft, die Entscheidung über den einzelnen haben, der seine Leistungen jeweils zur Disposition der Gesamtheit stellt, weil er sie in einem sozialen Kontext erbringt. Selbst wenn in eine Entscheidung über Anstellung oder Entlassung eines Lehrers immer Wertungen der anderen Teilnehmerkreise und Mitgliedergruppen eingehen und auch zu berücksichtigen sind, so muß die Kompetenz doch klar sein und beim Kollegium liegen. Denn sonst besteht die Gefahr, daß jegliche Verantwortung diffus wird und die Schule als Institution zerfällt, also das Organisationsziel, möglichst auf Dauer ein Bildungsangebot zu erbringen, wegfällt. Es liegt in der Gesetzlichkeit der Schule, wie sie sich ausgebildet hat, aber auch in ihrer anthropologischen Begründung, daß die einzelne Tätigkeit innerhalb des freien Schulwesens so verstanden wird, als ob sie lediglich in individueller Verantwortung bestünde. Wie die Gesamtleistungen der Schule des Vertrauens der Eltern bedürfen, so die Arbeit des einzelnen innerhalb des institutionalisierten Geisteslebens des Vertrauens aller zusammenarbeitenden Lehrer. Zunächst verantwortet jeder einzelne sein Tun selbst, aber die Gesamtheit aller Handlungen, worin die Einzelleistung einbegriffen ist, wird von den Entscheidungsorganen der Institution verantwortet. Zwischen dem einzelnen und der Gesamtheit kann es durchaus zu Konflikten kommen, wobei die Freiheit des Gesamtsystems über die des einzelnen Mitglieds dominieren kann. Ohne daß in jedem Fall die Frage der Mitgliedschaft berührt sein muß, kann auch in einer freien Einrichtung, deren Mitglieder nicht gewillt, fähig oder zu überzeugen sind, die Intention eines einzelnen nicht von der Gesamtheit akzeptiert werden. Dann bleibt ihm nur eine produktive Resignation oder die Freiheit zur Initiative, an anderer Stelle die eigenen Intentionen zu verwirklichen.[1] Dabei muß im Einzelfall gesehen werden, ob das an der Schwäche oder

---

[1] Was Steiner über die Entschädigung eines im Geistesleben Tätigen gesagt hat, gilt auch für das Verhältnis einer Einzelleistung zu der eines einheitlichen institutionellen Gefüges, das sich entsprechend ausgewiesen hat: «Was jemand für sich im Gebiete des Geisteslebens treibt, wird seine engste Privatsache bleiben; was jemand für den sozialen Organismus zu leisten vermag, wird mit der freien Entschädigung derer rechnen können, denen das Geistesgut Bedürfnis ist. Wer durch solche Entschädigung innerhalb der Geistesorganisation das nicht finden kann, was er braucht, wird übergehen müssen zum Gebiet des politischen Staates oder des Wirtschaftslebens» (Steiner 23, S. 60).

Ignoranz der Gesamtheit oder am einzelnen liegt. Nicht immer sind die Verhältnisse so klar wie im folgenden Fall: Ein Lehrer hatte disziplinäre Schwierigkeiten, er hoffte sie durch Aussprache mit den Schülern zu beheben, wurde aber von ihnen abgeurteilt. «Wo die Schüler den Lehrer vor das Tribunal fordern . . . – das geht nicht. Sonst kommt das zustande . . ., daß . . . die Schüler von Woche zu Woche ihre Befähigungsurteile über die Lehrer geben.» Damit endet dann der Erziehungsprozeß. Der Lehrer macht sich in seiner Tätigkeit selbst unmöglich, er versagt als Erzieher gegenüber den «Mitgliedserwartungen». – Die Angelegenheiten der Lehrerschaft, ihre Selbstverantwortung manifestieren sich in gänzlich verschiedenen, personabhängigen Problemstellungen. In diesem Falle, wo sich offenkundig die Frage stellt, ob dieser Lehrer an der Schule bleiben kann, entscheidet sich das Kollegium dafür, ihm «Gelegenheit zur Rehabilitation» zu geben (K 8, S. 23 f.). Der Betreffende wird für ein Jahr beurlaubt und kann dann nach einer Karenzzeit wieder neu beginnen. Bei anderen Gegebenheiten ließe sich auch an einen Wechsel in der Klassenstufe denken.

Eine sich selbst verwaltende Schule hat in der Geschäftskonferenz ein Organ, das über die Zielsetzungen sowie darüber entscheidet, wer an deren Verwirklichung mitwirken soll und kann (Lehrerberufung). Die Gesamtheit der bereits an der Schule Tätigen tritt als Kontinuitätsträger bei der Berufung dem einzelnen gegenüber. Wenn das Kollegium sich entschließt, mit einer Persönlichkeit zusammenzuarbeiten, wird zugleich aus den Kräften des Willens mitentschieden über die künftige Realisierung der pädagogischen und geistigen Ziele der Schule. Weil aber die kommende Tätigkeit eines Lehrers nicht voll vorhersehbar ist, bleibt jeder so gefaßte Willensentschluß riskant. Es gehört deshalb mit zu dem Beschluß hinzu, seine Wirkung, welche zunächst ungewiß ist, abzuschätzen und vorwegzunehmen. Für die erste Zeit der Zusammenarbeit mit einem Kollegium steht deshalb der einzelne, der neu hinzutritt, einer Gesamtheit gegenüber, die beschließt. Wenn er sich aber in die Tätigkeit und in die konkreten sozialen Zusammenhänge hineingefunden hat, gehört er genauso zum Kollegium wie die übrigen: Er wird Mit-Entscheidender. Das kompliziert in Konfliktfällen die Entscheidungsfindung erheblich, sie setzt im Grunde voraus, daß derjenige Lehrer, der mit der Mitgliedsrolle divergiert, selbst die Konsequenzen zieht. Und in der Tat: In solchen Fällen macht es sich die republikanische Verfassung außerordentlich schwer. Ganz anders verfährt die bürokratische Verfassung, hier wird schlicht von außen bzw. von oben entschieden. Formal muß selbstverständlich das Recht der Konferenz bestehenbleiben, über die weitere Mitgliedschaft eines Mitarbeiters zu beschließen; denn Fehleinschätzungen, Ignoranz und mangelnde Wahrnehmungsfähigkeit treten oft gerade in jenen Fällen auf, wo die Arbeit des Betreffenden zu Schwierigkeiten führt. In der neuen Konstitution wird menschennäher entschieden, und der Entscheidungsprozeß führt zu größerer sozialer Befähigung. Aber wenn solche Probleme auftreten, können sie zu einem erheblichen Zeitaufwand führen, der andere Entscheidungen partiell lähmt, wie sich immer wieder gezeigt hat.

Vereinbarungen – Ausdruck sozialen Lernens

Im personellen Bereich tritt die Qualität des mit definitem Willenscharakter versehenen Beschlusses zumeist nur bei der Lehrerberufung und – als ultima ratio – bei der Entlassung auf. Die wichtigere Funktion der Geschäftskonferenz darf indessen in der Selbstgestaltung der Verhältnisse gesehen werden, welche die Lehrerschaft betreffen. Die Fachverteilung und die Stundenbesetzung sowie die Zuordnung der Tätigkeit auf bestimmte Klassen bilden einen Teil jener Leistung, die sonst das Rektorat zu vollbringen hat, an der Waldorfschule aber der Geschäftskonferenz zufällt. Die sachlichen Notwendigkeiten und die personellen Voraussetzungen müssen wahrgenommen, und schließlich in *Vereinbarungen* geregelt werden. «Es muß die Frage der Besetzung der Klassen betrachtet werden als eine Angelegenheit des ganzen Kollegiums. Daher bitte ich hier ganz unverhohlen, alle Dinge pro und kontra vorzubringen, welche man vorbringen kann, wenn es sich um die Besetzung einer Klasse handelt» (K 7, S. 78). In den Stundenplan- und Besetzungsfragen geht es vorrangig nicht um Beschlüsse mit Willenscharakter, vielmehr handelt es sich um die Wahrnehmung der Tätigkeit des einzelnen durch diesen selbst und durch die anderen. Dabei gilt es, den gesamten, konkreten sozialen Zusammenhang mit zu berücksichtigen: Ware es z. B. in einer 3. Klasse, in der nur Lehrerinnen unterrichten, nicht besser, ein Fach künftig durch einen Lehrer erteilen zu lassen? Aus dem Zusammen-Anschauen ergeben sich Gesichtspunkte für eine dann zu treffende Vereinbarung, bei der der einzelne in ein freies Verhältnis mit den anderen tritt. Die Vereinbarung ergibt sich als Resultat von Besprechungen; ein Prozeß des Austausches von Wahrnehmungen und Meinungen geht voran.[1] Der Qualität nach kann der Vorgang als Interaktion, als zwischenmenschliche Begegnung angesehen werden. Diese Ebene der zwischenmenschlichen Beziehungen, die in Vereinbarungen ihre «Außenseite» zeigt, läßt sich zugleich als eine des *Rechtslebens* (innerhalb einer im Geistesleben tätigen Organisation) fassen. In die Vereinbarungen über die Klassenbesetzungen,

---

[1] Die hier mit dem Begriff Vereinbarungen bezeichneten Übereinkünfte lassen sich zweifellos auch unter dem Beschluß-Begriff subsummieren; allerdings wird in Zielentscheidungen, die mit Beschlüssen berührt werden, der Prozeß langwieriger und differenzierter sein als in Entscheidungen, die durch rasche Verständigung zustande kommen. Darum die hier vorgenommene Unterscheidung.

den Stundenplan usw. gehen die Betrachtungen und Überlegungen der realen Klassensituation und die in einem Kollegium vorhandenen individuellen Fähigkeiten als bestimmende Größen mit ein. Aber auch hier ist zu berücksichtigen, daß persönliche Möglichkeiten und Strebensrichtungen überformt werden von dem Interesse der gesamten Schule. So hat z. B. R. Steiner in einem konkreten Fall, wo eine Klasse nicht so besetzt war, wie es durchaus in den Möglichkeiten des Kollegiums gelegen hätte, die gesamtschulischen Belange über die Wünsche der einzelnen gestellt: «Die Hauptsache ist, daß wir, wenn wir den Ruf der Waldorfschule befestigen wollen, da einiges zu tun haben, gerade mit Bezug auf diese Klasse, weil manches korrigiert werden muß ... – wir müssen doch uns klar sein, daß uns allen das Gedeihen der Waldorfschule in allererster Linie am Herzen liegt; daher können wir da vor einer gewissen rücksichtslosen Art nicht zurückschrecken ... Es müssen für diese Klasse in der sorgfältigsten Weise Änderungen eintreten» (K 4, S. 35).

Damit die neue Konstitution sich nicht als eine die Beteiligten überfordernde Form erweist, ist es besonders notwendig, daß Vereinbarungen, wenn sie getroffen wurden, sei es in organisatorischen oder Fragen der Aufgabendelegation, vorhersehbare Verbindlichkeit haben. Denn setzt man sich über getroffene Absprachen schlicht und einfach hinweg, weil sich zufällig andere Gesichtspunkte für einzelne ergeben, dann entsteht «Unpräzision, Schlamperei». Falls dies vorkommt, drückt es sich darin aus, daß sachliche Absprachen nicht «seriös genommen» werden, daß der Vereinbarung keine verläßliche Gültigkeit zukommt, so daß schließlich der zwischenmenschliche Verkehr selbst fragwürdig wird (K 6, S. 25; 8, S. 31).

Obgleich jeder Lehrer innerhalb der Konferenz als «Souverän» erscheint, steht hinter der Lehrerschaft als ganzer ein übergeordneter und verbindender Gedanke: die Schule mit ihrer besonderen Pädagogik. Er ist das Ziel und der Zweck der Zusammenarbeit. Hat R. Steiner bei der Begründung der Waldorfschulen den Gedanken der Souveränität des Lehrers in den Vordergrund gerückt, damit durch die Organisationsstruktur ein Optimum an Freiheit für die individuelle Entfaltung gesichert war, so erscheint aber in den Konferenzen auch wiederholt der Hinweis auf die Belange der Schule als einem übergeordneten Prinzip eigenen Rechts, für das und in dem der einzelne arbeitet. Indem sich einzelne Lehrer durch ihre freien persönlichen Leistungen zusammenschließen, entsteht eine Form, die sich schließlich nicht mehr allein in der individuellen Leistung erschöpft. Die Institution, wenn sie auch von den Kräften des einzelnen lebt, hat ein Eigengewicht, das die Einzelleistungen zu einem Gesamt zusammenschließt. So kann bei aller notwendigen Freiheit der einzelne nicht unberührt davon bleiben, daß er innerhalb einer Organisation und damit einem Gesamtgefüge tätig ist. Das muß nicht nur sein Verhalten, sondern auch sein Bewußtsein beeinflussen.[1] Die Vergegenwärtigung des gesamten Schulorganismus, seiner Ziele und Aufgaben, in den der einzelne mit seinen Leistungen eingebunden ist, hat die Konferenz zu vollziehen. Wie das Handeln eines Gliedstaates innerhalb des föderalistischen Systems nicht völlig vom vorhandenen Oberstaat absehen kann, so auch nicht die Handlungen des einen Lehrers von den Handlungen der übrigen Lehrer. Während innerhalb bürokratischer Organisation der einheitliche Gesamtwille über die Befehlskette hergestellt wird, muß innerhalb der «verwaltungsmäßig» kollegial verfaßten Schulkonstitution dieses Bewußtsein für die Gesamtheit in einem Kommunikationsprozeß immer wieder neu geschaffen werden. Denn auch innerhalb der neuen Konstitution muß gesehen werden, wie sich der freie Raum, den die schöpferische Persönlichkeit mit ihren speziellen Kräften für den Erziehungsprozeß benötigt, in ein soziales Ganzes einzufügen hat, wenn die Schule als Institution ihre Aufgabe erfüllen soll. Gegenüber dem Hauslehrer unterscheidet sich die Schule in ihrer Zwecksetzung: Sie will auf Dauer und durch ein vielfältiges Bildungsangebot Kinder in Gruppen erziehen. Dazu bedarf sie der Zusammenarbeit mehrerer Lehrender, wodurch sie heutige gesellschaftliche Wirklichkeit abbildet. Die notwendige Einheit und die Verbindung von Individualität und Sozialität läßt sich nur – wenn nicht die freiheitliche Konstitution herrschaftlichem Zwang geopfert werden soll – über das Bewußtsein herstellen. Von der Art, wie dieser Verständigungsprozeß zwischen den beteiligten «Souveränen» geschieht und wieweit dabei neben der persönlichen Einzelleistung das übergeordnete und überindividuelle Prinzip der Schule als Gesamtheit gegenwärtig für alle wird, davon hängt allein der Umfang realisierter Freiheit ab, die in der Sozialität vorhanden ist. Die Bewußtseinsbildung als ein gemeinsamer Prozeß wird um so notwendiger, je mehr die internen Strukturen auf eine Entbindung und Behauptung der individuellen Kräfte hinwirken. So ist es nicht verwunderlich, daß in Konfliktsituationen R. Steiner gerade auf das Wesen der Schule als einer Einrichtung mit «eigenem Recht» gegenüber den allzu persönlichen Bestrebungen hinweist – führen doch im Konfliktfall von Individualität und Sozialität die spezifischen Fähigkeiten unter Umständen auch zu Einseitigkeiten und zur Atomisierung, wodurch die Leistungsfähigkeit der ganzen Einrichtung gefährdet werden kann. Wird die Einzelleistung als einem funktionalen Gefüge zugehörig – nicht untergeordnet – angesehen, bleibt der Zusammenhalt auch dann gesichert, wenn Spannungen auftreten. In die Vereinbarung von Rechtscharakter, wie eine Sache geregelt und gehandhabt werden soll, gerinnt schließlich, was aus dem Prozeß geistiger Verständigung (Kommunikation) resultiert.

---

[1] Es ist deutlich, daß sich diese Überlegungen auf die Schule beziehen, im Bereich der Hochschule müßte an andere Gestaltungen gedacht werden.

Nach dem Selbstverständnis, wie es sich in den Voten R. Steiners manifestiert, ist die Konferenz nicht ein bloßes Steuerungsorgan, das dazu dient, die Leistungen stetig zu sichern. Im Sinne der alten rationalen Organisationstheorie bestand der Zweck einer Institution darin, Leistungen zu erbringen. An diesem obersten Organisationsziel waren sowohl der Mitteleinsatz wie auch die Struktur (bürokratische Verfassung) sowie die Befehls-Gehorsams-Kette orientiert. Derjenige, der Dienste zu erbringen hatte, wurde allein oder vorwiegend unter dem Gesichtspunkt der Leistungsmaximierung betrachtet. Was die Mitarbeiter innerhalb eines organisatorischen Gefüges als Menschen mit Empfindungen bewegte, ihre Befindlichkeit, der Anpassungsdruck, das soziale Klima usw., blieb außerhalb der Betrachtung (vgl. Etzioni, Mayntz, Presthus). Demgegenüber verdeutlicht R. Steiner, daß überall, wo persönliche Leistungen, wie sie im Geistesleben für die gesellschaftliche Erneuerung erbracht werden, den existentiellen Einsatz der Persönlichkeit erforderlich machen. Das kann wiederum nicht ohne Rückwirkung auf die Organisation und deren Selbstverständnis bleiben. So läßt sich von der Dreigliederung des sozialen Organismus her auch die einzelne Einrichtung innerhalb der Gesellschaft als ein funktionales Gefüge verstehen, in dem die einzelnen Abläufe miteinander zu einer natürlichen Einheit verbunden sind. Denn die einzelnen Institutionen könnten gleichfalls als ein «Organismus» verstanden werden. Dieser Begriff Organismus ist von R. Steiner selbst nicht ausdrücklich auf eine einzelne Einrichtung angewandt worden, sondern nur auf gesamtgesellschaftliche Prozesse.[1] Wie die moderne Systemtheorie gegenüber der alten Organisationslehre die einzelne Einrichtung als ein gesamtes Handlungsgefüge versteht, so ist es auch möglich, die Schule als einen organischen Lebenszusammenhang zu betrachten, der in der organisatorischen Struktur seine äußere Gestalt gewinnt. Blickt man auf den äußeren Rahmen, so wird man der formalen Gliederung und Ordnung ansichtig. Schaut man auf die Prozesse, die sich innerhalb des Gefüges vollziehen, so hat man es zunächst mit Leistungen zu tun; blickt man schließlich auf die Menschen, die in dem Zusammenhang tätig sind, so wird man in eben der menschlichen Dimension sehr differenzierter Lebens- und Schicksalszusammenhänge ansichtig. Sie leben sich in menschlichen Begegnungen, wie sie die berufliche Arbeit mit sich bringt, aus. Neben den Entscheidungen für die Schule, den Vereinbarungen der Lehrer miteinander, spielt die Komponente der Schicksalsbegegnung, der Herausforderung, der Bewährung, der Auseinandersetzung, der Freundschaft als menschliche Fundierung in alle Handlungen mit herein. In jeder Begegnung zwischen Menschen, insbesondere aber in dem sozialen Zusammenhang sich wiederholender Konferenzen waltet ein wahrnehmbares und mitzuempfindendes

---

[1] Darauf wurde schon an früherer Stelle kurz hingewiesen.

Schicksalselement, mit einem anderen Ausdruck bezeichnet: Karma. Es ist deutlich zu erleben – wenn darauf geachtet wird –, daß die menschlichen Beziehungen innerhalb eines bestimmten Kollegiums nicht bloß ungewollt und zufällig sind, sondern als gesuchte erscheinen. Was mich durch einen anderen Menschen trifft, mir zustößt, schafft zwischenmenschliche Verbindungen, die in die Zukunft führen oder aus der Vergangenheit stammen: es sind solche des Schicksals (vgl. Das Einheitliche). Vor den Lehrern stellt R. Steiner dar, wie es im Grunde zwei Arten von Ereignissen gibt, die mit dem eigenen Schicksal in Zusammenhang stehen. «Bei dem einen empfindet man eben mehr, daß man es gesucht hat; z. B.: Wenn man einen Menschen kennenlernt, empfindet man meistens, daß man ihn gesucht hat. Wenn einen ein Naturereignis trifft, in das man verquickt ist, dann empfindet man, daß man viel daran lernen kann für die Zukunft. Trifft einen etwas durch Menschen, so ist es meist ein erfülltes Karma (= Schicksal im oben gebrauchten Sinne). Selbst in einer solchen Weise, daß Sie sich hier zusammenfinden, z. B. in einem Lehrerkollegium in der Waldorfschule, ist ein erfülltes Karma. Man findet sich so zusammen, weil man sich gesucht hat. Das läßt sich aber nicht definitionsgemäß klarmachen, sondern nur empfindungsgemäß» (K 1, S. 32).

Aus der geisteswissenschaftlichen Menschenkunde folgt, daß der Pädagoge in dem Maße erzieherisch auf das Kind wirken kann, als er die entsprechenden Gewohnheiten, Tugenden, Empfindungen, Gedankenformen usw., kurz: seine eigenen seelischen Kräfte durch Selbsterziehung aus einem gleichsam naturgegebenen Zustand verwandelt hat in einen, der mehr oder minder durch ihn selbst beherrscht wird. Der Erzieher wird auf diesem Gebiet zum Schüler seines in ihm selbst veranlagten künftigen Wesens. Er kann sich dadurch von den Naturanlagen emanzipieren und weiterentwickeln als Schüler des Geistes. «Das Überwinden des Menschen durch sein höheres Ich, das ist dasjenige, was wir haben müssen . . .» Vor dem Hintergrund des Selbsterziehungsgedankens, der zunächst sich als Frage an den einzelnen richtet und als Tat nur von ihm selbst praktiziert werden kann, bekommt das kollegiale Zusammenwirken noch eine weitere Dimension. Es wird Teil eines Erziehungsprozesses innerhalb der Sozialität, der als Tatsache passiv hingenommen oder aktiv ergriffen werden kann. Was sich daran an Kräften entwickelt, ist der Sozialität zu danken. «Die Lehrer müssen sich gegenseitig abschleifen. Sie dürfen sich nicht gehenlassen . . . Es muß Stil in der Schule sein, der zusammenfassend wirkt, der im Zusammenwirken auch zustande kommt. So etwas könnte auch Gegenstand der Konferenz sein . . .» (K 7, S. 108). In diesem sozialen Erziehungsprozeß stehen die individuellen Eigenheiten und Sonderlichkeiten, nicht die Kräfte und Fähigkeiten der einzelnen Persönlichkeit, zur Disposition. Es ist dies ein Prozeß der wechselseitigen Formung. «Nicht unsere Individualitäten sollen wir auslöschen, sondern unsere individuellen Eigenheiten. Gehenlassen sollte man sich gar nicht, auf keinen Fall darf sich der Lehrer gehenlassen» (ebd.).

Dasjenige, was sich innerhalb einer sozialen Gemeinschaft als ein Prozeß des Lernens, der wechselseitigen Erziehung erweist, hat in der Regel seinen Ursprung in der Auseinandersetzung, in abweichenden, gegensätzlichen Vorstellungen und Verhaltensweisen, im zwischenmenschlichen Konflikt. Jede Entwicklung bedarf indessen der Spannung, des Gegensatzes, des Antithetischen. Vornehmlich für das geistige Leben ist die Auseinandersetzung ein konstituierendes Prinzip. Konkurrenz und Kampf finden innerhalb des Geisteslebens ihren einzig legitimen Ort in den gesellschaftlichen Funktionen. Wo entgegengesetzte Anschauungen da sind (Polaritäten), entsteht auch die Möglichkeit der Steigerung und der Erhöhung, weil sich daran Bewußtsein entzündet und erwacht. «Alles Geschehen erfolge infolge eines Gegensatzes.» – «Das Widerstrebende vereinige sich, und aus den entgegengesetzten (Tönen) entstehe die schönste Harmonie, und alles Geschehen erfolge auf dem Wege des Streites» (Heraklit, Fragmente 19 und 25).

Positionslosigkeit und Zielfindung

Erst wenn die innerorganisatorische Struktur so gestaltet wird, daß sie keine umzirkten Positionen mit zugeschriebenen Verantwortlichkeiten und Kompetenzen kennt, entsteht jene soziologische Offenheit, welche die Mitglieder zur Initiative und Gestaltung herausfordert. Heute werden innerhalb – anders als in der feudalen oder der Honoratiorenverwaltung älterer Zeiten – von bürokratisch verwalteten Einrichtungen Positionen zwar *erworben,* aber der jeweiligen Position ist zugleich ein bestimmtes Aufgabenfeld, gekoppelt an bestimmte Verantwortlichkeiten, *zugeschrieben.* Innerhalb der hier dargestellten Konstitution fallen darüber hinaus alle Positionen mit zugeschriebenen Kompetenzen weg, was bleibt, ist die *sachliche, funktionale Aufgabe,* die erfüllt werden muß. Durch den Wegfall der formalen Struktur wird das *Wie* zu einer jeweils neu aus den Kräften der mitarbeitenden Lehrer zu beantwortenden Frage.

Zu den Aufgaben der Konferenz gehört es, daß grundsätzlich alle mit der Schule in Zusammenhang stehenden Fragen in ihr behandelt werden können. Indem die Erörterung der anstehenden Probleme und Entscheidungen in einem Kreis von *Gleichberechtigten* stattfindet, von denen keiner dem anderen gegenüber eine erworbene oder zugeschriebene Position aufweisen kann (wir können diesen Zustand Positionslosigkeit nennen), bildet sich jenes für geistige Prozesse notwendige, ja konstitutive Klima. Grundsätzlich ruft die *Positionslosigkeit* einen gruppendynamischen Prozeß hervor, in dem sich ein funktionelles System des sozialen Einflusses ausbildet im Sinne der funktionalen Autorität. Während die bürokratische Organisation ein formal vorgegebenes System des Einflusses kennt, bleiben hier die Bezüge «informell», und sie werden erst durch die Aufgabenstellung jeweils neu formalisiert, und dies nur, wenn es für das Bewußtsein der Beteiligten als notwendig erscheint. Somit wird alles, was mit der *Repräsentation* der Schule, dem sozialen *Einfluß* sowie der funktionalen Aufgabenverteilung und -erfüllung über kürzere oder längere Zeit zusammenhängt, Gegenstand der Geschäftskonferenz. Wie weit also aus den Gegebenheiten der neuen Verfassung sich die Schule in ihren sozialen Prozessen eine scharf konturierte Form und Struktur gibt oder nicht, hängt jeweils von der Entscheidung der konkret zusammenarbeitenden Lehrer ab. Dabei läßt sich allgemein eine Beziehung zwischen dem Grad der Formalisierung und der Intensität des Einflusses einzelner formulieren: Je weniger die innere Struktur tatsächlich durchgestaltet und organisatorisch formalisiert ist, umso stärker wird der Einfluß einzelner Persönlichkeiten sein, welche aufgrund ihrer funktionalen Autorität die sozialen Abläufe zusammenhalten – und umgekehrt. Welche Gestaltungskraft und -form sich dabei ausbildet, hängt ab von der Fähigkeit und der Intensität der Zusammenarbeit, der Anerkennung oder dem Mißtrauen, das zwischen Konferenzmitgliedern herrscht. – Die Fragen des sozialen Einflusses, ebenso die der Organisationsgestaltung selbst können und müssen grundsätzlich Gegenstand der Konferenzbesprechungen werden.

Neben diesen Entscheidungen über die Lehrerberufung und -entlassung, die Klassenbesetzung und Stundenplanregelung, die zwischenmenschlichen Beziehungen, die innerorganisatorische Gestaltung (Funktionsregelung) gehören zur Selbstgestaltung des Kollegiums und damit zur Selbstverwaltung der schulischen Einrichtung auch jene Fragen und Anforderungen, die darüber entscheiden, wie sich die Organisation als solche einer sich wandelnden Umwelt anpaßt. Richtet man den Blick mehr vom personellen Bereich auf den der sachlichen Notwendigkeit, wie sie sich von außen stellt, dann bedarf es aus den Veränderungen, welche die Umwelt im rechtlich-politischen Bereich setzt oder die aus der Veränderung der Schülergeneration selbst resultieren, auch veränderter Organisationsleistungen. Alle Entscheidungen, die aus diesen Gründen notwendig werden, sollen Entscheidungen der Erneuerung, Wandlung, kurz Innovationsentscheidungen genannt werden. Soweit die Änderung (Innovation) rein pädagogisch intendiert ist, wird der Entschluß hierzu innerhalb der Geschäftskonferenz zu fassen sein. Wenn in einen solchen Entschluß Daten, welche die kulturelle Außenwelt setzt, mit eingehen, kann die Beurteilung nicht mehr eine ausschließlich pädagogische sein. Wo dies der Fall ist, drängt sich eine kommunikative Entscheidung mit dem Schulverein und auch den Eltern auf (s. S. 78 u. Elternschaft).

Der Teilnehmerkreis

Es liegt nahe, von den beschriebenen Sachgebieten ausgehend, den Mitglieder- oder Teilnehmerkreis der Geschäftskonferenz zu bestimmen. Einerseits schließt der Gedanke der Selbstverwaltung, aus dem die kollegiale Verfassung hervorgeht, den anderen der Selbstverantwortung ein: Die einzelne Leistung wird von demjenigen, der sie erbringt, verantwortet. Dort, wo die Einzelleistung sich mit anderen zu einer gesamten zusammenschließt, bleibt sie als Gesamtleistung gleichfalls von denen, die sie erbringen, verantwortet, d. h.: wenn der Empfänger der «institutionellen» Leistung diese nicht akzeptiert, muß sie auf die Einrichtung als ganze zurückfallen. Eine Schule, die in den Augen der Eltern Unzureichendes leistet, verantwortet dies selbst durch abnehmende Schülerzahlen. Es wäre eine sinnwidrige Verkehrung, wenn grundsätzlich die Leistung von der Verantwortung getrennt würde; dieser Fall träte aber ein, wenn innerhalb der pädagogischen und personalen Zusammenhänge die Entscheidung nicht bei den ausübenden Lehrern läge. Nur wer Leistungen erbringt, kann sie verantworten. Das Organ dieser (pädagogischen) Verantwortlichkeit ist die Geschäftskonferenz. Sie verantwortet nach außen das Handeln der Schule, wie ihr gegenüber der einzelne Lehrer sein Tun verantwortet. Die Teilnehmerschaft an dieser Geschäftskonferenz ergibt sich aus sachlich-funktionalen Gegebenheiten: es sind die tätigen Lehrer. Die Entscheidung über die Selbstgestaltung des Kollegiums, über das pädagogisch verantwortliche Tun, über Anstellung und Entlassung von Lehrern, wird darum als eine ausschließliche Aufgabe der Lehrerschaft verstanden.

Während der Aufbauphase einer Schule, in der sich ein (verantwortliches) Kollegium erst bildet, werden und können die Verhältnisse anders sein.[1] Den Initiatoren steht aufgrund der Initiative dann auch die Entscheidung in personellen Fragen u. a. zu (vgl. K 2, S. 113). Diese Abgrenzung erfolgt nicht, um (elitäre) Ansprüche zu fixieren oder «Machtpositionen» abzusichern und Rechtsansprüche zu behaupten, wie aus gängigen Vorstellungen leicht eingewendet werden könnte, sondern allein aus der Forderung nach freiem, aber (kollegial) verantwortetem Handeln. Die besondere Stellung der hier skizzierten Geschäftskonferenz wird deutlich im Vergleich: Alles, was hier unterhandelt wird, ist im staatlichen Bereich nahezu alleinige Auf-

---

[1] Mit der Bildung eines Schulorganismus bildet sich eine Aufgabendifferenzierung: «Kaum ist der Schulorganismus geboren, beansprucht er eigengesetzliche Selbständigkeit ... so wird beispielsweise der nächste Lehrer, der ins Kollegium eintritt, durch das Kollegium berufen. Das ist nun – da ein Kollegium da ist – nicht mehr Angelegenheit des Schulvereines. Er muß dies sachgemäß den Lehrern überlassen, die mit den Neuhinzukommenden werden zusammenarbeiten müssen» (Niederhäuser, Menschenschule 9/10, 73, S. 271).

gabe der Unterrichtsverwaltung und der Kompetenz der Einzelschule weitgehend oder vollständig entzogen; was der Einzelschule dabei noch an Rechten verbleibt, macht die Konferenzteilnahme von Eltern und Schülern zu einer berechtigten Forderung: der Entscheid über Versetzung und Nichtversetzung, die Notengebung, Zulassung zur Prüfung u. a., alles Fragen, die tief in die Sozialchancen der Schülerschaft eingreifen.

Die Entscheidungen, welche die Schulfinanzen berühren, sind ebenso wie Fragen der Schulorganisation Angelegenheiten, die zugleich den Vorstand des Schulvereins beschäftigen, wenn sie nicht gar Angelegenheit der gesamten Elternschaft werden müssen (vgl. Kapitel Schulverein). So bleibt aus dem Bündel der Beratungen innerhalb der Geschäftskonferenz einzig die Frage, ob allein das Kollegium berechtigt ist, über Berufung und Entlassung der Lehrer zu befinden. Wäre hier nicht gar ein Korrektiv aus der Elternschaft wünschenswert? Es läßt sich der Fall denken, daß eine pädagogisch außerordentlich begabte und zugleich profilierte Persönlichkeit mit einem Kollegium nicht zurecht kommt. Stünde die Entscheidung bei den Eltern, bliebe die betreffende Persönlichkeit an der Schule, während das Kollegium ihre Entlassung guthieße. Deshalb für eine Entscheidungskompetenz der Eltern einzutreten, bedeutete allerdings eine Abstraktion, welche die realen sozialen Gegebenheiten außer acht ließe. Denn eine soziale und kollegiale Zusammenarbeit, aus der allein ein Optimum an Leistung der Schule entstehen kann, wird sich auf diese Weise keinesfalls einstellen.

Gerade die kollegiale Verfassung ist, wie wir sahen, für Störungen besonders anfällig: Die Stärken und die Schwächen der Mitglieder treten in ihr besonders deutlich zutage. Von außen aufgehaltene Konflikte würden sich im System potenzieren und zu Lähmungserscheinungen führen. So mag zwar die Einwirkung von außen möglich sein, real wirkt sie so, daß lediglich die Sozialprozesse vorübergehend verzögert oder verdeckt werden.

Als im ersten Schuljahr der Waldorfschule in Stuttgart Personalfragen besprochen wurden, kam auch das Gespräch auf die Zugehörigkeit zur Konferenz. R. Steiner führte in diesem Zusammenhang als Kriterium an, daß im Kollegium (Geschäftskonferenz) nur diejenigen sitzen sollten, «die leitende Lehrer sind, die Ausübenden, nicht die Beurlaubten... Erstens müßte man ausübend sein, wenn man hier sitzt, zweitens müßte man wirklicher Lehrer sein» (K 2, S. 112). In diesem Zusammenhang ist unter einem «wirklichen Lehrer» einer zu verstehen, der hauptamtlich angestellt ist und voll unterrichtet, nicht nur vertretungsweise. Des weiteren wird davon gesprochen, daß es nicht von vornherein ausgemacht gewesen war, daß jeder Lehrer im Kollegium (Geschäftskonferenz) sitzen sollte. «Es sollte da sein ein engeres Kollegium, in dem die Klassenlehrer sind mit den älteren Fachlehrern, und daneben das erweiterte Kollegium.» Aus dieser Bemerkung hat sich die Praxis entwickelt, die Geschäftskonferenz als «interne» zu bezeichnen, weil in ihr meist nicht alle Lehrer, die an der Schule unterrichten, mitarbeiten. Den Aufgaben der Geschäftskonferenz entsprechend, sollte derjenige, der an den Entscheidungen mitwirkt, auch deren Folgen tragen. Das bedeutet, daß der betreffende Lehrer sich mit der Pädagogik, mit dem Kollegium in seinem Sosein und der betreffenden Schule mit einer konkreten Schüler- und Elternschaft in einem bejahenden Sinne abgefunden hat und daß er die eigenen Lebensbedingungen im vorgegebenen Zusammenhang zu akzeptieren vermag. Um all diese Faktoren kennen und beurteilen zu lernen und schließlich so mit den eigenen Intentionen in eine Übereinstimmung zu bringen, daß eine Entscheidung für oder gegen diese Bedingungen möglich wird – das bedarf der Zeit. So besteht an den Waldorfschulen die Praxis, neu eintretenden Lehrern nach einjähriger Einarbeitungs- und Probezeit die Mitarbeit und Teilnahme in der Geschäftskonferenz anzubieten. Besondere Auflagen und Qualifikationen außer den genannten zu fordern, widerspräche dem inneren Sinn der neuen Verfassung.

An dieser Stelle sollte bedacht werden, daß das Geistesleben neben den aufbauenden Kräften auch abbauende und krankhafte zeigen kann. Sie bestehen vor allem in der Neigung, sich zu separieren und abzuschließen, um im extremen Fall zur Clique zu werden. Um dieser Gefahr zu entgehen, kann eine großzügige und selbstkritische Handhabung der Teilnahmeregelung eine Hilfe sein, selbst dann, wenn – wie sich die Verhältnisse oft tatsächlich ausbilden – die Zahl der aktiv mitarbeitenden Lehrer, die für die Gesamtheit Aufgaben übernehmen, dadurch nicht immer wächst (vgl. Steiner 83, 11.6.22). Sind darüber hinaus nicht doch weitere Erfordernisse nötig? Auf eine Frage, ob ein neueintretender Lehrer Anthroposoph sein müsse, antwortete Steiner: «Darauf bin ich nicht versessen» (K 2, S. 113).

Nun bedeutet die Anthroposophie auch keinesfalls ein Bekenntnis zu bestimmten Anschauungen, sondern allenfalls eine Erkenntnismethode oder einen Erkenntnisweg, wie man zum Geistigen in sich und in der Welt gelangen kann. Sie setzt demgemäß die Bemühung, die Schulung, die Selbsterziehung voraus, nicht aber Konfessionen. Wer diesem Element der Selbsterziehung aber fremd oder abweisend gegenübersteht, wird sicher in einer Pädagogik, die gerade auf die Bemühungen des Erziehers, sich zu wandeln, abstellt, Schwierigkeiten haben, zumal in der Verfassung der Schule dasselbe Element im sozialen Verkehr ihm ständig begegnen wird und ertragen werden will. Deshalb muß es für alle, die von einem inneren Entwicklungsweg – dieser kann ganz anders sein als der anthroposophische! – wenig halten, fraglich sein, ob sie sich mit einem so gearteten Kollegium verbinden können oder sich nicht in die «Rolle des meuternden Mitglieds» gezwängt sehen. In der Praxis hat sich gezeigt, daß eben dieses Kriterium, nicht aber das des Bekenntnis-Anthroposophen Grundlage für eine fruchtbare kollegiale und pädagogische Arbeit ist. Alle Konferenzabschnitte tragen

150

dazu bei, trotz der unterschiedlichen Ausgangslage über die gemeinsame Bewußtseinsbildung einen einheitlichen Bezugspunkt zu schaffen.

Die Geschäftskonferenz findet wie die anderen Konferenzabschnitte jeweils donnerstags, in der Regel nach der pädagogischen und allgemeinen Konferenz, statt; sie wird geleitet vom Verwaltungsrat.

Bei dem komplexen Aufbau der Schule, der zwei funktionale Entscheidungszentren für Handlungen nach innen und außen kennt, kann es spannungs- und reibungsmindernd sein, wenn die Mitglieder der entsprechenden Organe (Vorstand und Kollegium) wechselseitig nicht nur durch Berichte von ihren Überlegungen und Beschlüssen informiert werden. So notwendig Berichte über die Entscheidungen der beiden Organe aus Gründen der Ökonomie sind, so muß zugleich auch das Element der Entfremdung, das jedem Bericht gegenüber der unmittelbar erlebten Teilnahme eignet, gesehen werden. Bei wichtigen Fragen, welche beide Entscheidungsorgane unmittelbar berühren, sollten gemeinsame Besprechungen zwischen Vorstand und Geschäftskonferenz von Zeit zu Zeit stattfinden, um zwischen allen Beteiligten unmittelbare Kontakte und Erlebnismöglichkeiten herzustellen. Wo diese gemeinsamen Besprechungen nicht regelmäßig eingerichtet sind, besteht die Gefahr, daß jedes Organ ein Eigenleben ohne Bezug zum anderen entfaltet. Vermeidbare Friktionen sind die Folge.

f) Der Verwaltungsrat

Es ist weder technisch noch rationell möglich, daß eine Konferenz mit zwanzig und mehr Mitgliedern die Angelegenheiten der Organisation weiter als bis zu einer gemeinsamen Meinungs-, Urteils- und Willensbildung vorantreibt. Sie muß dann die Ausführung der Beschlüsse einzelnen überlassen. Alles, was an Aufgaben, bildlich gesprochen, vor und hinter der Konferenz liegt, muß sachlich-funktional geordnet sein, wenn der laufende Schulbetrieb «präzis» ablaufen soll. Während der ersten dreieinviertel Jahre der Waldorfschule (in Stuttgart) wurden die exekutiven sowie die Routine- und Organisationsaufgaben von einer Persönlichkeit, dem «Schulverwalter», einem Lehrer, E. A. K. Stockmeyer, wahrgenommen. Danach stellte sich dem Kollegium die Frage, wie die Schulverwaltung – idealtypisch – so gehandhabt werden kann, daß sie besser mit der neuen Konstitution harmoniere. Denn unwillkürlich ergibt sich aus der funktionellen Differenzierung eine weitere; wer Beschlüsse ausführt, lernt an der Durchführung und der Tatwirkung, er wird erfahrener und löst sich durch seinen Vorsprung von der Ausgangsbasis der «Gleichberechtigten». Das wirft weitere Fragen auf. R. Steiner äußerte dazu: «Das ist ein penibles Kapitel. Ich habe viel über dieses penible Kapitel nachgedacht. Aus dem Grunde ist es schwierig, weil wirklich nur durchführbar ist, was hier gemeint ist, wenn es im Einklang mit den Willensmeinungen eigentlich des ganzen Kollegiums oder doch der überwiegenden Majorität des Kollegiums inauguriert wird ... Zu allererst bitte ich Sie, dabei zu berücksichtigen, was in dieses neu zu organisierende Gebiet der Verwaltung einzubeziehen ist ... Für alles das, was diejenige Verwaltung betrifft, die zu gleicher Zeit Repräsentation der Schule nach außen ist, da würde sich empfehlen, in der Zukunft an die Stelle von einem zu setzen ein kleines Kollegium von drei bis vier Persönlichkeiten. Dieses Kollegium wird nicht anders wirken können als *alternierend*, so daß die, trotzdem es jeweils einer ist, sich hintereinander abwechseln und nur in bezug auf wichtige Sachen oder für solche Sachen, die man wert hält einer gemeinsamen Behandlung, man sich mit den anderen verständigt. Um ein solches Kollegium – damit nicht die republikanische Verfassung durchbrochen wird – würde es sich schon handeln ... Wenn ein Kollegium da ist, so wird eine beständige Repräsentanz dadurch vorhanden sein, daß sich die Mitglieder des Kollegiums alternieren für *Aufgaben*, die *begrenzt* werden ... Es kann auch die Vorbereitung der Konferenz zu den Agenden des betreffenden Leiters der Verwaltung in der betreffenden Zeit gehören. Es wird die Aufgabe dadurch eine ziemlich schwierige. Es kann die Vorbereitung der Verwaltungs- und Geschäftskonferenz durchaus in die Aufgaben desjenigen hineingehören, der für die betreffende *Zeit* die Aufgabe hat, aus dem kleinen Kollegium heraus die Führung der Schule innezuhaben. Es handelt sich darum, daß diese Sache in voller Harmonie mit dem gesamten Kollegium gemacht wird» (K 6, S. 16 f.). Unberührt davon kann daran gedacht werden, daß neben diesem Verwaltungsrat ein Mitglied des Lehrerkollegiums mit der Wahrnehmung einer besonderen Angelegenheit betraut wird.

Die Analyse ergibt erstens, daß sich R. Steiner in den Vorschlägen konsequent an die von ihm intendierte Verfassung hielt. Die Neuordnung sollte nur in Übereinstimmung mit der «Willensmeinung des ganzen Kollegiums» erfolgen, womit dessen Entscheidungsbefugnis betont wird. Zunächst wurden alle die Aufgaben, von denen die Rede war, undifferenziert vom gesamten Kollegium oder dem «Schulverwalter» wahrgenommen, sowohl die Repräsentation der Schule nach außen als auch die Vorbereitung der Konferenz selbst und die Ausführung ihrer Beschlüsse. Die anstehende Neugestaltung ging nicht ohne grundlegende Änderung ab, welche die Stellung der einzelnen im Verhältnis zu den anderen unmittelbar berührten und möglicherweise in ihr bisheriges autonomes Aufgabenfeld eingriffen. Darum dann auch die Bitte R. Steiners, sich frank und frei über den Vorschlag zu äußern. «Selbst wenn jemand etwas zu sagen hat, von dem er glaubt, daß es im weitesten Umfang mißfallen könnte, bitte ich, auch diese Sache vorzubringen» (ebd.). Zweitens: In Zukunft sollte die Aufgabe der

Schulverwaltung nicht von einem, sondern von einem Kreis von drei bis vier Kollegen wahrgenommen werden, «damit *nicht die republikanische Verfassung durchbrochen*» wird. Die Aufgaben werden der Kollegialverfassung entsprechend von einer kleinen Gruppe wahrgenommen, und zwar *zeitlich begrenzt*, wobei sich die einzelnen in der Führung der Geschäfte turnusgemäß abwechseln. Drittens: An Aufgaben wurden die Führung (Verwaltung) der Schule, die Repräsentation nach außen und die Vorbereitung der Konferenz genannt. Diese Aufgaben, welche das Verwaltungskollegium wahrzunehmen hat, wurden zunächst durch einen Ausschuß des Kollegiums präzisiert und ausgearbeitet, danach Punkt für Punkt in einem formellen Abstimmungsverfahren durch die Konferenz gutgeheißen und angenommen. Sie seien, soweit sie gegenwärtig noch Bedeutung haben, zitiert: «Diese drei (= Verwaltungsrat) würden alle Angelegenheiten der inneren und äußeren Vertretung übernehmen, mit Ausnahme von Hausverwaltung, Geschäftszimmer und Finanzen.

Im einzelnen wären zu übernehmen von inneren Schulangelegenheiten: 1. Vorbereitung und Protokollierung der Konferenzen, 2. Heranziehung einzelner Kollegen für bestimmte Arbeitsgebiete, ... 3. Aufstellung und Durchführung eines Aufsichtsplanes, 4. Verteilung und Einrichtung der Lehrräume, 5. Aufsicht über die Abgabe von Schulräumen für Veranstaltungen von außen.

An äußeren Schulangelegenheiten werden sie übernehmen ... 1. Korrespondenz und Verkehr mit den Behörden; Gegenzeichnung aller Schriftstücke an dieselben, 2. das, was zusammenhängt mit Aufnahmen (Einleitung von Prüfungen) und Austritten (Behandlung der Zeugnisse), 3. Jahresberichte, 4. Empfang von Besuchern, 5. ...., 6. Einholung von Unterlagen für die Gehaltsregelung; Verwaltung von besonderen Spenden» (K 6, S. 22).

Derselbe Ausschuß, der die Kompetenzabgrenzung und Aufgabenverteilung ausarbeitete, legte auch einen Vorschlag für die personelle Besetzung dieses Gremiums vor. Nach einer Aussprache wurde in einem formalen Verfahren abgestimmt und die neue Einrichtung sowie auch die personale Besetzung sanktioniert.

In dem Typus der «Versammlungsregierung» (Loewenstein)[1], bei dem alle Mitglieder gleichberechtigt sind, stellt sich die Frage, ob nicht durch die Bildung eines exekutiven Ausschusses, der gleichsam das «Leitungssystem» (Mills) der Schule entscheidend mitprägt, die Verfassung durchbrochen wird. Wenn es auch in einer Schule nicht um Herrschaft im Sinne

---

[1] Darunter versteht Loewenstein einen Typus, bei dem nicht nach dem Montesquieuschen Gewaltenteilungsgedanken Aufgaben, Kompetenzen und Funktionen differenziert, sondern zentriert werden, wie das zunächst im Konvent der Fall war und in den Sowjetmodellen Nachfolge fand.

von Über- und Unterordnung gehen kann, so entsteht doch, wo die Schule zur Institution und zum sozialen System wird, eine Differenzierung, die sich in einer größeren Erfahrung und einem Informationsvorsprung ausdrückt. Durch die Wahrnehmung bestimmter Aufgaben bildet sich die Möglichkeit zur Überschau und einer sachgerechteren Urteilsbildung im Entscheidungsprozeß bei jenen, die im Kommunikationsprozeß durch ihre Funktion sowie durch ihre Zusammenarbeit mehr wissen als die anderen. Daraus kann in einem auf Gleichberechtigung veranlagten Ordnungsgefüge sehr leicht eine Spannung entstehen, die einerseits wieder etwas Ähnliches wie Rektoratsleistungen oder «Ruhekissen» in Form von Verordnungen entstehen läßt, weil es die anderen schon machen, andererseits aber auch Ärger oder Mißgunst zwischen den Beteiligten. Darum wird die Aufgabenübertragung ausdrücklich zeitlich begrenzt. Wie verhält sich demnach der Verwaltungsrat zur Kollegialverfassung? Durchbricht er die demokratisch-republikanische Struktur der Schulverfassung? Es lassen sich grundsätzlich drei Typen der Beauftragung von Mandatsträgern (im Anschluß an Jellinek) unterscheiden: die *Repräsentation*, die *Delegation* und den *Botschafter*. Die so Beauftragten vertreten rechtlich einen hinter ihnen stehenden Auftraggeber, für den sie handeln und entscheiden.

Der Repräsentant hat in der Regel eine sehr große Zahl von ihn Beauftragenden hinter sich. Diese Form bildete sich historisch zunächst innerhalb der Kirche aus: Auf den Konzilien hatten wenige Geistliche eine Vielzahl von Ordensangehörigen, Laienbrüdern und Gläubigen zu vertreten. So schuf sich die Kirche den folgenreichen und praktikablen Gedanken der Repräsentation, d. h. der Vergegenwärtigung dieser hinter dem einen Vertreter stehenden Gesamtheit in geistlichen Beratungen, welche die gesamte Christenheit berühren. Man nahm an, daß durch die Konzilsväter die Christenheit in toto anwesend sei und daß durch die Repräsentanten der Heilige Geist unmittelbar spreche. Unabhängig davon, welche Schattierung einer theologischen Ansicht der bestimmte Vertreter des Ordens einnahm, wurde er gleichwohl als Vertreter seines gesamten Ordens angesehen. Das war nur möglich, wenn man ihm eine freie, persönliche Überzeugung zugestand und ihn nicht an Weisungen band. Nachdem dieser Repräsentationsgedanke auf den staatlich-rechtlichen Bereich übertragen wurde, bedeutete dies, daß der als Repräsentant gewählte Abgeordnete nur seinem Gewissen verantwortlich und an Weisungen und Aufträge nicht gebunden sei und dennoch das Volk mit seiner Meinungs- und Willensvielfalt – zusammen mit den anderen Repräsentanten – vergegenwärtige, repräsentiere. In den Repräsentanten ist die vertretene Gruppe wie in einem verkleinerten Abbild zugegen; was die Repräsentanten beschließen, entspricht dem, was auch die Gesamtheit der Vertretenen nicht anders wollen könnte (vgl. zu diesem Thema Friedrich, Loewenstein, Weber).

Als Typus bildete sich die Repräsentation legitimerweise innerhalb des geistigen Bereiches der Gesellschaft aus, wo der Repräsentant von seinem eigenen Bewußtsein, seiner Geistigkeit, seiner Ideenwelt zeugt, d. h. sie vergegenwärtigt. Dort, wo sie auf den politisch-rechtlichen Bereich in Form der repräsentativen Demokratie übertragen wird, bleibt die Teilhabe der Gesamtheit der mündigen Menschen auf die Bestimmung und Wahl der Repräsentanten beschränkt. Was sich an Bewußtsein für die gemeinsamen Belange bilden kann, ist in aller Regel recht begrenzt. Vom Bewußtseinsprozeß her ist der Typus der Repräsentation dem Prinzip der Monarchie – allerdings auf eine größere Zahl von Repräsentanten übertragen – vergleichbar.

Gänzlich anders verhält es sich mit dem Typus des Boten: Er ist Mandatsträger einer Partei und hat deren Willen an die andere zu übermitteln. Als völlig weisungsgebundener Botschafter kann er zum «königlichen Briefträger» werden. Diesem Typus widerspricht es auch nicht, wenn er in eng umzirkten Grenzen das Recht der Verhandlung für seinen Auftraggeber erhält. Soweit der Mandatserteiler von einer größeren Gruppe von Menschen gebildet wird, vollzieht sich durch den beauftragten Boten ein Kommunikationsprozeß, der die Gesamtheit der Betroffenen durch Berichte am Geschehen teilnehmen läßt. Die eigenen Angelegenheiten werden besser, bewußter und auch durch den Blickwinkel der Gegenpartei, der feindlichen Umwelt, betrachtet. Das Unbewußte der Gemeinschaft wird dadurch erhellt. In den rätedemokratischen Vorstellungen der Gegenwart wird in diesem Typus des beauftragten Mandatsträgers das eigentliche Agens für die gesellschaftliche Veränderung und Demokratisierung gesehen.

Die Form des Delegierten bildet einen dritten, durchaus eigenständigen Typus zwischen den beiden extremen Formen des Repräsentanten und des Boten. Die Teilhabe der auftraggebenden Gesamtheit wird dadurch gesichert, daß sie *Richtlinien* für die vom Delegierten zu treffenden Vereinbarungen oder Handlungen erteilt. Das setzt voraus, daß sich die Gesamtheit mit den vom Delegierten zu erledigenden Fragen beschäftigt und vorher eine gemeinsame Willensrichtung einschlägt. Der Delegierte ist im konkreten Fall, unter Kenntnis der Meinung der Gesamtheit, berechtigt, seinen Spielraum durch Wahrnehmung neuer Fakten und Zusammenhänge zugunsten der von ihm vertretenen Gemeinschaft auszunutzen, er kann deshalb flexibler als der Bote reagieren; gegenüber dem Repräsentanten bleibt er mit der Gemeinschaft selbst verbunden, von der er notfalls neue Weisungen erhalten muß (Rückkoppelung). Sowohl von der Ökonomie in der Verfahrenstechnik als auch von der Erhellung des Bewußtseins aller Beteiligten in den sie betreffenden Angelegenheiten stellt das Prinzip der Delegation ein Optimum dar, das, je nach gegebener Situation, stärker in Richtung der Boten- oder Repräsentationsfunktion hin verändert werden kann. Es liegt gleichsam als «aristokratisches-republikanisches» Prinzip zwischen dem «monarchischen» der Repräsentation und dem extrem «demokratischen» des Boten (vgl. Kap. 5).

Genau dieser Typus der Delegation liegt der Einrichtung des Verwaltungsrates in der Schule zugrunde: Seine Aufgaben sind fixiert und umschrieben, er selbst wird auf Zeit berufen, wobei sich die einzelnen in der Führung der Geschäfte zeitlich abwechseln. Daneben lassen sich besondere Aufgaben an einzelne, vielleicht dafür gut befähigte Mitglieder des Kollegiums delegieren.

Als wichtigste Aufgabe dieses Gremiums ergibt sich die Vorbereitung und Leitung der technischen und Geschäftskonferenz; zu der Vorbereitung gehört es, daß die gefaßten Beschlüsse auch durchgeführt werden und der «Erfolg» an die Konferenz berichtet wird.

Für den nicht unmittelbar an dem Konferenzleben Beteiligten wirkt die kollegiale Verantwortung einer ganzen Konferenz zunächst diffus und wenig greifbar; deshalb bildet der Verwaltungsrat zugleich etwas wie ein personalisiertes Sprachorgan der Konferenz, das von der Funktion her darum auch als Führung der Schule bezeichnet werden kann. Je nach dem Aufgabengebiet hat der Verwaltungsrat als Repräsentationsorgan (Wirksamkeit nach außen) oder als Bote (Ausführung von Beschlüssen) zu agieren. Bei der polaren Schulstruktur, die umwelt- und schulbezogen sein muß, kann der Verwaltungsrat funktional am besten das Bindeglied zum Schulvereinsvorstand darstellen. Er hat Kenntnis der Konferenzbeschlüsse und kann andererseits – nach Bedarf – Schulvereinsangelegenheiten auf die Tagesordnung der Konferenz setzen.

In der Praxis der Waldorfschulen sind die verschiedensten Modalitäten anzutreffen, wie sich der Verwaltungsrat zusammensetzt und welche Aufgaben er wahrnimmt. Im Extremfall kennt die Schule einen Verwaltungsrat nicht, sondern bestimmt für einige Konferenzen jeweils den Konferenzleiter, der die hier beschriebenen Aufgaben wahrnimmt, oder es werden für die Durchführung der einzelnen Beschlüsse jeweils neu zu beauftragende Lehrer in der Konferenz benannt. – Den entschieden formalisierten Gegenpol zu diesem Modell bildet etwa die zeitlich nicht begrenzte Berufung in den Verwaltungsrat, wobei ein Wechsel der Verwaltungsratsmitglieder in der Regel durch deren Initiative selbst, nicht aber durch das Kollegium erfolgt. Im einen Fall ist an der Struktur abzulesen, daß zwar ein Höchstmaß an Beteiligung für das Kollegium gesichert wird, größere Vorhaben aber durch diese strukturelle Schwäche kaum ergriffen werden können, weil die institutionelle Abstützung und Bewußtseinsentlastung fehlt. Im anderen Fall sichert die langjährige Erfahrung eine große Sicherheit in den Prozeßabläufen, wobei zugleich die starke Formung möglicherweise ein Hindernis für Initiativen und Neugestaltung bilden kann, soweit sie nicht von den

Beauftragten ausgehen. Meistens wird zwischen diesen beiden Polen eine Mitte gehalten: Die Mitgliedschaft im Verwaltungsrat ist zeitlich limitiert, d. h. nach einem Jahr scheidet – etwa bei vier Mitgliedern – die Hälfte aus, so daß sich eine zweijährige «Amtszeit» ergibt. So bleibt einerseits die notwendige sachliche Erfahrung gewährleistet und andererseits, daß eine größere Anzahl von Mitgliedern des Kollegiums im Verlauf der Jahre mit den exekutiven Funktionen vertraut wird, also intensiver an der Selbstverwaltung teilnimmt. Gleichfalls verschieden ist das Verfahren der Nominierung: Es reicht von der Kooptation durch den Verwaltungsrat bis zur reinen Zettelwahl durch das Kollegium selbst, wie es schon von R. Steiner praktiziert wurde.

Es sei noch kurz das Verhältnis des Verwaltungsrates zur Konferenz betrachtet. Wenn die Konferenz auch den Verwaltungsrat bestellt und ihm Aufträge erteilt, so hat er selbst durchaus ein selbständiges Gestaltungs- und Initiativrecht, das nicht zuletzt in der Art, *wie* die Konferenz vorbereitet und durchgeführt wird und *wie* die Beschlüsse ausgeführt werden, wahrnehmbar ist. Wer (aus dem Verwaltungsrat) die Konferenz leitet, entscheidet über deren Ablauf. Wenn nicht unnötig Zeit vergeudet werden soll, muß der Konferenzleiter die Problemstellung beherrschen, er muß sie sich in Umrissen selbst erarbeitet haben. Nur dann kann er das zu behandelnde Thema in groben Zügen skizzieren und die nötigen Informationen an die Konferenzteilnehmer vermitteln. Fehlt diese Vorbereitung, wird sie in einem langwierigen und an Mißverständnissen reichen Prozeß von der Gesamtheit nachgeholt. Diese Leistung kann bei der Flexibilität der Konferenzordnung der Waldorfschulen auch durch einen anderen Konferenzteilnehmer erfolgen, der sein Anliegen für die Konferenz thematisiert sehen möchte. Es ist sicher nützlich und zeitsparend, wenn der Konferenzleiter die möglichen kontroversen Punkte und Auffassungen kennt, um zu wissen, wieweit eine rasche Klärung oder eine längere Urteilsbildung nötig ist. Oft genügt es, einfach zu informieren, andere Fragen fordern eine Verständigung oder gar einen Beschluß. Darüber sollte der Konferenzleiter sich schon vor der Behandlung des Themas ein Urteil gebildet haben. Neben der Gesprächsleitung obliegt dem Leiter vor allem die Zusammenfassung des Gesprächsverlaufs, die den Teilnehmern vergegenwärtigt, was als Meinung oder Entschluß durch die Gesprächsstadien zutage trat. So wird nochmals ermöglicht, das Besprochene zu verabschieden oder auch Uneinigkeit und Dissens zu konstatieren. Klarheit und Präzision sind im Verfahren zu sichern. Während einer Konferenz «muß vollkommene Gleichberechtigung» zwischen den Teilnehmern herrschen, wobei allein die «Argumente ein Gewicht haben», weder aus Titeln oder irgendwelchen Stellungen oder funktionellen Ämtern kann oder sollte ein Vorrecht oder größerer Einfluß abgeleitet werden (Goossens, S. 21). Beschlüsse und Entscheidungen sollten durch eine Niederschrift (Protokoll) festgehalten und mit den wesentlichen Gründen (Für und Wider) angegeben sein. Das fördert gleichfalls die Präzision der Verhandlungen.

Zum Charakter einer Konferenz gehört es, daß alle Teilnehmer aktiv am Geschehen teilnehmen, was nicht unbedingt bedeuten muß, daß sich jeder im Verlauf des vielfältigen Gesprächs äußern muß. Nebentätigkeiten in einer Konferenz sind, soweit es um geistige Auseinandersetzungen geht, wenig angemessen. Daraus wird ersichtlich, daß die Tätigkeit eines Konferenzleiters – erlernbares – Geschick und Tüchtigkeit erfordert, sie entscheidet wesentlich über den Konferenzverlauf und die zeitliche Dauer. Das kann und sollte bei der Berufung oder Wahl als Mitglied des Verwaltungsrates berücksichtigt werden. Erst wenn dem Verwaltungsrat ein gewisses Maß an Freiheit gewährt wird, kann er die nötige «Bewußtseinsentlastung» (Gehlen) für die Gesamtheit herbeiführen, die sonst fortgesetzt zeitlich und sachlich überfordert würde.

Zugleich aber entsteht aus der funktionalen Gliederung ein Gefälle, das sich durch einen Erfahrungs- und Informationsvorsprung sowie durch größere Sachkenntnis des Verwaltungsrates gegenüber der Konferenz kennzeichnen läßt. Diese Spannung ist jener vergleichbar, die zwischen Parlament und Regierung auftritt, indem die Durchführung und initiative Gestaltung Einblick in differenziertere Sachbezüge gewährt als die mehr oder minder gedankliche Problemlösung durch die Konferenz. Das durch die funktional-sachliche Trennung der Organe entstehende Gefälle schafft *seelisch* einerseits Vertrauen bei jenen, die sich entlastet fühlen, andererseits u. U. Mißtrauen bei jenen, die nicht unmittelbar tätig sein können, es aber sein wollen, nun aber als Betrachter die Abläufe verfolgen. Im Parlament wird diese polare seelische Haltung – sie wird von Programmgegensätzen freilich oft überlagert – durch die Regierungs- und Oppositionsfraktion(en) förmlich institutionalisiert. Dieselben Gegebenheiten stellen sich – partiell – auch im Verhältnis zwischen Konferenz und Verwaltungsrat ein, wenn entsprechende Dispositionen zusammentreffen. Um dieses Gefälle und damit die Spannungen nicht zu groß werden und eine möglichst große Zahl von Lehrern am Verwaltungsrat teilnehmen zu lassen, bietet die zeitliche Beauftragung eine sachgerechte Lösung, weil sie die Lebenswirklichkeit berücksichtigt: Wer für eine Zeit bestimmte Funktionen erfüllt hat, stellt seine Aufgaben nach äußeren Gesetzmäßigkeiten zur Verfügung, so daß dem «Rücktritt» nichts Anrüchiges anhaftet; hat er die Aufgaben in den Augen seiner Beurteiler gut erfüllt, wird er wieder – sofort oder nach einer zeitlichen Pause – bestellt werden. Wenn jemand, durch Erfahrungen bereichert, in Reih und Glied zurücktritt, ändert sich sein Verhältnis zu jenen, die jetzt die Funktionen wahrnehmen, er begleitet ihr Tun zumeist verständnisvoller und wacher.

Wenn immer dieselbe Persönlichkeit Leitungsaufgaben wahrnimmt, kann sie, die Kollegialordnung sprengend, so dominant werden, daß die Gesamtheit sich voll mit ihr identifiziert und im Bewußtsein regrediert. Die eigentliche Produktivität, aber auch mögliche Schwierigkeiten der neuen Verfassung werden dabei reduziert. Ebenso können aber – dies gilt vor allem, wenn ein bestimmter Wachheitsgrad für die Gesamtbelange im Kollegium erreicht ist – die anderen des Funktionsträgers überdrüssig werden, wenn er in seinen Eigenheiten negativ erlebt wird, worin sich eine Art «sozialer Abnutzungsprozeß», der vielfach beobachtet werden kann, dokumentiert.

Die zeitliche Begrenzung schafft in beiden Fällen so ein wohltätiges Regulativ, das einen Gleichgewichtszustand zwischen den möglichen Extremen hält. Je formalisierter der Wechsel in den Funktionen geschieht, umso problemloser vollzieht er sich für alle Beteiligten.[1] Innerhalb der Schule und im Geistesleben allgemein sollte die Möglichkeit der freien Initiative gesichert sein. Die Einzelinitiative kann gegenüber der Gemeinschaft zu einer verantworteten werden, wenn sie sich im Rückblick dem gemeinsamen Anschauen und Urteil stellt. Soweit in der Gemeinschaft eine Aufgabe übertragen wird, schließt die Delegation eine rückblickende Betrachtung auf die vollbrachten Leistungen ein; daran kann sich der einzelne orientieren und korrigieren. Es versteht sich, daß das Urteil nur dann Wert hat, wenn es einerseits ehrlich und andererseits frei von der Kritik um der Kritik willen sich darstellt (vgl. Steiner 172, 18. 11. 16). Wie im individuellen Leben durch die Selbstschulung ein bewußteres Dasein geführt werden kann, so auch in der Gemeinschaft, wenn eine Verständigung darüber herrscht, welche Gepflogenheiten untereinander praktiziert werden. Der Rückblick empfiehlt sich, wenn vereinbarte Delegationen durch ihre zeitliche Begrenzung in den Kompetenzbereich der Konferenz zurückfallen. Eine erneute Delegation für bestimmte Aufgaben oder für den Verwaltungsrat erfolgt erst dann, wenn zuvor ein Rückblick stattgefunden hat.

Bei Delegationen besonderer Aufgaben an einzelne sollte gleichfalls auf die zeitliche Limitation geachtet werden, nach der die Aufgabe an die Konferenz zurückfällt. Die wiederholte Beauftragung kann durchaus spezi-

---

[1] Dies kann auch vor dem Hintergrund der Weberschen drei Typen legitimer Herrschaft gesehen werden, die, zwar auf den Staat bezogen, eine allgemeine Menschheitshaltung ausdrücken, insofern sie als historischer Entwicklungsprozeß gesehen werden: der Priesterweise als charismatischer Führer kann als Kennzeichen der Antike gelten, der traditionelle Herrscher kraft Geblüts liegt zwischen Altertum und Gegenwart, die Herrschaft allein dann als legitim empfindet, wenn sie auf Grund gesatzter, überschaubarer und festliegender Regeln zustande kommt. Mit diesen reinen Typen der legalen Herrschaft wird nicht nur eine historische Entwicklung im politischen Raum erfaßt, sondern auch eine reale Sozialeinstellung und -haltung der Gegenwartsmenschen im allgemeinen (vgl. M. Weber 1956, S. 157–188).

fisch ausgebildete Fähigkeiten ausnützen, aber sie bedeutet jeweils einen neu zu vollziehenden Akt, der der Konferenz gegenüber dem einzelnen die Selbstbestimmung sichert. – Es gehört zu dem gewählten methodischen Ansatz, daß vor allem die Schwierigkeiten, die sich aus der neuen Konstitution ergeben können, in den Vordergrund gerückt werden. Denn an ihnen läßt sich verdeutlichen, was es heißt, Selbstverwaltung und Kollegialordnung der Fremdbestimmung und Bürokratie vorzuziehen: zunächst vor allem Abstützung auf den Menschen. Wenn dabei die Problemlagen zur Darstellung kommen, so um der Klarheit dieser Verfassung willen, das kann aber nicht heißen, daß sie nicht unschätzbare Vorzüge habe: Sie zeigen sich in der Fruchtbarkeit der schulischen Leistungen – die sich der bloßen Beschreibung einer Sozialordnung zu einem Teil entziehen.

4. Verfahrensweisen und innere Lebensbedingungen

a) Anthropologische Grundlagen der Gemeinschaftsbildung

Es kann keinem Zweifel unterliegen, daß in einem System, wo die formalen Strukturen abgebaut werden, um die Initiativkräfte aller Mitarbeitenden freizusetzen, die Schwierigkeiten im zwischenmenschlichen Bereich größer werden als in einem streng formalisierten bürokratischen System[1] (vgl. K 6, S. 7). Denn in dem Maße, wie die persönlichen Kräfte freigesetzt werden, können sie sich mit widersprechenden Kräften der anderen Persönlichkeiten begegnen; es kommt dann zu Widerspenstigkeit und gegensätzlichen Auffassungen. So ist es nötig, die verschiedenen Aspekte der neuen Konstitution und der Selbstverwaltung usw., wie sie bisher dargestellt wurden, nochmals zu bündeln und vom Gesichtspunkt der menschlichen Begegnung und dessen, was in ihr möglich wird, zu vertiefen. Es können so auch die subtileren Lebensbedingungen menschlicher Gemeinschaft besser erfaßt werden. Dabei lassen sich methodisch einige Überschneidungen nicht vermeiden, sie sind als Variationen des Themas wohl zu rechtfertigen. Es sollen in diesem

---

[1] Bischoff, S. 95: überall, wo sich Gruppierungen auf Individualitäten, auf geprägten Persönlichkeiten abstützen, «ich-haft» (im Gegensatz zur «Wir-Gruppe») sind, treten starke menschliche Spannungen auf, die den Tendenz-Betrieb besonders störungsanfällig durch menschliche Einstellungen machen.

Abschnitt auch Überlegungen R. Steiners für eine sozialwissenschaftliche Erkenntnisbildung mit einbezogen werden, die er außerhalb der Konferenzarbeit über die Art menschlicher Gemeinschaftsbildung entwickelt hat.[1] Gehen wir von einem Spannungsfall aus, wie er bei der Bildung des Verwaltungsrates anschaubar wird. Um einen Vorschlag möglicher Kompetenzabgrenzung und personeller Besetzung aus dem Kollegium zu erhalten, unterbreitete Steiner dem Kollegium den Vorschlag, eine bereits bestehende und fachlich zusammenarbeitende Gruppe innerhalb des Kollegiums mit dieser Aufgabe zu betrauen. «Wir können uns besprechen, welche die definitive Gestaltung (des Verwaltungsrates) sein sollte. Es würde uns heute schwer werden, geradezu aus einem Urkeim heraus die Sache zu holen» (K 6, S. 18). – Obgleich im Sinne einer reinen Zweckmäßigkeitsfrage verfahren wurde und das, was als Vorschlag ausgearbeitet werden sollte, vom ganzen Kollegium zu beschließen war, entstanden doch Mißhelligkeiten. Bei einzelnen ergab sich der subjektive Eindruck, als ob dadurch eine unterschiedliche Verantwortlichkeit geschaffen oder etwas wie eine Clique gebildet würde, und zwar eben von jenen, denen die bisherige Führung der Geschäfte innerhalb der Konferenz «auf die Nerven» gegangen war. Es wurde befürchtet, daß durch die Differenzierung und funktionale Gliederung der Geschäfte der persönliche Einfluß des einzelnen Lehrers und der des Kollegiums insgesamt geringer werden könnte. Schließlich wurde dann noch durch eine Zettelwahl ein Ausschuß gewählt, der dem Kollegium sowohl über die Kompetenzabgrenzung als auch über die personelle und zahlenmäßige Besetzung des künftigen Verwaltungsrats eine beschlußfähige Vorlage unterbreiten sollte. Doch ehe das Kollegium über den unterbreiteten Vorschlag sprechen konnte, kam es zu einem Gegenvorschlag. Verfahrenstechnisch wäre es durchaus möglich gewesen, daß, nachdem der erste Vorschlag in der Konferenz mit seinem Für und Wider erörtert worden wäre, ein Abänderungs- oder Ergänzungsvorschlag aus den Beratungen hervorgegangen wäre. So aber wurde der gefaßte Beschluß des Kollegiums von ihm selbst wieder unterlaufen und hinfällig, was immer die Gründe sein mochten. Damit aber wird jegliche Beschlußfassung des Kollegiums unverbindlich. Gefährdet dies nicht geradezu die Grundlagen der neuen Konstitution? In einem streng formalisierten parlamentarischen Verfahren, auf dem R. Steiner besteht, werden dann die einzelnen Fragen abgeklärt und in einer ersten und zweiten Lesung durch Abstimmung beschlossen. Indem durch eine «Probe auf dieses Parlamentarische ein wenig... *Präzision»* in die Verhandlung kommt, werden auch die Untergründe der Spannung bloßgelegt. Die Lehrerschaft hat sich in den Konferenzen daran

---

[1] Dieser Abschnitt steht im Zusammenhang mit dem über soziale und antisoziale Triebe, fügt jedoch bestimmte Aspekte für den sozialen Prozeß hinzu.

zu gewöhnen, «die *Dinge unter Verantwortung zu sagen»*. Wenn Schwierigkeiten dadurch verwischt werden, daß ein unsauberes und unkorrektes Verfahren gewählt wird, gibt man sich Illusionen hin, es ist dies eine Selbstlüge. Deshalb ist notwendig, daß *«Ehrlichkeit in der Aussprache»* waltet. Eine bestimmte vorgeformte Meinungsbildung außerhalb der Konferenz darf nicht dazu führen, daß dann innerhalb der Konferenz die Dinge vertuscht und nicht besprochen werden, weil der Konflikt vermieden werden soll. «Wenn Sie über eine Sache nicht einig sind, so gestehen Sie das zu. Aber das Vertuschungssystem darf nicht weitergehen. Wir müssen ehrlich uns aussprechen, darauf kommt es an, daß jeder eine fest gegründete, innere Meinung hat. Wie wir hier die Waldorfschule gegründet haben, haben wir aus dem Herzblut heraus die Sache gegründet, und jetzt geht so viel von dem schrecklichen System, von dem *Unernst,* dem *Nichtseriösnehmen* ins Kollegium herein... Das möchte ich betont haben, daß wir die Sache nicht oberflächlich nehmen dürfen. Unter- und Hintergründe bestehen, ich gebe mich keiner Illusion hin... Das ist, um was ich Sie bitte..., daß wir nicht über *Disharmonien* einfach in eine Atmosphäre von Augen-Zudrücken übergehen, daß wir uns ehrlich aussprechen. Ist es denn unmöglich, daß sich die Leute sagen, ich habe dies und jenes auf dem Herzen gegen dich, und man leidet sich deshalb nicht weniger gern, und arbeitet deshalb nicht weniger gern zusammen? Warum soll man sich nicht die Wahrheit unter die Augen sagen und trotzdem sich schätzen und achten?» (K 6, S. 24 f. [Hervorhebungen von mir]).

Die geschilderte Uneinigkeit und verdeckte Entzweiung ist symptomatisch und beispielhaft; im Zeitverlauf geht jede Gruppe von zusammenarbeitenden Menschen in dieser oder jener Gestalt durch einen Zustand von Mißverständnissen, Mißhelligkeiten, von Gereiztheit und Hader hindurch. Wo innerhalb einer komplexen Organisation formale Strukturen und Positionen abgebaut werden, verbinden sich die einzelnen Mitarbeitenden – so ist es wenigstens durch die neue Konstitution intendiert – durch Identifikation existentiell zutiefst mit ihrer Arbeit. Dementsprechend werden auch die menschlichen Bezüge zugleich «Schicksals»fragen. In jeder Entscheidung über die Organisationsziele und -Handlungen begegnen sich mit den Sachfragen zugleich die persönlichen Intentionen und Vorstellungen der Mitarbeiter. Dadurch erhalten die Spannungen und Auseinandersetzungen Größe und Kraft. Nur wenn diese Bedingungen und Risiken des sozialen Verkehrs gekannt werden, läßt sich die Gefährdung der genossenschaftlichen Verfassung abwenden und der Sicherheit der bürokratischen Verwaltung vorziehen.

Die anthropologischen Grundlagen für die Störanfälligkeit eines auf den Menschen und seine Fähigkeiten angelegten Arbeitssystems wie die neue schulische Verfassung ergeben sich aus dem geschichtlichen Vergleich. In früheren Jahrhunderten, unter anderen gesellschaftlichen Bedingungen, war es leichter, persönliche Kontakte herzustellen. Konflikte sind aus dem politischen Machtbereich, weniger aber aus den Ständen und Familien überliefert. «Heute brauchen wir oftmals, wenn ein Mensch dem anderen begegnet, lange Zeit zum rechten Bekanntwerden. Man muß dies oder jenes gegenseitig von sich kennenlernen, bis man anfängt, sich zu trauen, bis man Vertrauen gewinnt» (Steiner 168, 10. 10. 16). Durch die gegenwärtigen gesellschaftlichen Bedingungen werden die Menschen in – entfremdete – Beziehungen verwoben, denen sie weder im Gemüt noch in ihrem Bewußtsein voll gewachsen sind. Wo der Mensch aus seinen seelischen Anlagen heraus viel schwerer zu Kontakten kommt, bedarf es der *Zeit*, um nach und nach gefühlsmäßig, instinktmäßig das zu realisieren, was (unbewußt) an gemeinsam kulturell durchlebter Vergangenheit zwischen den Menschen waltet. Erst indem die Menschen sich wechselseitig «abschleifen», sich aneinander reiben, geschieht es, daß sie sich tiefer kennen-, aber allzu leicht auch ignorieren lernen. In unserem Zeitalter wird es schwieriger und schwieriger, «sich in ein rechtes Verhältnis zu bringen (zum anderen Menschen), weil dieses Sich-in-ein-rechtes-Verhältnis-Bringen eben *Aufwendung innerer Entwicklung*, innerer Betätigung fordert» (ebd.). Während der zwischenmenschliche Verkehr so ständig Prüfungen und Aufforderungen, aber auch Verunsicherungen im sozialen Bereich an den Menschen heranträgt, liegt es vor allem am einzelnen, ein *bewußtes* soziales Verständnis, das aus einer tieferen Einsicht in die Einzigartigkeit einer jeden (anderen) menschlichen Wesenheit hervorgeht, zu entwickeln. Der Mensch kann sich im Sozialen darüber bewußt werden, daß er bei den Partnern verschiedene Charakter- und Temperamentsanlagen vorfindet, die zu kennen ihn selbst bereichern können. «Ehe nicht diese Art des Sympathisch- oder Antipathisch-Findens aus Vorurteilen, aus besonderen Liebhabereien heraus, die man über diesen oder jenen Menschencharakter hat, aufhört, und ehe sich nicht verbreitet die Gesinnung, den Menschen zu nehmen, wie er ist, kann nicht vorwärtsgeschritten werden in wirklicher, praktischer Menschenkenntnis... Sympathien und Antipathien sind die größten Feinde des wirklichen sozialen Interesses... Die Menschen müssen die Dinge alle durch Prüfungen durchmachen, indem sich ihnen gewissermaßen die Gegenkräfte in den Weg stellen... Und nur im Bekämpfen, im bewußten Bekämpfen der oberflächlichen Sympathie- und Antipathiegefühle wird die Bewußtseinsseele geboren werden können» (ebd.).

Die Lebensempfindung der Gegenwart ist elementar, d. h. von Natur aus so gefärbt, daß der einzelne sich als Individualität in seinem eigenen Fühlen, Empfinden und Denken behaupten möchte. Die Grundempfindung menschlichen Daseins in der heutigen Zeit kann so formuliert werden: Ich möchte eine in mir selbst geschlossene Persönlichkeit sein. Ohne daß dieser

Tatbestand bewußt von den Menschen formuliert werden könnte, dokumentiert er sich in «allerlei Unzufriedenheiten, in allerlei Haltlosigkeiten des Seelenlebens» (Steiner 257, 3. 3. 23). In dieser historisch-anthropologischen Gegebenheit liegt die Wurzel der Widersprüche, der sozialen Schwierigkeiten, des Streites und Konfliktes, der Spannung innerhalb menschlicher Gemeinschaften und der Gesellschaft. Dabei läßt sich die Frage aufwerfen: Wie ist aber auf Dauer ein Zusammenleben der Menschen in genossenschaftlichen Formen möglich, wenn jeder ständig bestrebt bleibt, sein Alltags-Ich zur Geltung zu bringen? Muß nicht durch eine äußerlich festgelegte Ordnung Gemeinschaft geschaffen werden? Diese Frage wirft R. Steiner schon in einem seiner frühesten Werke auf und beantwortet sie mit einer anderen anthropologischen Tatsache: «Läge nicht in der menschlichen Wesenheit der Urgrund zur Verträglichkeit, man würde sie ihr durch keine äußeren Gesetze einimpfen!» (Steiner 4, S. 171). Der sich erneuernde und stetig wieder auftretende soziale Friede ist ebenso wie der Konflikt in den sozialen und antisozialen Trieben anthropologisch verankert. In Gemeinschaften treten Spannungen durch die antisoziale Natur des Menschen auf, sie können erst durch die bewußt eingeleitete innere Entwicklung, die an der Wahrnehmung der Konflikte erwacht, zur Sozialität hin überwunden werden.

Entwicklungsgeschichtlich führte der Weg des Menschen aus überlieferten sozialen Bindungen und Gemeinsamkeiten in den Zustand zunehmender sozialer Bindungslosigkeit und Freiheit. Das war nur möglich, weil der Mensch sich zunächst in seiner Vorstellungswelt aus dem überlieferten Normgefüge emanzipierte und letztlich nur noch anerkannte, was er aus der Schöpferkraft des eigenen geistigen Vermögens hervorbrachte. Dieser neuzeitliche Weg ist es, der zugleich den Menschen in die Isolierung, Einsamkeit wie soziale Trennung führte.

Die menschentrennende Komponente innerhalb des Vorstellungslebens bleibt aber nur solange wirksam, als das erkennende Bewußtsein sich selbst keine Rechenschaft darüber gibt, wie es zu Ideen, Begriffen und Vorstellungen kommt. Grundsätzlich wird der Mensch erst dann wirklich frei, wenn er im Bewußtsein verfolgen kann, wie er zu seinen «persönlichen» Erkenntnisinhalten und Ideen gelangt. Der Beobachter erlebt dann, daß im denkerischen Bewußtsein nicht bloß ein schattenhaftes Nachbild der Wirklichkeit erscheint, «sondern eine auf sich ruhende geistige Wesenhaftigkeit. Und von dieser kann er (der Mensch) sagen, daß sie ihm durch Intuition im Bewußtsein gegenwärtig wird ... Nur durch eine Intuition kann die Wesenheit des Denkens erfaßt werden.»[1] (Steiner 4, S. 115).

---

[1] «In dem gleichen Sinne, wie die Offenbarung des Körperlichen Empfindung heißt, sei die Offenbarung des Geistes Intuition genannt. Der einfachste Gedanke

Wenn ich mich über das Zustandekommen der Bewußtseinsinhalte aufkläre, dann wird Sozialität auf einer neuen, höheren Stufe wieder möglich. Denn wie ich für mich erkenne, daß ich selbst verbunden bin mit einer außer mir vorhandenen wirkenden und wirklichen geistigen Welt, kann ich dieselbe Situation auch für den anderen erkennen. «Der Unterschied zwischen mir und meinem Mitmenschen liegt durchaus nicht darin, daß wir in zwei ganz verschiedenen Geisteswelten leben, sondern daß er aus der uns gemeinsamen Ideenwelt andere Intuitionen empfängt als ich. Er will *seine* Intuitionen ausleben, ich die *meinigen*. *Leben* in der Liebe zum Handeln und *Lebenlassen* im Verständnisse des fremden Wollens ist die Grundmaxime der *freien Menschen* ... Nur weil die menschlichen Individuen eines Geistes *sind*, können sie sich auch nebeneinander ausleben. Der Freie lebt in dem Vertrauen darauf, daß der andere Freie mit ihm einer geistigen Welt angehört und sich in seinen Intentionen mit ihm begegnen wird. Der Freie verlangt von seinen Mitmenschen keine Übereinstimmung, aber er erwartet sie, weil sie in der menschlichen Natur liegt» (Steiner 4, S. 170 f.).

Freiheit in diesem Sinne ist nicht gegeben, sondern wird – fallweise – erworben durch die Wahrnehmung (Intuition) der handlungsleitenden Idee, die einer überpersönlichen, eigenständigen, wirklichen Welt angehört. Freiheit ist ein Akt, den jeweils die einzelne Individualität vollziehen muß. Sie ist an das ideelle Wahrnehmungsvermögen (Intuition) der Einzelpersönlichkeit gebunden, deren Biographie sich aus Handlungen der Freiheit und ebenso der Unfreiheit zusammensetzt.

Wie ich selbst die Intuitionsfähigkeit in mir ausbilden kann, also den Zugang zu einer geistigen, begrifflichen Welt für die Erkenntnis und Handlungsebene mir zu erwerben vermag, so kann ich auch mein geistiges Wahrnehmungsvermögen auf die Gedanken und Ideen anderer hinwenden und ihnen gegenüber *Intuitionsoffenheit,* nämlich die Wahrnehmung ihrer Gedanken, entwickeln. Damit wird der Blick vom Individuum auf die Sozialität hin gerichtet. Was zunächst scheinbar nur auf dem Weg über die Vereinsamung und persönliche Intuitionsfähigkeit erworben werden kann, räumt zugleich auch die Freiheit ein, sich der Sozialität in neuer Weise zuzuwenden. Die Gemeinschaftsbildung geschieht dann, aber nur dann – «aus den tiefsten Quellen des menschlichen Bewußtseins selbst» (Steiner 257, 27.2.23).

Gebe ich mich an einen Gedankeninhalt eines anderen mit meinem Intuitionsvermögen hin, dann schlafe ich – vergleichsweise gesprochen – gegenüber der Intuition als Vollzug ein; das Persönliche, die individuelle Färbung an dem Gedanken des anderen wird nicht mehr wahrgenommen.

enthält schon Intuition, denn man kann ihn nicht mit Händen tasten, nicht mit Augen sehen: Man muß seine Offenbarung aus dem Geiste durch das Ich empfangen» (Steiner 9, 51 f.).

Wie in der sinnlichen Wahrnehmung zu unterscheiden ist zwischen dem Wahrgenommenen (Objekt) und der Wahrnehmung (Eindruck, Empfindung), so ist zwischen Inhalt des wahrgenommenen Gedankens und dem Denkakt, durch den er erfaßt wird, zu unterscheiden. Wer sich an Gedanken anderer hingibt, die aus Intuition gewonnen wurden, kann das Primäre selbst nicht erleben, er ist vom Wahrnehmungsakt des anderen weitgehend ausgeschlossen.

Gegenüber der geistigen Welt «muß unbedingteste Toleranz» vorhanden sein. «Da muß man sich dazu erziehen können, selbst dasjenige, womit man nicht im geringsten übereinstimmt, in aller Ruhe hinzunehmen, nicht nur mit einer hochnäsigen Duldung, sondern so, daß man in einer gewissen Weise es zuinnerst sachlich toleriert als eine berechtigte Äußerung des anderen Menschen...» (Steiner 257, 28. 2. 23).[1]

Im sozialen Verkehr zwischen Menschen ist es zunächst so – um ein behandeltes Motiv nochmals aufzugreifen –, daß sich in jeder Begegnung unbewußt jenes antisoziale Element in den Vordergrund drängt, über den anderen zu dominieren, ihn in seiner Vorstellungswelt auslöschen zu wollen. Darum schiebt sich bei der Wahrnehmung des anderen zunächst die Schicht des Persönlichen in den Vordergrund; sie trifft bei mir auf Sympathie oder Antipathie, auf Hinneigung oder Ablehnung. Obgleich sich in dieser Naturseite des Menschen, wie sie zunächst wahrgenommen wird, etwas von dem wirkenden Wesen des anderen ausdrückt, bleibt doch der Zugang zu seiner Entelechie verstellt. Die «moralische Basis» der unbedingten Toleranz wirkt reinigend auf den Wahrnehmungsakt, so daß sich der Inhalt der Wahrnehmung qualitativ ändert. Der Mensch wird sozial, indem er seine Persönlichkeit, die als wahrnehmende sich zwischen das Wahrgenommene schiebt, zurücknimmt – durch die Toleranz. Hier schläft der Mensch – vergleichsweise gesprochen – als eigenständige Persönlichkeit ein, wenn er auch in der Vergegenwärtigung der Inhalte bewußt und wach mit seinem Selbst geistig anwesend sein muß.

Damit wird im Sozialen jene gleiche Stufe erreicht, die im individuellen Erkenntnisakt zur Freiheit (Intuition) führt. Während im zwischenmenschlichen Verkehr das Persönliche zurückzunehmen ist und der Mensch im Wahrnehmungs*akt* als Persönlichkeit «einschläft», hat man es gegenüber den wahrgenommenen *Inhalten* mit einem gegenläufigen Prozeß zu tun: mit einer Bewußtseinserweiterung.

[1] «Wenn (jemand) in der Lage ist, die entgegengesetzte Anschauung des anderen mit derselben Toleranz aufzunehmen – bitte hören Sie das! – wie seine eigene, dann erst erwirbt er sich die notwendige soziale Seelenverfassung für das Erleben desjenigen, was in der Theorie aus höheren Welten heraus verkündet wird. Diese moralische Basis ist eben notwendig für ein richtiges Verhältnis des Menschen zur höheren Welt» (ebd.).

Sieht man nicht auf den Akt als Vorgang, sondern allein auf die Inhalte, so isoliert sich der Mensch von den anderen, wenn er träumt oder schläft. Das reiche, inhaltvolle Bildergeschehen des Traumes kommt als Inhalt nur mir allein zu, es isoliert mich für das irdische Leben von den Mitmenschen. In den Inhalten der Traumwelt ist der Mensch ganz allein. Diese soziale Isolierung im Schlaf und Traum durch die erlebten Inhalte geschieht natürlich: der Mensch schläft ein, wenn sich das Bewußtsein der eigenen Dauer (Ich) und Empfindungen (Seelenleib) einerseits loslösen von der physischen Leiblichkeit mit dem ihr innewohnenden Lebensprinzip (Ätherleib) andererseits (vgl. Kap. «Anthropologische Begründung»).

Träume entstehen, wo die Empfindungen (Seelenleib) sich berühren mit dem Lebensleib. Bei diesem Vorgang bleibt der Mensch mit seinen Inhalten völlig allein. Er erwacht, wenn durch die Außenwelt die Sinneseindrücke (Töne, Geräusche, Wärme, Licht) auf ihn einwirken und sein Bewußtsein und die innere Erlebniswelt wachen Tagescharakter annehmen. Ruckartig erwacht das Bewußtsein an den Inhalten der Außenwelt; sie kommen von außen und nicht wie die Träume von innen.

Wenn wir aufwachen, leben wir uns zugleich in das soziale Leben, unsere Umwelt, hinein. «Der Raum, in dem wir sind, in dem der andere ist, die Empfindung, die Vorstellung dieses Raumes, die er hat, haben wir selber auch. Wir erwachen an unserer Umgebung in einem gewissen Umfang zu demselben inneren Seelenleben, wie er erwacht. Indem wir aus der Isoliertheit des Traumes erwachen, erwachen wir bis zu einem gewissen Grad in die menschliche Gemeinschaft hinein einfach durch dieses Wesen unserer Beziehung als Mensch zur Außenwelt. Wir hören auf, so entschieden in uns selbst, so eingesponnen und eingekapselt zu sein, wie wir in der Traumwelt eingesponnen und eingekapselt waren...» (Steiner 257, 27. 2. 23).

Wie man gegenüber den Inhalten der Welt zu einem Tages-Bewußtsein kommt, ist ein Erwachen auch gegenüber den Mitmenschen möglich, insofern ihre «Naturseite» wahrgenommen wird, z. B. wie sie sich geben in ihrer Gestik, ihrer Sprache, Erscheinung usw. Wenn indessen das Wahrnehmungsorgan und der Wahrnehmungsvorgang durch das Mittel der Toleranz verändert wird, ist auch gegenüber dem Inneren des Menschen ein weiteres, zweites Erwachen möglich: das bedeutet dann ein Erwachen an der Seele und dem Geist des anderen Menschen, gleichsam ein Erwachen am Inneren des anderen. «Die Menschen erwachen aneinander, und indem sie sich immer wieder und wiederum finden, erwachen sie, indem jeder in der Zwischenzeit ein anderes durchgemacht hat und etwas weitergekommen ist, in einen gewandelten Zustand aneinander. Das Erwachen ist ein Erwachen im Sprossen und Sprießen», d. h. an der Entwicklung des anderen (ebd.).

Man erwacht am Inneren des anderen Menschen, «wenn das auch gewöhnlich nicht ganz klar gleich vorliegt im Bewußtsein» – zu einem höher gearteten Bewußtseinszustand, zu einem höheren Bewußtseinsniveau (Steiner 257, 28. 2. 23). Wenn es gelingt, bis zum Inneren des anderen vorzudringen, kann ein sozial außerordentlich wichtiger zweiter «Erweckungs»-prozeß stattfinden. An der Seele des anderen erwacht man zu «einem gewissen höheren, wenn auch nicht Bewußtsein, so doch zu einem gewissen höheren Empfinden, zu einem intensiven höheren Erleben» (Steiner 257, 4. 3. 23)[1].

Was auf dem individuellen «Schulungsweg» erreichbar ist, die Ausweitung des Bewußtseins, läßt sich auch auf dem Weg durch die Sozialität ausbilden: durch das Erwachen am anderen Menschen. Wie sich beim natürlichen Erwachen ins Tagesbewußtsein Ich und Seele mit der Leiblichkeit verbinden, so verbindet sich im Erwachen am anderen Menschen das geistige Selbst mit Ich und Seele. Ein höheres geistiges Prinzip, ein geweiteter Bewußtseinszustand, in der Gegenwart dem Menschen als Keim, als Möglichkeit, nicht aber als Vermögen eigen, verbindet sich in diesem Augenblick mit ihm. Er nimmt individuelle geistige Inhalte am anderen unverfälscht wahr und erwacht dabei zu einem veränderten Bewußtsein; dieses wird von Steiner mit Geist-Selbst bezeichnet (vgl. Steiner 159/160, 15. 6. 15). Dies ist nicht ein einmaliger Vorgang, der dann zu unverlierbaren, abgesicherten Ergebnissen führen würde, sondern ein jeweils zu erneuernder Prozeß, den die Gemeinschaftsbildung erfordert und konstituiert. Das höhere Bewußtsein kann dadurch entwickelt werden, «daß Mensch an Mensch zu erwachen versteht und sich auf diese Weise, aus diesem Erwachen heraus Gemein-

---

[1] Durch die Seelenartung der Gegenwart, die R. Steiner die Bewußtseinsseele nennt, wird dieses Erwachen am Inneren des anderen Menschen notwendig. «Dieses zweite Erwachen wird immer mehr und mehr als ein Bedürfnis der Menschheit auftreten: das ist das Erwachen an Seele und Geist der anderen Menschen ... Er will an Seele und Geist des anderen Menschen erwachen, er will dem anderen Menschen entgegentreten so, daß der andere Mensch in seiner eigenen Seele einen solchen Ruck hervorbringt, wie es gegenüber dem Traumleben das äußere Licht, das äußere Geräusch usw. hervorbringt. Dieses Bedürfnis ist einmal ein ganz elementares seit dem Beginn des 20. Jahrhunderts und wird immer stärker werden ... Waches Tagesleben, so erwacht am anderen Menschen, an Seele und Geist des anderen Menschen zu einem höheren Bewußtsein. *Der Mensch muß mehr werden, als er dem Menschen immer war.* Er muß ihm zu einem weckenden Leben werden. Die Menschen müssen sich näherkommen, als sie sich bisher gestanden haben: zu einem weckenden Wesen muß jeder Mensch, der einem anderen entgegentritt, werden. Dazu haben eben die modernen Menschen, die ins Leben jetzt hineingetreten sind, viel zuviel Karma aufgespeichert, als daß sie nicht ihr Schicksal verbunden fühlen würden, ein jeder mit dem, der ihm im Leben als anderer Mensch entgegentritt ... Jetzt tritt eben die Notwendigkeit ein, daß man nicht nur durch die Natur erweckt wird, sondern durch die Menschen, die mit einem karmisch verbunden sind und die man suchen will» (ebd.).

schaftsbildungen ergeben. Denn man erwacht mit den Menschen, mit denen man sich zusammenfindet, immer aufs neue, deshalb bleibt man mit ihnen zusammen» (Steiner 257, 27. 2. 23).

b) Das Procedere und Größe der Schule

Eine Gruppe zusammenarbeitender Menschen verfügt über zwei Möglich-keiten: Sie kann für den einzelnen Anlaß sein, in der Gemeinschaft mehr zu leisten, als jeder einzelne in der Isolierung zu leisten vermöchte; aber die Gruppenmitglieder können sich auch so begegnen, daß sie sich selbst nicht wahrnehmen und ihre Kraft erschöpfen in Zank, Streit, Profilneurose und Kampf um die Alpha-Position. Langeweile, Frostigkeit und Überdruß kenn-zeichnen dann die vorherrschende Stimmung. Zwischen diesen beiden Ex-tremen pendelnd durch Höhen und Tiefen, verläuft das reale soziale Leben. Schon der einfachen Gruppe als Gesellungsform kommt ein bedeutender Leistungsvorteil gegenüber dem auf sich gestellten einzelnen zu. Denn im Zusammenspiel der Gruppenmitglieder gleichen sich Einseitigkeiten und Schwächen einzelner aus, die Kräfte fügen sich zusammen, so daß sich im Ergebnis ein Mehr als bloß die Summe der Teile einstellt, wozu aber das Zusammenwirken durch die Organisation nötig ist, welche die Handlungen aufeinander bezieht.

Eine Gruppe zusammenwirkender Menschen kann das seelisch-geistige Niveau über das der einzelnen heben, wenn sie das «Wertpotential» aller Mitglieder voll einsetzt. Die Fähigkeit, Aufgaben durch «Suchen, Wählen, Probieren» in der Regel besser zu lösen als der einzelne, ist bei Gruppen grundsätzlich gegeben (vgl. Brocher, Hofstätter, Homans, Lewin). Um aber die besonderen und besten Möglichkeiten freizusetzen, die einer Menschen-gruppe zur Verfügung stehen, bedarf es unabdingbarer Voraussetzungen.

Wenn man als höchstes Ziel, zu dem der Mensch sich zu entwickeln ver-mag, die Freiheit, d. h. sein aus Erkenntnis bestimmtes Tun, setzt, dann wird die Entfaltung eines höheren «freien» Bewußtseins zur zentralen Aufgabe menschlichen Seins und menschlicher Entwicklung. In der sozialen Dimen-sion der Gruppe differenziert sich dasselbe Ziel derart, daß jeder durch den anderen eine Erhöhung erfahren kann, wenn er durch die Intuitions-offenheit dessen inneres, unverwechselbares Wesen besser erfahren kann. Dazu muß aber ein Klima im sozialen Verkehr bestehen, das die Gegen-wart, die Anwesenheit, die geistige Präsenz des «inneren Menschen» auch erlaubt. An den negativen Erscheinungen wird das deutlich: Nur wenn die «Dinge unter Verantwortung gesagt» werden, wenn «Ehrlichkeit in der Aussprache» waltet, wenn «Ernst» und «nicht Oberflächlichkeit» die Aus-sagen trägt, ist die Persönlichkeit und Individualität dergestalt anwesend.

Wenn sich allerdings im sozialen Leben die Verhältnisse bis zu einer «Miß-stimmung gegen eine Zusammenarbeit» entwickelt haben, ist jene Situation erreicht, in der *Begegnungen* mit anderen nicht mehr – oder nur noch cliquenhaft – stattfinden können.

Es versteht sich, daß eine den menschlichen Strebungen offene Konstitu-tion alle Spielarten der Zusammenarbeit und der Trennung, des Vertrauens und Mißtrauens, des Konsens und Dissens, der Kooperation und der Läh-mung, des guten Willens und der individualistischen Quertreiberei kennt, ja kennen muß. So bleibt vorübergehend die Unzufriedenheit mit der Kon-ferenzarbeit nicht aus, obgleich sie das Nerven- oder Seelenzentrum der neuen Konstitution gefährdet oder gar zerstört. Übellaunigkeit gegen die gemeinsamen Beratungen bildet sich, wenn einzelne oder Gruppen mit dem Geschehen in den Konferenzen sich nicht anfreunden können, sei es, daß diejenigen, welche die Szenerie beherrschen, ihnen antipathisch zuwider sind, sei es, daß sie selbst andere Intentionen haben, sei es, daß sie zu schwach sind, ihrerseits produktiv einzugreifen. Es entsteht Distanz, Kritik, Zurückhaltung, schließlich gar aus mangelnder Identifikation weitgehende Entfremdung.[1] In diesen Schwierigkeiten drücken sich fundamentale see-lische Gegensätze aus, die sich für das Verständnis auf den Typus des «Täters» und des kritischen «Beobachters» eingrenzen lassen. Wer selbst handelt, verbindet sich innerlich-seelisch durch den Handlungsvollzug einer-seits stark mit dem Objekt, auf das sich sein Tun richtet, und andererseits mit seinem Tun als seelischem Vorgang. Er gibt sich mit den Kräften der Sympathie an die Handlung hin, an seinen Willen. Jemandem Bedenken oder Einwände vorzutragen, solange er handelt, stößt seelisch ins Leere, denn der Täter ist nicht geneigt, Vorstellungen aufzunehmen, solange er

---

[1] «Ist es nicht so, wie es bei allen solchen Dingen ist, daß eigentlich derjenige, der unzufrieden ist mit den Zusammenkünften oder was immer, viel dazu beitragen kann, sie besser zu machen, indem er persönlich in der Konferenz selbst sich be-müht, es besser zu machen...? Man sollte von den Konferenzen nichts verlangen, sondern mehr die Meinung haben, man sollte geben. Kritik an solchen Dingen ist nicht das Fruchtbare, sondern die Versuche, die Sache in sich selbst zu verbes-sern... (Man kann) immerhin sagen, der Unterricht hat in der letzten Zeit wieder etwas Befriedigendes bekommen, hat sich sehr gehoben. Dagegen waltet über dem Lehrerkollegium namentlich im gegenseitigen Verkehr eine gewisse Kälte, eine Frostigkeit. Und nur dann können die Konferenzen Mißstimmungen hervorrufen, wenn diese Frostigkeit eine große ist. Aber gegen diese Frostigkeit sollte wirklich angegangen werden bei allem, was gegenseitiger Verkehr der Lehrer ist. Wenn Sie sagen, man kann sich bei Konferenzen nicht kennenlernen, so erscheint es mir sonderbar bei einer Körperschaft, die immer beieinander ist... In den Konferen-zen gibt man sich das Beste, was man sich geben kann. Das ist dasjenige, daß zu-viel aneinander vorübergegangen wird im Kollegium, daß man sich nicht gegen-seitig genügend belächelt. Man kann gegenseitig sich einmal derb die Wahrheit sagen...» (K 6, S. 45 f.).

an eine Aktion hingegeben ist. Der «Beobachter» ist, solange er kritisch wahrnimmt, in Distanz verharrend, nur so kann ihm gelingen, was dem Handelnden im Tun fehlt, in Ruhe und Abstand scharf zu beobachten, aber nicht zu handeln. Seelisch ruft er in sich die Kräfte der Absonderung, des Widerstandes, der Antipathie auf. Die polaren Verhaltensweisen, zwischen denen jeder Mensch im Zeitverlauf hin und her pendelt, können sich gruppenhaft vereinseitigen; dann kann die eine Gruppe handeln und die andere deren Tun kritisch beobachten. Dabei wird sich jenes Bild ergeben, das H. Hahn überliefert hat: Die besten Steuerleute stehen am Ufer, d. h. die kritischen Beobachter können aus der Handlungsferne genau sagen, was die Handelnden tun müßten, um Erfolg zu haben (vgl. Steiner 293, 4. V.).

Verfestigen sich die sozialen Bezüge in dieser Art, dann stehen sich zumeist nicht mehr einzelne «Souveräne», d. h. freie und für den Ideeninhalt der anderen Menschen offene und zugängliche Persönlichkeiten gegenüber, sondern Gruppierungen bestimmter präformierter Seelenhaltungen, deren Anliegen letztlich auch von einem einzelnen Antagonisten vorgebracht werden. Diese Verfestigung offenbart sich schließlich in langwierigen Auseinandersetzungen, bei denen sich eine einheitliche Auffassung über das, was in konkreten Fällen getan werden soll, kaum noch herstellen läßt. Derselbe Gegenstand wird dann endlos von Konferenz zu Konferenz traktiert, wobei sich die Argumente stetig wiederholen – ein Ausdruck für die geistige Unproduktivität festgefahrener Gruppierungen und ihrer Attitüden.

Immobilismus und Starre wirken sich durch die neue Konstitution unmittelbar lähmend auf die gesamte Schule aus. Als Hilfe in solchen Situationen gibt es durch die neue Konstitution nur einen Ausweg: die einheitliche Bewußtseinsbildung auf einem Gebiet, das mit möglichen kontroversen Gegenständen selbst nichts zu tun hat.

In den Waldorfschulen werden Entscheidungen durch das *Gespräch* in den Konferenzen, nicht durch Abstimmungen mit Mehr- und Minderheiten herbeigeführt. Der Dialog ermöglicht eine Gedankenbewegung, die zu Erkenntnissen führt, welche weit über die Möglichkeiten des einzelnen Teilnehmers hinausgehen können. Nur wenn sich das Gespräch *frei* entwickelt und nicht schon Festlegungen bestehen, kann die gemeinschaftliche Bemühung die beste Problemlösung durch eine sachgerechte «Intuition» ermöglichen.[1]

Durch institutionelle Verfahren, wie die Abstimmung, kann zwar eine

---

[1] «Es gehört zum Wesen jeder Konferenz, daß alle Beteiligten, insbesondere aber der Konferenzleiter, danach streben, daß die Konferenzteilnehmer im Verlauf der Diskussion durch die verschiedenen zum Thema vorgetragenen Argumente zu einer Übereinstimmung gelangen. Mehrheitsabstimmungen sind in diesem Sinne nur eine Notlösung der Praxis, dann nämlich, wenn eine Entscheidung getroffen werden muß...» (Goossens, S. 17).

Abhilfe bei lähmender Unentschiedenheit geschaffen und die Entscheidungs-
fähigkeit aufrechterhalten werden, aber die Ursachen zugrunde liegender
Schwierigkeiten sind dadurch nicht zu beheben, sie vertiefen sich allenfalls.

Zwischen den Spannungspolen des Zusammenhalts (Kohäsion) und der
Gruppenauflösung pendelt der soziale Prozeß in allen Gemeinschaften.
Es gehört zur erlernbaren *sozialen Technik*, die Extremlage der Gemein-
schaftsauflösung zu vermeiden und die Verhandlung so zu lenken, daß
einerseits alle Teilnehmer einbezogen und als Persönlichkeit anwesend
sein können und daß andererseits die zentrifugalen Tendenzen im Gespräch
zurückgedrängt bleiben. Das erste Erfordernis hierfür ist, die zu einem
Problem vorhandenen Informationen vollständig und – soweit möglich –
durchsichtig am Anfang für alle zu geben. Dadurch entsteht ein gemein-
sames und gleiches Bild für alle. «Zur *Bildgestaltung* gehört, daß jeder von
demselben Bild ausgeht. Das ist ein demokratischer Prozeß. In der Bildgestaltung entsteht die Demokratie! Denn man geht davon aus, daß man
nicht eher weitergeht, bis jeder alle Unterlagen und Informationen hat,
damit er auch wirklich sachgemäß sprechen kann. Das ist eine langwierige
Sache, aber es lohnt sich. Denn wenn man das nicht macht, kommt später
die Verwirrung» (vgl. zu diesem und dem folgenden Lievegoed).[1] Eine
klare Informationsangabe und -verarbeitung ist deshalb wichtig, weil mit
dem Informationsbesitz zugleich Macht verbunden ist. Wer gegenüber anderen einen Informations*vorsprung* besitzt, den er nicht preisgibt, hat
über sie Macht; das wurde in den alten Theokratien, insbesondere im alten
Ägypten bewußt eingesetzt und dient bis heute zur Stabilisierung jeglicher
Herrschaft (Steiner 201, 9. 5. 20).

Der andere Pol, die Informations*flut*, die wenig oder nichts mit dem
Problem zu tun hat, kann ebenso zur Divergenz beitragen wie das beab-
sichtigte oder versehentliche Vorenthalten von Sachkenntnissen.

In der nachfolgenden *Urteilsbildung* tritt vor allem die Interaktion in
den Vordergrund: Die einzelnen geben ihre Sicht, ihren Verfahrensvor-
schlag, ihre Anschauung in die Konferenzberatungen. Soweit Verständnisbereitschaft da ist, können sich die verschiedenen Nuancen der Persönlichkeiten, solche des Temperaments und des Charakters entfalten und in das
gesamte Urteil mit eingehen. Je nachdem, in welcher sozialen Situation sich
die Gruppe befindet, wird auch die vorherrschende *Stimmung* die sein:
Entweder ist schon vorhersehbar, welchen Gesichtspunkt der einzelne bis in
die Formulierung hinein vorbringen wird und auch wie die Hörenden dar-

---

[1] Lievegoed ist Begründer des NPI (Niederländisches Pädagogisches Institut);
dieses beschäftigt sich mit Fragen von Mensch und Organisation, der Verbesserung und Beherrschung sozialer Prozesse sowie der Vermittlung der erarbeiteten
Erkenntnisse und basiert auch auf Einsichten der Geisteswissenschaft R. Steiners.

auf reagieren werden – oder es ereignet sich, daß ein Teilnehmer etwas Neues, Unbekanntes, nicht Vorhersehbares äußert, das alle bereichert, und in solchen Augenblicken, wenn schwerwiegende Fragen zur Entscheidung anstehen, wird die Gemeinschaft wie erneuert.

Es findet nach langem Hin und Her vielleicht jemand das «Wort», durch das sich alle mit ihrem eigenen Streben und Bemühen ausgesprochen fühlen. In diesen Augenblicken entfaltet sich die besondere Fähigkeit der Gemeinschaft: ihr Wertpotential wird im Erkenntnisbemühen so eingesetzt, daß sich jene Bewußtseinsstufe, die sich in der moralischen Intuition beim einzelnen Menschen im Akt der Freiheit einstellt, für die Gemeinschaft vergegenwärtigt. Das entfaltete Bewußtsein wird noch erhöht, so daß in ihm voll das eigene Selbst erlebt werden kann. In diesen Augenblicken vermittelt das Gemeinschaftserleben etwas von dem, was der Einzelmensch als ein sich selbst Schulender erst mühsam erreichen kann (Steiner 193, 11. 2. 19).

Innerhalb der Gemeinschaften wird die Urteilsbildung wesentlich erschwert, wenn es bei der Problemlösung nicht allein um Erkenntnisfragen, sondern um Tatentschlüsse geht. Bei der Erkenntnisbildung waltet jeweils noch der friedliche Hauch des Unverbindlichen: Ich kann mich noch für oder gegen etwas entscheiden, die Folgen treffen mich erst, wenn ich Erkenntnisse wirklich in die Tat umsetze. Darum muß zur Urteilsbildung, die Handlungsentschluß werden soll, noch der Beschluß als Verbindliches hinzukommen, eben die Verpflichtung, Erfolg oder Mißerfolg als Konsequenz zu tragen. Hierbei werden tiefere Schichten im Menschen mobilisiert als nur die auf dem Erkenntnisfeld angesiedelten, wir nennen sie schlicht die moralischen. Je stärker der Zusammenhalt in der Gruppe, d. h. je stärker die Erlebnisse des Vertrauens zwischen den Menschen durch die Erlebnisse in der Erkenntnisübereinstimmung, in der Einheitlichkeit des Bewußtseins sind, umso leichter wird auch eine Übereinstimmung im Entschluß zu erzielen sein.

Weil alle Handlungsentschlüsse mit den Willenstiefen, dem moralischen Wesen des Menschen verbunden und verhaftet bleiben, wirken hier denn auch die Eigenarten der einzelnen Persönlichkeit stärker mit als in der Erkenntnisbemühung. Erst wenn sich das oberflächlich Subjektive im Kollegialverkehr «abschleift», kann die wirkliche und ureigene Persönlichkeitskraft sichtbar werden und sich mit dem Beschluß verbinden. Dabei werden oft promethische oder epimethische Charakterzüge freigelegt und dann im sozialen Prozeß überwunden.

In den Handlungsentschlüssen, die sich immer auf die Zukunft beziehen, muß aus dem Umfang der Ideen eine konkrete Vorstellung herausgeholt werden, die gleichsam die Zukunft vorwegnimmt. Dies zu leisten ist nur der Phantasie möglich, die man, da sie sich künftigen Handlungen zuwendet, als *moralische Phantasie* bezeichnen kann. Die Phantasie wird gegenüber der Erkenntnis, die sich auf Gewordenes bezieht, leicht als riskant empfunden werden, weil sie zwar Zukunft einsichtig zu machen versteht, aber nicht zugleich deren Wirklichkeit, die noch in der Ferne liegt, vermittelt. Anders ist es mit der Umsetzung eines konkreten Vorstellungsbildes in die Wirklichkeit. «Die moralische Phantasie muß, um ihre Vorstellungen zu verwirklichen, in ein bestimmtes Gebiet von Wahrnehmungen eingreifen. Die Handlung des Menschen schafft keine Wahrnehmungen, sondern prägt die Wahrnehmungen, die bereits vorhanden sind, um, erteilt ihnen eine neue Gestalt.»

Um diese Umbildung eines Wahrnehmungsobjektes den Vorstellungen entsprechend zu leisten, muß man die sozialen und naturgesetzlichen Zusammenhänge kennen, dies ist weniger eine Angelegenheit der Erkenntnis als eine der *moralischen Technik*. «Sie ist in dem Sinne lernbar, wie Wissenschaft überhaupt lernbar ist. Im allgemeinen sind Menschen nämlich geeigneter, die Begriffe für die schon fertige Welt zu finden, als produktiv aus der Phantasie die noch nicht vorhandenen zukünftigen Handlungen zu bestimmen. Deshalb ist es sehr wohl möglich, daß Menschen ohne moralische Phantasie die moralischen Vorstellungen von anderen empfangen und diese geschickt der Wirklichkeit einprägen. Auch der umgekehrte Fall kann vorkommen, daß Menschen mit moralischer Phantasie ohne die technische Geschicklichkeit sind.» (Steiner 4, 198 f.).

Vor diesem Hintergrund zeigt sich, daß eine auf Kollegialentscheidungen aufgebaute Einrichtung aus der Erstarrung und Immobilität sich nur lösen kann, wenn die in ihr zusammenarbeitenden Menschen sich durch unermüdliche Lernvorgänge im Bereich der moralischen Technik Einrichtungen so gestalten, daß vorhandene Fähigkeiten der Mitarbeiter angesprochen und stetig genützt werden können. Denn ein Teil antisozialer Erstarrung rührt ja zumeist davon her, daß sich ein Gefühl der Ausgeschlossenheit, der Verantwortungsferne ausbildet. Dies ist aber zu beheben, und zwar in der Bildung eines einheitlichen Bewußtseins. Alle Spielregeln und Verfahren bedürfen in der neuen Konstitution einer anthropologischen Absicherung. Eine bloß gedankliche Übereinkunft nützt nur dann etwas – und das gilt für jede Demokratie –, «wenn diese immer neu durch personalmoralische und kreative Ich-Akte und -Erfahrung der Verantwortung am Leben gehalten wird» (Müller-Wiedemann, 258).

Am Anfang einer neugegründeten Organisation schafft die Initiativkraft und die Herausforderung durch jeweils unvorhergesehene Schwierigkeiten einen starken Zusammenhalt, wobei die eigentliche Organisation – wo sie formal erscheint – selbst schwach bleibt und immer durch Menschen mit konkreten Handlungen erfüllt ist. Mit dem Wachstum der Organisation läßt sich der improvisierte, lebensvolle Status, der auf unmittelbarer menschlicher Nähe und Zusammenarbeit, vielleicht auch auf der Dominanz einer bedeutenden Gründerpersönlichkeit aufbaut, nicht mehr aufrechterhalten. Es beginnen rasch Klagen, daß man die Verhältnisse nicht mehr übersehen kann. So wird bereits 1920 von den Lehrern der ersten Waldorfschule geklagt – die Schule hat nun 420 Schüler –, daß die Intimität verlorengegangen sei, wobei R. Steiner dies nicht als einen Mangel, allenfalls als eine gegebene Tatsache empfinden kann (K 2, S. 161). Im Jahre 1923, die Schule hat nun 687 Schüler und 39 Lehrer, wird über die Schwerfälligkeit in den Konferenzen geklagt. Darauf antwortete R. Steiner: «Das kann ich nicht sehen, daß die Begeisterung mit der Ausdehnung des Lehrkörpers leiden soll. Das wäre traurig. Neue Kräfte sollen neue Quellen der Begeisterung sein. Auch im Zimmer muß man, wenn es heller werden soll, nicht Lampen auslöschen, sondern anzünden» (K 7, S. 141a).

Es ist zweifellos, daß mit dem Wachstum die Verhältnisse unübersichtlicher werden und daß das Gefühl der Verlassenheit zu- und die menschliche Nähe abnimmt. «Die richtige Gründerorganisation, die Pionierorganisation, die funktioniert so lange, wie ein jeder jedem begegnet» (Lievegoed, S. 53). Soziologisch wandelt sich mit der Vergrößerung die Gruppe von einem Typus, wo jeder jeden alltäglich wahrnimmt (primary group, face-to-face-group), zu einem Typus mit lockeren Kontakten (secondary group) und einem Zug zur Anonymität. «Eine streng gegliederte Teilung der Arbeit wird auch im organisatorischen Bereich notwendig, es bildet sich in dieser Organisationsphase eine «funktionelle Hierarchie» (Lievegoed) aus, die zwischen den Funktionspolen zu Spannungen und weiteren Entfremdungen führen kann. Diese Entwicklungsphase hat eine stärkere Verwandtschaft zur bürokratischen Form, die rational nach dem Zweck-Mittel-Schema alle organisatorischen Abläufe zu bewältigen versucht. Alles pädagogische Tun aber ist verwandt mit der Gründersituation und darum abhold jeder bürokratisch-formalen Regelung, aber – als Gefahr für die Organisation gesehen – auch der Präzision.

Mit der Frage, wie groß eine Schule, wie groß ein Kollegium optimal sein soll, ist im Grunde genommen eine zentrale soziologische Aussage herausgefordert. Je kleiner eine Gruppe, um so dichter kann das zwischenmenschliche Beziehungsgeflecht werden, zumal jede Gruppe ebenso wie jedes formale System sich durch eine «Außenhaut» von der Umwelt absetzt und einen Innenraum mit eigener Kultur, eigenen Werten und spezifischer «Heimeligkeit» bildet. Gegenüber der kleinsten Einheit, der Familie, die wenigstens aus drei Personen besteht, wird als eine größere noch ursprüngliche Gruppe (Primärgruppe) jene mit bis zu 30 Mitgliedern angesehen. Daß zwischen zwölf Menschen, die miteinander arbeiten, bessere und darum auch kraftvollere Kontakte aufrechterhalten und gepflegt werden können als zwischen dreißig, liegt auf der Hand; diese werden beim zweiten Fall über weite Bereiche nur flüchtig, gleichsam auf dem Niveau des Kontaktminimums vorhanden sein können. Gleichzeitig gilt aber auch das andere: mit der Größe der Gruppe wächst die Mannigfaltigkeit der Kräfte, die von den einzelnen eingebracht werden. Manche Sozialpsychologen sehen 12 Mitglieder als das Optimum an, bei dem jeder zu jedem gute und zugleich emotional getragene Kontakte unterhalten kann, nebenbei genau jene Zahl der Lehrer, die bei der Schulgründung 1919 gegeben war. Als ein anderer Erfahrungswert gilt bei Lehrern und Jugendleitern die etwa doppelte Größe von 24 bis 30 Mitgliedern, bei denen eine gute Kontaktpflege, zeitlich nicht zu reduziert, möglich sei.[1]

Als eine *optimale Größe* der Schule kann jene gelten, wo jeder Lehrer jeden Schüler persönlich und namentlich kennt; das *Maximum* an Überschaubarkeit liegt wohl da, wo jeder Lehrer die gesamte Schülerschaft noch ungefähr wahrnehmen kann, ohne mit den einzelnen Schülern genauer bekannt zu sein. Diese Grenze der «überschaubaren Schule» liegt dort, wo sich deutlich erfahrbare «undurchdrungene» Zonen im Schulleben ergeben: Für die Waldorfschule bedeutet das Optimum eine vollausgebaute Schule mit zwölf Klassen, das Maximum eine zweizügige Schule mit vierundzwanzig Klassen bzw. sechsundzwanzig (einschl. Abiturvorbereitung).

Der eigentliche Zusammenhalt wird weder durch die formale Ordnung noch durch eine Hierarchie geschaffen, sondern nur über die gemeinsame Sache und das Ziel, das zusammen erarbeitet wird. Was zusammenhält, sind nicht die allzu mannigfachen Individualbeziehungen, sondern die ein-

---

[1] Claessens hat (im Anschluß an Bossard) die möglichen Beziehungen mathematisch zu fassen gesucht, um die empfindungsgemäßen Erfahrungen abzusichern oder zu falsifizieren. Die möglichen Zweierbeziehungen innerhalb einer Gruppe berechnen sich nach der Formel $P = \dfrac{n(n-1)}{2}$; P ist die Zahl der möglichen Zweierbeziehungen, n die Anzahl der Gruppenmitglieder. Ist n = 2, gibt es eine Beziehung, bei 4 = 6, bei 6 = 15, bei 12 = 66. Demnach dürfte die Intensität der Beziehungen bei einer Gruppengröße von 6-7 mit 15 möglichen Zweierbeziehungen abnehmen. – Werden dagegen die Beziehungen zwischen Einzelindividuen berechnet, gilt die Formel (nach Kephart): $PR = \dfrac{(3^n - 2^{n+1}) + 1}{2}$.

Ist n die Zahl der Gruppenmitglieder, PR die Zahl möglicher Beziehungen, dann ergibt sich die Reihe: n = 2   3   4   5   6   7   ...
PR = 1   6   25   90   301   966 ...

Nur in der Zweier- und Dreiergruppe können Beziehungen größter Intensität unterhalten werden, «spätestens bei fünf bis sechs *müssen* sich im Beziehungsgeflecht einer Kleingruppe Untergruppen bilden, wenn die gegenseitigen Beziehungen intensiv sein sollen. Bei sieben Mitgliedern gibt es durch einen abrupten Anstieg der möglichen Beziehungen ... einen ‹Bruch› in den inneren Verhältnissen einer Gruppe» (Claessens, S. 52). Aus diesem rechnerisch ermittelten Tatbestand allzu weittragende Folgerungen zu ziehen, wäre irrig.

heitlich erarbeiteten Bewußtseinsinhalte. Für die Konferenz bedeutet dies, daß sich zwischen sechzig Lehrern eben noch ein lockerer Zusammenhang halten läßt. Dichter wird jener Kontaktbereich innerhalb von entstehenden Binnengruppierungen sein; dies schafft eine bestimmte Nähe, sie trägt zugleich aber auch zu Isolierungen bei.

Wie kann ein der neuen Konstitution entsprechender Zustand geschaffen werden, der institutionell Entfremdung, Verlassenheit, Starre und Resignation sekundärer Gruppen vermeiden hilft? Es wurde bereits der seelische Aspekt genannt: jene innere Begeisterung und gesteigerten Fähigkeiten, die mit der Größe zunehmen können. Institutionell wird sich eine Hilfe dadurch schaffen lassen, daß differenziert wird innerhalb des Kollegiums. R. Steiner schlägt – sozialtechnisch – für diesen Zweck vor, *Subkollegien* nach sachlichen, fachlichen oder funktionellen Gesichtspunkten zu bilden, etwa solche für Lehrer der Naturwissenschaften oder der Unter-, Mittel- oder Oberstufe usw. Aus diesen kleineren (Binnen-)Gruppierungen, die sich aus dem unmittelbaren Tätigkeitszusammenhang ergeben, kann wieder ein Element der spezifischen Fähigkeiten ins Gesamte der Konferenz zurückfließen. Dieses Prinzip, im geistigen Leben dadurch eine Einheit zu schaffen, indem man äußerlich differenziert (H. Müller), kann seine Bedeutung haben, wenn zur gleichen Zeit die Negativfolge bedacht wird, daß eine zu kleine Gruppierung im Niveau gegenüber einer größeren absinken kann und sich als recht einfallslos erweist. So ist es gut, bei aller Differenzierung an dem integrativen Element der Gesamtkonferenz unbedingt festzuhalten.

Entsprechend nennt Lievegoed diese schwer zu beschreibende neue Art des Zusammenwirkens, in der sich die menschliche und *soziale Reife* einer größeren Gemeinschaft dokumentiert, Integrationsphase, in der «die arbeitsteilige Gemeinschaft wieder zu einer (einheitlichen) Gemeinschaft gemacht werden muß» (56 f.). In ihr bilden sich Verantwortungskreise, die zusammenwirken und allein auf dem Vertrauen aufbauen. Es bilden sich Arbeitszusammenhänge, bei denen einzelne Mitarbeiter Funktionen wahrnehmen, weniger weil sie selbst wollen, sondern weil sie beauftragt werden. Lievegoed nennt dies Anerkennungshierarchien, die von unten nach oben gebildet werden (also entgegengesetzt der bürokratischen Hierarchie). «Es geht nicht mehr um höher oder tiefer, es ist differenzierter oder allgemeiner.» Jeder hat, wo er auch steht, «Verantwortung, und in der Verantwortungsgleichheit dokumentiert sich das Gleichheitsprinzip des Zwischenmenschlichen; in der Beauftragung von unten das neue Prinzip der Verantwortungshierarchie». (In diesem Kontext fragt sich, ob die Wortwahl *hierarchisch* tatsächlich adäquat ist, zumal die Vertrauensübertragung durch die Delegation allemal auf Zeit erfolgt.)

c) Der «Neuling» im Gruppenprozeß und das Leitungssystem

Es sei noch die Situation des «Neulings» innerhalb der neuen Kollegialordnung erwähnt, obgleich sie nicht direkt mit der neuen Verfassung der Schule, sondern vor allem mit gruppendynamischen Prozessen zu tun hat. Indem bestimmte formale Strukturen in der Verfassung der Waldorfschule wegfallen oder in anderer Weise – im Vergleich zur bürokratischen Form – auftreten, findet gerade das neu eintretende Mitglied ein Gewebe von zunächst schwerer zu durchschauenden Bezügen und Gruppierungen vor. Dadurch ist es unsicher und tastet sich mühsam und langsam in die «Grundrollen und die Verhaltensrollen, die sich auf die bestehenden Interaktionsmuster beziehen», hinein (Mills, S. 128). Jede gesellschaftliche Einrichtung hat aufgrund der Tatsache, daß sie als Institution auch nur in der Zeit existieren kann, eine Vergangenheit, in der bestimmte Erfahrungen absolviert wurden. Diese «Geschichte» wird aufgearbeitet zu bestimmten Einsichten oder Normen, die – aus der Erfahrung – darüber entscheiden, was und wie etwas getan werden soll. Das Befinden des Neulings hängt wesentlich davon ab, wie die übrigen Mitglieder auf sein Tun reagieren. Hat sich der Neuling schon etwas eingelebt, so weitet sich sein Bewußtsein dahin, daß er wahrnimmt, was nicht nur von ihm, sondern von der Gruppe getan werden sollte (= instrumentelle Rolle). «Nur selten gelangt der Neuling auf einmal in alle Bereiche, in denen sich das Gruppenleben abspielt. Er wird auch nicht in einem langsamen und allmählichen Prozeß vom Novizen zu einem voll verantwortlichen Mitglied der Gruppe. Eher wird er ... in unterschiedlichen Schüben ein Mitglied der Gruppe, in Schüben, die durch abrupte Wechsel im Verhalten, im Fühlen und in der Art und Weise, wie man andere beurteilt und sich bei ihnen verhält, gekennzeichnet sind ... (Das verrät bestimmte) strategische Punkte, an denen sich die Mitglieder selbst auf ihre Gruppe hin orientieren» (ebd.).

Jede Annäherung und Einfügung in eine vorhandene Gruppe geschieht also auf verschiedenen Ebenen und in abrupten Wechseln, die für den Neuling zunächst krisenhaft verlaufen können. Diese Erkenntnis weist auf die Schwierigkeiten des Neulings hin, die sein eigentliches pädagogisches Geschäft von der Organisationsseite her wie ein Mantel umgeben. Ebenso wie die Umgebung auf den Neuling einwirkt, wirkt er zugleich als Persönlichkeit und in seinem Verhalten wieder zurück auf diese Umwelt. Bis der Neuling sich heimisch fühlt und die Abläufe innerhalb der Organisation kennt und schließlich selbst beherrscht und sich sicher verhält, vergeht Zeit.[1]

---

[1] «Im allgemeinen erfüllt jemand eine instrumentelle Rolle, wenn er erstens das Gruppenziel erkennt; zweitens es als Ziel auch akzeptiert; drittens seine persönlichen Hilfsmittel, seine Intelligenz, seine Fähigkeiten und seine Energie einsetzt,

Nach allgemeiner Erfahrung, die sich durch Beobachtungen wiederholt bestätigt, beträgt sie – sofern der eigene Aufgabenbereich der Pädagogik beherrscht wird – etwa drei Jahre. (Selbstverständlich bezieht sich dieser Aspekt allein auf die Organisationsseite.)

Um den Prozeß der Interaktion, wovon die Probleme des Neulings nur ein Ausschnitt sind, bewußter zu gestalten und auch die notwendige Transparenz in den formalen und informalen Bezügen zu schaffen, wurde an einzelnen Schulen neben dem Verwaltungsrat ein besonderes Organ geschaffen: ein senatsähnlicher Ältestenrat, dem die Einführung junger Kollegen, die Pflege der zwischenmenschlichen Kontakte und Beziehungen, die Schlichtung von Streitigkeiten usw. als ein bewußtes Element der Gestaltung obliegt. Die Wahrnehmung dieser Aufgaben erfolgt nicht, wie beim Verwaltungsrat, aus sachlichen oder funktionellen Anlässen, sondern aus der erworbenen sozialen Fähigkeit und Reife, die als Potenz innerhalb eines Kollegiums vorhanden ist und für die Gemeinschaft genutzt werden kann. Dem liegt die geisteswissenschaftliche Auffassung zugrunde, daß jedes Lebensalter den Menschen befähigt, bestimmte Sozialkräfte zu erwerben, aber auch, daß nicht in jeder Lebenszeit dieselbe Sozialreife gegeben ist (Steiner 150, 14. 3. 13).

Nach einer bestimmten Dauer der Zugehörigkeit zu einem Kollegium ist der Prozeß der Identifikation mit dem Wesen der Schule (und nicht mehr bloß mit der eigenen pädagogischen Tätigkeit) soweit fortgeschritten, daß soziologisch gesprochen die «Leitungsrolle» mit übernommen werden kann: Man fühlt sich in diesem Fall für das Ganze mit verantwortlich und ist bestrebt, die Fähigkeiten und Leistungen der Schule (nicht bloß die eigenen) zu verbessern, die Bewußtheit des Kollegiums im Pädagogischen und in der Umweltbeziehung zu steigern usw. Mit der Übernahme einer leitenden Rolle wird Verantwortung übernommen, die sich «nicht auf Teile, Sektoren, Subsysteme oder ausgewählte Ebenen, sondern auf die gesamte dynamische Konfiguration der Mitglieder einer organisierten Gruppe innerhalb einer sich verändernden Umgebung» bezieht. In der «Leitungsrolle identifiziert man sich mit dieser Totalität – die wir als *Meta*-Gruppe bezeichnen» (Mills, S. 134). Die Übernahme der Leitungsrolle bedeutet nicht die Zuweisung einer bestimmten «Position» oder eines bestimmten «Amtes» durch Wahl oder Beauftragung, sie besteht vor allem in einer Neuorientierung des Verhaltens und Empfindens beim Mitglied. Derjenige, der Beiträge zu einem stärkeren Selbstbewußtsein der Gruppe, zur Problemlösung, zur

um es zu erreichen; und wenn er viertens das Gruppenziel über seine individuellen Ziele stellt, über die Norm der Gruppe und die bestehenden emotionalen Beziehungen unter den Gruppenmitgliedern, die seine eigene Popularität und sein persönliches Wohlergehen einschließen» (Mills, S. 122 f.).

Entscheidungsfindung beiträgt, hat – unabhängig von seinem Status oder seiner Position – eine «leitende Funktion» inne. In diesem Sinne kann von einem *Leitungssystem* gesprochen werden (Mills).

Eine der vorgenannten gruppensoziologischen Analyse entsprechende Unterscheidung von Rolle und Position hat R. Steiner mit dem Begriffspaar von *Amt* und *Beruf* getroffen. Im Sinne der Waldorfschulverfassung hat jeder Lehrer eine vollgültige Rolle im Leitungssystem. In jedem Amt und in jeder Position steckt zugleich etwas, was grundsätzlich mit dem, was der Tätige an Intentionen und Zielen hat, sich verbinden läßt, das ist der Anteil des «Berufes». Im bürokratischen System werden Ämter und Positionen vergeben, die von denjenigen, die sie einnehmen, oft «beruflich» nicht ausgefüllt werden, d. h. der Positionsinhaber verbindet sich selbst mit seinem Tun nicht intentional. Häufig ist im öffentlichen Leben eine Tendenz zu beobachten, «gerade die schlechtesten auszuwählen für die scheinbar wichtigsten Lebensposten.» Was an *Diskrepanz zwischen Amt und Beruf* gleichsam unbesetzt bleibt, wird dann in der Realität durch den gesamten Zusammenhang der sich regulierenden Leistungen ausgefüllt. Das System wirkt aber nicht nur durch die Leistungen allgemein, sondern mit jedem Amt und jeder Leistung ist zugleich eine real wirksame geistige Kraft verbunden, die R. Steiner am Beispiel des Goetheschen Faust verdeutlicht, wo Faust selbst hohe Ämter am Kaiserhof einnimmt, seine Taten aber gesteuert werden durch Mephisto. Faust, der keine Beziehung, keine Berufung zum Amt hat, füllt es gleichwohl – durch Mephisto – aus (Steiner 172, 13. 11. 16).

Die leitende Rolle als Empfindungszusammenhang schafft ein zweifaches Dilemma – folgt man Mills – für den Inhaber: Sie erfordert einerseits eine umfassende Kenntnis der Gruppe, andererseits ein ebensolches Wissen von den Ursachen und Wirkungen aller Ereignisse der Umwelt, gleichsam eine Allwissenheit; dagegen bedarf es, um den Charakter und die Zukunft der Gruppe bestimmen zu können, der «Macht», Personen und die Umwelt beeinflussen zu können, also Allmacht. Sowohl die Erkenntnis wie die Möglichkeiten zu handeln sind aber beschränkt. Um diesem Dilemma zu entgehen, leisten die unterschiedlichen Organisationsverfassungen verschiedenes: Innerhalb der *bürokratischen* Organisationsform erhält der Zuständige die entsprechende *Handlungskompetenz*, während in die Verantwortung und sachliche Bearbeitung der Apparat seine Leistungen mit einbringt. Innerhalb der *kollegial* verfaßten Einrichtung trägt die Gesamtheit der Mitglieder dazu bei, den Ausweg aus dem Dilemma des Allwissens und der Allmacht dadurch zu finden, daß Unkenntnis vermindert und die Leistung durch *Kooperation* erhöht wird.

Dabei kann es innerhalb der kollegialen Verfassung durchaus zu entarteten und gefährlichen Pseudolösungen kommen, besonders dann, wenn ein einzelner durch seine besonderen Leistungen dominierenden Einfluß gewinnen will. Infolge einer besonderen Aufdringlichkeit ist der Betreffende nicht zu umgehen, er sucht vertrauliche Information, die er dann dazu benutzt, die übrigen wirkungsvoll gefügig zu machen und sie zu kontrollieren. Die übrigen Gruppenmitglieder fühlen sich gefährdet, die scheinbare Allwissenheit und die Allmacht bedrückt sie. Die Funktionen werden umgekehrt: Hilft üblicherweise die Leitungsfunktion zu einer Erhöhung und Verbesserung der Gruppenziele, so dient jetzt die Gruppe vor allem – oder in einem bestimmten Umfang – dem einen Träger der Leitungsfunktion. Benützt der Leiter die Erfahrungen seiner sorgfältigen Beobachtungen und die Ergebnisse seiner verfeinerten Analysen, um Handlungen zu blockieren, so betreibt er Obstruktion, welche die eigentliche Situation verschleiert und den Entscheidungsprozeß hemmt. Eine weitere Pseudolösung besteht darin, daß die Gesamtwirklichkeit auf einzelne ideale Faktoren hin reduziert wird und andere Erscheinungen unterdrückt werden. Auf diese Weise läßt sich der Verantwortungsbereich verkleinern und die Entscheidung auf einprägsame Formeln zurückführen. Durch Selbsttäuschung kann sich das Gruppenmitglied in seiner Phantasie in der Leitungsrolle sehen. «Obwohl es glaubt, sich dessen bewußt zu sein, was in der Gruppe vor sich geht, und durch seine Handlungen die Gruppe zu beeinflussen, trägt das in Wirklichkeit wenig zur Bewußtheit der Gruppe von sich selbst und zu ihrer Eigenbestimmung bei. Dabei versäumt es, wichtige Schritte im Leitungsprozeß zu tun: es beobachtet, aber verknüpft nicht eine Beobachtung mit der anderen; es interpretiert, mißt seine Interpretation aber nicht an der Wirklichkeit ... Das betreffende Gruppenmitglied vollzieht Einzelheiten des Leitungsprozesses, ohne sie wirklich zu verstehen und aus ihnen die Konsequenzen zu ziehen. Dadurch wird seine Selbsttäuschung noch verstärkt» (Mills, S. 152). Dies kann von einer anderen Seite nochmals beleuchten, welche Möglichkeiten und welches Risiko der neuen Verfassung innewohnen und in welchem Umfang hier alles auf die Präsenz des Menschen mit seinen Fähigkeiten sowie auf den Willen zu sozialer Zusammenarbeit abgestellt ist.

5. Aufwand und Ertrag: Wirtschaftlichkeit versus Bewußtheit

Ein Rückblick auf die Darstellung der Konferenzordnung und die Verfahrensweisen soll das Problem der Ökonomie der neuen Verfassung aufwerfen und zu einem Verständnis der Konstitution von einem weiteren Gesichtspunkt beitragen. Werden alle drei Konferenzabschnitte zeitlich zusammenaddiert, so ergibt das eine Sitzungsdauer von wöchentlich etwa vier bis fünf Stunden, ohne zusätzliche Klassenbesprechungen oder -konferenzen. Jeder hauptamtliche Lehrer wird zu seinem Unterrichtsdeputat entsprechend mit etwa vier bis fünf Zeitstunden durch die Selbstverwaltung (Konferenzarbeit) belastet. Dies ist eine Konsequenz der Selbstverwaltung: Denn «jeder Unterrichtende hat für das Unterrichten nur soviel Zeit aufzuwenden, daß er auch noch ein Verwaltender auf seinem Gebiet sein kann. Er wird dadurch die Verwaltung so besorgen, wie er die Erziehung und den Unterricht selbst besorgt. Niemand gibt Vorschriften, der nicht gleichzeitig selbst im lebendigen Unterrichten und Erziehen drinnen steht. Kein Parlament, keine Persönlichkeit, die vielleicht einmal unterrichtet hat, aber dies nicht mehr selbst tut, sprechen mit. Was im Unterricht ganz unmittelbar erfahren wird, das fließt auch in die Verwaltung ein. Es ist naturgemäß, daß innerhalb einer solchen Einrichtung Sachlichkeit und Fachtüchtigkeit in dem höchstmöglichen Maße wirken. – Man kann einwenden, daß auch in einer solchen Selbstverwaltung ... nicht alles vollkommen sein werde. Doch das wird im wirklichen Leben auch gar nicht zu fordern sein. Daß das Best-Mögliche zustande komme, das allein kann angestrebt werden» (Steiner 23, S. 7).

Steht, so fragen wir nun, dieser *Aufwand* an Arbeitszeit und -kraft in einem Verhältnis zu dem erzielten *Ertrag?*[1]

Eine betriebswirtschaftliche Kosten-Nutzen-Analyse verbietet sich aus leicht einsehbaren Gründen für die etwa zweistündige pädagogische Konferenz. Denn die in ihr geleistete Arbeit steht in einem unmittelbaren Bezug zur Tätigkeit des Lehrers: sie beeinflußt vielleicht nicht in quantifizierbarer, wohl aber in imponderabler Weise unmittelbar seinen Unterricht. Die Einheitlichkeit des in der Konferenz geschaffenen Bewußtseins kann allein der Schule ihre unverwechselbare pädagogische Gestalt geben. So bleibt deshalb

---

[1] In einem Kollegium von 30 Lehrern stehen gut 75 Stunden pro Woche für die Schulorganisation zu Buche, während in einer direktorial verwalteten allenfalls 20 Stunden durch Deputatsermäßigungen entstehen dürften, wobei sich der Aufwand in der Ober-, Mittel- und Unterbehörde nicht erfassen läßt.

die Frage nach der Aufwands- und Ertragsrechnung allein auf die Verwaltungs- und Geschäftskonferenz beschränkt.

Auch sie zusammen nehmen noch immerhin ungefähr zwei bis drei Zeitstunden in Anspruch. Im Vergleich zur bürokratischen Organisation mit der klaren Autorität des Amts, der Kompetenzabgrenzung und der entsprechenden Befehlskette arbeitet zweifellos das hier behandelte Modell nicht gleich rationell und wirtschaftlich, um die Rektoratsleistungen seinerseits zu substituieren. Was dort durch eine formale Struktur an Leistungen für die Organisation erbracht wird, muß in der genossenschaftlichen Ordnung erst in einem mühsamen, oft langwierigen Entscheidungsprozeß von den Beteiligten geschaffen werden. Die Selbstverwaltung innerhalb eines befreiten Geisteslebens fordert zunächst ihren Preis (Aufwand). Doch was steht ihm auf der Habenseite als Gewinn (Ertrag) gegenüber? Die einzelnen kulturellen Einrichtungen bedürfen der individuellen Kräfte, die vor allem unter freiheitlichen Bedingungen sich optimal entfalten. Wenn die persönlichen Leistungen sich aber funktional zu einer gesamten Leistung zusammenschließen sollen, ist eine weitere Aufgabe gestellt: die der Integration. Während auf freiwillige Kooperation innerhalb der bürokratischen Verwaltung durch die Struktur wesentlich verzichtet werden kann, ist diese in einer Selbstverwaltung des Geisteslebens notwendig und funktional bestimmend. Das aber bedeutet, daß die in der Organisation Zusammenarbeitenden in allen Grundfragen ihre Ziele selbst bestimmen müssen. Das geht nur in einem fortwährenden Willensbildungsprozeß, der aber der Zeit unterliegt.

Es gehört zum Gedanken der Selbstverwaltung, daß ein Bereich gesellschaftlicher Tätigkeit und Aufgaben rechtlich aus der souverän und absolut gedachten Hoheitsgewalt des Staates ausgegliedert (Rechtsprinzip der freien Trägerschaft) und daß – ein bei modernen Selbstverwaltungseinheiten nicht mehr anzutreffendes Prinzip – die Identität von Verwaltenden und Verwalteten hergestellt wird (Personalprinzip). Auf diese Doppelheit des Selbstverwaltungsgedankens, wie er noch beim Freiherrn vom Stein und bei Rudolf von Gneist vorhanden war (vgl. Heffter), hebt R. Steiner ab, wenn er, wie schon erwähnt, das gesamte Bildungswesen allein abhängig sieht von den unmittelbar unterrichtenden Lehrern. «Die Verwaltung der Unterrichtsanstalten, die Einrichtung der Lehrziele und Lehrgänge soll nur von Personen besorgt werden, die *zugleich* lehren oder sonst produktiv im Geistesleben sich betätigen. Jede solche Person würde ihre Zeit teilen zwischen Unterrichten oder sonstigem geistigen Schaffen und Verwalten des Unterrichtswesens.[1] Wer sich vorurteilslos in eine Beurteilung des geistigen

---

[1] Zwischen dieser Ausführung und der oben aus den «Kernpunkten» zitierten scheint ein Widerspruch zu bestehen, wenn in verschiedener Weise der Teilnehmer-

Lebens einzulassen vermag, der kann einsehen, daß die lebendige Kraft, die man zum Organisieren des Erziehungs- und Unterrichtswesens braucht, nur in der Seele erwachsen kann, wenn man tätig im Unterrichten oder sonstigen geistigen Hervorbringen drinnen steht» (Steiner 24, S. 29). Nimmt man die Substanz dieses Gedankens, dann wird man zunächst nicht so sehr auf den *wirtschaftlichen Aufwand,* sondern auf den *«seelischen Ertrag»* zu sehen haben, der aus der Selbstverwaltung erwächst.

Heute wird rationalistisch unterstellt, daß für Verwaltungsaufgaben ausgebildete Fachkräfte effizienter arbeiten als reine «Laien». Deshalb wünscht man, daß der Lehrer, von allen fachfremden «Nebenarbeiten» entlastet, sich als Unterrichtender allein und ausschließlich betätigt. Nun deuten empirische Arbeiten zumindest in die Richtung, daß nicht schon aus der bürokratischen Verwaltung eine höhere Effizienz gegenüber der hier bezeichneten Selbstverwaltung resultiert, denn gerade der Freiheitsraum ermöglicht, daß bisher unterbundene Kräfte und Fähigkeiten sich überraschend entfalten, so daß sich ein wirtschaftlicher Ertragszuwachs einstellt (Merton, S. 265).

Der «seelische Ertrag» beruht doch wohl darauf, daß der Lehrer durch die Teilhabe an Selbstverwaltungsaufgaben in eine Wirklichkeitsschicht eingebunden wird, die ihm sonst – mehr oder minder – fremd bleibt. «Nichtlehrer» nennen diese Schicht das «Leben» oder die «Praxis», an der sie – anders als die Schule – offenbar teilhaben. Sicher besteht zwischen der psychologisch-beurteilenden und wahrnehmend-helfenden Tätigkeit des Pädagogen und der sachorientierten, vielleicht auch kühl-rationalen Verhaltensweise anderer Berufe ein Gefälle, das aus den Gegenständen und Sachen resultiert. Aber dies wird gerade durch die Teilhabe an gesamtschulischen Entscheidungen und an der Verwaltung abgebaut, so daß sich Erfahrungsfülle nicht bloß einseitig einstellt. Warum innerhalb einer sich selbstverwaltenden Schule weniger «Leben» im Sinne der Wirklichkeitserfahrung herrschen soll als an anderen Orten gesellschaftlicher Arbeit, ist zumindest unter den Bedingungen der Selbstverwaltung nicht einzusehen. Darum aber wird auch in der Konzeption eines freien Geisteslebens Wert darauf gelegt, daß nicht nur eine entsprechend vorgebildete Berufsgruppe als Lehrer

kreis an der Selbstverwaltung bestimmt wird. Im ersten Fall wird das heute übliche Verfahren abgewehrt, daß ein zunächst als Lehrer Tätiger in die Schulverwaltung berufen wird und dann wesentlich – und zwar weitgehend von dem fortlaufenden Tätigkeits- und Praxisbezug – losgelöst über den Verwaltungsapparat verfügt und bestimmt, so daß die Identität von Verwalteten und Verwaltenden durchbrochen wird. Wenn im zweiten Fall von «sonstigem geistigen Schaffen» gesprochen wird, dann wird ein Zusammenhang von eigenem geistigen Tun, also von Praxisbezug und Verwaltung bezeichnet, der nicht allein in der Lehrtätigkeit bestehen muß. In einem Fall wird das «Prinzip» negativ gekennzeichnet, im anderen mögliche Lebensgestaltungen positiv erfaßt.

tätig wird, sondern sich innerhalb der Schule auch etwas von der Mobilität und dem Berufswechsel in der Gesellschaft spiegelt, weshalb in anderen Lebensbereichen qualifizierte Fachleute auch Lehrer werden können und sollen, wie umgekehrt der Sinn eines Freijahres, das sich an Waldorfschulen teilweise eingebürgert hat, nach vielen Jahren Lehrtätigkeit nicht im Urlaub des Lehrers, sondern in der Tätigkeit innerhalb eines neuen Erfahrungsbereiches bestehen soll. In der Lebensnähe und der gesellschaftlichen Verbundenheit der Pädagogik schlägt sich eine so geartete Erfahrungssättigung nieder.

Sämtliche Sozial- und Wirklichkeitserfahrungen bedürfen einerseits eines Raumes, in dem sie erworben, andererseits eines Zusammenhanges, in dem sie fruchtbar eingesetzt werden können. Das zu leisten, ist als institutionelle Form nur die Selbstverwaltung imstande. Demgegenüber bleiben auch alle Vorschläge, die den Lehrer von Verwaltungsarbeit (gemeint ist auch das hier beschriebene Erfahrungsfeld) entlasten wollen, problematisch, weil sie für Entscheidungen und Fragestellungen des Sozialprozesses belehrend sein könnte.

Der Zeitaufwand ergibt sich als notwendige Konsequenz, wenn die eigene Ziel- und Wertsetzung wirksam durch die Mitglieder selbst je neu gefunden werden soll. Es kann in der Organisation die «Wertsetzung – vollkommen unabhängig von eventuellen Demokratisierungsbestrebungen – gar nicht zentralisiert erfolgen..., wenn sie auch nur in etwa das vorhandene Wertpotential auszuschöpfen versucht. Es muß vielmehr als eine bürokratische Illusion (Heuer) angesehen werden, daß die Interessen von Individuen in komplexen Organisationen bei sozialer und ideologischer Differenzierung der Mitgliedschaft ohne deren eigene Mitarbeit ermittelt werden könnten» (Naschold, S. 73 f.). Die organisationssoziologische Forschung konnte zeigen, daß ein konsequent angewandtes Zweck-Mittel-Schema keineswegs wirtschaftlich arbeiten muß, denn in ihm bleibt der Mensch, soweit er nicht auf das Organisationsziel mit seinen Intentionen ausgerichtet ist, schon gedanklich unberücksichtigt. So ist ein zweckrationales Organisationsmodell nicht bereits deshalb wirtschaftlich, weil es folgerichtig und bürokratisch verfaßt ist[1], vielmehr werden gerade dort Kräfte freigesetzt, wo eine «unzweckmäßige» Beteiligung und Einsicht, eine persönliche Motivation durch Teilhabe usw. ermöglicht wird (vgl. Mayntz, Etzioni, Presthus, Naschold, Luhmann).[2]

---

[1] Die von Litwak durchgeführten Untersuchungen in Großbetrieben zeigen z. B., daß die maximale Effizienz der klassischen bürokratischen Verwaltung nur unter ganz besonderen Bedingungen erreichbar ist, dann nämlich, wenn «standardisierte Produkte mit standardisierten Methoden in Massenfertigungen» hergestellt werden (S. 449).

[2] «Man schafft Antisoziales... dadurch, daß sich die Menschen in... Einrichtungen antisozial verhalten müssen. Und es ist antisozial, wenn man die Jugend

a) Verfassungsstrukturen und Bewußtseinskategorien

Wird das Zweck-Mittel-Schema auf die Konstitution der Waldorfschule so angewandt, daß die Konferenzordnung zur Integration, zur Motivation, zur Bewußtseinsbildung, zur gemeinsamen Zielsetzung beiträgt, dann ist der Aufwand, den diese Verfassung fordert, schon gerechtfertigt, noch mehr aber durch die pädagogischen Nebenwirkungen. Um das zu erläutern, soll die Sozialgestalt nicht nur unter dem Gesichtspunkt der formalen Struktur verstanden werden, sondern zugleich als ein Reflex der in ihr ablaufenden inhaltlichen Prozesse. «Das Wissen um die Verwurzelung des Institutionellen im Psychischen ist als platonisches Erbe ... lebendig geblieben» (Imboden, S. 11). Die Institutionsform kann Aufschluß über die seelisch-geistige Verfassung ihrer Mitglieder geben, wie auch die formale Gestaltung einer Einrichtung die innermenschlichen Bezüge beeinflußt, indem sie Kräfte der Mitglieder herausfordert, ablähmt, zurückdrängt oder gar verdrängt. Die aristotelische Sozialformenlehre, welche die «Herrschaft» nach der Zahl der Herrschenden gruppiert, weist auf einen solchen Zusammenhang hin. Das kann zugleich ein Licht auf die Bedeutung der Schulverfassung werfen, so daß sie nochmals von einer anderen Seite erscheint.

Wenn Aristoteles die Einherrschaft oder Monarchie, die Mehrherrschaft oder Aristokratie sowie die Gesamtherrschaft oder Demokratie beschreibt, so sind damit zugleich Bewußtseinskategorien und nicht nur Herrschaftsformen vergegenwärtigt. Was die Regierungsformen an Aussagen über den Staat ermöglichen, gilt auch – mutatis mutandis – für die Tatbestände in den einzelnen gesellschaftlichen Institutionen. So übernimmt die bürokratische Verwaltung bewußt das monarchische Herrschaftsmodell zur Beherrschung der einzelnen Organisation.

1. Aristoteles bringt die Monarchie (basileía) in eine Verbindung zu der Tugend (areté) des Herrschers, der ständig in der Gefahr schwebt, die Herrschaft «lediglich zu seinem Vorteil» auszuüben, wobei dann die Einherrschaft (Monarchie) zur Tyrannis, zur Gewaltherrschaft (despotiké) entartet. Die gesunde Gestalt des Typus Monarchie kann verunstaltet werden durch eine Krankheit und bekommt das verzerrte Aussehen der Tyrannis (Aristoteles, S. 93 f.). Was bedeutet es nun, wenn ein einzelner über andere herrscht? «Über andere herrschen bedeutet eine Potenzierung des Ich; der Pluralis majestatis ist als extremer Ausdruck dieser Situation kein zufälliges Attribut. Der Alleinherrscher ist der Allein-Bewußte, derjenige, der für den anonymen Einzelnen des Volkes das Symbol des Selbstes trägt (C. G.

von Menschen erziehen und unterrichten läßt, die man dadurch lebensfremd werden läßt, daß man ihnen von außen her Richtung und Inhalt ihrers Tuns vorschreibt» (Steiner 23, S. 9).

Jung). Jede Alleinherrschaft ist wesentlich an das psychologische Phänomen der Übertragung gebunden. Übertragen werden nicht bewußte, sondern unbewußte psychische Komponenten. Der Herrscher macht durch seine Handlungen und durch seine Person sichtbar, was als gemeinsamer, unterschwelliger Vorstellungsinhalt im einzelnen schlummert. Er ist Leitbild der in ihrer Unbewußtheit befangenen und in dieser Befangenheit ohne Führung nicht handlungsfähigen Menge; er ist eine Aussage des Kollektiv-Unbewußten» (Imboden, S. 26).

Die Übertragung, die auf der Identifikation und der gefühlsmäßigen Übereinstimmung mit dem Herrschenden beruht, ermöglicht Repräsentation, d. h. Vergegenwärtigung: Die Handlung des Repräsentanten (Herrscher) wird von einer Vielzahl von Menschen wie eine eigene empfunden. Die Form der Alleinherrschaft, der Monarchie, steht aber der individuellen, personhaften Entfaltung aller einzelnen – mit Ausnahme des *einen* Herrschers – entgegen. «Der Mensch wird in seiner Unbewußtheit fixiert . . . der einzelne unterliegt einem ‹Abaissement du niveau mental›, einer Überwältigung des Ich durch unbewußte Inhalte» (ebd.).

2. Ebenso wie sich die Monarchie durch die Kategorien des Bewußtseins beim Herrscher und den Beherrschten besser erfassen läßt als lediglich in der numerischen Quantität der am Machtsystem Beteiligten und wie sie Auskunft darüber gibt, wie alle persönlichen Fähigkeiten – mit Ausnahme der des Herrschenden – für das Ganze bedeutungslos werden, so wird auch die Mehrherrschaft zum Indikator der geistigen Verfassung eines Staates oder einer Menschengruppe. Wir pflegen die «Herrschaft von wenigen, aber immer mehr als einem, Aristokratie (zu nennen), es sei nun, daß dies heißen soll: Herrschaft der Besten oder daß es bedeutet, ihr Zweck sei das Beste des Staates (polis) und der Gemeinschaft». Sie zählt zu den «gesunden» Herrschaftsformen.

«Eliteherrschaft – Aristokratie im umfassenden Sinn – ist das Dominieren einer Gruppe von Menschen, die in irgendeiner Hinsicht als ‹electi›, d. h. als Erwählte oder Auserwählte, gelten. Zum ‹Ausgezeichneten› wird man durch fortschreitende Individuation. Das ist ein Prozeß, der sich . . . sehr entscheidend von jeder Betonung eigenständischen Individualismus abhebt. Die Individuation bringt zwar das Selbst zur Entfaltung; aber dieses bleibt in Übereinstimmung mit der kollektiven Bestimmung des Menschen. Sie ist ein Wachsen in der Gemeinschaft – begleitet von einem lebendigen Austausch von Anregungen und Erfahrungen mit den anderen – nicht *gegen* die Gemeinschaft» (Imboden, S. 28 f.). Wenn lediglich das eigene, selbstsüchtige Interesse die wenigen Herrschenden trägt, wenn also das Interesse der Gesamtheit in den Hintergrund tritt und die Elite sich von der Gemeinschaft ablöst, dann verwandelt sich der Typus der Aristokratie in eine entartete Gestaltung: die Oligarchie.

In der Aristokratie herrscht eine kleine Gruppe über die größere Mehrheit, zwischen beiden kann es als Ziel nur die Übertragung und Identifikation geben. «Die Anerkennung der Führungsrolle der Minderheit vermag aber auch eine zunehmend bewußtere zu werden.» Sie kann sich von der bloßen Repräsentation zum Mandatsverhältnis wandeln. Der zum «Handeln Befugte gilt als Beauftragter des Nichthandelnden . . . der Mandatar ist nicht nur Manifestation unbewußter Vorstellungsinhalte seines Mandanten; er steht zu diesem im Verhältnis bewußtseinsmäßiger Ebenbürtigkeit; er vertritt den Mandanten in einer Sache, in der dieser selbst zu handeln vermöchte» (Imboden, S. 29 f.).

3. Gegenüber der Ein- und Mehrherrschaft bedeutet die demokratische Gesamtherrschaft «die Dominanz der bewußten Vorstellungsinhalte im sozialen Zusammensein der Menschen». Allein diese Form ist genossenschaftlich, das bedeutet recht eigentlich Herrschaftslosigkeit. Denn in dieser Form der Organisation sind sich die Mitglieder in ihrem sozialen Bezug so weit bewußt, daß ihre wechselseitige Abhängigkeit durch die Anerkennung des anderen, der mit einem Selbst ein Gleicher ist, geregelt werden kann. Auf den Zustand *«vollendeter Bewußtheit»* weist denn auch die klassische Formel hin, wonach in der Demokratie Regierte und Regierende identisch seien. So gedeutet, mag die Demokratie zunächst als bloßes Ideal erscheinen – als die Staatsform für ein Volk von Göttern (Rousseau), als ein Wert, der sich im dauernden Streben nach etwas Unerreichbarem erschöpft . . . Gesamtherrschaft ist aber mehr als nur ein ideales Fernbild. Sie ist vollziehbare Wirklichkeit. Um freilich als Realität faßbar zu werden, bedarf es eines doppelten Prozesses, gewissermaßen einer wechselseitigen Adaption: einmal der Bewußtseinsherstellung beim einzelnen und sodann der Zurückführung der dem Staat zugedachten Funktion auf ein dem Menschen zuträgliches Maß» (Imboden, S. 31 f.).

Auch diese Sozialform der Allherrschaft kennt eine Entartungserscheinung: die Demokratie.[1] Die aristotelischen Begriffe erfassen tatsächlich *Urbilder der Sozialgestaltung*, welche sich nicht nur in der Anwendung auf den staatlich-politischen Bereich ausschöpfen lassen. Die beiden konträ-

[1] Während Aristoteles noch die gesunde Form als «politie» (Verfassung) bezeichnete, nannte er die entartete Form Demokratie, wofür sich heute die Bezeichnung Ochlokratie, Herrschaft des Mobs, Pöbels, eingebürgert hat. Die Gesamtherrschaft ist in sich widersprüchlich, ambivalent, insofern nämlich, als nicht alles, was vom Volke kommt, von vornherein gut sein muß. «Die Zustimmung der Allgemeinheit kann eine im Zustand höchster Bewußtheit und damit in wahrer Freiheit vollzogene Willensentscheidung sein: Sie kann aber auch bloße Akklamation einer in ihrer Unbewußtheit befangenen, vom Herrscher irregeleiteten und mißbrauchten Menge darstellen. Die wahre Demokratie und die Bewußtheit vortäuschende Attrappe der Volksdemokratie unterscheiden sich letztlich nur durch das «Niveau mental» (ebd. S. 32 f.).

ren Typen der sozialen Verfassung: Monarchie und Demokratie werden auch für die einzelne Organisation erhellend, wenn sie vor dem Hintergrund der ihnen zukommenden Bewußtseinsprozesse gesehen werden. An der Spitze der bürokratischen Organisation mit ihrer hierarchisch-monokratischen Struktur steht ein einziger mit entwickeltem Bewußtsein, wobei auf den niederen hierarchischen Rängen die übrigen Mitglieder in ihrer Unbewußtheit zumindest partiell fixiert werden. Anders ist demgegenüber der Typus genossenschaftlicher Organisationsstruktur, wie er in der neuen schulischen Konstitution vorliegt; hier ist im Grunde ein erhelltes Bewußtsein bei allen für die soziale Existenz der Gemeinschaft und Institution notwendig.

Nun läßt sich die neue Konstitution der Schule, wie sie von dem im Geistesleben Handelnden (Lehrer) her entwickelt wurde, mit ihrer genossenschaftlichen Struktur auch von der Gesamtorganisation, d. h. aus der Sicht der anderen an der Schule beteiligten Gruppen (Eltern/Schüler) betrachten. Die neue Verfassung verändert sich dann – in der aristotelischen Terminologie – vom demokratischen (Lehrer) zum aristokratischen (Eltern) bis hin zum monarchischen Strukturprinzip (jüngere Schüler). Warum? Weil für die Eltern nicht nur die Dominanz der Lehrer funktional-sachlich vorgegeben ist, sondern sie selbst – in der freien Schule – die Auftraggeber sind für Leistungen, die jene erbringen. Die Dominanz ist im Geistesleben allein eine solche der Leistung. Im rechtlich-politischen Bereich wird man zum Ausgezeichneten in der Terminologie von C. G. Jung durch fortschreitende Individuation. Dadurch wird das Selbst entfaltet; es wächst «in der Gemeinschaft – begleitet von einem lebendigen Austausch von Anregungen und Erfahrungen mit den anderen – nicht gegen die Gemeinschaft» (Imboden, S. 40), so daß die Lehrer zu den Beauftragten werden. Unter diesem Aspekt gewinnt die Aussage R. Steiners über die Verfassung der Waldorfschule als einer «republikanischen» ihre besondere Bedeutung, wenn das republikanische Prinzip mit dem aristokratischen der Bewußtseinsentfaltung zusammen gesehen wird: Die Kräfte des Individuellen, welche für das geistige Leben notwendig sind, schließen sich innerhalb einer Einrichtung mit den Kräften der anderen Mitwirkenden zu einer einheitlichen Leistung zusammen, wobei die sozialen Belange der Organisation immer gegenwärtig sind.

b) Freiheit und Gleichheit

Es kann sich für den Kenner der Dreigliederung des sozialen Organismus eine Schwierigkeit ergeben, wenn er das freie Geistesleben in einen Zusammenhang gebracht sieht mit der demokratisch-genossenschaftlichen Verfassung. Wird doch innerhalb der Dreigliederung das Geistesleben einerseits unter dem Gesichtspunkt der Selbstverwaltung und andererseits der Freiheit betrachtet – zwei Seiten einer Medaille –, während das Rechtsleben als vom demokratischen Prinzip der Gleichheit gestaltet angesehen wird. Die Freiheitsforderung für das Geistesleben ist als ein Gliederungsprinzip verstanden, wonach erst in einem institutionell und formal unabhängigen, freien Geistesleben die Fähigkeiten des einzelnen schöpferisch und erneuernd sich entfalten. Im demokratischen Element der Organisationsverfassung aber herrscht doch das Gleichheitsprinzip. Widersprechen sich nicht Freiheit und Gleichheit prinzipiell? Widerstreiten sich nicht die Prinzipien der Freiheit und die der demokratisch-republikanischen Verfassung? Es muß in diesem Zusammenhang scharf getrennt werden zwischen den gesamtgesellschaftlichen Funktionszusammenhängen, denen die dreigliedrige Konstitution der Gesellschaft mit ihren spezifischen Strukturmerkmalen entspricht, und den Aufgaben der einzelnen Institution sowie deren Verfassung. Wo es um gesellschaftliche Änderung, Wandlung und Erneuerung geht, begegnet man der Funktion des geistigen Lebens dieser Gesellschaft. Das institutionalisierte Geistesleben (Schule, Universität u. a.) kann die gesellschaftliche Funktion, die ihm obliegt, unter den Bedingungen der Freiheit, Unabhängigkeit und Selbstverwaltung besser und angemessener für die Gesellschaft erfüllen als unter Bedingungen der Abhängigkeit, Gängelung, Fremdbestimmung und Unfreiheit. Das Freiheitsprinzip bedeutet für die gesellschaftlichen Einrichtungen, daß sie das Recht der Selbstverwaltung haben. Freiheit für die Gesellschaft bedeutet, daß ihre Mitglieder das Recht haben, zwischen den Leistungen der freien gesellschaftlichen Einrichtungen zu wählen, deren Leistungen zu beurteilen und notfalls neue Einrichtungen zu schaffen. Dem Selbstverwaltungsprinzip auf der einen Seite entspricht das Konkurrenzprinzip auf der anderen. Diese beiden Prinzipien der Selbstverwaltung und Konkurrenz ständig aufrechtzuerhalten, ist eine Frage der Gesellschaftsordnung, welche die Freiheit sichert. Sie muß von den Menschen, den Mitgliedern der Gesellschaft, gewollt und gestaltet werden. Diese gesellschaftliche Ordnung bedarf der Komponente des Willens, der Tat, der Setzung, deshalb nennt R. Steiner die Forderung nach Freiheit, Gleichheit und Sozialität auch die «Willensseite» der gesellschaftlichen Ordnung (Steiner 199, 4. 9. 20).

Wie setzt sich die gesellschaftliche Freiheit, die zunächst sich in der formalen Unabhängigkeit der einzelnen Einrichtung dokumentiert, in dieser selbst fort? Neben die «Willensseite» hätte gleichsam die *Wahrnehmungsseite* der Freiheit zu treten. Diese Freiheit, die materiale Selbstbestimmung, kann nur auf dem Felde des Bewußtseins der Beteiligten selbst gesucht werden, also in der Geistigkeit des Menschen.[1] Die konkrete, inhaltliche

---

[1] Vgl. Kap. «Freiheit und funktionale Autorität».

Ausgestaltung, wie die eigenen Angelegenheiten bestimmt werden, ist eine Frage des Bewußtseins, die durch ein System formaler Freiheit erleichtert und gefördert werden kann. Die innerorganisatorische Gestaltung hängt nun mit den Bewußtseinsstufen – als Prozeß verstanden – zusammen. Soweit das Geistesleben nach dem inneren oder Wahrnehmungsaspekt betrachtet wird, bedeutet es nichts anderes als Streben nach Entwicklung des Geistes, Streben nach Erkenntnis, nach Bewußtseinserweiterung, wobei jeder Mensch – auf verschiedenen, individuellen Wegen – zu *gleichen Ideeninhalten* geführt wird. Obgleich jeder Mensch nur für sich, durch eigene «Intuition» des Geistesinhaltes gewahr wird, entstammt der Inhalt selbst doch einer einheitlichen Ideenwelt. Soweit auf das *Inhaltliche* gesehen wird, hat man es *im geistigen* Leben mit *Gleichheit* zu tun. «Dem Geiste geziemt Gleichheit.» Denn «Gleichheit hat nur Sinn, wenn man sie bezieht auf den Geist» (Steiner 158, 31. 12. 14). «In der uns umgebenden Welt geht das Geistige durch die Vielheit der Erscheinungsformen des Daseins. Und durch das Ich lebt sich hier auf der Erde eine Mannigfaltigkeit aus. Und die Struktur des Erdenlebens muß so gestaltet werden, daß die Möglichkeit vorhanden ist, daß durch die *gleichen* Iche all die Mannigfaltigkeiten sich ausleben, die durch die menschlichen Individualitäten in die Erde hereinkommen können. Der eine Mensch lebt diese, der andere jene, ein dritter eine weitere Individualität dar. Alle diese Individualitäten versammeln sich in ihren Wirkungsstrahlen im Fokus, in dem Brennpunkt des Ich, gleich; aber dieses, daß wir gleich sind, das macht die Möglichkeit, daß durch dieses Ich dasjenige geht, was wir uns mitteilen als Geister, daß wir ein Gemeinsamkeitsleben der Menschheit entwickeln. Durch das Gleiche geht das Verschiedene» (Steiner 171, 2. 10. 16).

Sobald der Blick auf die einzelne Einrichtung gerichtet wird, steht nicht mehr wie bei der gesamtgesellschaftlichen Betrachtung der Gedanke der Freiheit und Selbstverwaltung im Vordergrund, sondern die Bedingungen, unter denen Menschen innerhalb einer Institution aus ihren Kräften zu Leistungen für die Gesellschaft kommen, indem sie sich selbst bestimmen. Der Gedanke der Gleichheit drängt sich dort in den Vordergrund, wo auf die innere Gestaltung der einzelnen Einrichtung und auf die Inhalte des Geisteslebens selbst hingeschaut wird. Das Gleichheitsprinzip, die demokratische Verfassung, wird damit weniger zu einer quantitativen (Stimmenmehrheit) als zu einer qualitativen Erscheinung und Struktur, nämlich zur gleichberechtigten Ausgangssituation für jeden, die eigenen Fähigkeiten einzusetzen. Darin besteht auch der Unterschied zum rechtlich-politischen Leben der Gesamtgesellschaft, das demokratisch-formal strukturiert sein muß. Während im Geistesleben die Gleichheit im Geistig-Inhaltlichen primär auf der Bewußtseinsebene liegt, hat sie sich innerhalb der Funktion des rechtlich-politischen Lebens bis in die formale Struktur zu erstrecken. Wo es den Mitarbeitern einer Einrichtung des freien Geisteslebens auf die inhaltliche, ideelle Gemeinsamkeit der Erkenntnis und des Tuns ankommt, dominiert das Inhaltliche der Ideenwelt, deren konstitutives Korrelat der formale Status der Gleichheit aller Mitglieder bildet. Darüber darf innerhalb der Institution des Geisteslebens nicht vergessen werden, daß der Weg, wie Intuitionen erlangt werden können, bei den Menschen verschieden ist. Diese Verschiedenheit im Zugang zur Ideenwelt wurde von den hierarchisch-monokratischen Verfassungen geistiger Institutionen (Kirche usw.) bisher nicht abgebildet. Obgleich bei der republikanisch-demokratischen Verfassung der Waldorfschule nicht der Gesichtspunkt des Zugangs zu Ideen der primär maßgebliche war, bringt gerade diese Verfassung in der Verständigung im Inhaltlichen (Gleichheit) eine einheitliche Leistung innerhalb der Schule zustande. Diese Einheit aber kann nur bei der existentiell notwendigen Differenzierung der Lehrerschaft durch eine inhaltlich-ideelle Gemeinsamkeit hergestellt werden. Darum wird bei dieser Verfassung das genossenschaftliche Element der Gleichheit dominant, aber auch innerhalb der republikanisch-demokratischen Verfassung hat in der Art, wie «die Gleichen» miteinander in Beziehung treten, das andere Element geistigen Lebens, nämlich die Verschiedenheit im Zugang zu Intuitionen, gegenwärtig zu sein.

6. Die Elternschaft im Entscheidungsprozeß

Bisher wurde die Sozialgestalt der Waldorfschule, ausgehend vom Gedanken der Selbstverwaltung, vornehmlich von der Funktion des Lehrens und der Erziehung aus entwickelt, die zu ihrer Entfaltung die Freiheit benötigt.

Die komplexe schulische Wirklichkeit wird aber erst vollständig erfaßt, wenn die Eltern und Schüler als die Schule konstituierende Mitgliedergruppen in die neue Verfassung mit einbezogen werden. Es empfiehlt sich, auch hier von einer funktionellen Betrachtungsweise auszugehen. Innerhalb des Geisteslebens, das von den Kräften der Einzelpersönlichkeiten immer wieder neue Anregungen erfährt, ist die Selbstverantwortung und Freiheit für die Tätigen unaufgebbar, um das beste an Kräften, über das sie verfügen, zu entfalten. *Das Prinzip der Selbstverantwortung, welches der Tätige, der*

*sich in seinen tiefsten Intentionen recht versteht, im Geistesleben heischt,
muß durchgängig für alle am Geistesleben Beteiligten gelten, also auch für
die Eltern.*

Damit wird zunächst die kontroverse Frage des «Selbstbestimmungsrech-
tes des Kindes» berührt, das mit dem Elternrecht prinzipiell kollidieren
kann. Von Vertretern des Kinderrechts wird mit Recht gegen eine flache
Auffassung des Elternrechtes zu Felde gezogen, nach dem das Kind «Eigen-
tum» oder so etwas wie «Besitz» der Eltern sei. Die Gesellschaft hat «das
höhere Anrecht auf die Kinder als ihre vielfach befangenen Eltern, die für
die Elternrolle nicht qualifiziert sind» (Gamm, 70, S. 38). Folgt man dieser
Auffassung, so tritt an die Stelle der Eltern als eine höhere bestimmende
Instanz die soziale Kontrolle durch die Gesellschaft. Eine mehrfach differenzierte Überprüfung «durch unabhängige und wissenschaftlich interdis-
ziplinär arbeitende Kommissionen» ermöglicht, den Eltern das Erziehungs-
recht am Kinde zu entziehen (ebd. S. 202). Eine Selbstbestimmung des Kindes wird indessen durch die Abschaffung des Elternrechts keineswegs
gewonnen, es treten lediglich an die Stelle der bestimmenden Eltern mehr
oder minder anonyme Gutachter, die allerdings ihren Teil zur weiteren
Entfremdung sozialer Verhältnisse beisteuern könnten. Streng durchgeführt, mündet dieser Ansatz in einen Totalitarismus Fichtescher Prägung
(Reden an die Deutsche Nation), aus dem trotz des Stichworts von der Emanzipation und Aufklärung der Gesellschaft nur Schicksalsverwirrung und
trostlose soziale Entfremdung folgen müßten.

Dieser Weg endet für eine anthropologisch begründete Pädagogik und
Gesellschaftsauffassung, wenn er als Regel- und nicht extremer Sonderfall
verstanden wird, in einer Sackgasse. Im Grunde ist das Verhältnis von Kind
und Erwachsenen nicht durch so kurz verknüpfte Begriffe des Rechts auf
Selbstbestimmung zu erfassen, sie mögen allenfalls zur Kennzeichnung der
Fälle von Mißbrauch und Extremsituationen ausreichen. In Wirklichkeit
kann das Kind niemals aus sich – unabhängig von sozialen Einflüssen – bewußt angeben, was ihm frommt, insofern ist das Kind (noch) gänzlich un-
frei, es kann sich nicht selbst bestimmen. Daraus ergibt sich eine Wechsel-
beziehung zu seinen Erziehern, die sich niemals kategorial mit Begriffen
wie «Recht auf etwas» oder «Pflicht zu etwas» umschließen läßt. Menschliche
Begegnungen sind zu vielschichtig, als daß sie sich einem simplen Begriffspaar fügten. Das Kind «bringt, um es mit den Worten Troxlers zu sagen,
das größte Opfer dar, nämlich sich selbst, wenn es sich zur Erziehung einem
Lehrer übergibt. Und es hat daher das Anrecht, durch die Erziehung sich
selbst wiedergegeben zu werden . . .» (Niederhäuser, S. 61).

Die gesamte Problematik erweist, wie notwendig eine anthropologische
Begründung der Pädagogik ist, die mit einer geistigen Existenz des Menschen rechnet, erst sie sichert die Freiheit des pädagogischen Handelns.

Wenn das Berechtigte einer Anschauung, die dem Kind ein Eigenrecht auf Selbstentfaltung zubilligt, betrachtet wird, so liegt für den genaueren Beobachter eine Gewißheit darin, daß keine Instanz zunächst stellvertretend besser in der Lage ist, das für das Kind Bestmögliche zu tun, als die Eltern. Zwischen ihnen und dem Kind bestehen nicht bloß biologische, sondern vor allem tiefe intim-seelische Beziehungen, in denen sich Schicksal manifestiert. Nur im pathologischen Fall kann ein Gesellschaftsrecht auf das Kind dem gegenüber vorrangig geltend gemacht werden.

Im wohlverstandenen Interesse der Eltern liegt es, daß aus den Kindern fähige und lebenstüchtige, sich selbst bestimmende Menschen werden. Wie sie selbst – nach Maßgabe ihrer Kräfte und Fähigkeiten – diesem Ziel zustreben, so hegen sie – wenn sie stellvertretend, aber aus eigener Verantwortung handelnd, mit dem Erziehungswesen in Kontakt treten – die berechtigte Erwartung, daß dieses alle Kräfte des Kindes entwickelt, damit es sich später als Erwachsener mündig handelnd im Leben zurechtfinden kann.

Insofern die Eltern aus richtig verstandenem Handeln für das Kind in der Regel nur eine schulische Erziehung wollen können, die ihre Kinder zu lebenstüchtigen Menschen heranbildet, müssen sie selbst als demokratisch-mündige Bürger beurteilen, welches Bildungssystem sie für ihr Kind wollen und gutheißen. Wer dies nicht kann oder will, überläßt das notwendige Urteil beamteten Fachleuten. Freiheit des Geisteslebens setzt im Erziehungswesen zwei Tatsachen voraus: 1. *die rechtliche Freiheit für die Erzieher*, aus Selbstverantwortung spezifische Bildungs- und Erziehungsziele anzubieten und 2. die Freiheit der Eltern, frei und nach eigener Einsicht und Verantwortung zwischen den Angeboten für ihr Kind zu wählen. *Der Unterschied zwischen Lehrern und Eltern besteht nicht in den Freiheitsrechten oder in unterschiedlicher Selbstverantwortung, sondern allein in der Tatsache, daß im einen Fall individuelle Leistungen erbracht und im anderen Fall aus Einsicht und Vertrauen gewählt und entgegengenommen werden.*

In der freien Wahl der Schule[1] liegt das entscheidende (rechtliche) Element der den Eltern zustehenden Selbstverantwortung innerhalb des Erziehungsprozesses durch die Schule. Doch darin kann oder sollte sie sich keineswegs erschöpfen. Wenn ein Elternhaus eine bestimmte Schule für das Kind gewählt hat, so gilt dies als ein Vertrauensbeweis gegenüber der betreffenden Schule. Vertrauen baut sich indessen dadurch auf, daß die Leistungen der Schule in einem weitgehenden Einklang mit den Auffassungen, Wünschen und Erwartungen der Eltern stehen. Wie die Waldorfschule als eine freie nur durch die Wahl und das Vertrauen der Eltern bestehen kann, so bedarf sie auch des andauernden unterstützenden Inter-

---

[1] Vgl. Kap. «Freies Geistesleben und freie Schule».

esses der Elternschaft, das sich einerseits auf die Pädagogik richtet und andererseits auf die Lebensbedingungen einer freien Schule, d. h. aber auch auf ein Verständnis für das freie Geistesleben. Sowohl die Selbstverantwortung der Eltern als auch die Selbstverwaltung der Lehrer bedürfen eines freien Geisteslebens, um ihre Anliegen und Ziele selbstbestimmt verwirklichen zu können. Wie die freie Schule einen bestimmten gesellschaftlichen Zusammenhang (Umwelt) benötigt, um existieren zu können, so braucht sie die fortlaufende tatkräftige elterliche Unterstützung, damit der Gedanke einer Befreiung des Geisteslebens, seiner Selbstverwaltung und Selbstverantwortung, an der die Eltern durch ihre Wahl der Bildungsstätte teilhaben, ein «Bestandteil der öffentlichen Meinung wird. Wir brauchen, um die Waldorfschule zu halten und um Schulen weiter zu begründen, wir brauchen eine öffentliche Meinung, die immer größer wird...» (Steiner 298, S. 137). Dies ist zugleich eine Aufgabe der Elternschaft, wenn sie ihr eigenes pädagogisches Interesse und die Selbstverantwortung konkret versteht.

Eine fortlaufende Verständigung zwischen Schule und Elternhaus über die Wahl der Schule hinaus ist schon deshalb notwendig, weil das Kind von den häuslichen Verhältnissen, den Charakteren im Elternhaus, seiner bisherigen Umgebung bis in die seelischen Äußerungen und in seine Verhaltensweisen, ja bis in die organische Leibesbeschaffenheit hinein geprägt ist. «Als ein Grundelement für alles, was wir in der Waldorfschule als unsere Aufgabe betrachten, müssen wir ansehen das Zusammenarbeiten mit der Elternschaft. Es ergeben sich fortwährend im Laufe der Schulführung unzählige Fragen mit Bezug auf das Wohl und Wehe, auf den guten Fortgang und auf die Gesundheit, die leibliche und seelische Gesundheit, es ergeben sich fortwährend unzählige Fragen, die nur im Verein mit den Eltern zu lösen sind» (ebd., S. 107). Nur dort, wo ein Element der Anerkennung, des Verständnisses und des Vertrauens zwischen Elternhaus und Schule besteht, kann die schulische und erzieherische Tätigkeit auf die Dauer ersprießlich sein. «Uns muß es vor allen Dingen auf Gesinnung ankommen. Wir können nicht viel halten von Anweisungen im einzelnen, daß die Lehrer sich so oder so zu den Eltern verhalten sollen und umgekehrt. Wir können uns von solchen Einzelanweisungen nicht sonderlich viel versprechen, aber sehr viel davon, wenn die Lehrerschaft und die Elternschaft sich gegenüberstehen in den richtigen Gesinnungen» (ebd., S. 164).

Dieses das Verhältnis von Schule und Elternschaft konstituierende Prinzip baut auf *Gegenseitigkeit* auf. Vertrauen und eine gewisse Übereinstimmung in den menschlich-pädagogischen Gegebenheiten sowie schulischen Handlungen sind beidseitig notwendig für eine ersprießliche pädagogische Arbeit der freien Schule. Damit das Verhältnis der Gegenseitigkeit auch erhalten bleibt, ist eine kontinuierliche *Kommunikation* zwischen Schule und Elternhaus nötig. Neben diesem wünschenswerten Idealverhältnis läßt die Realität des Einzelfalles selbstverständlich auch eine Divergenz der Ansichten zu. Tatsächlich ist zu beobachten, wie manche Eltern, zufrieden damit, ihr Kind an der Schule untergebracht zu haben, sich der Kontaktlosigkeit und des Desinteresses befleißigen, solange ihr Kind gut aufgehoben zu sein scheint; sie werden apathisch und entziehen sich einer stetigen pädagogischen Verantwortung auf Zeit. Demgegenüber findet sich ein weiterer Typus der Verantwortungsübernahme, der sich in einem rasch gewährten Vertrauen erweist, das ebenso rasch (und vielleicht kurzschlüssig) wieder entzogen wird, wie es gegeben wurde. Zunächst aktualisieren sich Schwierigkeiten und damit die Vertrauensfrage an pädagogischen und Entwicklungsproblemen, bei denen auf den Zögling oder den Lehrer hingeblickt werden kann. Je nach dem Urteil, das sich die Eltern bilden, richten sich Fragen an die Lehrerschaft oder an einzelne Lehrer oder das Kind. So wird im Regelfall für die Entwicklungsprobleme ein den Schüler fördernder Kontakt zwischen den Eltern und Lehrern wahrgenommen werden. Ihn charakterisiert R. Steiner vor den Eltern so: «Wer in der Waldorfschule Lehrer wird, ist schon vielfach gesiebt; und man darf schon zu ihm Vertrauen haben. Und wenn man etwas nicht versteht, so rümpfe man nicht gleich die Nase, sondern man vertraue auf das große, umfassende Prinzip, an das man selbst glaubt, dann wird man den Lehrer unterstützen und jede Gelegenheit benützen, die einen innigen Kontakt zwischen Elternschaft und Lehrerschaft herbeiführen kann» (ebd). Wie verhält es sich, wenn dennoch «Vertrauenskrisen» entstehen, weil das Kollegium – aus subjektiven oder auch sachlichen Gegebenheiten – nicht genügend «gesiebt» hat? (Es handelt sich dann um tiefergehende Krisen, als sie im Sozialprozeß immer wieder vorkommen.) Hier bleibt allein, wenn sich auf Dauer nichts ändert – als ultima ratio –, eine Einflußnahme über abnehmende Schülerzahlen, die von jedem Kollegium einer freien Schule genau registriert werden wird. Jede andere Form griffe in die Autonomie ein. Dadurch wird nochmals deutlich, daß sich die elterliche Wahl und das zugrunde liegende Vertrauen nicht jeweils auf eine Einzelmaßnahme, sondern wesentlich auf das gesamte Bildungsangebot (als System) bezieht.

Anders liegen die Dinge in folgenden Fällen, die wir als Ausdruck eines *rechtlichen Ordnungselementes* betrachten. Den Eltern ist bei der Aufnahme ihres Kindes in die Schule bekannt, welche Ziele die Schule verfolgt und wie der Unterrichts- und Lehrplan gestaltet ist.[1] Während das allgemeine

---

[1] Die Ziele, der Aufbau, die Organisationsform des Unterrichts der Schule sollten prägnant und unmißverständlich in einem Merkblatt dargestellt sein, das den Eltern vor oder bei der Aufnahme ausgehändigt wird; so lassen sich mögliche Mißverständnisse von vornherein ausschließen.

Unterrichtsangebot, der Aufbau der Schule und die pädagogische Zielsetzung im wesentlichen als für den einzelnen vorgegeben angesehen werden muß, bleibt ein erhebliches Maß an Flexibilität in allen Fragen der inneren Schulordnung sowie gegenüber einzelnen schulischen Leistungen und Maßnahmen. Gerade in Fragen der Schulordnung legte R. Steiner besonderen Wert auf die *Mitentscheidung* der Eltern. Zum Bereich dieser Ordnungsfragen gehören z. B. Maßnahmen wegen des Schwänzens, Entscheidung über den zeitlichen Schulanfang und -schluß (Majoritätsbeschluß der Elternschaft, K. 5, S. 129), die Wahl zwischen verschiedenen Fächergruppierungen, soweit sie nicht aus ursprünglich pädagogischer Zielsetzung, sondern des Berechtigungserwerbs halber erfolgen.

Überall, wo die Pädagogik durch hoheitliche Maßnahmen von außen bestimmt und das Interesse der Eltern und Schüler durch Vergabe von Sozialchancen berührt werden, sollte die freie Schule den Eltern ein Recht der Einsicht und Mitwirkung einräumen. Es gehört zwar zur Umweltanpassung, daß sich auch eine anthropologisch orientierte Schule für das Weiterkommen ihrer Schüler interessiert[1], indem sie den Zugang zu weiterführenden Bildungsgängen, die an Berechtigungen gebunden sind, vermittelt, denn sonst würde sie ihre Existenz selbst aufs Spiel setzen. Aber die Ausgestaltung und die notwendigen Prüfungsmodalitäten als Rechtsinstrument sind zugleich eine Angelegenheit des Elterninteresses. Alle mit dem Berechtigungswesen zusammenhängenden hoheitlichen Maßnahmen entspringen dem Gestaltungsanspruch des Staates. Als mündige Bürger haben die Eltern das Recht, für gleiche Bedingungen und Chancen des von ihnen gewählten Schulsystems gegenüber dem staatlichen zu sorgen. Es gehört dies zu den demokratischen Rechten, welche die Elternschaft wahrnehmen kann. «Es ist nicht unsere Sache, dafür zu sorgen, daß ein amtlich abgestempelter Kommissär zur Prüfung da ist. Wenn das (die Prüfung durch Waldorflehrer) von der Elternschaft gewünscht wird, so ist das etwas, was von der Elternschaft in die Wege geleitet werden müßte.[2] Im Sinne der Waldorfpädagogik liegt es nicht . . . Uns kommt es nicht darauf an, ausgeschlossen zu werden davon, gültige Zeugnisse auszustellen, nur werden wir dann müssen die Sache vom pädagogischen Standpunkt aus ansehen. Daß es einen Sinn hat, vom Standpunkt der Pädagogik aus, wenn man jahrelang mit den Schülern zusammen ist, diese dann einer Abgangsprüfung zu unterziehen, daß das

---

[1] Vgl. meinen Aufsatz: Die Frage der Abschlüsse für Waldorfschüler, in: Erziehungskunst 1/1974, S. 5–15; für die historische Entwicklung am Beispiel der ersten Waldorfschule S. 9–13.
[2] In einer Prüfungsordnung, und zwar in der zur Reifeprüfung des Landes Nordrhein-Westfalen haben Elternvertreter als Mitglieder des Schulträger-Vorstandes Teilnahmerecht an der Prüfung mit Sitz und Stimme in der Prüfungskommission (RdErl. d. KM v. 26. 4. 71, GAbl. KM u. MfW in NRW, 6/71, S. 299, Ziffer 7.2).

einen Sinn haben soll, das möchte ich, daß es jemand mir beweist. Wir wissen, was wir über einen Schüler zu sagen haben, wenn er ein Alter erreicht hat und die Klasse verläßt . . . Es ist keine eigentlich pädagogische Angelegenheit . . . Wir haben keine Ursache, darauf hinzuarbeiten, daß wir die Prüfungen vornehmen sollen, weil es nicht aus unseren pädagogischen Unterlagen folgt» (Steiner 298, S. 123).[1]

Erst wenn aus den Fähigkeiten des einzelnen Lehrers (im Zusammenwirken mit anderen) bestimmte kulturelle Leistungen erbracht werden, wozu Freiheit und Selbstbestimmung dienen, kann die freie Wahl zwischen den angebotenen Leistungen erfolgen. Fehlt nun die «freie Empfänglichkeit» für «Impulse, die aus den individuellen Fähigkeiten selbst kommen», dann wird aus diesen Gründen, gleichsam von innen und unabhängig von der Rechtsordnung, ein freies Geistesleben scheitern – dasselbe Wagnis geht auch die einzelne freie Institution ein. Dieses Risiko, keine Abnehmer für die freien Leistungen zu finden, gehört ebenso wie die Auswahl zwischen Angeboten konstitutiv zur Freiheit des Geisteslebens, die nur aus der Gesellschaftsordnung gewährleistet werden kann und darum auch ein Verständnis und den Schutz der Öffentlichkeit benötigt.
Die Selbstbestimmung beim Hervorbringen einer Leistung ist von prinzipiell anderer Art als jene Eigenverantwortung, die sich auf die Auswahl zwischen den angebotenen Leistungen bezieht. Wenn beides auch nur in seiner Bezogenheit zueinander gedacht werden kann, so unterliegen die *inhaltlichen Bedingungen* der Selbstverantwortung doch *gänzlich verschiedenen Gesetzen,* und mit ihnen hat man es zu tun, wenn die Mitwirkung der Eltern im Entscheidungsprozeß der Schule sachgerecht und funktional – vom Gedanken der Selbstbestimmung für beide Beteiligte – erfaßt werden soll. Die Freiheit des einen darf nicht durch die Freiheit des anderen beeinträchtigt werden, d. h. es muß konstitutionell gesichert sein, daß die «Hervorbringung der Leistung» *innerorganisatorisch* in Freiheit geschieht,

---

1 Alle Berechtigungen haben lediglich *juristisch-formalen Charakter.* «Demnach besagt die Berechtigung allein noch nichts oder nur wenig über die im konkreten Fall erbrachte Leistung, sondern ist eine durch Verwaltungsakt getroffene Feststellung für das Recht zum Zugang zu bestimmten öffentlichen Einrichtungen wie z. B. Hochschulen, Beamtenlaufbahn u. a. Dabei kann die Festlegung der Voraussetzung für den Erwerb einer Berechtigung aus durchaus unterschiedlichen bildungspolitischen Erwägungen erfolgen. Insbesondere ist es nicht zwingend, daß für ein und dieselbe Berechtigung gleiche Leistungen erbracht werden müssen . . . Es muß völlig ausreichen, wenn die etwa nach Unterrichtsstoff und Methode unterschiedlichen Leistungen im Hinblick auf den Zugang zu bestimmten öffentlichen Einrichtungen als gleichwertig erachtet werden» (Deutscher Bildungsrat, Empfehlungen der Bildungskommission, Einrichtungen von Versuchen mit Gesamtschulen, 1969, S. 130).

wie *gesellschaftlich* die «Aufnahme dieser Leistung» durch das «freie Seelenbedürfnis» der Empfänger gewährt sein muß.[1] In Entscheidungen, die sich auf die Schule und die Pädagogik beziehen, kommt der Lehrerschaft, welche kulturelle Leistungen erbringt, eine Dominanz zu, wie den Eltern eine in der gesellschaftspolitischen Gewährleistung des freien Raumes für kulturelle Angebote, die erst ihre Selbstbestimmung ermöglicht. Allein die Eltern sind fähig, einen lebendigen Schutzwall für das freie Kulturleben zu bilden.

Nun ist es aber für die genauere Analyse, die von den prinzipiellen Erwägungen sich den realen Lebensgegebenheiten zuwendet, durchaus möglich, den Raum zu bestimmen, in dem eine elterliche Mitwirkung an Entscheidungen möglich sein kann. Dies ist um so wichtiger, als das freie Geistesleben keineswegs schon entwickelt ist.

Wie wir sahen, ist zunächst eine vollberechtigte Mitentscheidung innerorganisatorisch für die Eltern dort möglich und nötig, wo es um alle gemeinsam berührende demokratisch entscheidbare rechtliche Belange geht. Wie aber – so wollen wir fragen – sind die Abgrenzungen, wenn sich Kollisionen zwischen der Freiheit in der «Hervorbringung» und der «Aufnahme» ergeben? Gerade dieser Extremfall muß konstitutionell geregelt sein, damit nicht die freiheitliche Verfassung durchbrochen wird. Dabei müssen wir zunächst den *Entscheidungsraum* aufsuchen, in dem sich die *Schule als Organismus durch Handlungen* darstellt.

Ausgehend vom Gedanken der Selbstverantwortung, die im freien Geistesleben als eine Lebensvoraussetzung gilt, soll an drei charakteristischen und qualitativ verschiedenen Entscheidungstypen der mögliche Einfluß der Eltern verdeutlicht und abgeklärt werden. Wir wählen dabei folgende Typologie:

a) Innovations- oder Zielentscheidungen,
b) Krisenentscheidungen sowie
c) Routine-Zweckentscheidungen.

a) *Innovations- oder Zielentscheidungen.* Nehmen wir einen hypothetischen, aber durchaus möglichen Fall: In der öffentlichen Diskussion habe sich die Auffassung in den Vordergrund geschoben, für den heranwachsenden jungen Menschen sei es notwendig, in der Schule durch ein neu einzurichtendes Fach Sexualkunde mit dem notwendigen Wissen ausgestattet zu

[1] Vgl. zu der hier zugrundegelegten Unterscheidung Steiner 23, S. 58 und Kap. Freies Geistesleben. Von einem durchgängigen Prinzip der Gleichheit der Ausgangsposition ausgehend, versucht B. Hardorp (in: Freie Waldorfschule Mannheim – Aus dem Leben des Schulvereins, H. 1, 1973) die Stellung der Beteiligten an der Schule zu deuten.

werden. Es kann mit dieser Forderung zugleich eine bestimmte einseitige, als fortschrittlich bezeichnete Methode des Unterrichts gewünscht sein, wie sie sich durchaus in der pädagogischen Literatur findet (Gamm, Kentler). Die notwendige Entscheidung beinhaltet eine Neuerung im Lehrangebot der Schule, denn durch die bestehenden Verhältnisse sei der Forderung nicht schon Rechnung getragen. Wer entscheidet, was geschieht? Für den Fall, daß die Initiative von einzelnen Eltern ausgeht, bedarf es selbstverständlich zunächst einer Verständigung mit dem Lehrerkollegium. Die Entscheidung in dieser pädagogischen Frage berührt auch unmittelbar das Ziel der Schule selbst, die alle ihre Handlungen anthropologisch zu fundieren sucht. Es bedarf deshalb eines genauen Verständnisses, welche Wirkung in welcher Altersstufe vom Stoff sowie von der Methode auf das Kind ausgeht, welche Anlagen und Fähigkeiten vorzeitig oder verspätet dadurch geweckt oder verhindert werden. Darüber hat sich die Lehrerschaft selbst, die ihr Tun aus Erkenntnis verantworten will, ein sachgerechtes Urteil zu bilden. Es ist durchaus möglich, daß die Gruppe der Eltern und der Lehrer oder beide zusammen sich beraten, so daß unter Umständen Alternativen oder Modifikationen des vorgebrachten Anliegens sich ergeben. Wer aber beschließt, was letztlich geschieht? Dies kann im Sinne der Autonomie und der Freiheit nur derjenige, der dann in Praxis das verwirklichen will, was beschlossen wird. In diesem Fall kann nur derjenige beschließen, der verantwortlich handelt. Innovationen auf *methodisch-didaktischem Gebiet* (Pädagogik) unterliegen der Entscheidungskompetenz der Lehrerschaft, wenn die selbstverantwortliche Tätigkeit als entscheidendes Kriterium angesehen wird. Jegliche andere Entscheidungs*kompetenz* birgt die Gefahr der Fremdbestimmung und durchbricht die Identität von Handelndem und Verantwortlichem, von Verwaltenden und Verwalteten. Die Lösung – bei Konflikten – ist eindeutig vorgegeben; nur die Lehrerschaft kann selbstbestimmend beschließen. Die Inhalte oder Anlässe können ausgetauscht werden, das Prinzip ist deutlich.

Obgleich die pädagogische Zielsetzung durch die Lehrerschaft in ihrer Gesamtheit verantwortet wird, muß aber gleichzeitig die Offenheit für eine Beratung mit der Elternschaft bestehen, sie ist nach den Bildeprinzipien von «Hervorbringung» und «Aufnahme» sogar unerläßlich, wenn sich die Institution nicht selbst schädigen soll. Gerade innerhalb des Entscheidungsprozesses ist die gemeinsame Beratung von nicht zu überschätzendem Wert, denn in dieser Phase werden Meinungen ausgesprochen, sie korrigieren sich – soweit Freimütigkeit herrscht – an anderen Ansichten und münden schließlich in eine Beurteilung, die sich gegenüber der Ausgangssituation für alle Teilnehmenden durch den Kommunikationsprozeß verwandelt hat. Es wäre indessen falsch anzunehmen, daß mit dieser Meinungsbildung zugleich auch der Beschluß gefaßt worden sei. Er ist an das dafür zuständige Organ, die Lehrerkonferenz – oder den Schulverein – gebunden. Sie hätte nach dem hier entwickelten Modell, streng zu Ende gedacht, nach der Beratung mit den Eltern durchaus das Recht, ja die Pflicht, nach eigenem Ermessen selbst dann zu beschließen, wenn sie abweichender Meinung gegenüber Eltern sein sollte, denn sonst würde – theoretisch – dem Handelnden die Verantwortung für sein Tun genommen.

Pädagogische Neuerungen in der geschilderten Art, die das Interesse der Eltern unmittelbar berühren, sind in der Praxis äußerst selten. Von gleichem Typus, aber etwas anders, liegt der Fall, wenn die Lehrerschaft den Ausbildungsgang (etwa in der Fremdsprache) ändern möchte. Auch dies bedeutet eine Neuerung, wobei zu berücksichtigen ist, ob sie die bereits vorhandenen Klassen oder die erst einzuschulende Schülerschaft betrifft. Ist das erste der Fall, wird der weiterführende Ausbildungsgang der Schüler berührt. In diesem Falle könnte fairerweise eine Änderung nur dann beschlossen werden, wenn die Eltern der betroffenen Klassen der Entscheidung zustimmen würden. Denn sie haben die Schule unter der Voraussetzung eines bestimmten, ihnen bekannten Bildungsangebotes gewählt, und dies kann dann nur mit ihrer Zustimmung geändert werden, vor allem wenn an den Kanon am Schulzeit-Ende Berechtigungen geknüpft sind. Ergeben sich Mehr- und Minderheiten, so könnte die Intention der Lehrerschaft nur dann verwirklicht werden, wenn zugleich die Minderheit mit dem bisherigen Angebot zufriedengestellt wird. In diesem Falle geschieht ein Eingriff in rechtliche Vereinbarungen, die zwischen der Schule und den Eltern bestehen, selbst wenn der Anlaß ein pädagogischer sein mag. Das berührt nicht nur das individuelle Verhältnis zwischen der Schule und dem einzelnen Kind, sondern elementare Interessen der Eltern, die über die Schule selbst hinausweisen, darum bedarf eine solche Entscheidung der Zustimmung der Elternschaft.[1]

b) *Die Krisenentscheidung:* Ein besonderer Fall von Entscheidungen wird durch Vorgänge verursacht, die das System (Schule) zu Handlungen zwingen: Innerhalb oder zwischen den einzelnen Mitgliedergruppen oder durch plötzlich veränderte Umweltbedingungen entstehen Krisen, die das System als Ganzes gefährden, wenn es nicht entsprechend handelt.

Der eine Typus der Krisenentscheidung resultiert aus *inneren Konflikten,* etwa solchen, die zu einer Relegation oder zum Abgang eines Schülers führen können. Diese Krisen haben komplexe Ursachen, um sie zu erhellen, kann es eine Hilfe sein, die Eltern entweder durch den Vorstand des Schulvereins oder durch Vertreter des Elternrates zu beteiligen und in die zur

---

[1] Noch andere Fälle, wo die Schule als System Neuerungen setzt, lassen sich denken; sie sollen hier aber nicht enumerativ aufgeführt werden.

Entscheidung führenden Beratungen voll einzubeziehen. Der Natur der Sache nach ist der Kreis der Beteiligten in Krisenentscheidungen immer beschränkt, wenn nicht statt der Behebung einer Vertiefung der Krise stattfinden soll. Generell läßt sich für den Typus der Entscheidung konstatieren: «In der Tat ist das Potential für eine Verstärkung und Erweiterung der innerorganisatorischen Demokratie bei Krisenentscheidungen relativ gering» (Naschold, S. 76).

Der andere Typus der Krisenentscheidung sei von *außen* durch die Umwelt in Form eines Anpassungsdrucks verursacht. Wie verhält sich da die Mitwirkung der Eltern am Entscheidungsprozeß? Umwelt ist für die freie Schule – will man den Begriff eingeschränkt verwenden – vor allem der vom Staat bestimmte Bereich weiterführender Bildung (tertiäres Bildungswesen), in den ein großer Teil der eigenen Schüler nach Abschluß der Schulzeit übergeht. Durch die vom Staat für seine Einrichtungen festgesetzten Bedingungen entsteht eine Rückwirkung auf das freie Bildungswesen, das sich entsprechend anpassen muß, wenn es wettbewerbsfähig bleiben will. (Dieser Entscheidungskreis könnte auch als Ziel und zur Innovation gehörig angesehen werden, wir weisen ihn aber begrifflich nicht der substantiellpädagogischen Neuerung zu.)

Zwei Ansätze elterlicher Mitwirkung ergeben sich durch die geschilderte Ausgangsposition. Einmal haben die Eltern im Rechtsstaat der Gegenwart als mündige Bürger teil am politischen Entscheidungsprozeß, aus dem das Berechtigungswesen resultiert. Global und langfristig gesehen besteht der Einfluß der Elternschaft darin, als kritisches Publikum auf die Unvereinbarkeit von individueller Förderung und hoheitlicher Normierung durch das berechtigende Prüfungswesen hinzuweisen. Dies ist gleichsam eine Aufklärungsfunktion (im Sinne der Strategie), die sich unmittelbar aus der Tatsache der von den Eltern praktizierten freien Schulwahl ergibt. Ein freies, selbstverantwortliches Geistesleben ist nur mit Hilfe einer bewußten Öffentlichkeit lebensfähig zu erhalten. So bedarf die Waldorfschule, schon von ihrem Entstehungsmoment aus der Dreigliederung des sozialen Organismus her, einer sie tragenden, bewußten Elternschaft, die auch in der Umwelt für ein sich selbst verwaltendes Bildungsleben eintritt, an dem sie selbst für ihre Kinder aus eigenem Interesse teilhat. Bildungs- und gesellschaftspolitisches Interesse kann allein zu einer Aufklärung in der Öffentlichkeit beitragen. Neben diesem umfassenderen Ziel ist es aber auch nötig, die Situation für die eigene Schülerschaft so zu gestalten, daß ein erträglicher Kompromiß zwischen eigenständigem Bildungswesen und hoheitlichen Anforderungen gefunden wird. Auf diesen Punkt verweist R. Steiner, wenn er es als Sache der Elternschaft betrachtet, daß sie für eine entsprechende Prüfungsgestaltung Sorge zu tragen hat (298, S. 123).

Ihrer Natur nach eignen sich Krisenentscheidungen zwar für die elterliche

Mitwirkung ganz allgemein, aber wo sie diffizil und akut werden, kommt neben dem Rechtselement der Mündigkeit auch dasjenige der Fachkenntnis, das beschränkend wirkt, zur Geltung. Krisenentscheidungen und Fragen der schulischen Existenz können zu neuen Zusammenschlüssen und Kooperationen innerhalb der Schulgemeinde führen.

c) Ein dritter Entscheidungstypus kann als *Routine- und Zweckentscheidung* betrachtet werden. Der Routine- und der Zweckentscheidung ist gemeinsam, daß bei ihnen – abstrakt formuliert: das System – bei gleichbleibender Beziehung zur Umwelt Informationen verarbeitet, wobei der eigentliche Entscheidungsprozeß aufgegliedert und an einzelne Mitglieder oder Mitgliedergruppen delegiert wird. Im Fall von Routineentscheidung kann der einzelne nach einem vorgegebenen Plan verfahren, während bei den Zweckentscheidungen der Handlungsspielraum größer wird, weil die Mittelwahl freigestellt bleibt. Es handelt sich also in diesen Fällen um wiederkehrende Vorgänge, die zu einer Entlastung der Gesamtheit führen, indem sie von einzelnen wahrgenommen werden. So wie etwa die Schüleraufnahme delegiert werden kann und das Gesamtkollegium entlastet, so kann durch Delegation an die Elternschaft erreicht werden, daß einerseits Sachverstand und Fachkenntnis im Sinne der Informationsaufbereitung für die Schule mobilisiert und andererseits eine stärkere Verbindung und Motivierung durch Teilhabe geschaffen wird. Von der Definition her ergibt sich bei Routine- und Zweckentscheidungen, daß sie selbständig vollzogen werden können, wobei sich durchaus an dieser Stelle Fragenaufwürfe für Grundsatz- oder Innovationsentscheidungen entwickeln können. Es ist dabei nicht bloß an Festesvorbereitung usf. zu denken, sondern auch an Aufgaben im Zusammenhang mit der Bauplanung, die gemeinhin vom Vorstand wahrgenommen werden (vgl. weiter unten den «Schulrat»).

Im Leben der Waldorfschule werden seit langem vielfältige Aufgaben, die diesem Entscheidungsbereich angehören, von Eltern wahrgenommen, sie gehören voll zum Handlungsgefüge der Schule.

Die hier beschriebenen Typen der Entscheidung haben jeweils einen *sachlichen Bezug*, bei dem es immer und ausschließlich um die Fragen der schulischen Existenz geht, also um solche, welche – gesellschaftlich gesehen – sich auf das Geistesleben beziehen. Nun erfüllt aber die Schule ihre Aufgaben und Ziele nicht im bloß pädagogischen Bereich mit seinem Lehrplan, dem Erziehungsprozeß, dem individuellen Lehrer-Schüler-Verhältnis usw., sondern auch im Rahmen differenzierter zwischenmenschlicher Begegnungen von Schülern/Eltern/Lehrern, also in bestimmten Ordnungen des Zusammenlebens, mithin im Bereich der Vereinbarungen, der Übereinkunft, allgemein: des Rechtlichen. Ebenso bedarf die Schule, um ihre Aufgaben erfüllen zu können, der materiellen Mittel. Auch dieser Sachbezug, obwohl von ökonomischen Kategorien bestimmt, gehört zum Geistesleben. Die unterschiedlichen Entscheidungstypen (Ziel-, Krisen, Routineentscheidung) haben also zugleich einen dreifachen Sachbezug, je nachdem, ob sie sich auf den Bereich der Pädagogik im engeren Sinne oder auf Fragen des zwischenmenschlichen Verkehrs oder auf solche der Mittelbeschaffung oder -vergabe, also auf Fragen des Wirtschaftslebens der Schule beziehen. Alle Sachbezüge sind innerhalb der Schule mehr oder minder von und durch die pädagogische Aufgabenstellung her überformt und von ihr niemals völlig abzutrennen.

Soll nun innerhalb dieser Entscheidungstypen die Mitwirkung, die Partizipation der Eltern bestimmt werden, so muß zunächst noch auf den *Entscheidungsprozeß* als gruppendynamischen und psychologischen Vorgang mit seinen verschiedenen differenzierten Stufen hingeschaut werden. Als erstes darf hierbei – wie schon entwickelt[1] – auf den Informationsvorgang und die Problemerkenntnis verwiesen werden, denen dann die Meinungs- und Urteilsbildung im Beratungsvorgang folgen. Erst in der letzten Stufe als Konsequenz des vorangegangenen Prozesses erscheint der eigentliche Beschluß, der auf den vorangehenden Gliedern aufbaut. Innerhalb dieses Entscheidungsprozesses ist jeweils wieder qualitativ-sachlich zu berücksichtigen, daß Entscheidungen innerhalb der Schule von inneren Gesetzen, individueller Befähigung, Sachkenntnis und Qualifikation abhängen. Alle Entscheidungen stehen wieder unter dem Ziel, zu dessen Verwirklichung die Schule antrat, der Freiheit des Geisteslebens, d. h. vor allem der Selbstverantwortung der Handelnden.

Innerhalb des Entscheidungsprozesses, der in den genannten Etappen verläuft, stellt sich die Frage neu, wie eine Teilnahme der gleichberechtigten, sich selbst bestimmenden Gruppierungen möglich ist, ohne daß die Freiheit der einen durch die anderen beeinträchtigt wird. Die Selbstbestimmung, so charakterisierten wir es, hat im Geistesleben zwei verschiedene Richtungen: a) die Hervorbringung und b) die Abnahme der Leistung. Um diese Richtungen, die einen konkreten inneren Bezug zueinander haben, jeweils in der Realität miteinander in einer gewissen Übereinstimmung zu halten, wie es für die Existenz jeder freien Einrichtung lebensnotwendig ist, bietet sich eine Beratung, Kommunikation und Verständigung in allen Stadien des Entscheidungsprozesses an. Es ist möglich und auch notwendig, daß überall dort, wo Bedürfnisse vorhanden, Informationen ausgetauscht, Probleme genannt und Urteile gebildet werden, eine beratende Teilhabe statthat, *nicht aber in der Beschlußfassung* selbst. Unter Beschluß wird hierbei die bewußt vollzogene Absicht, so oder so durch die Verantwortlichen zu handeln, verstanden, in die alle vorangehenden Stadien der Suche nach einer Problemlösung letztlich einmünden.

---

[1] Vgl. S. 171 ff. und passim.

In Beschlüssen, soweit sie sich auf den pädagogischen Binnenraum und seine Gestaltung beziehen, kann es aus dem Typus der Selbstbestimmung nur völlige Autonomie im Hervorbringen der jeweiligen Leistung geben, das Tun der Lehrer muß frei sein. Durch konstitutionell festgelegte Freiheit und Autonomie des Lehrerkollegiums in der Beschlußfassung wird eine wie immer geartete neuerliche Fremdbestimmung ausgeschlossen. Insbesondere der – rein gedachte – Typus des autonomen Handelns der Lehrer (Beschlußfassung) zeigt, daß es dadurch für die Lehrerschaft die Möglichkeit gibt, sich nicht nur partiell, sondern gänzlich von der Elternschaft zu entfernen und daran zugrunde zu gehen – das gehört zum legitimen Risiko des freien Geisteslebens. So kann generalisiert werden: Der reine Typus der Selbstbestimmung und Autonomie der Lehrenden führt zur ausschließlichen Kompetenz der aus Fachkenntnis und Initiative zu fassenden Beschlüsse auf pädagogischem Feld. Daß eine gewisse Sachbezogenheit immer neu wieder hergestellt wird, legt der Gedanke der Selbstverwaltung nahe, durch den die Lehrerschaft mit den Sachaufgaben der Geschäftsleitung (siehe dort) der Schule verbunden ist. Doch diese Tatsache kann eine andere nicht vergessen lassen. Eine Lehrerschaft, die ihr freiheitsbestimmtes Tun zu schätzen weiß, dürfte gleichzeitig ebenso konsequent durchschauen, wie wichtig es ist, die dargestellten unterschiedlichen Richtungen der Selbstbestimmung miteinander im Einklang zu halten, und zwar auch dann, wenn gelegentlich subjektive Einzelinteressen mancher Eltern zu Generalisierungen und damit zu oft nicht durchschauten Übergriffen in den Freiheitsbereich der Lehrerschaft tendieren sollten.

Diese Haltung sogenannter demokratischer Mitsprache, die im Bereich alle gleichermaßen betreffender Angelegenheiten völlig gerechtfertigt ist, verkennt möglicherweise den von anderen Lebensbedingungen beherrschten Bereich pädagogischen Tuns, in dem differenzierte und individualisierte Maßstäbe, Fachkenntnis und Initiative primäre Gestaltungskräfte sein müssen.

Dabei ist scharf zu trennen zwischen dem Bereich pädagogischer Gestaltung, von dem jetzt gesprochen wurde, mit jener Eigengesetzlichkeit der Selbstverantwortung des Kollegiums, und den Aufgaben des Schulvereins in der Bestandssicherung und Mittelbeschaffung usf. Damit erweist sich, daß alle Entscheidungen zugleich einen bestimmten sachlichen Bezug besitzen, sie sind im pädagogischen Binnenraum andere als im Schulverein, auch wenn sie immer mit den Aufgaben der Schule verbunden bleiben.

Als Mitglieder des Schulvereins sind Eltern wie Lehrer rechtlich gleichberechtigt, indessen wird jenes Organ, in dem die Entscheidungen über den Organisationszweck, die Mittelverwendung usw. fallen, nämlich die Mitgliederversammlung als demokratisches Entscheidungsorgan sachgerecht betrachtet werden müssen. M. Weber sagt: «Der eigentliche ‹Souverän›, die Aktionärsversammlung, ist in der Betriebsführung ebenso einflußlos wie ein von Fachbeamten regiertes ‹Volk›» (Staatssoziologie, § 3). Damit wird gekennzeichnet, daß allein fundamentale Grundentscheidungen als Übereinkunft in der Zielsetzung dem demokratischen Rechtselement der Gleichheit unterliegen können, nicht aber die Handlungsvollzüge. Beschlüsse dieser Art berühren die rechtliche Struktur. Pädagogische Akte bedürfen der individuellen Handlung, der Initiative und Selbstverantwortung, das ist gegenüber dem Rechtsleben ein inkommensurables Element, eben das Geistesleben. Gleichheit kann deshalb nur in jenem Bereich herrschen, wo über die Vereinbarungen und fundamentalen Ziele entschieden wird sowie über wirtschaftliche Belange der Schule als Institution. Die Frage der Gleichberechtigung müßte im Geistesleben so lauten: Wie ist Initiative möglich und zu sichern? Betrachten wir von diesem Gesichtspunkt das Rechtsorgan, den Schulverein.

Obgleich die Generalversammlung das letztlich höchste Beschlußorgan in rechtlicher und wirtschaftlicher Hinsicht darstellt, kann es aus sachlichen und zeitlichen Gegebenheiten nur bei Fundamentalentscheidungen tätig werden (Beiträge, Ausgabenbeschluß, Entlastung usf.). Sachlich ist in einer großen Versammlung eine differenzierte und qualifizierte Urteilsbildung niemals ab ovo möglich, weil die notwendigen Informationen, Daten, Fakten sowie der Meinungsbildungsprozeß derartig viel Zeit beanspruchen, daß die eigentliche Funktion des Beschließens beeinträchtigt würde. So verlagert sich zwangsweise und legitim der fortlaufende Entscheidungsprozeß auf das zwischenzeitliche und handlungsfähige Exekutiv-Organ: den Vorstand. – Er führt und verantwortet die eigentlichen Vereinsgeschäfte im Auftrag und Mandat der Generalversammlung; ihr gegenüber ist er rechenschaftspflichtig. Er hat das Recht und die Pflicht zur eigenen Initiative. Durch seine Überschaubarkeit ist er funktions- und handlungsfähig. In dieser notwendigen, legitimen Reduktion auf einen kleinen, initiativen Personenkreis birgt sich gleichwohl die Gefahr einer Entfremdung: hier die Gesamtheit der beschlußfähigen Mitglieder, dort die wesentlich kleinere Gruppe mit aus Sachgegebenheiten resultierender Entscheidungskompetenz. In der unterschiedlichen Organbildung drückt sich zugleich die Verschiedenheit der Bewußtseinssituation der Organisationsmitglieder aus. Derjenige, der unmittelbar im Entscheidungsprozeß steht, ist mit den Vorgängen vertrauter als jener, der sich nur hin und wieder mit Fragen einer Einrichtung beschäftigt, die nur einen Teil seiner Existenz berühren. Darum muß in jedem soziologischen Ganzen die mögliche Vielfalt der Bewußtseinslagen vorhanden sein: die mehr oder weniger weit fortgeschrittene Bewußtwerdung aller, die ihre Existenz mit der Institution beruflich identifizieren, die Gruppe des Lehrerkollegiums, das «repräsentierende» Wissen von initiativen Vertretern der Elternschaft im Vorstand sowie – durch die andere existentielle Verbundenheit mit der Schule vom Kollegium verschieden – die Gesamtheit der mehr oder minder bewußt an den schulischen Vorgängen teilhabenden Elternschaft in der Generalversammlung.

Die Entscheidungsvorgänge und Entscheidungsorgane sind von der Satzung formal klar gegeben: Es sind dies – in pädagogischen Fragen – das Lehrerkollegium und im beschriebenen Umfange der Schulverein. Aus dem Gedanken der Selbstverantwortung des Lehrerkollegiums könnte man herleiten, daß die Eltern bei allen übrigen – außer den genannten – innerorganisatorischen Entscheidungen selbstredend ausgeschlossen bleiben können, weil auch bei der Dominanz der Lehrerentscheidung die Rückwirkungen der einzelnen Handlungen im Sinne der Rechenschaftspflicht auf das Kollegium zurückfallen. Das ist nach dem geläufigen Begriff der Verantwortung formal richtig. Nun läßt sich Verantwortung so, wie es Luhmann anhand elementarer Verhaltensweisen getan hat, fassen: Dann folgt Verantwortung aus der Entscheidung, die getroffen werden muß, obgleich die notwendigen Informationen für eine Urteilsfindung eigentlich nicht zureichen. Verantwortung absorbiert in diesem Falle Unsicherheit, indem die Entscheidungen auch dann gefällt werden, wenn ungenügende Einsicht in die Zusammenhänge besteht und eine Beurteilung oder Wertung schwer oder nicht vorgenommen werden kann. Solange ein formal ausgebildetes Organ innerhalb der Organisation verantwortlich entscheidet, dient es «der Absorption von Unsicherheit und der Bewußtseinsentlastung» (Luhmann 1964, S. 174). So verstanden, kommt der *Verantwortung* keine persönliche oder moralische Qualität oder Leistung zu, sie wird vielmehr zu einem reinen Kommunikationsproblem. In dem Maße, wie die Lehrer durch ihre Stellung Verantwortung übernehmen, entlasten sie die Eltern, welche die Schule wählen, von Unsicherheit, und umgekehrt stellt so die Elternschaft ein nicht zu unterschätzendes Wertpotential dar, das Hilfe beim Abbau der Unsicherheit im Verhältnis der Schule zur Umwelt leisten kann.

Denn wenn eine Entscheidung als Problemlösungsprozeß verstanden wird – und das läßt sich mit den nötigen Einschränkungen auch auf die Schule anwenden –, dann gibt es nach Likert drei Möglichkeiten: 1. Ein Mitglied sammelt die nötigen Informationen, bewertet sie und entscheidet für sich. 2. Die Mitglieder sammeln die Fakten gemeinsam, aber jeder bewertet sie selbst für sich. Beide Male muß durch Konflikt (Abstimmung) oder durch ein Nullsummenspiel entschieden werden, wobei jedesmal das Wertpotential der Mitglieder unausgeschöpft bleibt. 3. Die einzeln oder gemeinsam eingebrachten Tatsachen werden zusammen durchgearbeitet, analysiert und interpretiert, schließlich wird die der Gruppe am nächsten kommende Lösung durch die gemeinsame Beurteilung ausgewählt. «Dieser dritte Typ von Problemlösungsprozessen enthält gegenüber den beiden ersten Varianten folgende Vorteile: Es besteht eine weit höhere Chance, daß wichtige Werte überhaupt erst aufgedeckt und sodann auch berücksichtigt werden. Sowohl beim Problemlösungsprozeß wie später auch beim Ausführungshandeln sind eine stärkere Motivation und eine höhere Partizipationsrate der Mitglieder zu erwarten» (Naschold, S. 75). – Wie durch die Befreiung der Schule aus Abhängigkeiten die Selbstverantwortung der Lehrer nur in einem Kommunikationsvorgang realisiert werden kann, so läßt sich in gleichem Sinne – bei Autonomie des Kollegiums für die pädagogische Handlung – auch die Elternschaft durch Kommunikation in einem weiteren Schritt in die Schule und ihre Entscheidungsprozesse einbeziehen. Dies ist strukturkonform mit der neuen Verfassung, soweit es um die Verwirklichung derselben Ziele geht.

Das verantwortliche Handeln erweist sich als ein vorrangiges Problem der Kommunikation, der Verständigung. Während das Kollegium sich für seine Entscheidungen fortgesetzt durch die Kollegialverfassung zu verständigen hat, ist auf der anderen Seite des Entscheidungsprozesses innerhalb des Schulvereins die Elternschaft beteiligt. Dennoch fehlt bei gegebener formaler Struktur für diese Mitgliedergruppe ein eigentliches Kommunikations- und Beratungsorgan neben der beschließenden Generalversammlung und dem exekutiven und initiativen Vorstand. Dieses «mittlere» Organ hat sich als notwendig erwiesen und wird – bei wechselnder Benennung – durch den Elternrat (Elternbeirat, Elternvertrauenskreis, Schulrat) an den Waldorfschulen gebildet. Wie in der politischen Realität die monokratischen und aristokratischen Strukturelemente eine weit größere Realität bilden als die demokratischen (vgl. Imboden), gibt es auch ähnliche Strukturen in der Schule. Selbst zwar kollegial und damit «demokratisch» arbeitend, erscheint die Lehrerschaft für die elterliche Betrachtung als einheitlich, ebenso der kollegial und paritätisch aus Eltern und Lehrern gebildete Vorstand. Diese Einheitlichkeit bildet sich dadurch, daß die Lehrerschaft in ihrer Gesamtheit sich ihre gegenseitigen «Beziehungen soweit ins klare Bewußtsein gerückt (hat), daß sie in diesem von wahrer Einsicht erhellten Bereich die eigentliche Gemeinschaftsgestaltung» zu vollziehen vermag (Imboden, S. 31). Sie erreicht also, gleichsam wie Monarchen oder Souveräne, ihre individuelle Entfaltung. Demgegenüber bleibt die Gruppe der Eltern – schon aus ihrer anderen existentiellen Verbundenheit mit der Schule – der Institution gegenüber nicht so bewußt. Eine Änderung wird soweit erzielt, als eine Gruppe von Eltern durch Interesse die Möglichkeit gewinnt, sich in ein bewußtes Verhältnis oder in eine Übereinstimmung mit den Zielen der Schule zu bringen, indem sie in einen lebendigen Austausch von Anregungen und Erfahrungen treten. Wenn man will, hat man es beim Elternrat (im Vergleich zur demokratisch strukturierten Generalversammlung) mit einem aristokratisch verfaßten Organ zu tun. Das schließt volle

Partizipation ein, wenn institutionell gesichert ist, daß jeder Mitwirkungswillige das Recht der Teilnahme hat. So wird eine größere Verbindung zur Gesamtheit der Eltern erreicht, als wenn – wie auch vorkommend – einige wenige gewählte Vertreter tätig werden und der Rest der Elternschaft kontaktlos weiterhin in Apathie verharrt. Auch die Wahl von Klasseneltern bei grundsätzlicher Offenheit für Teilnahmewillige mag als sachgerecht gelten. Durch Differenzierung in der Organbildung wird eine bewußtere, aber auch komplexere Einheit geschaffen.

Fassen wir die Mitwirkung der Eltern an den Entscheidungen der Schule und welche Möglichkeiten der Partizipation sie abgeben können, zusammen, so muß einerseits differenziert werden nach dem Typus der Entscheidung, zweitens dem sachlichen Bezug und drittens der Entwicklungsstufe und der Reifung des Entscheidungsprozesses, woraus sich schließlich die Organe institutioneller Elternmitwirkung ergeben können. Ganz wesentlich werden die einzelnen Sozialgestaltungen vom Vermögen der zusammenwirkenden Menschen ihr Leben empfangen und nicht durch Verordnungen von oben.

I. *Typus der Entscheidung*
 1. Innovationsentscheidung,
 2. Krisenentscheidung,
 3. Routine- oder Zweckentscheidung;
II. *Sachbezug*
 1. Pädagogische, individuelle und Erziehungsfragen (Geistesleben),
    Sachkenntnis und Qualifikation,
 2. Ordnungsfragen, zwischenmenschlicher Verkehr, Konflikte
    (Rechtsleben),
    Interesse und Verständnis;
 3. Mittelbeschaffung und -Vergabe (Wirtschaftsleben),
    Fachkenntnis und Initiative;
III. *Entscheidungsprozeß*
 1. Problemkenntnis/Information,
 2. Urteilsbildung durch Beratung,
 3. Beschlußfassung;
IV. *Organe der Elternbeteiligung*
 1. Generalversammlung (vornehmlich Beschlußorgan der Schulgemeinschaft),
 2. Elternrat (vornehmlich Beratungsorgan der Eltern im Benehmen
    mit der Lehrerschaft),
 3. Schulvereinsvorstand (vornehmlich Handlungsorgan der Eltern
    und Lehrer).

Aus dieser mehr oder minder deutlich durchschauten Situation haben sich aus den unterschiedlichen örtlichen und menschlichen Gegebenheiten, wie es sozialen Entwicklungen angemessen ist, folgende Formen der Elternmitwirkung im schulischen Entscheidungsprozeß herausgebildet, sie werden nur in ihrer Typik skizziert.

1. Der Entscheidungsbereich von Pädagogik und Schulhandlung bleibt – bei stark ausgebauter Kommunikation – an die beiden Vereinsorgane von Lehrerkollegium und Vorstand gebunden. Sachlich-funktionale Gründe legen eine eindeutig umschriebene Beschlußkompetenz nahe, d. h. die Bindung an überschaubare, zeitlich auch entschlußfähige Gruppierungen. Es versteht sich, daß dabei eine Dominanz der unmittelbar Tätigen entsteht. Wenn der Freiheitsbegriff radikal gefaßt wird, folgt aus ihm die Autonomie der initiativ Handelnden innerhalb der Institution, daneben gilt das soziale Prinzip, daß ein freiheitliches Handeln im Geistesleben gerade der Zustimmung und des Vertrauens derjenigen bedarf, die die Leistungen abnehmen und empfangen. Selbst wenn weitgehende Apathie innerhalb der Elternschaft hypothetisch unterstellt würde, wäre es dennoch lebensnotwendig, ein entsprechendes Kommunikations- und Wahrnehmungsorgan für die Handelnden und die Beobachter aus den inneren Bedingungen des Geisteslebens mit den unterschiedlichen Richtungen der Selbstbestimmungen von Eltern- und Lehrerschaft zu schaffen, durch das eine aktive Verbindung zwischen den Gruppen hergestellt wird, um einerseits ein Spiegelbild und notfalls ein Korrektiv für die eigenen Leistungen zu haben und andererseits den sozialen Lernvorgang, der im System der neuen Verfassung veranlagt ist, auch in der Elternschaft auszubreiten. Die Elternvertretung, die sich mit den pädagogischen Grundfragen und mit gesellschaftspolitischen Erscheinungen sowie den Handlungen der Schule befaßt, wird eine lernende und hebt die Gesamtheit und Schulmitglieder auf ein höheres Erkenntnisniveau, allein sie kann zu einem Schutzwall für die freie Schule aus Eigeninteresse werden.

Von diesem Ansatz läßt sich an eine Wahl der Elternvertreter denken, aber auch an eine völlige Offenheit, so daß jeder, der gewillt ist, sich zu beteiligen, an der Kommunikation in der beschriebenen Art und am Entscheidungsprozeß beratend mitwirken kann. Lediglich eine Selbstverpflichtung zur regelmäßigen Teilnahme an den Sitzungen wird notwendig sein. Bei diesem Typus ist die Kommunikation, aber auch die Beratung und Urteilsbildung zentrale Aufgabe, also Vorgänge des geistigen Lebens. Darin spiegelt sich das korrelative Verhältnis von Freiheit und Vertrauen, Geben und Nehmen, von freiem Geistesleben und gesellschaftlicher Verantwortung.

2. Anders ist es mit jenem Typus, der eine permanente Vertretung der Mitgliedschaft durch ein je entscheidungsfähiges Organ zu erreichen sucht, indem gewählte Vertreter der Klasseneltern in Organisationsbelangen mitwirken. Soweit dies nicht als Interessenvertretung im parlamentarischen

Sinne mißverstanden, die zur Aufgabe die Kontrolle über die Arbeit der Schule habe, sondern als kooperative Aufgabe des gemeinsamen Lernens begriffen wird, ist dies eine Mischung der Funktion von Vorstand und Mitgliederversammlung im überkommenen Sinn.

Jedoch wird der einbezogene Mitgliederkreis wesentlich größer als im bisherigen Vorstand und bleibt dennoch enger als in der Mitgliederversammlung, wobei der Vorstand selbst zu einem weitgehend abhängigen, weisungsgebundenen Organ werden kann und soll. In diesem Modell geht es darum, die Mitglieder durch Teilhabe an Beschlüssen entschieden zu aktivieren und die notwendige Unterstützung der Schule in der Elternschaft so abzustützen, wie das möglicherweise mit dem zuerst dargestellten Konzept nicht zu erreichen wäre. In dem «Schulrat» genannten Gremium der Waldorfschule in Essen ist dieser Versuch unternommen. Dort gehört die Schulordnung zu den Beschlußgegenständen, ebenso die Entscheidung über Bestand und Umfang der Schuleinrichtungen und -bauten sowie der laufenden wirtschaftlichen Unterhaltung. Die Aussprache und Beratung über rein pädagogische Belange und das gesamte Leben der Schule zählen gleichfalls wie bei allen Elterngremien zu den Besprechungsgegenständen, nicht aber zu Beschlußsachen.

Ein Protokollvergleich von Sitzungen der Elternräte (erster Typus) und des Schulrates (zweiter Typus) zeigt, daß neben den pädagogischen Fragen innerhalb des Schulrates wesentlich verstärkt wirtschaftliche und technische Probleme zur Sprache kommen, wie es ja auch von der Zielsetzung ausdrücklich gewollt ist. Wie in allen Bereichen der neuen Konstitution wird jeweils die zusammenwirkende Menschengruppe die ihr gemäße Form ausbilden müssen, ohne daß an eine Übertragbarkeit von bestimmten «Lösungen» zu denken ist, allenfalls an Anregungen.

Wenn als die entscheidende Funktion des Elternrats die der Beratung zwischen Eltern und Lehrern angesehen wird, dann können die Sitzungen des Elternrates nur als freie Unterredungen zwischen selbständigen Persönlichkeiten und nicht von irgendwie von vornherein fixierten «Interessenvertretern» verstanden werden. Aus der Besprechungsfunktion ergibt sich, daß beide Seiten, Eltern und Lehrer, die Möglichkeit haben müssen, ihre Anliegen auf die Tagesordnung und damit in den Besprechungsablauf einzubringen. Die Tagesordnung als solche wird funktional sachgerecht wohl so zustande kommen, daß der Leiter – oder ein nach dem Kollegialprinzip gebildeter Initiativkreis – die Tagesordnung im Benehmen mit Vertretern des Lehrerkollegiums zusammenstellt. Die Einberufung selbst und die Leitung der Sitzungen liegt vom partnerschaftlichen Ansatz her in diesem Falle wohl besser in den Händen der Eltern als der der Lehrer. Eigentliche Gesprächsgegenstände können nur Fragen, die Teile der Schülerschaft oder die gesamte Schule betreffen, sein, nicht aber individuelle Probleme oder Gegenstände, die in die Elternabende gehören. Ebenso sollte vermieden werden, ausschließlich geschlossene Referate oder Vorträge darzubieten.

Von einem Gesichtspunkt der Dreigliederung aus kann der Elternrat ein Mittler-Organ für das gesamte Schulleben werden. «Ein Wahrnehmungsorgan zwischen den Eltern, dem Lehrerkollegium, das von eben diesem Gesichtswinkel aus gesehen die geistige Quellkraft, die Kraft des Hauptes darstellt, und dem Vorstand des Schulvereins als dem speziellen Träger des in die Außenwelt eingreifenden (geistigen) Willenslebens kann der Elternbeirat etwas wie ein Herzstück sein. Ein Mittler auch einerseits zwischen dem Arbeitsraum des Lehrers, in dem die Eltern etwa im Klassenelternabend anwesend sind, diesem Willensschauplatz des täglichen Unterrichts und andererseits der Erkenntnisbemühung der Lehrer in der Pädagogischen Konferenz. Den Lehrern können durch diesen Mittler Wahrnehmungen vermittelt werden, die sie zu Erkenntnissen verarbeiten können, und die Eltern können impulsiert werden, helfend im Kreis der Schulgemeinde und der betreffenden Klassenelternschaft zu wirken» (Leist).

7. Die Schülerschaft

Die wichtigste Mitgliedergruppe in der Schule (als Organisation), um derentwillen die Einrichtung der Schule überhaupt betrieben wird, ist die Schülerschaft. In ihrem Verhältnis zur sozialen Einrichtung Schule wird sie entschieden durch die eigene menschliche Entwicklung und durch das daraus resultierende pädagogische Verhältnis geprägt. Das Kind tritt in die Schule zu einer Zeit ein, wo es zwar über bestimmte Fähigkeiten zum Lernen im schulischen Sinne verfügt und auch bestimmte soziale Verhaltensweisen zeigt, aber noch unfähig ist, *bewußt* handelnd in die organisatorischen Abläufe einzugreifen. Dies wandelt sich zweifellos im Entwicklungsgang des Kindes zum Jugendlichen während der zwölfjährigen Schulzeit entscheidend. Während das Kind in der ersten Schulzeit die Schule mit ihren mannigfachen Tätigkeiten, Anregungen und vor allem menschlichen Beziehungen in der Klasse und zu den Lehrern erfährt – im Sinne einer Wahrnehmung –, tritt von einem bestimmten Lebensalter an zu den Erlebnissen ein die Abläufe begleitendes Urteil des Schülers. Die Schule ist dann nicht mehr nur ein gleichsam naturhaft vorgegebener Wahrnehmungsraum, sondern Objekt des Erkennens, das vom Bewußtsein her aufgehellt werden möchte. Den Entwicklungsschritten, die das Kind selbst absolviert, muß die Schule als ein Lebens- und Erfahrungsraum für das Kind in ihren Verrichtungen und organisatorischen Bezügen folgen.

Aus dem pädagogischen Ansatz der Waldorfschule ergibt sich, daß die gesamte Schulzeit durchgängig als vom Erziehungsprozeß bestimmt betrachtet wird. Dies bedeutet, daß in allen Altersstufen ein pädagogisches Grundverhältnis zwischen Lehrern und Schülern besteht, ein lebendiges Miteinander von Erziehern und Kindern. Obgleich sich dieses Verhältnis mit der jeweiligen Altersstufe des Kindes wandelt und der Erziehungsstil jeweils ein anderer zu sein hat, kann es in der Schule prinzipiell keinen Raum geben, der aus dem Erziehungsprozeß, dem Verhältnis des Erwachsenen zum Heranwachsenden herausgenommen wäre. Während sich bei der Begegnung von Eltern und Lehrern die Erwachsenen aus ihrem Erwachsensein heraus als Gleiche begegnen, tritt im Lehrer-Schüler-Verhältnis noch eine Beziehung hinzu, die durch den Vorsprung an Sachwissen, an Kompetenz, funktionaler Autorität und/oder dem Aufblick zum vom Schüler gewählten Vorbild überformt wird. Gleichwohl ist zu fragen, wie eine bewußte Mitgestaltung an dem eigenen Lebens- und Erfahrungsraum Schule für den Schüler möglich sei.

Wenn das Kleinkind den Erwachsenen vor allem in seinem ganzen Dasein erlebt und nachahmt, so nimmt das Schulkind den Lehrer als «Autorität», der ihm einen Zugang zur Welt durch das lebendige Bild und die Sprache vermittelt. Die keimhaft erwachende Urteilsfähigkeit des Kindes markiert einen Wendepunkt in seiner biographischen Entwicklung: Eine neue soziale Fähigkeit wächst ihm zu. Indem das Kind nach dem 12. Lebensjahr das Handeln seiner gleichaltrigen Klassenkameraden, das Verhalten der jüngeren und älteren Schüler und das der Lehrer mit seinem Urteil begleitet, isoliert es sein eigenes Verhalten aus dem seiner Umgebung teilweise heraus. Zunächst in der Form der Kritik am Tun und Verhalten der anderen reift die Sozialfähigkeit des Kindes. Wenn das Verhalten des Erwachsenen scharf und hart als «ungerecht» abqualifiziert wird, dann zeigt dies, daß der Urteilende in sich einen «sicheren» Maßstab hat, mit dem er mißt. Im Vorgang der Kritik und des Urteils erweist sich, wie das Innerseelische des Kindes fähig wird, sich einerseits von Verhaltensweisen und Sozialformen, die bisher naturhaft aufgenommen und miterlebt wurden, zu distanzieren und diese andererseits durch das eigene Bewußtsein und dessen Einsichtsfähigkeit aufzuhellen. Dennoch bleibt das gesamte soziale Geschehen in der Schule gebunden an die Handlungen der dem Schüler bekannten und vertrauten *Personen;* er kann schwerlich unterscheiden zwischen dem, was aus dem sozialen System (Wertsystem, Rollenerwartungen und Rollenverhalten, Organisationsgefüge) in die einzelne Handlung einströmt, und dem, was aus individuellen, persönlichen Impulsen der Handelnden resultiert. Solange dies nicht unterschieden werden kann – und das ist selbst für den Erwachsenen nur in seltenen Fällen zu realisieren –, kann im kritischen Sinne nicht von Erkenntnis der sozialen Vorgänge gesprochen werden.

Anders als bei den übrigen schulischen «Lehrgegenständen», die für den Schüler in einem bestimmten Umfang erlebbar, lebendig und durchsichtig werden können, bleibt für den sozialen Kontext eine durchgängige Erhellung der Zusammenhänge durch die Erkenntnis unterentwickelt. Um dies zu ändern und dem Schüler neben Erfahrungen auch Einsicht in die Mechanismen sozialer Systeme zu gewähren, bieten sich nach heutiger Auffassung zwei verschiedene und miteinander kombinierbare Verfahrensweisen an. Im einen Fall wird der Weg über *die Erkenntnis* gewählt, indem den Schülern durch ein Lehrprogramm Einsichten in Verhaltenserwartungen, in gesellschaftliche und zwischenmenschliche Konflikte, in Führungsstile usw. vermittelt werden. In der Form eines Rollenspiels lassen sich bestimmte Erfahrungen durchprobieren und die erwünschten sozialen Haltungen einüben. Auf diese Weise werden, so hofft man, soziale Qualifikationen ausgebildet, die den Schüler zur Emanzipation und zu konfliktarmem Verhalten anleiten oder ihn fähig machen, Konflikte rational zu lösen. Damit gelangt man bereits in die Nähe des anderen Verfahrens, das über *die unmittelbare Handlung* den Schüler anleiten will, individuelle Impulse in einem vorgegebenen sozialen Gefüge in die Praxis umzusetzen. Dabei dient das parlamentarische System als Muster. In ihm herrschen Techniken, die Probleme erkennen, diskutieren und so weit lösen lassen, daß in einem Kompromiß wenigstens ein gemeinsamer und tragbarer Nenner zwischen den gegensätzlichen Interessen gefunden werden kann. Die demokratischen und rechtsstaatlichen Spielregeln, das fair play und die durchoperationalisierten Verfahren haben etwas so bestechend Rationales, daß sie als konstitutiv für die Erwachsenenwelt gelten müssen. Was kann Schülermitwirkung in der Schule anderes bedeuten, als am kleinen Abbild die große Welt der Erwachsenen zu imitieren und dabei jene Perfektion vorzubereiten, auf die später im Sozialprozeß nicht verzichtet werden kann? So lautet, typisiert, der andere Ansatz.

In beiden Fällen, wo über die Eigentätigkeit und über die Erkenntnisvermittlung die Schülerschaft zur Mitverantwortung und zu selbständigem Handeln für die Schule und in ihr geführt werden soll, handelt es sich um Verfahrens- und Verhaltensweisen, wie sie von der Erwachsenenwelt für deren Aufgabenstellung entwickelt wurden. Sind sie aber auch jugendgemäß? Vergegenwärtigen wir uns die Situation des Jugendalters, die einerseits dadurch gekennzeichnet wird, daß von der Pubertät an zunehmend das Urteilsvermögen heranreift, andererseits dadurch, daß der Jugendliche sich selbst «seinen Helden» wählt. In der Schule wird die bisher selbstverständliche Autorität des Lehrers fragwürdig, der Schüler begleitet das Tun des Erwachsenen mit seiner Zustimmung oder Ablehnung, worin sich die erwachende Urteilskraft manifestiert. In der Waldorfschule tritt mit dem Übergang von der 8. in die 9. Klasse anstelle des Klassenlehrerprinzips das Fachlehrertum, d. h. jede Unterrichtsepoche wird von einem anderen spezifisch ausgebildeten Fachlehrer erteilt. Das schafft die Möglichkeit der Identifikation mit der Persönlichkeit, ihren Ansichten, Handlungen, ihrem Verhalten, wobei die Schule eine größere Anzahl von Lehrern in den Epochen «anbietet». Die Wahl eines frei gewählten Vorbildes ist kennzeichnend für das Lebensalter von ungefähr 14 bis zu Beginn der 20er Jahre, wobei die Person, mit der man sich identifiziert, ein bestimmter Lehrer oder gar eine literarische Gestalt sein kann.

Während also die überkommene «Autorität» Schaden leidet oder zerbricht, wird auf der anderen Seite ein Vorbild, der ideale Mensch oder ein Idol gewählt. Der Rückgang der Autorität dokumentiert die zunehmende innere seelische Reife und wachsende Selbständigkeit, sie ist ein Zeichen für die Emanzipation oder – von anderer Seite gesehen – einer stärkeren Verleiblichung des Ich. Indem aber zugleich ein vorbildhafter Held (nicht ein Gott) gewählt wird, offenbart sich darin, daß die Verselbständigung noch nicht bis zur Mündigkeit gereift ist. Denn noch ist das Vorbild die Führergestalt, der man nachstrebt, weil sie das zeigt, zu dem man selbst erst später kommen wird. Die Identifikation mit einem für ideal gehaltenen Menschen bereitet das Ziel vor, das man sich von dem in der Entwicklung Vorangegangenen erhofft: die Hinführung zur Identifikation mit sich selbst. Das Ziel der Mündigkeit im verantwortlichen Handeln aus eigener Einsicht und Moralität bedarf im Jugendalter des Durchgangs durch die Kritik und des Nacheiferns einer schöpferischen Persönlichkeit.

Als ein Pol des jugendlichen Verhaltens kann das Streben nach Emanzipation angesehen werden, wie es mit der sich ausbildenden Urteilskraft zusammenhängt. Aber als Gegenpol erweist sich das Streben nach Vorbildern als ein die Jugendzeit durchziehendes pädagogisches Element: Um zur Selbstidentifikation zu kommen (Ichgeburt), bedarf es der Erziehung eben jener verfügbaren Urteilskraft und der Gefühlssphäre durch ein anderes Ich (Vorbild).

Aus der vornehmlich zu berücksichtigenden anthropologischen Ausgangslage folgt, daß die Einrichtung einer Schülermitwirkung primär nicht aus gesellschaftlichen Anforderungen, sondern aus den anthropologischen Gegebenheiten erfolgen muß. Rollen- und parlamentarische Sandkastenspiele werden durch ihre ausschließliche Prägung von der Erwachsenenwelt der jugendlichen Altersstufe nicht gerecht und sind damit für die Schule fragwürdig. Wo Rollen analysiert, Verhaltensweisen kritisiert, Konflikte imitiert werden, wird in den sozio-kulturellen Umkreis des Schülers aus einer ihm noch fernen Erfahrungswelt eingegriffen, seine Werte und Maßstäbe und sein Verhalten sind noch anders. Die Verhaltenssicherheit hängt für ihn davon ab, daß er im Bereich des Wertsystems als soziale Persönlichkeit wie auch mit seinem (niederen) Ich inkarniert sein kann. Selbst in der Normüberschreitung des jugendlichen Abenteurers liegt aber etwas anderes, als was Gesellschafts- und Sozialkunde an Erlebnissen vermitteln könnten. In der Erprobung der eigenen Kraft und des eigenständigen Handelns spielt immer ein idealistischer und unverwechselbar individueller Zug eine Rolle, der mit den geschilderten Ansätzen nur wenig gemein hat. Ein jugendfernes Element liegt in dem unverbindlichen, rein aufklärerischen Charakter des beschriebenen Modells; er kann – wie wohl bemerkt wird – überwunden werden, indem an die alters- und generationsspezifische Solidarität innerhalb der Schülerschaft appelliert wird. Dies gelingt in dem Maße, wie die schulischen Verhältnisse sich als dichotomisch darstellen lassen: hier die gleich empfindenden Schüler und dort die erwachsenen Lehrer, von denen man abhängt. Dabei läßt sich auf jenes Potential der Kritikfähigkeit zurückgreifen, wobei das Bedürfnis nach einem erstrebenswerten Vorbild durch entsprechende Führer oder durch Ideologien besetzt werden muß. (Es steht außer Frage, daß sich durch die Notenvergabe und Versetzungsentscheidung echte hoheitliche Herrschaftsfunktion instrumental mit der Tätigkeit des Lehrers verbindet und eine in jeder Hinsicht unglückliche Ehe eingeht.)

Dennoch ist es irrig zu glauben, im Altersgegensatz oder der Verschiedenheit der Interessenlage von Schüler und Lehrern spiegle sich der gesamtgesellschaftliche Gegensatz oder gar: es lasse sich durch diese Spannung der Antagonismus von Beherrschten und Herrschern abbilden und bewußt machen. Soweit Hoheitsfunktionen eliminiert werden, tritt der menschliche Bezug in seine Rechte wieder ein. In diesem Zusammenhang ist es lehrreich, daß in einer demokratisch strukturierten Schule, wo Schüler und Lehrer gemeinsam alle Entscheidungen zu beschließen hatten, niemals «Lehrer und Schüler als Gruppen einander gegenüberstanden. Wir haben viele und harte Auseinandersetzungen gehabt – das soll unbestritten bleiben. In keinem Fall verlief aber die Trennungslinie zwischen ‹Erwachsenen› und Schülern ... Gerade dieser Gegensatz wird aber in allen pädagogischen Erwägungen als selbstverständliche Voraussetzung hingestellt. Wahrscheinlich steht die Schreibtischpädagogik der Wirklichkeit sehr fern» (Jørgensen).

Der andere Weg, die Schüler am Schulgeschehen zu beteiligen, indem bestimmte Verhaltensstile geweckt und eingeübt werden, hat zur Ausbildung der bekannten Schülermitverwaltung (SMV) geführt. Dabei bildet ein formalisiertes Verfahren, das dem Parlamentarismus nachempfunden wurde, den Mittelpunkt, wobei die reale Kompetenz in einem umgekehrten Verhältnis zum organisatorischen Aufwand steht. Die den Schüler wirklich be-

rührenden Fragen liegen in diesem Modell außerhalb der Mitwirkungs-
möglichkeiten (Versetzung, Notenvergabe, Lehrstoff).

Wie könnte eine Mitwirkung der Schüler an den die Schule als Ganzes betreffenden Entscheidungen aussehen, wenn die anthropologischen Gegebenheiten mit berücksichtigt werden? Zunächst wollen wir als gesichert ansehen,
daß der Schüler auch nach der Pubertät noch das (teilweise unausgespro-
chene) Verlangen hat, ein Vorbild zu finden, von dem eine «erzieherische»,
d. h. eine bestätigende oder auch korrigierende Wirkung ausgeht. Damit
ist allerdings noch keineswegs gesagt, daß gerade die Lehrer jene gewünsch-
ten und gewählten Vorbilder sind. Diese Situation ist allerdings zu beeinflussen. Der einzelne Lehrer und die Lehrerschaft als Ganzes können dadurch, daß sie ihre Persönlichkeit durch Selbsterziehung entwickeln, das Interesse der Jugendlichen gewinnen. Wer als Älterer sich entwickelt, indem
er sich selbst formt, schult und erzieht, macht dieselbe innere Bewegung –
auf einer anderen Stufe – durch wie der Jugendliche auf seinem Weg zur
Identitätsfindung. Er wird wahrgenommen, denn der Ich-geprägte Prozeß
der Selbsterziehung wirkt, er wirkt unwägbar, «imponderabel», wie es
R. Steiner nennt. Wahrnehmbar wird diese erzieherisch-soziale Wirkung in
dem «lebendigen Kontakt» zwischen Jugendlichem und Erwachsenem, wobei sich das Leben in der Bindung und Lösung, in der Krise und im Verständnis, in Sorge und Zuversicht als realen Stationen einer Beziehung
entfaltet.

Auf dieses persönlich gefärbte Verhältnis innerhalb der Oberstufenzeit,
das auch konstitutiv für die Beziehung des Schülers zur Schule als Ganzes
bleibt, weist Rudolf Steiner die Lehrer als auf ein erkenntnis- und hand-
lungsleitendes Motiv hin. Die Schüler «vertragen es noch nicht in diesem
Alter, daß sie ohne persönliches Interesse den ganzen Vormittag durch geführt werden. Sie wollen, daß man sich für sie persönlich interessiert. Sie
wollen, daß man sie kennt, daß man eingeht auf sie ... Sie wollen Kontakt
mit dem Lehrer» (K. 7, S. 128). Gerade dann, wenn die Schüler in «intel-
lektuell-geistiger Weise» sehr weit gebracht und ausgebildet worden sind,
wird es um so notwendiger, daß sie entsprechend in «moralisch-seelischer
Weise» gefördert werden. Ist dies der Fall, dann bildet sich ein «moralischer Kontakt zwischen Lehrern und Schülern» auch außerhalb des eigentlichen Unterrichts (K. 8, S. 58). Dieser Kontakt bleibt das konstitutive erzieherische Element der Pädagogik von der Erdenreife bis zur Mündigkeit.
«Das Wichtigste ist, daß immer Kontakt da ist, daß der Lehrer mit den
Schülern eine richtige Einheit bildet» (K 1, S. 40).

Fehlt dieser Kontakt zwischen Schülern und Lehrern, so bilden sich jene
vielberedeten Konflikte, die sich etwa in Disziplinarfällen niederschlagen.
Die Verantwortung liegt dann aus den pädagogischen Gegebenheiten, wenn
nicht modifizierende Faktoren mitspielen, zu einem Teil gerade bei den

Lehrern. Von ihnen hängt es ab, ob sich die Jugendlichen in «einer naturgemäßen Weise an die Lehrerschaft» anschließen. Fehlt das Vertrauen, so kann sich der notwendige Kontakt nicht ausbilden. Das wird allerdings nicht durch Kameraderie oder dadurch, daß der Lehrer nicht als Lehrer, sondern «als Mensch» mit den Schülern spricht, geschaffen, sondern dadurch, daß der Lehrer aus der Übereinstimmung mit sich selbst handelt und rät. Nur bei Identität von Tun und Absicht, «Amt» und Verhalten, was die freie Schule institutionell ermöglicht, kann dem Schüler durch den Kontakt die Selbstfindung vermittelt werden.

Gegenüber diesem Ansatz könnte wohl vorgebracht werden, daß er ein Höchstmaß an Manipulation, d. h. illegitimer Beeinflussung darstelle. Dagegen ist einzuwenden, daß realisierte Kontaktlosigkeit zwischen Erwachsenen und Jugendlichen nicht bereits Emanzipation bedeutet, sondern das Gegenteil: Unsicherheit und Abhängigkeit. «Leerer» Raum oder Beziehungslosigkeit bedeutet im Pädagogischen nicht schon Freiheit und Autonomie, sondern zunächst primär eine Gefährdung jener Selbstfindung, die anzustreben vorgegeben wird. Denn wo der Heranwachsende von den Älteren (Eltern, Lehrer) zurückgestoßen wird, sieht er sich allein auf die gleichaltrigen Partner verwiesen. Während in der Mitte der Kindheit die Gruppe der Gleichaltrigen eine entscheidende Hilfe bei der Selbstfindung mit ihren überwältigenden Einsamkeitserlebnissen sein kann, wenn kein Partner aus der Erwachsenenwelt verstehend neben dem Kind steht (Müller-Wiedemann), gilt für die Adoleszenz, daß der alleinige Rückverweis auf die Altersgruppe nicht zur Autonomie, sondern zu Haltlosigkeit, Verwahrlosung, Brutalität führt (Bronfenbrenner). Die Selbstfindung des Jugendlichen bedarf der Hilfe, der Förderung, aber auch des Widerstandes, wobei beides dann optimal geleistet werden kann, wenn einerseits die individuelle Situation gekannt, die einzigartige Entwicklung zur Selbstidentität geachtet und die Freiheitssphäre des anderen respektiert wird, wie es für den pädagogisch verantwortlich Handelnden nur selbstverständlich sein kann.

Jeder Sozialverkehr verläuft in Bahnen und Formen, die überliefert oder durch Übereinkunft gesetzt wurden. Die Gestaltungen sind Ergebnis menschlicher Intentionen, die sich darin spiegeln. Die Sozialform als solche, die Verhaltensmuster und Verfahrensweisen, sind für den Jugendlichen nur dann als erfüllt und lebendig zu erleben, wenn sie durch Intentionalität, d. h. durch ich-gesteuertes Verhalten der Akteure geprägt werden. Die nicht vom handelnden Erwachsenen ausgefüllte Form bleibt für den jüngeren Menschen leer: ohne die Wirkung des Vorbilds hat sie keine erzieherische Bedeutung.

Es gibt deshalb grundsätzlich zwei Typen der sozialen Gestaltung für die Schülerschaft und ihre Mitarbeit an der Schule: entweder werden sie aus den

Gesellungsformen der Jugendlichen alters- und gruppenspezifisch entwikkelt, wobei die Selbstwahrnehmung u. v. a. m. im Vordergrund steht, weniger die Aufgabenlösung für bestehende Zusammenhänge. Oder es wird den Schülern eine «erfüllte» Form vorgegeben, wo sie an den Handlungen, Vorstellungen und Empfindungen des Erwachsenen Intentionalität erleben und auch selbst mitberaten und mitwirken können. Die «leere» Form als Sozialtechnik bleibt pädagogisch wenig wirksam.

Läßt sich eine Einrichtung der Schülermitwirkung denken, die einerseits dem pädagogischen Element (Vorbildcharakter), nach dem das Jugendalter verlangt, gerecht wird und andererseits dem Emanzipationsstreben (Kritikfähigkeit)? Dies bedingt eine polare Struktur des Organs der Schülermitwirkung. Soll das, was innerhalb der Schülerschaft an Empfindungen, Urteilen und Kritik lebt, wahrgenommen werden, so hätte das Organ aufgrund eines formalisierten Verfahrens zustandezukommen; und es müßte als Dauereinrichtung in bestimmten Intervallen seine Aufgaben erfüllen. Dem pädagogischen Bedürfnis (Vorbildcharakter) würde allerdings mehr eine ad hoc-Einrichtung entsprechen, die der konkreten Situation, bestimmten individuellen und historischen Bedürfnislagen, besser gerecht werden könnte. Es besteht ein Gefälle zwischen Dauereinrichtung und spontaner Aktion: Dies zeigt sich im «Mißverhältnis zwischen dem Redestrom in den Versammlungen und dem sonstigen Einsatz des Betreffenden im Leben der Schule» (Jørgensen, S. 51). Wo etwas neu beginnt, ist aus der Situation des Jugendalters auf eine breitere Beteiligung der Schülerschaft zu rechnen, wogegen bei einer längeren Dauer der Veranstaltung die Teilnahme rasch abebbt.

Aus den anthropologischen Gegebenheiten läßt sich somit beschreiben, welche Struktur für die Einrichtung der Schülermitwirkung funktionsgerecht sein könnte. Jahrelange Erfahrungen zeigen, daß im Interesse der Schüler ihrer Schule und deren Einrichtungen gegenüber eine im Zeitverlauf wechselnde Intensität besteht: Phasen aktiver Beteiligung werden von solchen der Passivität abgelöst. Wird durch eine formale Struktur die Schülerbeteiligung vorgeschrieben, so bestehen die Einrichtungen auf dem Papier fort, das Leben spielt sich aber davon getrennt ab. Wenn umgekehrt keine Einrichtung, kein Organ vorhanden ist, kann in einer «Aktivitätsphase» der Wille zur Teilhabe nicht eingreifen, so daß Kontaktschwierigkeiten und tendenzielle Entfremdungserscheinungen zwischen Schülerschaft und Schule auftreten. An diesem Ort aber erhebt sich zugleich die Frage, welche Aufgaben und welche Kompetenz der Schülermitwirkung zukommen.

Da ist zunächst der Bereich der *Information*. Mit dem erwachenden Interesse des Schülers, der nach der Pubertät interessiert nach dem fragt, was ihn umgibt und was in der Zeit vorgeht, sollte auch die Schule als nächstliegendes Erfahrungsfeld für das Schülerbewußtsein erhellt werden. Wie sich die lebenskundlichen und wissenschaftlichen Fächer bemühen, die Welt für das

Bewußtsein des Schülers nicht nur in der Tatsächlichkeit zu vermitteln, sondern auch in ihren Gesetzen aufzuhellen, so kann die Schule als ein Teil des eigenen Lebensraumes auch dem Schüler als Ort gesellschaftlicher und vor allem sozialer Prozesse bewußt werden. Ein zentrales Mittel hierfür ist, daß er erfährt, was an der Schule vorgeht und wie Entscheidungen durch den gesellschaftlichen Umraum verursacht sind. Das kann mit der Statistik der Schüler- und Lehrerbewegung beginnen, über Planungen von Veranstaltungen oder Bauten usw. bis hin zu unmittelbar die Schüler bewegenden bildungspolitischen Fragen gehen wie Prüfungsmodalitäten, Numerus clausus usw. In den mannigfachen Berichten und Darstellungen kann den Schülern ihre Schule als ein Handlungsgefüge sichtbar werden, wie dieses mit den ökonomischen und gesellschaftlichen Gegebenheiten verbunden bleibt (Selbstverwaltung). Daran mag sich dann auch das eigene Engagement entzünden. Spezielle Informationsveranstaltungen, die sich an die gesamte Schülerschaft der oberen Klassen wenden, können nach einem festen Turnus oder je nach Bedarf stattfinden. Nur dann, wenn die Schülerschaft eine bestimmte Struktur und entsprechende Organe ausgebildet hat, kann sie selbst initiativ an der Vorbereitung und Durchführung dieser Veranstaltungen teilnehmen. Durch eine solche Veranstaltung wird ein Bereich des Schüler-Lehrer-Kontaktes geschaffen, der weder in der individuellen Begegnung noch im Verhältnis der einzelnen Klassen zu den Lehrern zustandekommt: Die Schule als Gesamtorganismus erscheint in diesem Augenblick. Dabei wird auch die Lehrerschaft in einem anderen als dem unterrichtlichen Tätigkeitsgebiet, dem der Selbstverwaltung, Planung und Entscheidung wenigstens abbildhaft wahrgenommen.

Gibt es außerdem noch einen Bereich des schulischen Lebens, wo die Schüler selbständig und verantwortlich Aufgaben stellen und lösen können? Während aus dem Funktionsgefüge der Schule sich die Autonomie der Lehrerschaft für ihre Angelegenheiten ebenso ergibt wie das Recht der Eltern, die Schule ihrer Kinder zu wählen, bleibt für die Schüler selbst zunächst und primär das Mitempfinden und das Urteil über die Handlungen und Vorgänge in der Schule, denen sie ausgesetzt sind. Das scheint zunächst wenig zu sein, zeigt aber die sozialen Verflechtungen und hat über die Entscheidungskompetenz der Eltern und durch den Kontakt zwischen Schülern und Lehrern immer zugleich Rückwirkungen auf das Gesamtgefüge der Schule.

Eine Mitwirkung der Schüler liegt funktional dort nahe, wo die Schüler von zu beschließenden Regelungen betroffen werden. Die gesamte Schulordnung im weitesten Sinne bildet die Außenseite des Interaktionsfeldes, dessen innerer und konstitutiver Teil im Kontakt zwischen Schülern und Lehrern besteht. Alles, was mit diesem Ordnungs- und Kontaktbereich zusammenhängt, kann als dem Schülerinteresse zugehörig verstanden werden. Dabei können die Entscheidungen nur so zustandekommen, daß *alle Betroffenen* und in einem Arbeitszusammenhang Tätigen gemeinsam beraten und persönlich verantwortlich votieren. Der Sinn der Schülermitwirkung würde dann verkehrt werden, wenn die mögliche Teilhabe in Fragen der Gemeinschaft, des zwischenmenschlichen Verkehrs, der Disziplin usw. auf in der Regel wenige Klassenvertreter reduziert bliebe. Neben dem Bereich der Schulordnung können Veranstaltungen der Schüler (Arbeitsgemeinschaften, Festveranstaltungen, Verfügungsstunden usw.) Gegenstand der Oberstufen- oder der Klassenversammlung sein, wobei die Schüler in diesen Fällen ein Gestaltungsrecht haben sollten.

Der eigentliche Bereich sozialer Gestaltung und Entscheidung ist notwendigerweise für die Schüler eng, weil in aller Regel die genannten schulischen Prozesse der Zusammenarbeit der Schüler und Lehrer bedürfen. So bietet sich für den größeren Teil der Schülermitwirkung eine kooperative Form unter Mitarbeit der Lehrer an, wobei die Gestaltung in den Händen der Schüler zu liegen hätte. Die Beratung, der Gedankenaustausch, die Verständigung und Kontakte sind vordringlicher und lebensnotwendiger als Beschlüsse, die allenfalls bei Neuerungen notwendig sind.

Wenn als ein Gestaltungsprinzip die Zusammenarbeit derjenigen, die von einer Entscheidung und deren Folgen betroffen werden, zu gelten hat, dann ist bei den einzelnen Fragen zu prüfen, wer betroffen ist: die Klasse, die Oberstufe, die Gesamtschule? Wer aber prüft das? Solange nicht ein ausgebildetes Organ der Schülerschaft vorhanden ist, obliegt diese Aufgabe allein den Lehrern. Selbst dann, wenn an einer Schule ein vertrauensvolles Verhältnis zwischen den Schülern und Lehrern besteht und mannigfache individuelle Kontakte vorhanden sind, ist es für das Verhältnis der Schüler zur ganzen Schule wesentlich, daß auch ein handlungs- und wahrnehmungsfähiges Organ der Schülerschaft besteht. Es handelt sich hier nicht um eine «Interessenvertretung», die als eine «Gegenmacht» den Lehrern gegenüberzutreten hätte, wie das aus den Machtstrukturen bürokratisch verfaßter Schulen mit ihren Hoheitsakten zwangsweise herausgefordert wird, sondern um ein Organ, das schon durch seine Existenz bestimmte Lebensprozesse ermöglicht. Insofern das Organ der Schülerschaft institutionell abgesichert ist, bekommen die Informationsströme und auch die Initiativen eine klare Richtung, die Wege sind gebahnt; es lassen sich auch die Vorstellungen, Impulse und Ziele der Schüler ins Ganze einfügen, die sonst leicht das Schicksal hätten, bevor sie gereift wären, aus Resignation und Unkenntnis abzusterben. Es könnte hier eine besondere Kontaktzone zwischen Lernenden und Lehrenden entstehen, die neben den persönlichen Bezügen sie durchaus ergänzend bestehen würde.

Das hier gemeinte Organ der Schülerschaft kommt dadurch zustande, daß entweder gewählte Sprecher der einzelnen Oberstufen-Klassen und/oder freiwillige und initiative Schüler ein Gremium bilden (Schülerrat, Schülerinitiativkreis). Die Sitzungen dieses Gremiums sollten grundsätzlich für alle Schüler offen sein, so daß trotz notwendiger funktionaler Gliederung einer Elitebildung entgegengearbeitet wird. Dem Gremium obliegt es, die Klassen- oder Oberstufenversammlungen zu leiten. Der Turnus, nach dem es sich zusammenfindet, sollte von ihm selbst nach den anliegenden Aufgaben festgelegt werden.

Wenn die Struktur im einzelnen an den Schulen aus den gegebenen Verhältnissen sehr locker sein kann und damit für alle kurzfristig entstehenden Initiativen ad hoc-Bildungen zuläßt, so sollte doch eine strengere Formung bestehen, wo es um die Kontinuität geht. Die Teilnahme von Vertretern aus der Schülerschaft an der allgemeinen oder Verwaltungskonferenz, wie sie an einigen Schulen besteht, hat sich bewährt. Sie bildet einen festen Bezugspunkt im Wechsel der Schülervorstellungen und -Aktivitäten oder der Apathie. In dieser Konferenz spiegelt sich das augenblickliche Schulleben, sie ist etwas wie ein «Informationsmarkt». Die Schüler sind so im Bilde, was an ihrer Schule geschieht, und sie können von ihrer Seite das Kollegium mit ihren Wünschen bekannt machen. Auf diese Weise wird der Kontakt und die Kooperation in neuer Weise und auf anderem Feld gepflegt und vertieft.

Der ganze Bereich der Schülermitwirkung an der Schule läßt sich aus der Situation des Jugendalters nur als eine Aufgabe verstehen, die immer neu mit den in ihren Intentionen sich ablösenden Altersjahrgängen und den pädagogischen Gegebenheiten zu lösen ist. Weniger noch als in anderen Sozialprozessen innerhalb einer Organisation wird hier die «perfekte» Lösung zu realisieren sein. Für die Sozialverfassung der Waldorfschule ist dies eine um so wichtigere Aufgabe, als hier der pädagogische Ansatz und eine neuzeitliche Sozialordnung zusammenwirken, um das Bewußtsein des Schülers für eine Einrichtung des freien Geisteslebens, ihre Funktionsweisen und Lebensbedingungen aufzuhellen.

Anhang

1. Die Pädagogische Sektion

Der Lehrer, der sein Tun aus Menschenerkenntnis begründen will, strebt danach, sich selbst so zu schulen und zu entwickeln, daß er in seinem Tun möglichst auch vor dem inneren geistigen Wesen des Kindes bestehen kann. Dies läßt ihn ferner danach streben, mit einer höheren, geistigen Welt in einen inneren Zusammenhang zu kommen. Weil aber die Waldorfpädagogik auf der anthroposophischen Geisteswissenschaft aufbaut, die «das Geistige im Menschen mit dem Geistigen im Weltall verbinden» will, wird der Waldorflehrer, der sich entsprechend versteht, für sich persönlich auch in ein bestimmtes Verhältnis zur Anthroposophie zu kommen suchen. Denn es ist für ihn die Anthroposophie, die ihm übersinnliche Erkenntnisergebnisse zunächst in der Form von Ideen vermitteln kann. Das stellt zugleich einen naheliegenden Zusammenhang her zur Allgemeinen Anthroposophischen Gesellschaft, die nach der Intention Rudolf Steiners sich die Pflege der Geisteswissenschaft in Ideenform zur Aufgabe setzt. Dieser Kontakt zwischen Waldorflehrerschaft und Anthroposophischer Gesellschaft ist nicht institutionell geregelt, sondern kann nur auf freier, persönlicher Entscheidung beruhen.

Wer nun weiter darum bemüht ist, über die geisteswissenschaftlichen Ideen aufzusteigen zu «Ausdrucksarten, die der geistigen Welt selbst entlehnt sind», oder wer bestrebt ist, «die Wege in die geistige Welt kennenzulernen . . ., um sie mit der eigenen Seele zu gehen» – der wird möglicherweise ein Verhältnis zur Freien Hochschule für Geisteswissenschaft herstellen wollen. Denn diese Hochschule sucht die Ausdrucksmittel der geistigen Welt und die Wege in sie zu vermitteln, sie strebt danach, ihren Schülern eine innere Vertiefung zu ermöglichen (Steiner 37/260a, S. 108). Das Goetheanum, Freie Hochschule für Geisteswissenschaft in Dornach, gliedert sich fachlich nach Sektionen, so daß sich die Leitung der Pädagogischen Sektion mit jenen Mitgliedern der Hochschule verbunden weiß, die als Lehrer tätig sind. Dieses Verhältnis eines Lehrers zur Hochschule ist wie das zur Anthroposophischen Gesellschaft ein rein persönliches, privates; in keinem Fall gibt es eine Lenkung der einzelnen Waldorf-Schule von außen.

Als mit der Neubegründung der Anthroposophischen Gesellschaft 1923 die Frage besprochen wurde, ob nicht auch ein formelles Verhältnis zwischen der Waldorfschule und der Freien Hochschule für Geisteswissenschaft hergestellt werden könnte, antwortete R. Steiner in der Lehrerkonferenz: «Unmittelbar formell ist ja die Waldorfschule keine anthroposophische Institution, sondern eine freie Schöpfung, die allerdings auf der Grundlage der anthroposophischen Pädagogik aufgebaut ist, aber die sowohl durch die Art, wie sie dem Publikum, wie auch durch die Art, wie sie den gesetzlichen Institutionen gegenübersteht, eben keine anthroposophische Institution ist...» (K 8, S. 2).

So gibt es zwar mannigfache «informale», persönliche Beziehungen zwischen der Waldorflehrerschaft über die Pädagogik zur Anthroposophie, zur Anthroposophischen Gesellschaft und zur Freien Hochschule für Geisteswissenschaft, aber sie sind weder formell noch die Schule von außen bestimmend, sie tragen vergleichsweise innerlichen Charakter. «Wenn Lehrer sich daher zu irgendeiner pädagogischen Arbeit zusammenfinden, formt sich das, was wir Pädagogische Sektion nennen, in dem Moment, wenn überall ‹durchschimmert›, daß hinter dem Pädagogischen das übersinnliche Erkenntnisstreben dieses Kreises steht.» (Grosse, S. 299).

In internationalen Tagungen stellt die Freie Hochschule für Geisteswissenschaft dar, was auf dem Gebiete der Pädagogik von ihr an Inhalten und Möglichkeiten für die Bewußtseinsbildung erarbeitet wurde, wobei Lehrer der einzelnen Waldorf- oder Rudolf-Steiner-Schulen mitwirken.

Am Goetheanum besteht ein Pädagogisches Seminar, das in zweijährigen Ausbildungsgängen auf den Beruf des Lehrers an Rudolf-Steiner-Schulen vorbereitet.

2. Der Bund der Freien Waldorfschulen e.V.

Sowohl aus dem Gedanken der Dreigliederung als auch aus dem pädagogischen Impuls drängte die Waldorfschul-Gründung zu weiteren Schulgründungen, die sich in der Zielsetzung, nämlich in der pädagogischen Orientierung wie in der Staatsunabhängigkeit mit der «ersten» Schule voll decken. Die Zusammenarbeit der verschiedenen Schulen konnte sich zunächst vor allem auf den Erfahrungsaustausch, die Verständigung über das pädagogische Tun, die geistige Erarbeitung bestimmter menschenkundlicher Inhalte und Fragestellungen in Tagungen usw. beziehen. Dieser kommunikative Bereich nimmt auch, nachdem sich die Freien Waldorfschulen in Deutschland zu einem «Bund» nach dem Zweiten Weltkrieg zusammengeschlossen haben, einen zentralen Teil der Aufgaben dieses Dachverbandes ein[1]. Dazu gehört vor allem die Lehrerbildung am Pädagogischen Seminar in Stuttgart, das vom «Bund» getragen wird, sowie die Durchführung von Fachtagungen und Veranstaltungen der Aus- und Weiterbildung.

---

[1] Einen Vorläufer dieses Zusammenschlusses gab es schon in den 30er Jahren, um die Eingriffe nationalsozialistischer Herrschaft abzuwehren; manche Schulen schlossen seinerzeit selbst ihre Pforten, die anderen wurden später von außen verboten.

So hat sich das, was den Waldorfschulen an pädagogischer und sozialer Intention gemeinsam ist, ein Organ geschaffen, durch das die eigene Tätigkeit über die einzelne Schule hinaus wahrgenommen, dargestellt, weiterentwickelt und reflektiert werden kann. Die Arbeit und Funktion des Bundes kann nicht darin gesehen werden, eine bestimmte ideelle Ausrichtung und Einheitlichkeit der Schulen zu erreichen – was bei dem Selbstverständnis und Selbstbewußtsein der einzelnen Schule und ihrem berechtigten Autonomieverlangen auch nicht möglich wäre –, sondern sie dient als Hilfe bei der Kommunikation, Verständigung und Abklärung, wobei sich von selbst versteht, daß diese sozialen Prozesse selbst wieder Rückwirkung auf die Ideenbildung und das Bewußtsein der Gesamtheit haben, wie das zu jeder Interaktion gehört.

Zu diesem Aufgabenfeld gehört es auch, die Pädagogik Rudolf Steiners weiterzuentwickeln, sie wissenschaftlich und publizistisch sowie in Tagungen darzustellen. Dieser Aufgabe dient ferner die Herausgabe einer Zeitschrift («Erziehungskunst», mit monatlicher Erscheinungsweise) sowie ein interner Lehrerrundbrief (zweimal jährlich). Der pädagogischen Forschung dient eine eigene Forschungsstelle, die bestimmte Fragestellungen (z. B. in Lehrplan und Didaktik) verfolgt und Arbeitsergebnisse veröffentlicht. Rechtlich selbständig, aber durch die Pädagogik eng mit dem Bund verknüpft ist die Internationale Vereinigung der Waldorfkindergärten.

Nun hat der Bund der Freien Waldorfschulen e. V. neben diesen stärker auf die Pädagogik bezogenen Fragen die andere Aufgabe, die gemeinsamen Interessen der in ihm zusammengeschlossenen Schulen rechtlich und politisch zu vertreten. Ähnlich dem Schulverein, der als Rechtsgestalt die Schule mit ihrer Tätigkeit erst ermöglicht, dient der «Bund» der Existenzsicherung der in ihm zusammengeschlossenen Schulen, sei es, daß er unmittelbar mit Behörden oder gesetzgebenden Körperschaften verhandelt oder daß er sich entsprechend an die Öffentlichkeit durch Stellungnahmen wendet. Diese zwei Aufgabenfelder lassen sich sehr verkürzt mit Bewußtseinsbildung und Interessenvertretung kennzeichnen, entsprechend ist auch die Mitgliedschaft im Bunde geregelt: *korporativ*, wo es um die Interessenvertretung geht, d. h. die Schule und/oder der Schulträger wird Mitglied; *persönlich*, wo die Lehrer oder Schulvereinsvorstände dem Bund angehören. Die Willensbildung erfolgt durch die Mitgliederversammlung (Bestellung des Vorstands, Jahresrechnung, Entlastung, Satzung), die Vertretung der Schulträger (Richtlinien für die Beitragsgestaltung, Rechnungslegung u. a.) sowie durch die Delegiertenversammlung der Kollegien (Vorstandsbenennung, Aufgaben des Bundes, gemeinsame Belange) und den Vorstand (wenigstens zwölf gleichberechtigte Mitglieder), der die Geschäfte des Vereins führt. Daneben unterstützt ein Elternrat als Organ der Elternschaft der Waldorfschulen den Bund bei der Erfüllung seiner Aufgaben.

Verschiedene Ausschüsse, die fach- und sachbezogen arbeiten, sind für den Bund im Rahmen der vom Vorstand erteilten Aufgaben tätig. Während die Waldorfschulbewegung nun weit über hundert Schulen über den Erdball umfaßt, sind nicht nur ähnliche Zusammenschlüsse innerhalb einzelner Länder im Gange, sondern auch internationale Kontakte innerhalb der Schulbewegung. Erste regelmäßige Verbindungen zwischen den europäischen Schulen bestehen seit Ende der sechziger Jahre im sog. «Haager Kreis», bei dem vornehmlich die gemeinsame übernationale Interessenvertretung aus der verschiedenen Ausgangssituation der Schulen eine Rolle spielt. Eigenständigkeit und Autonomie rangieren aus der geistigen Entstehung der Waldorfschulen jeweils vor gemeinsamer Willensbildung und Aktion, die oft erst aus derselben Art der Umwelt- und Freiheitsgefährdung erfolgt.

3. Dokumentation

Um das innere Gefüge innerhalb einer sozialen Gemeinschaft von gut zwei Dutzend Menschen zu ermitteln, müßte eine soziometrische Untersuchung sowie eine umfangreiche Feldbeobachtung angestellt werden. Als ein mögliches, wenn auch nicht besonders zuverlässiges Mittel, den sozialen Einfluß einzelner im Interaktionsprozeß der Konferenz festzustellen, mag die einfache Zahl der Gesprächsimpulse sein, durch die ein Konferenzteilnehmer sich am Gespräch beteiligt. Selbstverständlich bedeutet die numerische Feststellung keineswegs, daß der Beitrag qualitativ Bedeutung habe – da kann Schweigen oft sprechender sein –, doch ist er zunächst als eine Äußerung sozialer Aktivität zu nehmen. Und je aktiver sich jemand innerhalb einer Gemeinschaft betätigt, desto größer wird auch im Sinne sozialer Tauschbeziehungen der Einfluß sein (vgl. Homans 1968, S. 45 ff. und 71 ff.). Das sich so ergebende Bild korreliert in einem gewissen Umfang durchaus mit der sozialen Stellung, dem Ansehen usw., das ein im Konferenzgeschehen als aktiv Erscheinender (aufgrund subjektiver Wahrnehmungen) im Kollegialzusammenhang genießt. Zu beachten ist, daß dieses Bild statisch bleibt, weil sich gerade in der Zeit relevante Änderungen ergeben.

Es wurden alle Gesprächsbeiträge in allen Konferenzabschnitten protokolliert, diese gleich 100 gesetzt, ergibt die prozentuale Beteiligung des einzelnen. 26 hauptamtlich- und acht teilbeschäftigte Lehrkräfte gehören in der Untersuchungszeit dem Kollegium an, wovon 25 die Möglichkeit zur Teilnahme an den Konferenzen hatten.

1. Spalte: Konferenzteilnehmer (hauptamtliche Lehrkräfte)
2. Spalte: Ordnungszahl aufgrund der Gesprächsbeiträge in der Pädagogischen Konferenz
3. Spalte: Zahl der Voten des Teilnehmers in der Pädagogischen Konferenz
4. Spalte: Prozentualer Ausdruck der Votenanzahl an der Gesamtheit aller Beiträge der Pädagogischen Konferenz
5. Spalte: Ordnungszahl aufgrund der Gesprächsbeiträge desselben Teilnehmers in der Geschäftskonferenz
6. Spalte: Zahl der Voten des Teilnehmers in der Geschäftskonferenz
7. Spalte: Prozentualer Ausdruck der Votenanzahl an der Gesamtheit aller Beiträge der Geschäftskonferenz
8. Spalte: Tätigkeitsbereich des Teilnehmers
9. Spalte: Alter und Geschlecht des Teilnehmers

| Spalte | Pädagogische Konferenz | | | Geschäftskonferenz | | | | |
1	2	3	4	5	6	7	8 [3]	9
1.	1 [4]	20	13,2	1	157	21,0	FW	35 m
2.	2	19	12,5	4	89	11,9	FW	33 m
3.	3	16	10,5	2	122	16,3	K	49 m
4.	4	14	9,2	6	63	8,4	FW	46 m
5.	5	12	7,8	3	93	12,5	FH	57 w
6.	6	11	7,2	5	67	8,9	K	64 m
7.	7	9	5,9	12	12	1,6	K	57 w
8.	8	7	4,6	16	6	0,8	K	36 m
9.	9	6	3,6	16	6	0,8	K	35 m
10.	9	6	3,6	13	11	1,4	K	35 m
11.	10	5	3,2	10	14	1,8	Ki	49 w
12.	11	4	2,6	11	13	1,7	FH	64 w
13.	11	4	2,6	— [1]	—	—	FW	32 m
14.	11	4	2,6	— [2]	—	—	K	31 w
15.	12	3	1,9	7	47	6,2	FW	49 m
16.	13	2	1,3	— [1]	—	—	K	35 m
17.	13	2	1,3	14	8	1	FH	46 w
18.	13	2	1,3	15	7	0,9	FK	41 w
19.	13	2	1,3	— [1]	—	—	FK	29 w
20.	14	1	0,6	— [2]	—	—	FW	57 m
21.	14	1	0,6	17	2	0,2	FW	38 m
22.	14	1	0,6	15	8	1	FK	47 w
23.	14	1	0,6	9	22	2,9	FK	58 w
24.	15	0	—	— [2]	—	—	FK	63 m
25.	15	0	—	— [1]	—	—	K	29 w

[1] Keine Teilnahme infolge Probezeit.
[2] Keine Teilnahme aus persönlichen Gründen.
[3] FH = Lehrer in handwerklich-praktischen Unterrichtsfächern;
    FK = Lehrer in künstlerischen Fächern;
    FW = Lehrer in sprachlichen oder wissenschaftlichen Fächern;
    K = Klassenlehrer;
    Ki = Kindergärtnerin;
    m = männlich;
    w = weiblich.
[4] Unterstreichung = Konferenzleiter während des untersuchten Zeitraumes.

Beispiel einer Vereinssatzung

I. Name, Sitz, Zweck

§ 1

Der Verein führt den Namen ...

§ 2

Aufgabe des Vereins ist die Förderung eines freien öffentlichen Schulwesens auf der Grundlage der Pädagogik Rudolf Steiners. Der Verein unterhält wirtschaftlich die ... schule sowie Einrichtungen vorschulischer Erziehung (Kindergarten). Er vertritt diese Einrichtungen rechtlich.

§ 3

In seinen Zielen verfolgt der Verein allein gemeinnützige Zwecke im Sinne der Gemeinnützigkeitsverordnung vom 24. 12. 1953.

II. Mitgliedschaft

§ 4

Ordentliche Mitglieder des Vereins werden Eltern durch die Aufnahme ihres Kindes in die Schule oder Vorschule (Kindergarten). Lehrer und Mitarbeiter der Schule erwerben die Mitgliedschaft durch den Anstellungsvertrag.
Weiterhin können alle natürlichen und juristischen Personen Mitglieder werden, die die Ziele des Vereins fördern wollen, wie z. B. die Eltern ehemaliger Schüler, ehemalige Schüler, Freunde.

§ 5

Die Mitgliedschaft wird durch schriftliche Antragstellung erworben. Der Vorstand entscheidet über die Aufnahme.

§ 6

Die Mitgliedschaft erlischt durch den Tod, Austritt oder Ausschluß. Der Austritt ist dem Vorstand schriftlich mitzuteilen und kann nur mit einmonatiger Frist auf den Schluß des Schuljahres (31. Juli) erfolgen. Bei Vorliegen eines wichtigen Grundes (z. B. Umzug) kann mit einer Frist von 3 Monaten zum Ende eines Monats gekündigt werden. Durch einstimmigen Beschluß des Vorstandes kann ein Mitglied aus dem Verein ausgeschlossen werden. Die Angabe von Gründen erfolgt nur auf persönlichen Wunsch des Ausgeschlossenen.

III. Organe des Vereins

a) Die Mitgliederversammlung

§ 7

Das Geschäftsjahr des Vereins ist das Kalenderjahr. Innerhalb von 6 Monaten nach Ablauf eines jeden Geschäftsjahres findet eine ordentliche Mitgliederversammlung

statt, in der der Vorstand über seine Tätigkeit berichtet und den Rechnungsabschluß für das abgelaufene Geschäftsjahr vorlegt.
Außerordentliche Mitgliederversammlungen finden statt, wenn der Vorstand, das Lehrerkollegium oder wenigstens ein Zehntel der Mitglieder dies unter Angabe von Gründen wünschen.

§ 8

Die Einladung zu einer Mitgliederversammlung erfolgt durch den Vorstand schriftlich unter Angabe der Tagesordnung. Sie muß spätestens zwei Wochen vor der Mitgliederversammlung zur Post gegeben sein.

§ 9

Anträge der Mitglieder, die noch auf die endgültige Tagesordnung gesetzt werden sollen, müssen sieben Tage vor der Versammlung dem Vorstand schriftlich bekanntgegeben werden.

§ 10

Die Mitgliederversammlung wird durch den Vorstand geleitet. Sie ist beschlußfähig, wenn sie satzungsgemäß einberufen wurde. Die Beschlußfassung erfolgt mit einfacher Stimmenmehrheit der anwesenden Mitglieder. Jedes Mitglied hat nur eine Stimme.
Über die Mitgliederversammlung ist eine Niederschrift anzufertigen, die vom Versammlungsleiter zu unterzeichnen ist.
Satzungsänderungen bedürfen der Zustimmung des Vorstandes und des Lehrerkollegiums.

§ 11

b) Der Vorstand

§ 12

Der Vorstand führt die Geschäfte des Vereins und verwaltet dessen Vermögen. Er bestimmt bis zu fünf seiner Mitglieder zu gesetzlichen Vertretern des Vereins im Sinne des § 26 BGB. Je zwei dieser Mitglieder vertreten den Verein gemeinsam.
Der Vorstand kann auch einem einzelnen seiner Mitglieder das alleinige Vertretungsrecht im Sinne des § 26 BGB übertragen.

§ 13

Der Vorstand setzt sich aus mindestens je 2 Vertretern der Elternschaft und des Lehrerkollegiums zusammen.
Die Vertreter der Elternschaft werden auf Vorschlag des Vorstandes von der Mitgliederversammlung gewählt. Scheidet eines dieser Vorstandsmitglieder aus, so kann der Vorstand bis zur nächsten Mitgliederversammlung einen Vertreter aus der Elternschaft berufen.
Die Vertreter der Lehrerschaft werden vom Kollegium bestellt. Sie führen in der Regel gleichzeitig als Verwaltungsrat die Geschäfte des Lehrerkollegiums.
Die Geschäftsverteilung des Vorstandes regelt dieser selbst.

c) Das Lehrerkollegium

§ 14

Die pädagogischen Aufgaben des Vereins werden vom Lehrerkollegium verantwortet und selbständig entschieden. Zu den ausschließlichen Aufgaben des Kollegiums gehört neben der Aufnahme von Kindern auch die Berufung der pädagogischen Mitarbeiter, deren Anstellung durch den Vorstand erfolgt. Die Aufgabenverteilung auf pädagogischem Gebiet und die Konferenzordnung regelt das Lehrerkollegium selbst.

IV. Besondere Gremien

§ 15

Um das Zusammenleben innerhalb der Schulgemeinde unter der Mitwirkung aller beteiligten Gruppen zu gestalten, werden selbständige Gremien für Eltern und Schüler gebildet, die am Entscheidungsprozeß beratend teilnehmen, soweit es sich um Fragen der Zusammenarbeit, der Schulordnung und der Gestaltung des Schullebens handelt.
Die Zusammenarbeit zwischen den Gremien und Organen wird eine gegenseitige Vereinbarung regeln.

§ 16   Elternrat

Der Elternrat setzt sich zusammen aus Vertretern der Klassenelternschaften und Eltern, die initiativ mitarbeiten wollen. Er dient der Zusammenarbeit innerhalb der Klassen sowie aller im Schulverein zusammengeschlossenen Mitglieder und der Aussprache über pädagogische Fragen. Die Sitzungen des Elternrates werden vorbereitet und geleitet durch einen Initiativkreis.
Ein Mitglied des Initiativkreises soll gleichzeitig Mitglied des Vorstandes sein.

§ 17   Schülerrat

Der Schülerrat, bestehend aus entsandten Sprechern der Oberstufen-Klassen, nimmt die Belange der Schülerschaft wahr und wirkt in Fragen der Schulordnung und des Zusammenlebens mit. Die Teilnahme von Schülern am Elternrat und an der Allgemeinen Konferenz des Kollegiums ergibt sich aus § 15.

V. Beiträge

§ 18

Die Beiträge werden an den voraussichtlichen Kosten gemessen und auf Vorschlag des Vorstandes von der Mitgliederversammlung festgesetzt. Der jeweilige Beitrag ist in einer Anlage zur Satzung auszuweisen. Für Mitglieder nach § 4 letzter Absatz wird der Förderbeitrag frei vereinbart.
Ermäßigungsanträge sind an den Vorstand zu richten.

VI. Auflösung des Vereins

§ 19

Über die Auflösung des Vereins beschließt auf gemeinsamen Vorschlag von Lehrerkollegium und Vorstand die Mitgliederversammlung mit 3/4 Mehrheit der anwesenden Mitglieder. Das Vereinsvermögen fließt im Falle der Auflösung oder der Änderung der bisherigen Zielsetzung des Vereins dem Bund der Freien Waldorfschulen e. V. Stuttgart, Haussmannstr. 46, zu oder einer Institution, die ähnliche Zwecke auf pädagogischem Gebiet verfolgt und gemeinnützig im Sinne des § 17 St AnpG ist.

VII. Ermächtigung des Vorstandes

§ 20

Der Vorstand ist ermächtigt, Satzungsänderungen, die vom Registergericht oder einer Verwaltungsbehörde aus irgendeinem Grunde verlangt werden, selbständig vorzunehmen.

Literatur

Im nachfolgenden ist Literatur erwähnt, die zitiert oder auf die Bezug genommen wird oder die mit in die Überlegungen einging. Der Nachweis erfolgt a) durch Nennung des Autors, b) des Erscheinungsjahres der benutzten Auflage, wenn mehrere Werke des Autors Aufnahme fanden, c) Seitenzahl bei wörtlichen Zitaten. Die Werke Rudolf Steiners sind abweichend davon nach der bibliographischen Nummer der Gesamtausgabe angegeben (vgl.: Rudolf Steiner-Nachlaßverwaltung [= Hg.]: R. Steiner – Das literarische und künstlerische Werk – Eine bibliographische Übersicht). Eine Ausnahme bildet Nr. 300, die in einem Manuskriptdruck von acht Bänden erschienen ist (o. O., 1962–64), sie wird unter K. mit Angabe des Bandes und der Seitenzahl zitiert. Der Abdruck von Wortlauten erfolgt mit freundlicher Genehmigung der Rudolf Steiner-Nachlaßverwaltung, Dornach.
[Gebrauchte Abkürzungen: b : e = betrifft erziehung, Weinheim; KZfSS = Kölner Zeitschrift für Soziologie und Sozialpsychologie, Köln/Opladen; WPB = Westermanns Pädagogische Beiträge, Braunschweig]

Aristoteles (1965): Politik. Hg. v. Nelly Tsouyopoulos und Ernesto Grassi. Hamburg.

Auer, Frank v. (1972): Demokratisierung der Schule, in *WPB*, H. 9, S. 491–496.

Bahrdt, Hans Paul (1959): Die Krise der Hierarchie im Wandel der Kooperationsformen. In: *Mayntz 1968*, S. 127–134.

Bauer, Adam (1971): Zur Soziologie des Schülers. In: *Schule und Gesellschaft*.

Behrens, Eckhard (1971): Bürgerinitiative und Teilhabe. In: *Fragen der Freiheit*, Nr. 91.

Bendix, Reinhard (1960): Über die Macht der Bürokratie. In: *Mayntz 1968*, S. 355–365.

Bernstein, Basil (1954): Soziokulturelle Determinanten des Lernens. In: *KZfSS*, Sonderheft 4.

– (1970): Der Unfug mit der «kompensatorischen» Erziehung. In: *b : e* Nr. 9.

Bischoff, Ulrich (1956): Grundlagen einer Theorie des Tendenzverhaltens. In: *KZfSS*, S. 92–112.

Blau, Peter M. (1955): Die Dynamik bürokratischer Strukturen. In: *Mayntz 1968*, S. 310–321.

– et al. (1966): Wechselbeziehungen zwischen strukturellen Merkmalen der Bürokratie. In: *Mayntz 1968*, S. 94–114.

Bracher, Karl Dietrich (1960): Die Auflösung der Weimarer Republik. 3. Aufl. Villingen.

Brocher, Tobias (1968): Gruppendynamik und Erwachsenenbildung (Theorie und Praxis der Erwachsenenbildung, Bd. 8). Braunschweig.

Bronfenbrenner, Urie (1969): Childhood in two worlds, USA–USSR, N. Y.

Bungardt, Karl (1965): Die Odyssee der Lehrerschaft. Sozialgeschichte eines Standes. 2. Aufl. Hannover u. a.

Carlson, Gösta (1962): Betrachtungen zum Funktionalismus. In: *Topitsch*, S. 236–261.

Claessens, Dieter (1967): Familie und Wertsystem. Eine Studie zur «zweiten, soziokulturellen Geburt» des Menschen (Soziologische Abhandlungen H. 4). 2. Aufl. Berlin.

Coser, Lewis A. (1965): Theorie sozialer Konflikte. Neuwied und Berlin.

Daheim, Hansjürgen (1957): Die Sozialstruktur eines Bürobetriebs. Eine Einzelfallstudie. Diss., o. O. (Köln).

Dahrendorf, Ralf (1960): Bildung ist Bürgerrecht. Plädoyer für eine aktive Bildungspolitik, 2. Aufl. Hamburg.

– (1971): Gesellschaft und Demokratie in Deutschland. München.

Eisenstadt, S. N. (1958): Ziele bürokratischer Organisation und ihr Einfluß auf die Organisationsstruktur. In: *Mayntz* 1968, S. 56–68.

Entwicklungsstand, zum gegenwärtigen, demokratischen Schulverfassungen. In: *WPB*, 1972, H. 9, S. 510–515.

Erneuerung, soziale, als Ursprung und Ziel der Freien Waldorfschule, 50 Jahre Pädagogik Rudolf Steiners. In: *Erziehungskunst*, Sonderheft 8/9, 1969.

Eucken, Walter (1954): Kapitaltheoretische Untersuchungen. Die Entwicklung der Zinstheorie seit Böhm-Bawerk. 2. Aufl. ergänzt durch 3 Aufsätze, Tübingen.

– (1959): Grundsätze der Wirtschaftspolitik. Reinbek.

Etzioni, Amitai (1967): Soziologie der Organisation. München.

Fourastié, Jean (1954): Die große Hoffnung des 20. Jahrhunderts. Köln-Deutz.

Fraenkel, Ernst (1958): Die repräsentative und plebiszitäre Komponente im demokratischen Verfassungsstaat. In: *Recht und Staat*, H. 219/220.

Freyer, Hans (1961): Theorie des gegenwärtigen Zeitalters. 2. Aufl. Stuttgart.

Friedrich, Carl Joachim (1953): Der Verfassungsstaat der Neuzeit. Berlin u. a.

Fuhr, Reinhard (1972): Mitglied der kollegialen Schulleitung auf Zeit. In: *WPB*, H. 9, S. 507–509.

Fürstenberg, Friedrich (1956): Das Strukturproblem in der Soziologie. In: *KZfSS*, S. 623–633.

Fürstenau, Peter (1969 a): Zur Psychoanalyse der Schule als Institution. In: *Theorie der Schule*.

– (1969 b): Neuere Entwicklungen der Bürokratieforschung und das Schulwesen. Ein organisationssoziologischer Beitrag. In: *Theorie der Schule*.

Gabert, Erich: Einleitungen. Hinweise zu den Konferenzen Rudolf Steiners mit den Lehrern der Freien Waldorfschule in Stuttgart, 1919–1924. Stuttgart 1968 (Manuskriptdruck).

Gallwas, Hans Ulrich (1964): Die Privatschulfreiheit im Bonner Grundgesetz. In: *Fragen der Freiheit*, Nr. 34.

Gamm, Hans-Jochen [(1970 a) Hg.]: Erziehung zur Klassengesellschaft. München.

– (1970 b): Kritische Schule. Eine Streitschrift für die Emanzipation von Lehrern und Schülern. München.

Gehlen, Arnold (1970): Die Seele im technischen Zeitalter. Sozialpsychologische Probleme in der industriellen Gesellschaft. Reinbek.

Gerner, Berthold (1972): Der Lehrer – Verhalten und Wirkung. Ergebnisse empirischer Forschung im deutschsprachigen Raum (Erträge der Forschung Bd. 6). Darmstadt.

Goosens, Franz (1968): Erfolgreiche Konferenzen und Verhandlungen. 3. Aufl. München.

Gordon, Wayne C. (1959): Die Schulklasse als soziales System. In: *KZfSS*, Sonderheft 4, S. 131–160.

Grosse, Rudolf (1966): Erlebte Pädagogik. Schicksal und Geistesweg. Dornach.

Habermas, Jürgen (1969): Strukturwandel der Öffentlichkeit. Untersuchungen einer Kategorie der bürgerlichen Gesellschaft. 4. Aufl. Neuwied, Berlin.

Hahn, Herbert (1969): Der Weg, der mich führte. Stuttgart.

Hall, Richard H. (1963): Die dimensionale Natur bürokratischer Strukturen. In: *Mayntz* 1968, S. 69–81.

Hartmann, Heinz (1964): Funktionale Autorität. Systematische Abhandlung zu einem soziologischen Begriff (Soziologische Gegenwartsfragen). Stuttgart.

Heckel, Hans (1955): Deutsches Privatschulrecht. Berlin und Köln.

Heffter, H. (1950): Die deutsche Selbstverwaltung im 19. Jahrhundert. Stuttgart.

Hemleben, Johannes (1963): Rudolf Steiner in Selbstzeugnissen und Bilddokumenten. Reinbek.

Hentig, Hartmut v. (1968 a): Die Schule im Regelkreis. Stuttgart.

– (1968 b): Systemzwang und Selbstbestimmung. Über die Bedingungen der Gesamtschule in der Industriegesellschaft. Stuttgart.

Heydorn, Heinz J. (1970): Über den Widerspruch von Bildung und Herrschaft. Frankfurt/M.

Heynitz, Jobst v. (1969): Marktwirtschaft und Bodenordnung. In: *Fragen der Freiheit*, Nr. 76, S. 19–58.

Holtmann, Antonius, u. Sibylle Reinhardt (1971): Schülermitverantwortung (SMV), Geschichte und Ende einer Ideologie, Pädagogisches Zentrum, Veröffentlichungen, Reihe B, Bd. 5. Weinheim u. a.

Homans, George Caspar (1968 a): Theorie der sozialen Gruppe. 3. Aufl. Köln und Opladen.

– (1968 b): Elementarformen sozialen Verhaltens. Köln und Opladen.

Hofstätter, Peter R. (1957): Gruppendynamik. Kritik der Massenpsychologie. Reinbek.

Humboldt, Wilhelm von (1962): Ideen zu einem Versuch, die Grenzen der Wirksamkeit des Staats zu bestimmen. Stuttgart.

Holstein, Hermann (1972): Die Schule als Institution. Ratingen.

Imboden, Max (1959): Die Staatsformen. Versuch einer psychologischen Deutung staatsrechtlicher Dogmen. Basel und Stuttgart.

Jellinek, Georg (1929): Allgemeine Staatslehre. 3. Aufl. Berlin.

Jørgensen, Mosse (1973): Schuldemokratie – keine Utopie. Das Versuchsgymnasium Oslo. Reinbek.

Kelber, Wilhelm (1958): Die Logoslehre von Heraklit bis Origines. Stuttgart.

Kiersch, Johannes (1970): Die Waldorfpädagogik. Eine Einführung in die Pädagogik Rudolf Steiners. Stuttgart.

Kob, Janpeter (1959): Die Rollenproblematik des Lehrerberufes. In: *KZfSS*, 4. Sonderheft: Soziologie der Schule.

Kosiol, Erich (1969): Die Unternehmung als wirtschaftliches Aktionszentrum. Einführung in die Betriebswirtschaftslehre. Reinbek.

Kranich, Ernst-Michael (1971): Die Freien Waldorfschulen. In: *Freie Schule*, hg. v. d. Arbeitsgemeinschaft Freier Schulen. Stuttgart, S. 61–85.

Kreutzer, Heinz (1957): Selbstverwaltung. In: *Staat und Politik*, hg. v. E. Fraenkel u. K. D. Bracher, Frankfurt/M.

Lehrs, Ernst (1970): «Republikanisch, nicht demokratisch». In: *Lehrerrundbrief*, Nr. 2, Manuskriptdruck, S. 1–6.

Leist, Manfred (1963): Elternbeirat. Einige Bemerkungen über Wesen und Funktion von Elternvertrauenskreisen an Freien Waldorfschulen. In: *Erziehungskunst* H. 8/9, S. 238–245.

Lemberg, Eugen (1971 a): Die Schule als gesellschaftliche Institution. In: *Schule und Gesellschaft*.

– (1971 b): Lehrer und Gesellschaft. In: *Schule und Gesellschaft*.

Lewin, Kurt (1968): Die Lösung sozialer Konflikte. Ausgewählte Abhandlungen über Gruppendynamik. 3. Aufl. Bad Nauheim.

Lievegoed, Bernard C. J. (1970): Soziale Gestaltungen in der Heilpädagogik. Eine Vortragsfolge vor anthroposophischen Heilpädagogen. Manuskriptdruck o. O.

Litwak, Eugene (1961): Drei alternative Bürokratiemodelle. In: *Mayntz* 1968, S. 117–126.

Lorenz, Wolfgang, und Gernot Paul (1972): Die Schulbürokratie und die Deformation der Lehrerrolle. Überlegungen zur Pädagogisierung und Politisierung der Schuladministration. In: *WPB*, H. 9, S. 497–506.

Loewenstein, Karl (1959): Verfassungslehre. Tübingen.

Luhmann, Niklas (1964 a): Funktionen und Folgen formaler Organisation (Schriftenreihe der Hochschule Speyer Bd. 20). Berlin.

– (1964 b): Zweck-Herrschaft-System. Grundbegriffe und Prämissen Max Webers. In: *Mayntz* 1968, S. 36–55.

Mayntz, Renate (1965): Max Webers Idealtypen der Bürokratie und die Organisationssoziologie. In: *Mayntz* 1968, S. 27–35.

– (1967): Soziologie der Organisation. Reinbek.

– (Hg., 1968): Bürokratische Organisation. Köln und Berlin.

Merton, Robert K. (1960): Bürokratische Struktur und Persönlichkeit. In: *Mayntz* 1968, S. 265–276.

Mills, Theodore M. (1969): Soziologie der Gruppe (Grundfragen der Soziologie 10). München.

Molt, Emil (1972): Entwurf meiner Lebensbeschreibung. Stuttgart.

Moreno, J. L. (1967): Die Grundlagen der Soziometrie. Köln und Opladen.

Müller, Heinz (1971): Spuren auf dem Weg. Erinnerungen. 2. Aufl. Stuttgart.

Müller-Wiedemann, Hans (1973): Mitte der Kindheit. Stuttgart.

Müllner, Ludwig (1968): Rudolf Steiner und Brunn am Gebirge. Unbekanntes aus seinen Jugendjahren. Stuttgart.

Nachrichten der Rudolf Steiner-Nachlaßverwaltung, hg. v. d. Rudolf Steiner-Nachlaßverwaltung. Dornach.

– (1969): *H. 27/28:* Das Jahr der Dreigliederungsbewegung und die Gründung der Waldorfschule.

– (1969): *H. 24/25:* 50 Jahre «Die Kernpunkte der sozialen Frage» April 1919 bis April 1969.

Nagel, Ernest (1955): Über die Aussage «Das Ganze ist mehr als die Summe seiner Teile». In: *Topitsch*, S. 225–235.

Naschold, Frieder (1969): Organisation und Demokratie – Untersuchungen zum Demokratisierungspotential in komplexen Organisationen. Stuttgart u. a.

Niederhäuser, Hans Rudolf (1972): Von den Lebensbedingungen einer Rudolf Steiner-Schule. In: *Die Menschenschule*, H. 1, S. 26–29; H. 2, S. 58–64; H. 3, S. 75–80, jetzt auch zusammengefaßt in (1973) H. 9/10.

Nyssen, Friedrich (1969): Schule im Kapitalismus – Der Einfluß wirtschaftlicher Interessenverbände im Felde der Schule. Köln.

Oevermann, Ulrich (1969): Schichtspezifische Formen des Sprachverhaltens und ihr Einfluß auf die kognitiven Prozesse. In: *Begabung und Lernen*, hg. v. H. Roth. 3. Aufl. Stuttgart. S. 297–356.

Ott, Gerhard (1967): Die fünf Freiheiten der Waldorfschule – die Schule als Gebilde eines freien Geisteslebens im sozialen Organismus. In: *Erziehungskunst*, H. 7/8. S. 241.

Parsons, Talcott (1968): Sozialstruktur und Persönlichkeit. Frankfurt/M.

Peter, Helge-Ulrike (1973): Die Schule als soziale Organisation. Weinheim und Basel.

Portmann, Adolf (1971): Der Mensch im Felde der Evolutionstheorie. In: *Meyers Enzyklopädie* Bd. 1, S. 161–166.

Presthus, Robert (1966): Individuum und Organisation (Welt im Werden). Frankfurt/M.

Prior, Harm (1966): Staatsschule und Beamtenlehrer in Deutschland. In: *Aus Politik und Zeitgeschichte*, Nr. B 30.

Pugh, D. S. und D. J. Hickson (1968): Eine dimensionale Analyse bürokratischer Strukturen. In: *Mayntz* 1968, S. 82–93.

Rath, Wilhelm (1971): Die Jugendzeit Rudolf Steiners in Österreich 1861–1890 (Bd. I). Freiburg.

Rohde, Johann Jürgen (1962): Soziologie des Krankenhauses – Zur Einführung in die Soziologie der Medizin. Stuttgart.

Rudolph, Wolfgang (1960): Zur Frage der Selbstverwaltung einer Waldorfschule. In: *Erziehungskunst* H. 3, S. 72–78.

Rumpf, Horst (1966): Die administrative Verstörung der Schule. Essen.

– (1970): Lehrer – oder Unterrichtsbeamter? In: *Fragen der Freiheit* 85, S. 3–17.

Scharnberg, Rudolf (1972): Der Beruf des Schulleiters. In: *WPB*, H. 9, S. 479–490.

Schelsky, Helmut (1957): Ist Dauerreflexion institutionalisierbar? In: *Zeitschrift für evangelische Ethik*, H. 1.

– (1959): Schule und Erziehung in der industriellen Gesellschaft. Würzburg.

– (1961): Anpassung und Widerstand – Soziologische Bedenken zur Schulreform. Heidelberg.

Schlick, Moritz (1938): Über den Begriff der Ganzheit. In: *Topitsch*, S. 213–235.

Schweppenhäuser, Hans Georg (1961): Die Freiheit des Erziehungswesens im Zusammenhang mit seiner Finanzierung. Ms. Vervielfältigung, o. O.

– (1971): Das kranke Geld – Vorschläge für eine soziale Geldordnung von morgen. Stuttgart.

Schule und Gesellschaft – Forschungsprobleme und Forschungsergebnisse zur Soziologie des Bildungswesens (1971): Beiträge von E. Lemberg, A. Bauer, R. Klaus-Roeder (Erträge der Forschung Bd. 3). Darmstadt.

Steiner, Rudolf:

(4): Die Philosophie der Freiheit.

(9): Theosophie – Einführung in übersinnliche Welterkenntnis und Menschenbestimmung.

(10): Wie erlangt man Erkenntnisse der höheren Welten?

(13): Die Geheimwissenschaft im Umriß.

(21): Von Seelenrätseln.

(23): Die Kernpunkte der sozialen Frage – in den Lebensnotwendigkeiten der Gegenwart und Zukunft (Zitate nach 2. Aufl. 1920).

(24): Zur Dreigliederung des sozialen Organismus – Gesammelte Aufsätze, 1919–1921.

(28): Mein Lebensgang.

(34): Luzifer Gnosis – Grundlegende Aufsätze zur Anthroposophie und Berichte aus der Zeitschrift «Luzifer» und «Luzifer-Gnosis», 1903–1908. (Als Zitat ist lediglich auf den Aufsatz: «Die Erziehung des Kindes vom Gesichtspunkte der Geisteswissenschaft» zurückgegriffen.)

(83): Westliche und östliche Weltgegensätzlichkeit, 10 Vorträge 1922.

(128): Eine okkulte Physiologie, 8 Vorträge 1911.

(150): Die Welt des Geistes und ihr Hereinragen in das physische Dasein, 10 Vorträge.

(158): Der Zusammenhang der Menschen mit der elementarischen Welt, 10 Vorträge 1912–1914.

(159/160): Das Geheimnis des Todes, 15 Vorträge 1915.

(168): Die Verbindung zwischen Lebenden und Toten, 8 Vorträge 1916.

(171): Innere Entwicklungsimpulse der Menschheit, 17 Vorträge 1916.

(172): Das Karma des Berufes in Anknüpfung an Goethes Leben, 10 Vorträge 1916.

(185): Geschichtliche Symptomatologie, 9 Vorträge 1918.

(185a): Entwicklungsgeschichtliche Unterlagen zur Bildung eines sozialen Urteils, 8 Vorträge 1918.

(186): Die soziale Grundforderung unserer Zeit – In geänderter Zeitlage, 12 Vorträge 1918.

(188): Der Goetheanismus, ein Umwandlungsimpuls und Auferstehungsgedanke, 12 Vorträge 1919.

(190): Vergangenheits- und Zukunftsimpulse im sozialen Geschehen, 12 Vorträge 1919.

(192): Geisteswissenschaftliche Behandlung sozialer pädagogischer Fragen, 17 Vorträge 1919.

(193): Der innere Aspekt des sozialen Rätsels – Luziferische Vergangenheit und ahrimanische Zukunft, 10 Vorträge 1919.

(197): Gegensätze in der Menschheitsentwicklung, 11 Vorträge 1920.

(198): Heilfaktoren für den sozialen Organismus, 17 Vorträge 1920.

(199): Geisteswissenschaft als Erkenntnis der Grundimpulse sozialer Gestaltung, 17 Vorträge 1920.

(201): Entsprechungen zwischen Mikrokosmos und Makrokosmos, 16 Vorträge 1920.

(257): Anthroposophische Gemeinschaftsbildung, 10 Vorträge 1923.

(37/260a): Die Konstitution der Allgemeinen Anthroposophischen Gesellschaft und der Freien Hochschule für Geisteswissenschaft.

(293): Allgemeine Menschenkunde als Grundlage der Pädagogik, 14 Vorträge 1919.

(298): Rudolf Steiner in der Waldorfschule – Ansprachen für Kinder, Eltern und Lehrer.

(300 = K): Konferenzen Rudolf Steiners mit den Lehrern der Freien Waldorfschule in Stuttgart 1919–1924, in 8 Teilen. Dornach 1962–1964, Manuskriptdruck.

(303): Die gesunde Entwicklung des Leiblich-Physischen als Grundlage der Entfaltung des Seelisch-Geistigen, 16 Vorträge 1920/21.

(306): Die pädagogische Praxis vom Gesichtspunkt geisteswissenschaftlicher Menschenerkenntnis. Die Erziehung des Kindes und jüngeren Menschen. 8 Vorträge 1923.

(307): Gegenwärtiges Geistesleben und Erziehung. 14 Vorträge 1923.

(330/331): Neugestaltung des sozialen Organismus. 14 Vorträge 1919.

(333): Gedankenfreiheit und soziale Kräfte. 6 Vorträge 1919.

(338): Wie wirkt man für den Impuls der Dreigliederung des sozialen Organismus, 10 Vorträge.

(340): Nationalökonomischer Kurs, 14 Vorträge.

Tautz, Johannes (1972): Die Freie Waldorfschule – Ursprung und Zielsetzungen. Stuttgart.

Theorie, Zur, der Schule (1968): Pädagogisches Zentrum, Veröffentlichungen, Reihe B; Bd. 10. Weinheim.

Topitsch, Ernst [(1970), Hg.]: Logik der Sozialwissenschaften, 6. Aufl. Köln und Berlin.

Vogel, Heinz Hartmut (1963): Jenseits von Macht und Anarchie – Die Sozialordnung der Freiheit. Köln/Opladen.

Vogel, Johann Peter (1972): Der Bildungsgutschein – eine Alternative der Bildungsfinanzierung. In: *Erziehungskunst* H. 11, S. 443–448 und H. 12, S. 484–492.

Weber, Max (1964): Wirtschaft und Gesellschaft – Grundriß der verstehenden Soziologie, Köln und Berlin.

Werner, Mechthild (1961): Burgenland – Aus dem Lande, in dem Rudolf Steiner seine Jugend verbrachte. Dornach.

Wilhelm, Theodor [(1970), Hg.]: Demokratie in der Schule (Paedagogica Bd. 7). Göttingen.

Wilken, Folkert (1949): Selbstgestaltung der Wirtschaft. Freiburg.

– (1968): Reform des Steuerwesens. Die Finanzierung der Staatsausgaben durch eine allgemeine Ausgabensteuer. Freiburg.

Zeidler, Kurt (1972): Ideologisch überhöhte Mitbestimmung in der Schule – Hamburger Erfahrungen und Perspektiven. In: *WPB*, H. 9, S. 467–478.

«Menschenkunde und Erziehung»

Schriften der Pädagogischen Forschungsstelle beim Bund der Freien Waldorfschulen

VERLAG FREIES GEISTESLEBEN STUTTGART